Identités en contextes pluriels

MAQUETTE :
Katia AUZOUX, Marie-Pierre RIVIÈRE, Sabine TANGAPRIGANIN
BUREAU TRANSVERSAL DES COLLOQUES, DE LA RECHERCHE ET DES PUBLICATIONS

PHOTO DE COUVERTURE : © sakura (https://fr.fotolia.com – 122201289#)

© RÉALISATION :
BUREAU TRANSVERSAL DES COLLOQUES, DE LA RECHERCHE ET DES PUBLICATIONS
FACULTÉ DES LETTRES ET DES SCIENCES HUMAINES

UNIVERSITÉ DE LA RÉUNION, 2017

CAMPUS UNIVERSITAIRE DU MOUFIA
15, AVENUE RENÉ CASSIN
CS 92003
97744 SAINT-DENIS CEDEX 9
∅PHONE : 02 62 938585 ∅COPIE : 02 62 938500
SITE WEB : http://www.univ-reunion.fr

5-7, RUE DE L'ÉCOLE-POLYTECHNIQUE
75005 PARIS

Avec le soutien financier du Laboratoire DIRE EA 7387

ISBN : 978-2-343-11172-8

EAN : 9782343111728

Sous la direction de

Yvon ROLLAND, Jean-Pierre TARDIEU
Issa KANTÉ, Églantine SAMOUTH
Melanie MEZZAPESA

Identités en contextes pluriels

ÉDITIONS L'HARMATTAN
5-7, rue de l'École Polytechnique
75005 Paris

Préface

Mots-clés : constructions identitaires, migrations, contacts culturels, métissage, transculturalité, mondialisation, créolisation.

Cet ouvrage collectif porte, dans une perspective pluridisciplinaire, sur les constructions identitaires en contextes pluriels, qu'ils soient socioculturels, politiques, religieux, éducatifs, littéraires, linguistiques ou artistiques.

Au fil des siècles, les contacts culturels engendrés par les mouvements migratoires transocéaniques, volontaires ou forcés, ont favorisé les métissages, et par voie de conséquence, ont donné lieu à de nouvelles constructions identitaires, reflets d'un pluralisme culturel. De plus, les nouvelles mobilités du XXIe siècle produisent non seulement davantage de diversité, mais également de nouvelles hybridités et des processus de « créolisation » (Glissant) dans des jeux d'emprunts et d'apports mutuels. De fait, la mondialisation actuelle, qui va en s'amplifiant, est marquée par la mise en réseau. Elle favorise les interconnexions et affecte le sentiment identitaire dans un monde à grande échelle où l'individu perd ses marques et/ou les multiplie, à diverses échelles (locale, régionale, nationale, transnationale).

La pluralité des « *ethnoscapes* », selon la formule d'Arjun Appadurai (*Modernity at Large: Cultural Dimensions of Globalization,* 1996, traduit en français en 2001), ou des « paysages d'identité de groupe » affectés par les déplacements (*Après le colonialisme*), génère une diversité de perceptions et de représentations imaginaires du monde, ainsi que de nouvelles consciences de soi. Pour certains, les nouveaux enjeux, ceux du XXIe siècle, semblent être de préserver et prolonger leur héritage culturel vernaculaire dans un monde globalisé qui tend à niveler les spécificités. Dans le même temps, la circulation des personnes, des cultures et des idées favorise l'accès à la diversité ; elle est source d'échanges, de négociations et de renouvellement.

Les récents événements liés à l'afflux de « migrants » ou réfugiés économiques et politiques vers l'Europe ravivent les débats sur les questions de l'intégration sociale et culturelle de l'Autre, de l'acceptation de la différence (religieuse, ethnique, culturelle), et suscitent une radicalisation de certains discours identitaires.

A travers l'étude de ces dynamiques identitaires en contextes pluriels, nous nous interrogeons, à travers cet ouvrage, sur les postures de résistance à la globalisation et à l'ouverture des frontières, les crispations et replis identitaires, ou inversement, les mouvements d'adhésion à l'uniformisation culturelle en cours.

Ce recueil d'articles s'interroge sur les constructions identitaires en contextes pluriels, à travers différentes approches disciplinaires, telles que la sociologie, les *cultural studies*, la littérature, l'anthropologie ou la (socio)linguistique.

Les premiers écrits relèvent de la civilisation, du domaine socioculturel et historique.

Alicia Fernandez Garcia étudie l'histoire sociale et les dynamiques des relations interculturelles dans les enclaves espagnoles de Ceuta et Melilla. Ces villes espagnoles appartenant au continent africain et se situant sur la côte nord du Maroc sont devenues deux laboratoires de la multiculturalité. L'auteure s'intéresse à la cohabitation entre les principales communautés vivant dans ces enclaves et aux processus de construction identitaire qui en découlent.

Aurore Bonardin s'interroge sur l'identité partagée des résidents d'une ville marquée par la ségrégation, la ville du Cap en Afrique du Sud. La culture est souvent appréhendée comme clé pour résoudre des enjeux sociaux, économiques ou identitaires inhérents à une société ; il sera ici question de s'interroger sur l'emploi d'une pratique culturelle forte, le carnaval, et chercher à comprendre en quoi elle peut être un moyen d'élaboration d'une identité locale.

Lea Stephan propose d'analyser la fluctuation d'identité raciale de Barack Obama dans ses discours et ses écrits politiques et autobiographiques. Cette dernière lui permet de jouer de ses multiples facettes afin de véhiculer un message politique délicat sur des sujets racialement sensibles, particulièrement concernant les politiques sociales.

Jean-Pierre Tardieu s'attarde sur la lutte pour la liberté de Domingo. En 1561, ce dernier intenta une action auprès de l'Audience royale de Lima (Pérou) contre son maître Francisco Pérez Lescano, de Trujillo. Il l'accusa de vouloir le vendre alors que, originaire de Goa, il jouissait de la liberté. Enfant, il en avait été extirpé, et se retrouva au Mexique, puis au Pérou, sans trop savoir ce qui lui arrivait. Lorsqu'il prit conscience de son état, à cause de cette menace de vente, il tenta de prouver sa condition d'homme libre en produisant des témoins également natifs des Indes portugaises.

Oana Dumitrascu se penche quant à elle sur la colonisation de l'Australie et l'identité aborigène qui a été définie par les colonies australiennes, puis par les États australiens, pour servir leurs intérêts et l'idéal d'une « Australie blanche ». Malgré la politique d'absorption, l'enlèvement des enfants métis à leurs familles, et le contrôle total sur leurs vies, les Aborigènes ont survécu et ont réussi à garder leur identité. Loin des stéréotypes encore bien tenaces, des quotas de sang, ils racontent l'histoire d'une identité ancrée dans la culture, la terre et les liens familiaux et sociaux.

Les articles qui suivent sont du domaine littéraire.

Christine Dualé s'attarde sur la reformulation de l'identité noire américaine au début du XXe siècle, par les écrivains et intellectuels noirs qui rejetèrent l'assimilation. Elle montre à travers quelques cas comment la période fut propice à un renouveau culturel porté par des intellectuels américains, blancs et noirs, ainsi que par des intellectuels noirs français de métropole.

Les mouvements migratoires dans la deuxième moitié du vingtième siècle ont déconstruit les concepts classiques de diaspora et de circulation. Une étude historique et un discours social sur la migration montrent comment ce phénomène est propice à la construction de nouvelles identités chez les migrants, à des changements de frontières et à l'évolution des réalités spatio-temporelles. **Bhawana Jain** analyse ainsi la contribution de la littérature indienne de langue anglaise sur la migration et en particulier celle d'Anita Desai, dans la représentation de diachronie du concept de migration et le présent.

Bruno Cunniah propose une étude de la « petite boutique chinoise », qui est devenue un espace représentatif des diverses voix de l'insularité à l'Ile Maurice. L'auteur étudie ainsi la complexité et l'évolution de ce fait social à travers plusieurs romans mauriciens.

Dersim Barwari porte quant à elle son attention sur la représentation de la frontière dans l'écriture kurde d'expression française, en s'appuyant sur la théorie de l'« oppositionnalité ». L'objectif de l'article est de soulever les divers enjeux de la frontière dans les constructions identitaires des communautés marginalisées ou dominées. Comment l'expérience des peuples frontaliers permet-elle de poser un regard mouvant sur l'identité ?

Changó el gran putas, roman du Colombien Manuel Zapata Olivella, se distingue, assure **Honoré Jean Missihoun**, par sa portée visionnaire, qui permet à son auteur de mettre en exergue « l'être noir » dans sa globalité aux Amériques. Car le métissage des diverses origines ethniques devient une force face à la permanence de schémas coloniaux.

Maïmouna Sankhé traite de la stratégie des discours minoritaires tenus par les émigrés africains en France, à travers l'expérience de Salie, personnage du roman *Le ventre de l'Atlantique*, de la franco-sénégalaise Fatou Diome.

L'étude de **Sonia Dosoruth** vise à analyser le Sino-Mauricien, issu d'une communauté minoritaire de l'île Maurice, d'après l'œuvre d'Amal Sewtohul intitulée *Made in Mauritius* (2012). Le Sino-Mauricien Laval est perçu comme un personnage situé à la périphérie du pouvoir central, qui tente d'accéder à un métissage ethnique et identitaire au travers de la sublimation de l'exil. Discours subversifs, notions d'espace-temps dissouts et art comme élément unificateur sont autant de perspectives qui lui permettront d'aborder cette analyse.

Nous continuons notre présentation avec des articles qui se penchent sur l'anthropologie et la (socio)linguistique.

Hélène Girard interroge l'identité postcoloniale de la Malaisie, une ancienne colonie britannique, aujourd'hui terre d'immigration. Cette recherche tend à montrer comment l'empire colonial en Malaisie a à la fois créé et peuplé ce territoire, hiérarchisé et communautarisé ses populations, laissant une nation indépendante dont la construction de l'identité est au cœur d'un débat idéologisé et politisé.

Melanie Mezzapesa, Pascale Prax Dubois et **Nabia Anrabiyou** proposent d'analyser les dynamiques éducatives à visée plurilingue impulsées par le tissu associatif en milieu scolaire à La Réunion. À la croisée de plusieurs trajectoires professionnelles et de réseaux émergents, elles étudient la manière dont les locuteurs en provenance de Mayotte se perçoivent et développent, au travers de cet accompagnement, des compétences d'adaptation nouvelles.

Njengoue Ngamaleu nous emmène au Cameroun, où comme dans bien des pays d'Afrique noire, divers groupes ethniques se partagent les mêmes espaces urbains, ce qui suscite des problèmes de réceptivité des langues maternelles. Cependant, même s'ils les maîtrisent mal, parce qu'elles se trouvent en marge des enjeux de l'époque, les jeunes ne sont pas disposés à renoncer à leur appartenance identitaire.

Pour finir, **Virginie Douglas** se focalise sur la traduction de la littérature pour l'enfance et la jeunesse. Elle compare les traductions vers le français et l'anglais de deux romans se déroulant dans un contexte interculturel : le roman britannique *My Mate Shofiq* (1978)[1] de Jan Needle et le roman français *Kiffe Kiffe demain* (2004)[2] de Faïza Guène. L'étude s'attache à montrer qu'étant donné la connaissance très souvent limitée des jeunes des cultures étrangères, la traduction des éléments culturels dans la langue cible constitue une difficulté majeure dans la littérature pour l'enfance et pour la jeunesse. L'exercice devient encore plus complexe lorsque la fiction a pour toile de fond un contexte interculturel. Ainsi, les stratégies énonciatives et narratives du roman à traduire ont une influence directe sur les contraintes de traduction de l'arrière-plan interculturel.

---

1 Traduit de l'anglais britannique vers le français en 1986 par Martine Delattre sous le titre *Mon ami Chafiq*.

2 Traduit du français vers l'anglais par la Britannique Sarah Adams en 2006 sous le titre *Just Like Tomorrow* (2006).

Ceuta et Melilla, mosaïques socioculturelles : cohabitation sociale et dynamiques identitaires

Alicia FERNÁNDEZ GARCIA
ATER, Université Paris Est Marne la Vallée

Cette contribution étudie l'histoire sociale et les dynamiques des relations interculturelles dans les enclaves espagnoles de Ceuta et Melilla. Villes espagnoles appartenant pourtant au continent africain et se situant sur la côte nord du Maroc, elles sont devenues deux laboratoires de la multiculturalité. Je m'intéresserai à la nature de leur cohabitation, à son impact sur les identités des habitants ainsi qu'aux modes d'identification dans les sociétés de ces villes.

Mots-clés : société multiculturelle, identités, cohabitation, ségrégation.

This contribution studies the social history and the dynamics of intercultural relationships in Ceuta and Melilla. Spanish cities belonging to the African continent and located in the north coast of Morocco, Ceuta and Melilla became two laboratories of multiculturalism. This article studies the nature of their social coexistence, its impact on the cultural identities of their inhabitants, as well as the modes of identification in the societies of these cities.

Keywords *: multicultural society, identity, coexistence, segregation.*

Cet article s'intéresse à l'étude de Ceuta et Melilla comme deux mosaïques socioculturelles. Il s'agira de déceler la réalité sociodémographique des communautés qui habitent ces villes et d'étudier les dynamiques identitaires forgées au sein de chaque collectif. Ce travail de recherche s'inscrit dans les études sur la civilisation hispanique contemporaine et s'appuie sur un travail ethnographique nourri par cinq terrains de recherche réalisés dans ces deux enclaves, qui combine l'observation participante et les entretiens semi-directifs[1]. Le dispositif d'enquête déployé a porté sur deux niveaux complémentaires : institutionnel d'abord, auprès des autorités administratives, des syndicats, des responsables éducatifs, des personnalités emblématiques des villes, des dirigeants politiques et des travailleurs des organismes sociaux et humanitaires. Puis à un niveau plus informel, auprès de la population, en général par le biais de nombreuses discussions et entretiens menés dans des lieux publics et avec des citoyens ordinaires.

D'abord, je proposerai une présentation synthétique, chiffres et données qualitatives à l'appui, des deux principales communautés (catholique et musulmane) qui peuplent ces villes afin d'étudier leur démographie, leur organisation

[1] J'ai mené cinq terrains d'enquête dans ces villes dont trois à Melilla (10 janvier-12 février 2009 ; 25 juillet-10 août 2014 et 24 avril-3 mai 2015), et deux à Ceuta (20 octobre-2 novembre 2014 et 30 septembre-12 octobre 2015). Pendant ces séjours réalisés dans les villes depuis 2009, j'ai pu réaliser 102 entretiens semi-directifs à Melilla et 91 à Ceuta.

et leur religiosité. Les plus de 80 000 habitants qui y résident habitent dans des quartiers très différents et souvent renfermés sur eux-mêmes voire impénétrables. La deuxième partie dressera une radiographie de la distribution spatiale de chaque communauté, en cherchant aussi à mettre en avant la réalité socio-économique de chacune d'elles. Enfin, je m'intéresserai au processus de construction identitaire dans ces enclaves et aux mécanismes qui interviennent dans la représentation de soi même et de celle d'autrui.

CEUTA ET MELILLA, VILLES MULTICULTURELLES : UNE ÉTUDE DES COMMUNAUTÉS MUSULMANE ET CHRÉTIENNE

La croissance démographique des enclaves est intimement liée à leur essor économique durant le XIXe siècle, lorsque plusieurs vagues de migrants péninsulaires, mais aussi de Marocains, de juifs et d'hindous arrivèrent pour peupler les villes du Protectorat espagnol au Maroc. Cependant, l'indépendance du Maroc en 1956 stoppa le trafic commercial frontalier ; Ceuta et Melilla tombèrent dans une période de léthargie : le repli des troupes et le retour des fonctionnaires et de leurs familles entrainèrent une saignée démographique[2]. L'Espagne prit alors conscience de l'importance de peupler ses vieux présides et elle mit en place un plan démographique d'urgence[3]. Toutefois, la situation stratégique de Ceuta et Melilla et les avantages de leur port franc attirèrent notamment des populations non-péninsulaires qui vinrent remplir le vide démographique[4]. Pour bien appréhender le caractère multiculturel de ces enclaves, j'étudierai les deux communautés majoritaires : les communautés musulmane et chrétienne.

La communauté chrétienne : le groupe majoritaire et dominant

Même s'il existe bien évidement des laïques parmi les Espagnols originaires de la péninsule ibérique, force est de constater que la religion demeure le principale trait d'appartenance sociale. Ainsi, le degré de religiosité et la pratique du christianisme sont forts au sein de ce groupe social majoritaire. Les fouilles archéologiques menées à Ceuta ont daté l'existence d'une communauté chrétienne au IVe siècle[5]. La conquête portugaise de la ville pérennisa cette présence chrétienne avec la christianisation de l'espace public imprégné de l'art

---

2 Ricardo Martí Fusa, « Las relaciones de España y Marruecos a partir de la independencia », in *El protectorado de España en Marruecos: la historia transcendida*, Aragón Reyes, M. (éd.), Madrid : Castalia, 1992, p. 142-146.

3 Juan Bautista Vilar et María Vilar, *La emigración española a Europa en el siglo XX*. Madrid : Arco libros, 1999, p. 15-45

4 Alicia Fernández García, *Melilla, mosaïque culturelle. Expériences interculturelles et relations sociolinguistiques*. Paris : L'Harmattan, 2014, p. 34-44.

5 Emilio Fernández Sotelo, « La basílica tardo-romana en Ceuta », *Actas II° Congreso internacional El estrecho de Gibraltar*. Ceuta : UNED, 1995, p. 509-526.

et de la culture musulmane[6]. Dans l'actualité, la ville dispose d'un important nombre d'églises et de chapelles éparpillées dans l'espace urbain, de la présence de sept ordres religieux et d'un groupe de l'Opus Dei[7]. Melilla, également, jouit d'une vie religieuse très dynamique et institutionnalisée grâce au rôle d'une vingtaine d'organisations, d'associations ou de confréries, ayant pour mission la formation et la promotion spirituelle ainsi que l'aide sociale. Les églises sont à la fois des lieux de culte et des endroits très polyvalents, comme je l'ai constaté à l'intérieur de l'église Saint Joseph, dans le quartier de Hadú de Ceuta, qui sert de siège central à l'association religieuse *Cáritas-Ceuta* mais aussi de centre d'alphabétisation[8].

La religiosité à Ceuta n'est pas seulement l'affaire du personnel religieux ni un legs architectural, mais demeure une pratique sociale très vivante. C'est l'impression transmise lorsque, devant les manifestations religieuses (églises, chapelles, images de Vierges), de nombreux habitants s'agenouillent ou s'arrêtent pour faire une prière. Une religiosité qui se vit tous les jeudis lorsque les chrétiens font des répétitions musicales pour les festivités de la Semaine Sainte, mais aussi une foi qui se pratique lors des messes du dimanche[9]. Ma discussion avec un prêtre m'a appris que le taux de vocations religieuses est bien plus élevé à Ceuta que dans n'importe quelle ville péninsulaire[10].

Une autre expression populaire de la ferveur religieuse est la célébration des fêtes patronales en l'honneur de la Vierge d'Afrique à Ceuta et de celle de la Victoire à Melilla dont le coup d'envoi est donné par une messe présidée par les autorités politiques et militaires et les personnalités civiles des villes. Ces vierges semblent dotées d'un important capital symbolique pour avoir accompli une mission comparable à Saint Jacques, patron de l'Espagne, connu populairement comme « *mata moros* » ou « tueur des maures »[11]. D'autres rituels chrétiens d'une moindre ampleur sont aussi célébrés toute l'année dont la fonction est de maintenir vivante et de nourrir cette religiosité catholique populaire[12]. Dans ces enclaves, le catholicisme a été pendant des siècles la religion hégémonique et religion et pouvoir ont cohabité ensemble au sein des institutions. Un fait qui a

6 Luciano Pérez Del Campo, « Etapas en la construcción de la catedral de Ceuta », *Actas del congreso internacional El Estrecho de Gibraltar*, 1988, p. 41.

7 Il s'agit d'une institution appartenant à l'église catholique.

8 Entretien avec José, Ceuta, 23 octobre 2014.

9 Entretien avec le prêtre Angel, Ceuta, 3 octobre 2015.

10 Entretien avec Francisco, prête de la ville de Ceuta, 1er novembre 2014.

11 Le terme « Maure » a subi, au fil de l'histoire, plusieurs détournements de sa signification primitive, à savoir celle des « Noirs » provenant de l'Afrique du Nord avant l'invasion libyco-berbère. Dans l'actualité, en Espagne, ce terme n'a plus qu'une signification religieuse attribuée à tous les musulmans.

12 La liste des rituels est longue : des pèlerinages, des décorations de croix, des bûchers en l'honneur de Saint Jean, des processions, des déplacements de l'image du Christ de « Medinaceli », etc.

marqué aussi bien la politique que la culture citoyenne même pour ceux qui professent d'autres religions[13].

Cette hégémonie du catholicisme se perpétue jusqu'à nos jours car si quantitativement l'islam et le catholicisme sont devenus les deux religions les plus pratiquées, la sphère de la religiosité catholique dispose d'une visibilité majeure : les paroisses, aumôneries, communautés religieuses, associations de séculiers et les bâtiments religieux témoignent de la portée et du poids social, éducatif et religieux que le catholicisme exerce toujours sur la société. En effet, la communauté catholique des villes compte plus de services de base que le reste des communautés religieuses[14].

La communauté musulmane : croissance démographique et intégration progressive

La présence de la communauté musulmane à Ceuta et à Melilla est séculaire, représentant aujourd'hui plus de 40% de la population. Preuve de son ancrage historique, Ceuta compte 31 mosquées distribuées dans les différents quartiers, de même que de nombreux « *morabitos* », des espaces construits à côté du tombeau d'un saint et classés patrimoine culturel local[15]. Melilla, quant à elle, dispose de quinze mosquées. La plupart des musulmans des villes sont sunnites et appartiennent à l'école dite *malékite*[16]. La religiosité musulmane des villes est constituée autour d'un conglomérat de communautés religieuses, de lieux de culte et d'associations socioculturelles qui reflètent l'hétérogénéité des membres du collectif[17]. À Melilla, par exemple, les tensions entre les cinq associations musulmanes sont récurrentes[18]. La situation a souvent été critique et les accusations entre les dirigeants ont parfois éclaboussé la sphère publique, dévoilant les liens entre la sphère politique locale et le milieu associatif musulman[19].

Mes séjours dans ces villes m'ont appris qu'y être musulman implique un éventail de formes d'identification religieuse et de manières de pratiquer cette foi. Entre ceux qui affirment adopter une religiosité traditionnelle, pratiquer une stricte orthopraxie, avoir abandonné la foi ou la pratiquer de temps en temps,

---

13 Rafael Briones, « Los católicos de Melilla », in *Encuentros. Diversidad religiosa en Ceuta y Melilla,* Briones R., Salguero O., Tarrés S. (éd.), Barcelona : Icaria, 2013, p. 217.

14 *Ibid,* p. 218.

15 À Ceuta, le plus ancien « *morabito* » se situe dans le périmètre de la ville, exemple manifeste de l'ancrage séculaire de cette communauté. Cf. Sol Tarrés, *op. cit.,* 2013, p. 154-155.

16 Le sunnisme est le courant religieux majoritaire de l'islam. Il possède plusieurs écoles juridiques ayant toutes les mêmes croyances, parmi elles : le hanafisme, le malékisme, le chaféisme et le hanbalisme.

17 Oscar Salguero, *op. cit.,* 2013, p. 303-304.

18 L'Association musulmane de Melilla (1968), la Communauté musulmane de Melilla (mai 1990), le Conseil religieux de Melilla (février 1991), l'Association religieuse Badr (1991) et la Commission islamique de Melilla (1994).

19 « Agreden al presidente Annur por ser simpatizante del PP », *Melilla Hoy,* 19 novembre 2010.

j'ai constaté que se déclarer musulman implique avant tout une portée d'identité culturelle voire d'appartenance ethnique[20].

D'un point de vue démographique, la population musulmane se divise en trois grands groupes : 1) ceux dont l'ancrage géographique est séculaire ; 2) ceux installés récemment dans les villes et, 3) ceux considérés comme une population « *flottante* », très difficile à comptabiliser et constituée par des personnes qui mènent une vie transfrontalière entre ces villes et le Maroc. En effet, plus de 20 000 personnes traversent quotidiennement le passage frontalier qui sépare ces villes du Maroc, ce qui rend difficile le décompte démographique[21]. Le constat tiré par toutes les analyses est que le nombre de musulmans a doublé au cours des trente dernières années renforçant l'importance de ce groupe social. Si en 1986, l'enquête de l'INE révélait la présence de 17 027 musulmans à Melilla et 12 177 à Ceuta, le dernier rapport démographique de l'Union de communautés islamiques d'Espagne (UCIDE), publié en 2014, confirme la croissance démographique de cette communauté dans les enclaves : 36 492 musulmans à Ceuta dont 31 771 Espagnols et 43 238 musulmans à Melilla dont 32 289 Espagnols[22]. Le manque de recensement sur l'origine ethnique contraste avec le débat houleux qui se tient dans les villes à ce sujet[23].

De même, la Commission islamique de Melilla, ainsi que des personnalités politiques locales musulmanes telles que Mustafa Mizzian (dirigeant du Parti démocratique et social de Ceuta) et Mohamed Ali (président du parti Coalition Caballas de Ceuta), ont dénoncé le « maquillage » des chiffres de la population musulmane. Pour ces leaders, il s'agit d'une sous-estimation intentionnée qui entraine une privation de reconnaissance sociale et de légitimité des partis musulmans et des associations liées à cette communauté[24]. La situation géographique particulière des villes a contribué largement à l'affluence de Marocains, telle est la conclusion avancée par l'Institut Elcano d'études internationales, qui met en relief le flou démographique autour de cette population[25]. Un collectif qui augmente considérablement en raison d'importants taux de natalité et du regroupement familial, dont 34% des immigrés sont issus,

---

20 Par « identité culturelle », j'entends l'interprétation de l'histoire culturelle d'une communauté donnée « en système de normes et de valeurs », cf. Philippe Blanche et Michel Francart, « Identités culturelles », in *Dictionnaire de l'altérité et des relations interculturelles*, G. Ferréol et G. Jucquois (éd.), Paris : Armand Colin, 2003, p. 158.

21 Xavier Ferrer Gallardo, « Acrobacias fronterizas en Ceuta y Melilla. Explorando la gestión de los perímetros terrestres de la Unión Europea en el continente africano », *Documents d'anàlisi geogràfica* n°51, 2007, p. 137-139. Lire aussi l'article de Rafael Peña, « Los trabajadores transfronterizos: los otros perjudicados por los asaltos », *ABC*, le 20 septembre 2013.

22 UCIDE, *Estudio demográfico de la población musulmana. Explotación estadística de ciudadanos musulmanes en España referido a fecha 31/12/2014*, 2015.

23 Rocío Silva Pérez, « Ceuta, una ciudad singularizada por su condición de frontera », Actas del IX° coloquio y jornadas de campo de Geografía urbana, 2008, p. 15-55. Lire l'article d'Ignacio Cembrero, « La crisis dispara el crecimiento demográfico de Ceuta y Melilla », *El País*, 19 décembre 2013.

24 José María Irujo, « La presión de nuestro Islam », *El País*, 12 septiembre 2005.

25 Carlos González Enríquez, « Ceuta y Melilla: nuevos elementos en el escenario », in *Análisis del Real Instituto Elcano ARI*. Madrid: Real Instituto Elcano, 2008, p. 159.

tandis que dans la péninsule, à peine 16% des étrangers séjournent grâce à cette procédure[26].

SÉGRÉGATION SPATIALE ET SOCIALE À CEUTA ET MELILLA

Ceuta : « une ville, deux espaces »[27]

Comme à Melilla, la population de Ceuta se répartit au sein de six districts ou arrondissements représentés sur la carte ci-dessous. La population se distribue principalement en fonction des origines, tel que le suggère le tableau 1 mais d'un point de vue de la distribution urbaine, on observe un clivage très net entre l'est de la ville à dominante hispanique et l'ouest où vivent surtout les musulmans[28]. Selon les données de l'UCIDE, la population musulmane représentait 43% de la population totale en 2014[29]. Le premier district, correspondant à la vieille ville, est l'axe économique de la ville où se situent les administrations publiques, les grands magasins et les collèges les plus prestigieux. C'est là où habitent un nombre important de juifs et d'Espagnols d'origine péninsulaire et où la population musulmane est presque inexistante (3%). Cette invisibilité est à l'origine de la confusion de l'habitant péninsulaire récemment arrivé à l'égard du poids démographique de la communauté musulmane. C'est le constat tiré d'un entretien avec un habitant du centre-ville, qui témoigne de l'absence presque totale de musulmans : « Avant d'arriver, j'avais l'idée que tous étaient des maures. Et franchement, j'habite dans le centre-ville et je vois que les musulmans ici ne sont que de passage »[30].

Une même domination de la population d'origine péninsulaire et de confession catholique existe dans le district trois, très particulier d'ailleurs, car il s'agit d'une zone dont les appartements appartiennent majoritairement au Ministère de la Défense et qui servent de logements pour les militaires détachés[31]. Les districts à forte population musulmane se situent en continuité (districts quatre, cinq et six) et dans la zone périphérique limitrophe avec la frontière marocaine. Le plus peuplé et le plus étendu est le district six, formé par les quartiers dits de *Hadú, Príncipe Felipe* et *Príncipe Alfonso,* ces deux derniers étant souvent considérés comme « les quartiers les plus dangereux de l'Espagne »[32]. Ils sont d'ailleurs les lieux de tournage de la série policière et dramatique « *El Príncipe* » diffusée sur Télé5, qui met en scène une vie quotidienne dominée par les trafics et la violence, renforçant d'autant plus les stéréotypes à l'égard de ces quartiers. Les 20% de population non musulmane constituent un effet

---

26 INE, *Encuesta nacional de Inmigrantes*, 2007.

27 Cette citation est empruntée de l'ouvrage de Carlos Rontomé, *Convivencia y conflicto en una sociedad multiétnica.* Ceuta : IEC, 2009, p. 103.

28 *Ibid*, p. 107-108.

29 UCIDE, *op. cit.*, 2015.

30 Entretien avec un journaliste né à Burgos, locaux de RTVE, Ceuta, 24 octobre 2014.

31 « Defensa garantiza las viviendas a los militares », *El telegrama de Melilla*, 17 mars 2009.

32 Tomás Barbulo, « El barrio más peligroso de España », *El País,* 28 avril 2003.

d'optique, car ce pourcentage correspond surtout au personnel militaire affecté dans les unités *2° Tercio de la Legión* et *Regimiento de Ingenieros n°7*[33].

Tableau 1 : Répartition des communautés en fonction des districts

Districts	*Population totale*	*Hispanique*	*Musulmane*
1	12.444	97%	3%
2	8.240	82,90%	17,10%
3	17.115	92,80%	7,20%
4	17.620	68,60%	31,40%
5	10.169	73%	27%
6	9.751	20,20%	79,80%

Source : Élaboration personnelle à partir des données de l'analyse de Carlos Rontomé (2009)

Depuis l'étude statistique menée par le Ministère espagnol en 1986, la ville a subi quelques modifications dans sa répartition démographique. La plus significative a été le renforcement du « communautarisme » du district six. Ces disparités dans la répartition de la population musulmane de la ville, ultra-concentrée dans les districts quatre (31,4%), cinq (27%) et surtout six (79,8%), puis presque absente dans le district un (3%), véhiculent la logique d'une ghettoïsation sociale du tissu urbain. Un repli communautaire qui suscite l'inquiétude de certains habitants de ces quartiers, qui craignent la perte de la richesse multiculturelle jadis existante :

> La cohabitation se dégrade, actuellement par exemple nos enfants ne fréquentent plus les gens d'autres cultures car ici, dans le quartier d'El Príncipe, il n'y a plus de chrétiens et pour nous qui avons grandi dans un climat très multiculturel, cela nous fait vraiment mal au cœur[34].

La pression exercée par la proximité de la frontière avec le Maroc a sans doute renforcé le communautarisme dans ces districts[35]. Ainsi, en 2008, parmi les 3 124 étrangers recensés à Ceuta, 2 640 avaient la nationalité marocaine et parmi eux, 796 résidaient dans le district six, 780 dans le district quatre et 280

---

33 Carlos Rontomé, *op. cit.*, 2009, p. 94.

34 Entretiens menés avec les femmes de l'atelier de formation d'adultes, Ceuta, 30 octobre 2014.

35 Gabino Ponce, « La persistencia del urbanismo musulmán: los "pueblos jóvenes" en Melilla y el debate urbanístico », *Revista electrónica de Geografía y de Ciencias Sociales*, universidad de Barcelona, vol. 14, n°320, 2010, p. 12-13, [http://www.ub.edu/geocrit/sn/sn-320.htm], consulté le 12 janvier 2014.

dans le district cinq[36]. De plus, les musulmans de Ceuta ont toujours connu des chiffres assez alarmants en termes de travail. Cette différence entre actifs « musulmans » et actifs « chrétiens » expliquerait d'ailleurs l'ampleur de l'économie informelle. À Ceuta, le taux de chômage des jeunes était de 41,96%, mais dans les districts quatre, cinq et six à forte population musulmane, ce taux a explosé et atteint respectivement 69,9%, 72,2% et 76,6%[37]. La précarité au travail en fonction des origines se maintient aussi entre les générations : en effet, 63% des pères de ces jeunes musulmans travaillent comme ouvriers ou dans des postes non qualifiés, contre seulement 25% de pères ayant d'autres origines[38].

Melilla : une répartition communautaire de la population

Le tissu urbain de Melilla souligne bien la stratification sociodémographique. Il s'agit d'un legs historique des vagues migratoires, telles que celle des juifs dans le centre-ville, ou celle des premiers Marocains dans la zone périphérique. Les migrations ont ainsi conditionné la composition socioculturelle des différents quartiers, car l'établissement des habitants s'est fait à partir d'une série de stratégies sélectives comme le pouvoir d'achat ou la présence de membres du même collectif, ce qui a renforcé la cohésion sociale, ethnique et culturelle. Dans cette ville, la répartition urbaine de la population montre une tendance lourde à la ségrégation spatiale et sociale que les politiques publiques locales n'ont pas réussi à endiguer[39].

Le district un constitue le centre historique de la ville connu comme « Melilla la Vieja ». Les principales « familles historiques » de Melilla résident depuis plusieurs générations dans cette partie de la ville. À proximité de la vieille ville, les districts numéro deux et six constituent l'actuel centre névralgique, concentrant les principales rues commerçantes où habite la majeure partie de la population de culture juive. Au nord de la ville se trouvent les districts trois, quatre et cinq, qui concentrent une population majoritairement d'origine marocaine, le cinquième district étant le lieu dénommé « *la Cañada de la muerte* » ou « le ravin de la mort ». Le commerce de marchandises demeure la source principale du développement de ces quartiers. Enfin, les districts sept et huit sont des quartiers relativement nouveaux, à la croissance continue. Le district huit est quasiment le seul qui connaît une mixité croissante relative à l'origine sociale et culturelle.

---

36 Carlos Rontomé, *op. cit.*, 2009, p. 95.

37 Miguel Cantón, Carlos Rontomé et Francisco J. Escobar, *Estudio de la juventud en Ceuta.* Ceuta: Biblioteca pública de Ceuta, 2010.

38 Carlos Rontomé, *Tolerancia, Convivencia y Relaciones interculturales. Ceuta: Fundación Premio Convivencia,* 2005, p. 25-27.

39 Juan Francisco Mayoral del Arno, « El mosaico de Melilla », in *Experiencias interculturales en Melilla.* Granada: Sindicato Autónomo de Trabajadores de la Enseñanza SATE-STE, 2000, p. 21-40.

Tableau 2 : Répartition des communautés en fonction des districts (%)

Districts	*Population totale*	*Hispanique*	*Marocaine*	*Juive*	*Mixte*
1	3,8	82	12	-	-
2	8,5	52,9	35,3	5,9	5,9
3	3,4	30	60	-	10
4	10,5	14,3	81	-	4,8
5	19,5	16,2	75,7	-	8,1
6	6,3	61,5	15,4	7,6	15,4
7	10,4	71,4	14,3	-	14,3
8	37,5	73,6	19,4	-	6,9

Source : Élaboration personnelle à partir des données de l'analyse de Mayoral del Arno (2000)

Le tableau 2 montre comment dans chaque quartier, il existe toujours une majorité « ethnique » ou « culturelle », à savoir une communauté qui représente au moins 50% de la population. Dans cinq quartiers, ce sont les personnes d'origine hispanique qui sont majoritaires : à 82% dans le premier district, 52,9% dans le deuxième, 61,5% dans le district six, 71,4% dans le sept et 73,6% dans le district huit. Dans les trois autres quartiers considérés, ce sont les habitants d'origine marocaine qui sont les plus présents, à hauteur de 60% dans le quartier trois, 81% dans le quatre et 75,7% dans le cinq. De plus, la communauté juive se concentre seulement au sein des quartiers quatre et six, où elle représente respectivement 5,9% et 7,6% de la population. Ainsi, seuls deux quartiers (deux et sept) sur neuf présentent en fait un mélange culturel et une véritable mixité sociale entre les communautés hispaniques, marocaines et juive. Des données qui valident empiriquement, comme à Ceuta, l'hypothèse d'une relative « ghettoïsation » de la ville, car les populations se répartissent au sein des différents quartiers selon une logique communautaire.

Enfin, la ségrégation spatiale de la communauté musulmane de Melilla va de pair avec une marginalisation sociale qui engendre l'accumulation de problèmes : fort échec scolaire, taux de chômage élevés, féminisation de la pauvreté, pénurie et insalubrité des logements, déficit des infrastructures, etc. Par exemple, dans le quartier de *La Cañada* (district six), le chômage affecte 40,95% des habitants et 41,60% des résidents n'ont aucune formation[40]. La ségrégation entraîne aussi une surpopulation car si *La Cañada* représente à peine 15% de la surface de la ville, ce quartier héberge 29% de sa population totale. Sa situation a même inquiété le Réseau européen de lutte contre la pauvreté et l'exclusion (EAPN), qui a entamé des journées de réflexion à ce propos en 2011[41]. C'est dans ces quartiers à forte population musulmane que résident la plupart des habitants en détresse sociale[42]. Il s'agit de quartiers marginaux où règne souvent

40 *Ibid.*

41 Pobreza y exclusión social. Diagnóstico de los distritos IV y V de Melilla, 2011, Ministère du développement. Lire aussi l'article « Exclusión social de Melilla prepara su informe sobre pobreza al Observatorio Social », *El Faro de Melilla*, 11 septembre 2011

42 *Ibid.*

la violence et où les conflits sociaux font des ravages, situation qui les rend inaccessibles aux yeux du reste des habitants qui évitent à tout prix d'y aller[43].

Ainsi, dans ces deux enclaves, les communautés sont très clivées socialement et caractérisées par un manque de mixité. À Melilla, selon l'INE (Institut national de statistiques), seuls 10% des couples recensés en 2000 avaient un partenaire d'une culture différente ou d'une religion distincte, tandis que 53% des familles sont d'origine hispanique, 40% d'origine marocaine, et 3% de culture et/ou de religion juive[44]. Ces cultures cohabitent ensemble dans l'espace public mais elles ne se mélangent pas dans la vie privée. Malgré le manque de mixité intercommunautaire, certains discours recueillis lors de mes terrains dans les villes soulignent une progressive ouverture d'esprit : « Avant, la femme qui venait se marier avec un Espagnol était considérée comme une pute, maintenant tout change »[45]. À Ceuta, le manque de mariages mixtes constitue un motif d'inquiétude du rapport de 2014 de l'Institut Elcano et la preuve de l'existence de liens sociaux intimes très faibles entre les communautés[46].

DES CONSTRUCTIONS IDENTITAIRES AUX RÉFÉRENTIELS MULTIPLES

Mohamed, vendeur de journaux à la sortie du passage frontalier de Ceuta, exprime bien l'enjeu de la construction de l'identité. Il avoue être « *morito* », à savoir « petit maure » ayant d'abord recours à cette distinction diffuse qu'est le terme « Maure », marqueur aussi bien ethnique que culturel ou religieux. Ensuite, conscient de l'imprécision du qualificatif il décline plus en détail son appartenance : « Bon, Espagnol mais Rifain », faisant référence à la citoyenneté pour s'assurer la pleine reconnaissance en tant que membre de la communauté politique, mais précisant ensuite son origine rifaine[47]. À Ceuta et Melilla, la question de l'identité, notamment dans la population musulmane, s'accompagne d'une déclinaison de l'appartenance dans laquelle s'entremêlent les croyances, les origines voire la géographie. Ainsi, la thèse principale de cette partie est que les constructions identitaires au sein de ces enclaves prennent appui sur des référents multiples, trois principalement : référent religieux, référent patriotique et référent local. Ces logiques identitaires semblent être communes aussi bien aux Espagnols d'origine péninsulaire qu'à ceux d'origine marocaine.

Des identités imprégnées du référentiel religieux

Dans le processus de construction identitaire, la pression sociale et les représentations religieuses jouent un rôle majeur. J'ai recueilli des propos de

43 Noelia Ramos, « La Cañada de la Muerte, entre la pobreza y la exclusión en Melilla », *La Vanguardia*, 16 février 2014.
44 Enquête de l'Instituto nacional de estadística (INE), Población Melilla, 2010.
45 Mohamed, gardien de la Résidence d'étudiants de Melilla, 20 janvier 2009.
46 Felix Arteaga (éd.), « España mirando al sur », *Real Instituto Elcano* n°18, noviembre 2014.
47 Entretien avec Mohamed S., vendeur de journaux dans un kiosque, Ceuta, 20 octobre 2014.

musulmans nés à Melilla, qui se trouvent dans des situations délicates dans leurs propres communautés, à cause de la pression sociale de leurs pairs à leur égard :

> La religion est très forte chez nous, j'avais une petite amie, et j'ai dû la quitter car la famille ne me laissait pas tranquille. Sa famille passait son temps à me critiquer à cause de l'incongruité de mes origines musulmanes et de mon refus de faire le Ramadan[48].

La religion continue ainsi d'être le centre névralgique de l'appartenance et le trait stigmatique de l'identité. De plus, elle clive les sociétés des villes qui assistent à un renforcement de la religiosité chez la population musulmane qui « maintient un degré très élevé de pratique religieuse, octroyant à la religion une importance capitale et faisant d'elle le principal axe identitaire »[49]. De nombreux habitants considèrent même la religion comme étant à l'origine de l'échec de l'intégration dans la ville. En effet, la religion occupe une place d'excellence dans la structure sociale des villes, elle dépasse souvent la sphère du privé pour s'emparer de celle de la communauté toute entière. De ce fait, les autorités locales ont souvent fait appel à la légitimité des leaders religieux et pas à celle des acteurs sociaux pour résoudre les problèmes et faire baisser la pression entre les communautés[50].

Chez les habitants d'origine marocaine des villes, le fait de se définir comme « des musulmans des villes » constitue un référentiel religieux interprété par certains habitants d'origine péninsulaire comme symptomatique de la bipolarisation de leur identité et de l'incompatibilité d'être en même temps musulman et Espagnol. C'est cette sorte de névrose identitaire qui empêcherait les musulmans d'éprouver un véritable attachement national :

> Les musulmans de Ceuta ne sont pas de vrais Espagnols car ils jonglent entre deux mondes. Le Maroc ne les reconnaît pas car ils ont le passeport espagnol et les Espagnols se méfient tout le temps d'eux[51].

Chez les Espagnols d'origine péninsulaire, la frontière entre identité et religion est parfois très floue. La religiosité populaire à Ceuta et à Melilla se manifeste dans ces gestes plein de dévouement que certains habitants des villes réalisent devant les églises ou devant les chapelles. De même, les festivités religieuses sont l'expression d'une religiosité populaire et accomplissent une fonction identitaire[52]. Ainsi, la ferveur religieuse manifestée lors des processions

---

48 Entretien avec Hamed, Melilla, 10 février 2009.

49 A.Q., « La religiosidad sigue alimentando la dicotomía entre las dos ciudades », *El Faro de Ceuta*, 16 novembre 2014.

50 Lire l'article « Comisión islámica alerta de la ruptura de la convivencia y de los problemas sociales », *El Faro de Melilla,* 24 juillet 2002 et aussi celui d'Ana Carbajosa, « El irresistible imán del islam radical », *El País,* 27 octobre 2014.

51 Entretien avec José Manuel, gérant de la pension La Puntilla, Ceuta, 1er novembre 2014.

52 Deux pouvoirs centraux des villes, à savoir, l'église et l'armée, participent activement aux processions célébrées pendant la Semaine Sainte.

et l'effervescence païenne exprimée lors des célébrations du Carnaval constituent un véritable emblème de groupe, qui garantit l'appartenance mais aussi l'intégration sociale et culturelle au collectif majoritaire, à savoir d'origine péninsulaire espagnole et de tradition catholique.

Un patriotisme partagé

Lors de tous mes entretiens avec des Espagnols d'origine marocaine, l'affirmation « revendiquer l'espagnolité » ou le caractère espagnol, est devenue un leitmotiv, car la méfiance à leur égard l'emporte : « On est d'ici (Ceuta et Melilla) mais on doit souvent le justifier car ils ne nous croient pas »[53]. La peur d'une conjuration pro-marocaine de la part de ces musulmans espagnols semble être la raison de cette méfiance, une crainte insensée si l'on tient compte du fait que la majorité de mes interviewés musulmans affirment que : « Il y a très peu de musulmans à Ceuta et Melilla qui se sentent Marocains ». Une certitude qui semble faire consensus entre les membres de ce collectif[54].

Dans ces enclaves, le patriotisme est sans doute le sentiment le plus véhiculé par les habitants lorsqu'ils définissent leur appartenance. En effet, nous avons constaté leur dévouement pour la patrie, un terme qui est en désuétude dans le reste de l'Espagne, mais qui possède ici une grande valeur : « Moi, je me sens Sebti, en effet, mais avant tout Espagnol et avec un très grand sentiment patriotique »[55], ou « Moi, je suis de Melilla, l'Espagne est ma patrie, ma nation, vive l'Espagne et vive le Roi ! »[56]. Ce vif attachement patriotique s'exprime également dans les paroles d'un interviewé qui explique la grande déception qu'il a vécue durant son service militaire dans la péninsule, où il découvrit le manque de patriotisme des péninsulaires :

> Je me sens très Espagnol et je me suis rendu compte du patriotisme des Sebtis lorsque j'ai fait mon service militaire dans la Péninsule. J'ai vécu ce service avec dévouement et émotion, mon uniforme était toujours impeccable. Je le portais avec fierté car je rendais service à la patrie. Mais mes camarades péninsulaires ne me comprenaient pas et ils me charriaient tout le temps. Ils disaient que si une guerre éclatait, ils partiraient en France ou au Portugal, et ça me faisait mal car j'étais prêt à donner ma vie pour la patrie[57].

Pour les chrétiens, Melilla et Ceuta sont l'Espagne et elles ont toujours appartenu à l'Espagne. Cette certitude suscite la colère de certains habitants lorsqu'on pointe du doigt l'emplacement géographique des villes et l'influence du Maroc sur celles-ci. Les arguments se succèdent pour montrer que Ceuta et

---

53 Entretien avec Mariam, coordinatrice de projets culturels, 21 octobre 2014.

54 Entretien avec Abdelhassid, gérant d'un café dans le quartier de Hadú, 20 octobre 2014.

55 Entretien avec Luisa, ex-militante du PP, 23 février 2014.

56 Entretien avec Alfredo, fonctionnaire né à Ceuta, 2 février 2009.

57 Entretien avec Jose Manuel, *op. cit.*, 1er novembre 2014.

Melilla n'ont rien à voir avec cet « Autre » qui se trouve juste en face. Pour certaines personnes, cette frontière n'est que le produit de la causalité et des circonstances historiques, ce qui expliquerait qu'il faille la préserver et la renforcer : « Melilla n'est pas le Maroc, c'est vrai que l'on est situé en Afrique, mais les îles Canaries sont près du Sénégal et personne ne fait le lien avec les Africains »[58].

Malgré le patriotisme des discours, l'identité des musulmans des villes a un caractère asymétrique. Pour certains, posséder la carte d'identité espagnole constitue une grande réussite, symbolisée par l'image du « coussin des musulmans »[59], dans la mesure où elle apporte réconfort et sécurité. D'autre part, la marginalisation sociale du collectif engendre un certain malaise identitaire. Tel est le constat que l'on peut tirer du discours « victimiste » de certains jeunes musulmans qui se sentent exclus de la société des villes parce qu'ils sont « maures », récupérant ainsi le vieil antagonisme historique. L'appartenance apparaît donc comme un stigmate social qui conditionne la position de l'individu dans la société de ces villes. Les musulmans sont soupçonnés d'avoir des comportements de « caméléons » : « Ils retournent leur veste dès que possible »[60]. Ils sont également perçus par certains habitants d'origine péninsulaire, voire par certains membres de leur propre collectif comme des citoyens de seconde classe. Enfin, si chez certains musulmans des villes, l'identité est l'expression d'un « patriotisme » semblable à celui exprimé par les habitants d'origine péninsulaire, synthétisé par : « Espagnol et très fier de l'être », d'autres déclarent avoir une identité multiple, exprimée par la formule « ici, la pièce d'identité espagnole et au Maroc, le passeport marocain »[61].

L'identité locale et l'enjeu de l'autochtonie

Pour les musulmans qui habitent les villes, les discours sur l'identité tournent autour de l'honneur lié à leur enracinement historique, de souche, dans les villes. Les musulmans revendiquent qu'ils sont « plus Méliliens » ou « plus Sebtis » que les autres puisqu'ils étaient les premiers autochtones à habiter et peupler ces villes, mais qu'après l'arrivée de troupes ibériques conquérantes leurs ancêtres furent obligés de les quitter, ayant longtemps été empêchés d'y revenir[62]. La légitimité du sol devient parfois un véritable outil d'exclusion qui s'appuie sur le principe « d'antériorité historique »[63] exprimé par Jean-François Bayart et Peter Geschiere dans la formule « j'étais là avant »[64].

---

58 Entretien avec Manuela, Melilla, 7 février 2009.

59 Entretien avec Mohamed Azzid, traducteur et interprète à Melilla, le 1er mai 2015.

60 Entretien avec José Sánchez, serveur, Ceuta, 28 octobre 2014.

61 Entretien avec Mimoun, retraité, Ceuta, 30 octobre 2014.

62 Nombreux ont été les interviewés d'origine marocaine à nous rappeler que Melilla est enclavée dans le Rif oriental et qu'elle a toujours été défendue par des Rifains.

63 Jean-François Bayart et Peter Gerschiere, « Problématiques politiques de l'autochtonie », *Critique internationale* n°10, 2001, p. 126-128.

64 *Ibid.*

Ce discrédit historique subsiste encore dans les mentalités de certains musulmans habitant les villes, comme c'est le cas de Gemma, dont les propos mettent en évidence que la rhétorique de l'appartenance est liée à l'ancestralité : « Je suis d'ici (Ceuta), mais je sais que moi et les autres musulmans de mon quartier, nous ne sommes pas ici depuis toujours, mais maintenant ça fait longtemps que nous habitons à Ceuta, un siècle voire plus »[65]. Le mythe de l'origine devient donc un récit « d'altérité fondatrice », au lieu de se dresser comme la « célébration rassurante du même par le même », à savoir, comme le legs du vivre ensemble[66].

Une autre fracture qui semble fortement structurer l'identité à Ceuta et Melilla est liée au lieu de naissance, formant un clivage persistant entre les vieux et les nouveaux habitants. Si une certaine retenue est manifestée chez les Espagnols d'origine marocaine, les empêchant de tenir ouvertement des propos blessants sur les autres Espagnols de la ville, cette pudeur disparaît lorsqu'il s'agit de dire du mal des voisins marocains récemment installés dans les villes. Les langues se délient pour les traiter de « turcs » et de « *catetillos* », autrement dit « ânes ». Ce mépris envers le « nouveau musulman » n'épargne pas les femmes marocaines qui travaillent à Ceuta, elles sont souvent perçues comme étant hypocrites et très méchantes : « Ces Marocaines ont l'air très éduquées mais en réalité, elles sont très méchantes »[67]. Au paroxysme du discrédit, ces nouveaux habitants se font traiter de « Roms », comparaison qui vise à mieux transmettre aux péninsulaires la portée de leur débrouillardise[68].

L'attachement historique entraine aussi un attachement social, ainsi ceux qui se considèrent comme de vieux musulmans expriment une forte affection culturelle pour ces villes : « Certains mœurs sont en train de disparaître, par exemple, les processions de la Semaine Sainte n'ont rien à voir avec celles d'avant »[69], ou « avant, à la sortie de l'église, c'était joyeux, les chrétiens s'achetaient des sucreries et on les mangeait tous ensemble. Maintenant, personne ne se rend à l'église »[70]. Pour ces musulmans, ces « mœurs » en perte de vitesse font partie de l'idiosyncrasie des villes. L'hégémonie du catholicisme, seule religion reconnue dans les villes pendant longtemps, ainsi que ses liens avec les autorités politiques, ont marqué non seulement les institutions, mais aussi la culture citoyenne des habitants de culture et de religion différentes, ce qui a entraîné une certaine acculturation du collectif musulman[71].

Il est nécessaire d'ajouter que ce clivage entre les nouveaux et les vieux habitants se retrouve également chez la communauté d'origine péninsulaire, nourri par l'arrivée de travailleurs de la péninsule Ibérique. À Melilla, on

---

65 Entretien avec Gemma, femme musulmane rencontrée dans quartier de Hadu (Ceuta), 23 octobre 2014.

66 Jean-François Bayart, Peter Gerschiere et Francis Nyamnjoh, *op. cit.,* 2001, p. 180.

67 Entretien avec Dounia, 23 octobre 2014.

68 *Ibid.*

69 Entretien avec Amira, femme de ménage, Melilla, 3 février 2009.

70 Entretien avec Halima, Melilla, 4 février 2009.

71 Thèse également soutenue par Sol Tarres, *op. cit.,* 2013, p. 230-233.

distingue les « *melilleros* », à savoir ces nouveaux arrivés, des « *melillenses* », les autochtones et péninsulaires de souche, une fracture qui donne l'impression d'une intégration locale à deux vitesses. À Ceuta, la distinction se fait entre le « *caballa* », l'autochtone, et celui qui ne l'est pas, le nouvel arrivé. La naissance légitime, l'enracinement local apparaissent donc comme des facteurs déterminants dans la construction identitaire. Une partie importante des membres de la communauté chrétienne – mais pas seulement – nous ont rapporté dans leurs discours la déconsidération et les critiques à l'égard de ces nouveaux habitants, fonctionnaires pour la plupart, pour qui tout est bien différent. Voyons par exemple l'extrait ci-dessous :

> Les fonctionnaires viennent gagner de l'argent et après ils s'en vont. Ils s'en foutent de nous, ils font leurs courses à Nador (ville marocaine frontalière), oubliant ainsi que les commerçants d'ici doivent aussi gagner leur vie[72].

De plus, à cette distinction entre anciens et nouveaux habitants s'ajoute la ségrégation spatiale et urbaine, la fragmentation liée au lieu de résidence actuel au sein des villes, car vivre dans le quartier de « La Cañada » à Melilla, ou d'« El Príncipe » à Ceuta, joue en quelque sorte le rôle d'un « tampon » socioculturel très fort, qui détermine aussi le degré d'intégration ou de marginalisation dans les villes.

***

Finalement, comment concevoir la mosaïque socioculturelle de Ceuta et Melilla ? Afin de répondre à cette problématique, j'ai mis en avant une approche interculturelle et identitaire des communautés qui habitent ces deux enclaves et qui ont fait des villes deux laboratoires de la multiculturalité. La première conclusion à laquelle on arrive est la considération de ces territoires comme deux espaces d'interaction, de circulation et de recomposition des identités entre plusieurs communautés culturelles qui cohabitent. Ces interactions sociales et culturelles, notamment entre celle d'origine péninsulaire et celle d'origine marocaine, demeurent à la fois intenses et controversées. L'analyse de la distribution spatiale et sociale de la population de Ceuta et Melilla nous confirme une tendance prononcée à la ségrégation communautaire et une dualisation de l'espace urbain entre un centre historique peuplé majoritairement par des Espagnols d'origine péninsulaire, et une périphérie où se cantonne majoritairement une population d'origine marocaine. Ces quartiers périurbains sont aussi caractérisés par la précarité socioéconomique et ravagés par l'analphabétisme, le chômage et le manque de formation.

Les identités à Ceuta et à Melilla semblent se construire autour de trois référents : l'appartenance religieuse, l'attachement à l'Espagne et l'enracinement local. La religion demeure très présente dans les villes et elle est devenue un

72 Entretien avec Said, employé de la Résidence universitaire de Melilla, 18 janvier 2009.

trait identificateur et un marqueur d'appartenance sociale. Si le judaïsme, l'hindouisme et surtout l'islam jouissent à Ceuta et Melilla d'une présence enracinée, le catholicisme demeure sans aucun doute la religion de référence et celle qui dispose d'une plus grande visibilité sociale. De plus, la légitimité apportée par le lieu de naissance se lève dans ces villes au rang d'argument tantôt identificateur tantôt discriminatoire, confrontant les habitants de souche à ceux qui ne le sont pas. Enfin, le patriotisme à l'égard de l'Espagne semble être un sentiment commun qui identifie l'ensemble des habitants et fédère les sociétés de ces villes. Toutefois, les origines socioculturelles stigmatisent et conditionnent le patriotisme des habitants et de ce fait, les Espagnols d'origine marocaine sont perçus par certains habitants d'origine péninsulaire voire par certains membres de leur propre collectif comme des citoyens de deuxième classe.

BIBLIOGRAPHIE

ARTEAGA F., « España mirando al sur », *Real Instituto Elcano,* n°18, noviembre 2014.

BAUTISTA VILAR J. et VILAR M., *La emigración española a Europa en el siglo XX*, Madrid, Arco libros, 1999, p. 15-45.

BAYART J.-F. et GERSCHIERE P., « Problématiques politiques de l'autochtonie », *Critique internationale* n°10, 2001, p. 126-128.

BLANCHE P. et FRANCART M., « Identités culturelles », in *Dictionnaire de l'altérité et des relations interculturelles*, Ferréol G. et Jucquois G. (éd.), Paris, Armand Colin, 2003, p. 154-159.

BRIONES R., TARRÉS S. et SALGUERO O., *Encuentros. Diversidad religiosa en Ceuta y Melilla,* Barcelona, Icaria, 2013.

CANTÓN M., RONTOMÉ C. et ESCOBAR F. J., *Estudio de la juventud en Ceuta,* Ceuta : Bibioteca pública de Ceuta, 2010.

FERNÁNDEZ GARCÍA A., *Melilla, mosaïque culturelle. Expériences interculturelles et relations sociolinguistiques*, Paris, L'Harmattan, 2014.

FERRER GALLARDO X., « Acrobacias fronterizas en Ceuta y Melilla. Explorando la gestión de los perímetros terrestres de la Unión Europea en el continente africano », *Documents d'anàlisi geogràfica*, n°51, 2007, p. 129-149.

FERNÁNDEZ SOTELO E., « La basílica tardo-romana en Ceuta », *Actas II° Congreso internacional El estrecho de Gibraltar,* tomo II, Ceuta, UNED, 1995, p. 87-104.

GERALD C., *Si eres igualitarista, ¿cómo es que eres tan rico ?*, Madrid, Paidós, 2001.

GONZÁLEZ ENRÍQUEZ C., « Ceuta y Melilla : nuevos elementos en el escenario », *Análisis del Real Instituto Elcano ARI,* Madrid, Real Instituto Elcano, 2008.

MARTÍ FUSA R., « Las relaciones de España y Marruecos a partir de la independencia », in *El protectorado de España en Marruecos : la historia transcendida*, Aragón Reyes M. (éd.), Madrid, Castalia, 1992.

MAYORAL DEL ARNO J. F., « El mosaico de Melilla », in *Experiencias interculturales en Melilla*, Granada, Sindicato Autónomo de Trabajadores de la Enseñanza SATE-STE, 2000, p. 21-40.

PÉREZ DEL CAMPO L., « Etapas en la construcción de la catedral de Ceuta », *Actas del congreso internacional El Estrecho de Gibraltar*, 1988, p. 41-50.

PONCE G., « La persistencia del urbanismo musulmán : los "pueblos jóvenes" en Melilla y el debate urbanístico », *Revista electrónica de Geografía y de Ciencias Sociales*, universidad de Barcelona, vol. 14, n°320, 2010.

RONTOMÉ C., *Convivencia y conflicto en una sociedad multiétnica,* Ceuta, IEC, 2009, p. 107-108.
RONTOMÉ C., *Tolerancia, Convivencia y Relaciones interculturales.* Ceuta, Fundación Premio Convivencia, 2005, p. 25-27.
SILVA PÉREZ R., « Ceuta, una ciudad singularizada por su condición de frontera », *Actas del IX° coloquio y jornadas de campo de Geografía urbana*, 2008, p. 144-178.
UCIDE, *Estudio demográfico de la población musulmana. Explotación estadística de ciudadanos musulmanes en España referido a fecha 31/12/2014*, 2015.
Instituto nacional de estadística (INE), *Población Melilla*, 2010.
INE, *Encuesta nacional de Inmigrantes*, 2007.
Atlas de Barrios vulnerables, université polytechnique Madrid-Ministère du développement, 2013.
Pobreza y exclusión social. Diagnóstico de los distritos IV y V de Melilla, 2011, Ministère du développement.

Articles de périodiques

« La religiosidad sigue alimentando la dicotomía las ciudades », *El Faro de Ceuta*, 16 novembre 2014.
« El irresistible imán del islam radical », *El País,* 27 octobre 2014.
« La Cañada de la Muerte, entre la pobreza y la exclusión en Melilla », *La Vanguardia*, 16 février 2014.
« La crisis dispara el crecimiento demográfico de Ceuta y Melilla », *El País*, 19 décembre 2013.
« Los trabajadores transfronterizos : los otros perjudicados por los asaltos », *ABC,* le 20 septembre 2013.
« Melilla es la región española con mayor tasa de bodas por lo civil », *El Faro de Melilla,* 27 août 2012.
« Exclusión social de Melilla prepara su informe sobre pobreza al Observatorio Social », *El faro de Melilla*, 11 septembre 2011.
« Agreden al presidente Annur por ser simpatizante del PP », *Melilla Hoy,* 19 novembre 2010.
« Defensa garantiza las viviendas a los militares », *El telegrama de Melilla*, 17 mars 2009.
« La presión de nuestro Islam », *El País*, 12 septiembre 2005.
« El barrio más peligroso de España », *El País,* 28 avril 2003.
« Comisión islámica alerta de la ruptura de la convivencia y de los problemas sociales », *El Faro de Melilla,* 24 juillet 2002.

Sources orales

Entretien avec José, Ceuta, 23 octobre 2014.
Entretien avec le prêtre Angel, Ceuta, 3 octobre 2015.
Entretien avec Francisco, prête de la ville de Ceuta, 1er novembre 2014.
Entretien avec un journaliste né à Burgos, locaux de RTVE, Ceuta, 24 octobre 2014.
Entretiens menés avec les femmes de l'atelier de formation d'adultes, Ceuta, 30 octobre 2014.
Entretien avec Mohamed S., vendeur de journaux dans un kiosque, Ceuta, 20 octobre 2014.
Entretien avec Hamed, Melilla, 10 février 2009.

Entretien avec José Manuel, gérant de la pension La Puntilla, Ceuta, 1er novembre 2014.
Entretien avec Mariam, coordinatrice de projets culturels, 21 octobre 2014.
Entretien avec Abdelhassid, gérant d'un café dans le quartier de Hadú, 20 octobre 2014.
Entretien avec Luisa, ex-militante du PP, 23 février 2014.
Entretien avec Alfredo., fonctionnaire né à Ceuta, 2 février 2009.
Entretien avec Manuela, Melilla, 7 février 2009.
Entretien avec Mohamed Azzid, traducteur et interprète à Melilla, le 1er mai 2015.
Entretien avec José Sánchez, serveur, Ceuta, 28 octobre 2014.
Entretien avec Mimoun, retraité, Ceuta, 30 octobre 2014.
Entretien avec Sarah, 32 ans, Melilla, 23 janvier 2009.
Entretien avec Dounia, 23 octobre 2014.
Entretien avec Amira, femme de ménage, Melilla, 3 février 2009.
Entretien avec Halima, Melilla, 4 février 2009.
Entretien avec Said, employé de la Résidence universitaire de Melilla, 18 janvier 2009.

Enjeux de construction identitaire à échelle locale au Cap

Aurore BONARDIN-CADET
Doctorante civilisation sud-africaine
EA DIRE, Université de La Réunion

Comment parvenir à élaborer une identité qui sera partagée par les résidents d'une ville marquée par la ségrégation ? La culture est souvent appréhendée comme clé pour résoudre des enjeux sociaux, économiques ou identitaires inhérents à une société ; il sera ici question de s'interroger sur l'emploi d'une pratique culturelle forte, le carnaval, et chercher à comprendre en quoi elle peut être un moyen d'élaboration d'une identité locale au sein de la ville du Cap en Afrique du Sud.

Mots-clés : identité locale, représentation culturelle, démocratie culturelle, carnaval, le Cap.

Culture is often used as a tool to address social, economic and identity issues in a society. Though, thinking about the process of identification among the experience of city-dwelling marked by past segregation, we will try to understand the interaction between the implementation of carnivals as strong cultural practices and the elaboration of a local identity in the city of Cape Town, South Africa.

***Keywords** : local identity, cultural pattern, cultural democracy, Cape Town, carnivals.*

L'identité locale se rapporte à un territoire géographique, une région ou une ville. Elle s'illustre par le partage d'une représentation collective au sein de la population du dit-territoire alors même que celle-ci présente une hétérogénéité sociale et économique plus ou moins importante. En effet, « les identités collectives procèdent d'un processus de totalisation tant par l'accumulation de traits différenciateurs liés à l'appartenance à des classes sociales et des groupes localisés que par leur capacité à construire des représentations collectives »[1] (Chevallier ; Morel, 3). Ainsi, les inégalités sociales ne seraient pas des obstacles à la formation d'une identité locale. Denis Cuche rappelle que l'identité « renvoie à une norme d'appartenance » (Cuche, 82) et qu'elle donne la possibilité de s'inscrire au sein d'un groupe qui reconnait et auquel l'individu reconnait appartenir, dans un processus d'apparentement. « Nos identités étant inextricablement liées aux environnements dans lesquels nous avons grandi et à ceux dans lesquels nous vivons » (UNESCO, 14), il est alors intéressant de se pencher sur l'interaction qui existe entre le processus de formation d'une identité collective et le contexte urbain. Les frontières de la ville sont en quelque sorte les frontières de la zone identitaire. Elles assurent une fonction inclusive et exclusive à la fois. Une telle hypothèse ne peut rendre compte des phénomènes diasporiques ; bien que l'identification au pays d'origine implique

---

1 http://www.culture.gouv.fr/mpe/publications/terrain/terrain/ter-05/ter-05_003-005.pdf le 25/02/2016 à 10h20.

une certaine transposition du territoire. L'article présent ne pourra s'attacher aux populations diasporiques, mais se restreindra à la population qui réside dans l'enceinte du territoire. En effet, il aura pour objet de parcourir des aspects de la construction identitaire au sein de la ville du Cap, une ville dont les contours ont connu de nombreux aménagements. Il sera question de s'interroger sur l'évolution post-apartheid de la construction identitaire collective au Cap.

L'échelle locale est un élément essentiel dans la mise en place du projet sud-africain. Comme le rappelle Simon Becker

> le fait que l'espace local, les langues et l'appréhension des groupes minoritaires soient des éléments employés afin de construire une nouvelle forme d'identification partagée, est une piste d'expérimentation qui peut permettre de dépasser d'autres formes d'identification[2] (Becker, 267).

Il convient d'examiner l'intérêt de chacun à l'échelle locale en tant qu'élément primordial à la construction d'une identité collective. Dans le cas de l'identité capetonienne, nous verrons que l'accès à l'urbanité, au statut citadin, a été la première étape d'une construction identitaire commune. Il sera ensuite intéressant de se pencher sur le rôle de la valorisation des expressions culturelles depuis un niveau individuel et comment cela alimente une identité collective. La théorie des identités culturelles de Stuart Hall constituera la base de notre hypothèse. Nous verrons pour finir comment l'investissement dans la citadinité, couplé à l'expression culturelle, engage la ville dans une démarche de démocratie culturelle.

La ville du Cap tient une place singulière au sein de la nation sud-africaine ; ville-mère du pays, elle a été la porte d'entrée des premiers Européens. Elle est caractérisée par une structuration spatiale qui porte encore les traces du système ségrégationniste de la suprématie blanche. Sa population ne présente pas la même dichotomie Noirs-Blancs, parfois exposée de façon simplifiée, de la configuration de la population sud-africaine. En effet, la population est majoritairement constituée de personnes s'identifiant aux *Coloureds*[3]. Ce sont en majeure partie des descendants d'esclaves qui ont été identifiés pendant l'apartheid comme appartenant à la catégorie Métis, *Coloured*.

Avec le démantèlement du système de l'apartheid, chaque résident d'Afrique du Sud a accédé au statut de citoyen sud-africain. Cette reconnaissance légale a ainsi abrogé les lois de discrimination raciale et rendu obsolète l'idéologie ségrégationniste qui imposait des restrictions économiques et sociales à la population non-blanche. La ségrégation avait cours dans les espaces réservés également et l'aménagement urbain du Cap s'est effectué en

---

2 "*It may be that local place, language, or minority status are being employed to construct a new shared form of identification which may transcend other identities*" (Becker, 267).

3 http://beta2.statssa.gov.za/?page_id=1021&id=city-of-cape-town-municipality le 03/10/14 à 14h09.

suivant la théorie de la séparation stricte des individus selon leur catégorisation raciale.

L'apartheid urbain a été un des niveaux qui structuraient le système de séparation raciale sud-africain. C'est notamment la loi sur les zones réservées (*Group Areas Act*) de 1950 qui permit de fractionner les zones d'habitations selon la loi de classification de la population (*Population Registration Act*). Des zones d'habitations destinées aux non-blancs étaient situées à l'extérieur des frontières de la ville. De ce fait, les résidents étaient exclus de la ville et ne pouvaient prétendre à la citadinité. Ces *townships* ont été implantés à proximité de la ville et représentaient des foyers de main-d'œuvre facilement contrôlables par les autorités locales. Comme le rappellent G. Philippe et M. Houssay-Holzscuch[4], l'activité culturelle était très riche dans les *townships* et l'identité de ces populations s'est développée dans un rapport à l'urbanité basé sur les *townships*. Cependant, le droit à la ville constituait une revendication de la lutte contre l'apartheid, « le complexe identitaire intègre la lutte politique dont les Noirs urbains forment le fer de lance » (Phillipe ; Houssay-Holzscuch, 5).

Depuis 1994, les habitants du Cap sont reconnus citoyens sud-africains et ont accédé au domaine urbain. Une grande partie de la population, auparavant exclue, profite dès lors du privilège du droit à la ville. Aborder la citadinité a représenté un tournant dans la redéfinition des identités individuelles, mais a également ouvert la possibilité d'élaborer une identité commune.

Les décisions en termes d'urbanisation impliquent des conséquences sur l'organisation sociale des habitants de la ville.

En 2000, la métropole du Cap devient une *Unicity*, la nouvelle municipalité du Cap, qui rassemble et affirme la volonté de vouloir créer un espace collectif à partir duquel pourrait alors émerger une identité partagée. C'est là une illustration du changement de paradigme national appliqué au niveau local et qui va permettre d'entrevoir l'élaboration d'une identité partagée. En effet, la municipalité du Cap regroupe désormais les anciennes frontières de la ville, les *townships* et des régions excentrées ; soit plus de 3 millions d'habitants sur une surface d'environ 2 440 km². Kriger et Zegeye avancent qu'en Afrique du Sud, « Si la culture de la population blanche et celle de la population noire, auparavant, ne partageaient aucun espace d'expression commun, elles offrent désormais une base pour le dialogue interculturel et la recherche de nouvelles formes ainsi que de nouvelles façons d'exprimer un renouveau identitaire social et culturel »[5] (Kriger ; Zegeye, intro). Cet espace commun est tout d'abord concrétisé par le territoire partagé, ensuite, les dispositifs culturels influeraient sur la construction identitaire locale car ils alimentent la création d'une norme à laquelle s'identifient les capetoniens. Le lourd passé marqué par la non-

---

4 Guillaume Philippe et Myriam Houssay-Holzschuch, « Du *Township* à la ville… Nouveaux chemins de l'identité urbaine des Noirs sud-africains », *Géographie et cultures*, n°28 (1998), 47-59. https://hal.archives-ouvertes.fr/hal-00186916/document.

5 "*While black and white cultures were expressed largely in isolation from each other, they now provide the basis for intercultural dialogue, experimentation and the search for new forms with which to express a new social and cultural identity.*"

reconnaissance culturelle et la séparation stricte des groupes ethniques, relève d'un enjeu particulièrement complexe à surmonter. Un investissement conséquent a été mis en œuvre, dès l'instauration de la République démocratique, pour promouvoir une nouvelle idéologie sociétale. Marquée d'abord par l'engagement du gouvernement de Nelson Mandela dans une politique de reconstruction et d'adhésion nationale dans le concept de nation arc-en-ciel ; ce concept lancé par l'archevêque Desmond Tutu qui, comme le rappelle Xolela Mangcu, incite à la mise en place d'un projet de nation arc-en-ciel, un projet de destin commun et d'identité partagée pour le pays. La nouvelle idéologie d'unité nationale a été également reprise à l'échelle locale. La promotion de valeurs nouvelles participe à la construction de l'identité locale en favorisant des discours qui appellent à surmonter les difficultés héritées de l'idéologie de la séparation. L'enjeu est de parvenir à rassembler une population qui a forgé ses éléments identitaires essentiellement sur un processus de différentiation et dont certains individus éprouvent toujours un sentiment d'exclusion à cause de leur situation sociale souvent précaire et déconnectée de l'image affichée de la ville du Cap. Les orientations en termes d'urbanisation sont essentielles pour lutter contre les inégalités sociales ; de ce fait, le droit à la ville est un facteur capital d'intégration. Le droit à la ville se présente aussi comme un enjeu de représentation culturelle. L'expression de l'identité culturelle des individus apparait comme un facteur déterminant dans la formation d'une identité locale. En effet, des modifications engagées à un niveau individuel vont guider des transformations qui toucheront la société dans son ensemble.

L'individu se distingue des autres par rapport à ce dans quoi il ne se reconnait pas. Comme le rappelle D. Cuche, le phénomène d'identification implique l'affirmation constante de ce que l'on est, de ce que l'on n'est pas et de ce que l'on partage. Les expressions culturelles apparaissent comme des biais privilégiés dans ce phénomène d'identification. En effet, exprimer sa culture apparait être un moyen d'affirmer et de contribuer à l'élaboration de son identité.

La République sud-africaine a adopté une politique de valorisation et de soutien de l'activité culturelle partout dans le pays. Kriger et Zegeye décrivent l'activité culturelle post-apartheid comme étant prolifique. Le développement de l'exposition culturelle est un critère déterminant dans la réalisation d'un processus d'identification. Une référence culturelle étant un « lieu d'expression et d'impression »[6] (Meyer-Bisch), elle implique un principe de réciprocité. Ce principe de réciprocité et la reconnaissance des références culturelles au sein d'un territoire vont fonder une communauté culturelle.

Stuart Hall positionne l'identité comme étant un processus en perpétuel mouvement « qui se constitue à l'intérieur et non à l'extérieur de la représentation ». Il soulève là la pertinence et le poids de l'expression dans le processus de formation identitaire. Sa conception de l'identité culturelle peut être

---

6 https://www.youtube.com/watch?v=XJ6QPv3We44 le 12/02/16 à 13h20.

rapprochée de l'idéologie de la réconciliation sud-africaine ; la formation d'une identité qui conjugue les expériences passées, présentes et projections futures. Ainsi, au sein d'un territoire urbain unifié, considérer l'identité culturelle dans sa complexité donne des pistes d'adaptation et de recomposition au sein de la nouvelle société post-apartheid, pour s'extirper des modèles qui « dans les régimes dominants de représentations [...] eurent pour conséquence que nous nous soyons *nous-mêmes* vécus comme "Autre" »[7] (Hall, 230).

Appréhender l'identité culturelle au Cap, c'est permettre la reconnaissance des diverses expériences individuelles passées comme légitimes, sans distinction d'origine ethnique, sociale ou géographique. Mais aussi, permettre la continuation d'expressions culturelles quotidiennes qui vont fabriquer et enrichir une identité collective. Les différents apports sont alors traités sans hiérarchisation ou discrimination, amenant la constitution de l'identité capetonienne à travers la mémoire, le présent et l'éventualité d'un futur. L'approche de Hall favorise l'appréhension du processus d'élaboration identitaire depuis un positionnement individuel, car c'est en premier l'activité individuelle qui va ensuite aller alimenter une formation collective.

Cette conception de l'identité culturelle comme développée par Hall ne peut être rendue possible que par le biais des décisions politiques nationales et locales. Au niveau national, en Afrique du Sud, le changement d'idéologie a été initié en 1994. De plus, le Livre blanc des arts, de la culture et du patrimoine *White Paper on Arts Culture and Heritage*[8], document établi par le Département National pour les Arts et la Culture en 1996, pose les principes et les réglementations en termes d'orientations des stratégies culturelles. Il pose comme principe fondateur le fait que « le droit à la liberté d'expression est garanti à tous, ce qui implique [...] la liberté de création artistique »[9].

A l'échelle locale, les orientations des politiques culturelles prônent l'expression culturelle et créative comme des moyens d'encourager la cohésion sociale. En 2014, le conseiller municipal en charge de la culture, Garreth Bloor, a déclaré vouloir « favoriser le renouvellement urbain et communautaire en soutenant le développement de l'art public, des monuments et des centres culturels »[10]. Cependant, les choix passés d'aménagement de la ville ont conduit à une répartition inégale de l'offre culturelle qui demeure concentrée dans son centre-ville. Le centre-ville détient donc un fort potentiel pour la représentativité des expressions culturelles. Ainsi, occuper ou non cet espace peut occasionner des répercussions sur les éléments d'élaboration identitaire locale. Suivant cette théorie, des manifestations culturelles qui ont lieu au cœur de la

---

7 Stuart Hall, Maxime Cervulle et Christophe Jaquet, *Identités et cultures : politiques des* cultural studies, Paris, Amsterdam, 2007.

8 Consultable en ligne http://www.dac.gov.za

9 "*Everyone has the right to freedom of expression, which includes ... freedom of artistic creativity.*"

10 "*...support urban and community regeneration through public art, monument and cultural centre development*". Discours de Garreth Bloor https://www.capetown.gov.za/en/Pages/CitysArtsCultureCreativeIndustriesPolicyapproved.aspx le 15/12/2014 à 12h00.

ville sont pertinents à analyser. Parmi elles, les carnavals se révèlent être des moments d'expression et de transmission de l'identité culturelle capetonienne, particulièrement intéressants. Selon Denis-Constant « le carnaval fournit une occasion exceptionnelle de construction, de désignation et de représentation d'une identité » (Denis-Constant 1998, 74).

Deux carnavals animent la ville chaque année et peuvent être associés à des mises en œuvre des droits culturels et du droit à la ville de citoyens éloignés du centre-ville. Ces évènements ont un caractère attractif important et sont également des espaces dédiés aux capetoniens. Ils sont investis comme des occasions de célébrer le passé, le patrimoine et d'animer la mémoire de la ville.

Le carnaval des ménestrels, *Minstrel Carnival*, débute le calendrier annuel des manifestations et opère comme un rappel du passé colonial, de l'esclavage et de la créativité de la communauté *Coloured*. Cet évènement tient une place essentielle dans l'histoire et l'évolution culturelle du Cap, ainsi que dans la pratique musicale endémique à la ville. Denis Constant Martin rappelle que

> au cours du 19e siècle [à la suite de l'abolition de l'esclavage en 1834] l'évolution de la musique créole représentait une part importante de la vie de la culture de rue. [...] de plus, les quelques parades et processions faisaient partie des sources d'animations du Cap. [...] c'est cette même diversité [de musiques jouées au Cap] qu'il faut accepter et comprendre si l'on souhaite donner une définition de « la musique du Cap ». [...] en résumé, au Cap, seule la diversité est porteuse de sens[11].

Le carnaval des ménestrels est réputé pour être l'un des plus grands au monde. Depuis plus d'un siècle, il célèbre le jour de congé des esclaves et leur unique possibilité de déambuler assez librement dans les rues du centre-ville. « L'existence de troupes costumées paradant et chantant dans les rues du Cap à l'occasion du nouvel an est attestée à partir de 1888, et sans doute existaient-elles déjà avant » (Denis-Constant 1998, 85). Le carnaval est le point d'orgue d'une organisation qui s'étale sur toute l'année. Plus qu'un moment de frénésie, il s'agit de l'illustration d'une action communautaire menée sur le long terme qui réunit un peu plus de 13 000 ménestrels. Il s'agit d'une célébration de la mémoire locale, d'un passé qui appartient bien à tous les habitants, même ceux qui ne sont pas descendants d'esclaves. C'est un moment de partage et d'échanges intergénérationnels, qui inclue l'apprentissage des instruments, des chants traditionnels, des codes spécifiques à ce carnaval et du respect des différents rôles à tenir au sein du défilé. Plusieurs troupes ont également l'opportunité de se reproduire sur la scène internationale en dehors du cadre du carnaval.

---

11 *In the mid-19th century [after the emancipation of slavery, 1834] the birth of Creole music formed an integral part of the development of a street culture.* [...] *Moreover, parades and processions, though not many, were part of Cape Town's entertainments.* [...] *[I]t is this diversity [relating to the numerous kind of music played in Cape Town] that anyone who seeks to define the "music of Cape Town" has to accept and understand;* [...] *In short, in Cape Town, only diversity make sense.*

L'ancrage de ce carnaval en fait une référence culturelle partagée par les capetoniens.
Les carnavals sont également des prétextes afin d'afficher l'unité de la ville, la vivacité de l'identité locale dans son caractère hétérogène, et la dynamique créative de sa population. Un carnaval est organisé chaque année afin de célébrer la ville dans son entièreté : le carnaval du Cap. L'organisme en charge de son organisation présente tout le processus de mise en œuvre du défilé comme étant un moyen de « créer un carnaval qui affiche et célèbre la diversité sud-africaine tout en inscrivant cet événement à l'agenda touristique mondial »[12]. Sa première édition coïncide avec l'organisation de la coupe du monde de football en 2010 et l'engagement dans une voie politique qui projette d'élever la ville au titre de ville culturelle mondiale. L'élection du Cap comme capitale mondiale du design en 2014 en est également l'illustration. Les organisateurs du carnaval du Cap affirment que « nous célébrons notre diversité, la pluralité de nos cultures, de nos langues, de nos couleurs, races, genres et orientations sexuelles »[13]. Les différents quartiers de la ville sont invités à préparer une représentation et à défiler ensemble durant une parade qui a lieu à proximité du centre-ville. Selon un thème commun à toutes les sections du carnaval, chaque groupement propose une interprétation du thème et affiche la diversité qui anime la ville. La démarche et tout le travail fourni en amont du défilé sont des signes d'expression et de prise en main des nouveaux statuts et droits acquis.

> Quelle activité sociale, mieux que la fête, peut rendre compte de l'ensemble de la vie sociale ? Le carnaval nous montre, à travers la mise en scène de l'identité, que la création culturelle et l'invention des rituels nécessitent des acteurs qu'ils « mettent en contact des inspirations multiples, ce qui implique d'aller à la rencontre du divers, d'apprendre dans l'altérité »[14] (Bey).

Ces carnavals sont des rendez-vous lancés à la population et aux touristes. Ils engendrent une patrimonialisation de ces évènements. « Le rite, la scène carnavalesque [...] fournissent les cadres non seulement de l'affichage identitaire, souhaité et fantasmé, mais aussi du changement, de la renégociation d'identités préexistantes » (Denis-Constant, 2001). Ils sont des éléments constitutifs de l'identité locale.

Des démarches d'expression culturelle comparables à celles-là sont diverses au Cap et témoignent d'une entreprise de démocratie participative dans la ville.

La conception d'une identité culturelle partagée dans un contexte urbain est présupposée à l'engagement politique en faveur du respect du droit à la ville

---

12 "*...create a Carnival which showcases and celebrates the diversity of South Africa and which puts the Carnival on the international tourism calendar.*"

13 "*We celebrate our diversity – our diversity of culture, language, colour, race, gender and sexual orientation.*"

14 Citation de Michel Agier. *Anthropologie du carnaval. La ville, la fête et l'Afrique à Bahia*, Parenthèses, 2000, 253.

et des droits culturels. Mais encore, ce processus étant initié d'abord au niveau individuel, il engage la population dans un acte démocratique, qui au Cap, s'apparente à la démocratie culturelle. Jean-Louis Sagot-Duvauroux, philosophe, a souligné la pertinence et le potentiel d'une telle démocratie réelle et directe, car « en face de la politique culturelle du pouvoir économique, il est nécessaire de mettre en mouvement la souveraineté des peuples [...] Cet appel à la démocratie culturelle apparaît comme une condition de la diversité culturelle »[15].

L'ouverture du pays sur un nouveau paradigme de construction nationale peut être associée à l'idéologie d'une démocratie culturelle. La reconnaissance officielle du plurilinguisme (11 langues sont reconnues comme officielles) est un exemple pertinent de l'appréhension post-apartheid de la pluri-culturalité du pays. Les orientations politiques de la République sud-africaine ont permis, entre autres, le droit d'accès à la ville et celui de la liberté d'expression culturelle pour tous les citoyens sud-africains. C'est ensuite l'engagement pour une interaction entre ces droits qui rend effective les orientations politiques. Au Cap cet engagement est pris par des membres de la société civile qui encouragent la population à adopter les comportements qui rendent compte de la théorie de la démocratie culturelle.

Ce type de démocratie directe apparait comme une fenêtre ouvrant l'accès à une représentation de la diversité culturelle de la ville. Ce phénomène démocratique implique « la réhabilitation de toutes les cultures, [...] [et doit permettre] l'affirmation des préférences et la diversité des goûts » (Chatzimanassis) de chacun ; ainsi, donner les moyens de mise en place de la démocratie culturelle doit impliquer que « l'action culturelle doit se donner pour mission d'encourager le potentiel créateur de la population » (*ibid.*).

La démocratie culturelle permet d'ajuster la théorie démocratique à un contexte sociétal spécifique. La démocratie a été exportée dans le monde, en Afrique, elle s'est imposée comme système de gouvernance après les indépendances et n'a pas été une réussite dans tous les pays. Il est nécessaire d'adapter la théorie démocratique au contexte dans lequel elle sera étendue. L'articulation entre l'engagement du citoyen urbain et la valorisation d'une identité culturelle commune permet de mettre en place une mécanique qui répond à l'expansion d'un modèle de démocratie culturelle.

La démocratie culturelle s'inscrit dans une démarche de mise à niveau de toutes les cultures par la valorisation de la participation des individus. Ce type de démocratie participative semble échapper aux avertissements de Rousseau sur la démocratie représentative. En effet, Rousseau voyait dans cette dernière un risque de perte de contrôle par les citoyens. La pratique de la démocratie culturelle encourage les citoyens, sans distinction, à investir leur droit d'expression et leur droit culturel. Ce type de démocratie reprend les théories d'Alain

---

15 Jean-Louis Sagot-Duvauroux, « Agenda 21 de la culture : les "autorités locales" championnes de la diversité culturelle ? », *Mouvements*, 1/2005 (n°37), p. 41-45.

Touraine[16] sur le développement singulier de la démocratie selon les sociétés et se caractérise par la possibilité de dire et valoriser la diversité culturelle. Chacun étant libre d'affirmer ses positions, ce qu'il est, sa culture, par des moyens d'expression, des manifestations culturelles. C'est une forme de démocratie basée sur le respect des droits culturels et animée par des événements significatifs. Promu par des organisations de la société civile, l'engagement démocratique de la population va pouvoir dépasser les inégalités économiques et sociales lors de manifestations ponctuelles.

Le rôle de ces organisations est primordial pour assurer que la pratique culturelle soit équitable au sein de la société ; qu'il n'y ait pas une surexposition ou une domination d'un type de culture par rapport à d'autres. S'assurer que tous les individus puissent avoir l'opportunité de jouir de leurs droits, au risque de s'orienter vers une pratique de démocratisation de la culture. Comme le rappelle Augustin Girard,

> la démocratisation de la culture repose sur deux postulats implicites : seule la haute culture, valeur sacralisée, mérite d'être diffusée et il suffit qu'il y ait rencontre entre l'œuvre et le public (indifférencié) pour qu'il y ait développement culturel [...] La démocratie culturelle, au contraire, a pour principe l'expression des subcultures particulières et leur mise en relation avec les subcultures plus universelles par l'apprentissage des moyens de communication[17].

Le conseiller municipal en charge du tourisme, de l'événementiel et du développement économique de la ville, Garreth Bloor, a ainsi déclaré que

> La politique qui concerne les arts, la culture et les industries créatives favorise les activités culturelles qui mettent en valeur les particularités du Cap, mais qui créent des opportunités d'espaces dans lesquels les capetoniens ont la possibilité de se donner à voir et s'exprimer en toute liberté[18].

En quoi consiste la démarche d'ancrage en tant que ville créative ? Le Cap affiche les couleurs d'une ville évènementielle. En ce sens, la ville participe activement à la valorisation d'expressions culturelles qui représentent des atouts essentiels pour son capital d'attractivité. Dans un tel espace d'expression culturelle, la démocratie culturelle est-elle en vigueur ?

L'interrogation porte alors sur l'adéquation entre le discours politique et les termes d'application de la démocratie culturelle. Philippe Chaudoir interroge

---

16 Alain Touraine, *Qu'est-ce que la démocratie ?*, Paris, Fayard, 1996.

17 Augustin Girard, *Développement culturel : expériences et politiques*, Paris, UNESCO, 1982, 55.

18 *"The Arts, Culture and Creative Industries Policy aims to facilitate cultural activity in a way that celebrates Cape Town's distinctiveness and creates inclusive spaces for Capetonians to reflect and freely express themselves."* https://www.capetown.gov.za/en/Pages/CitysArtsCultureCreativeIndustriesPolicyapproved.aspx le 15/12/2014 à 12h00.

les effets de l'identification à une ville évènementielle et demande justement « quels sont aujourd'hui les temps qui émergent pour synchroniser à la fois nos pratiques sociales et servir de référence à l'action publique et collective ? » (Chaudoir). En effet, l'engouement pour la mise en place de manifestations culturelles festives peut être l'objet de mise en place de lieux d'accomplissement de la démocratie culturelle et ainsi servir de lieux de partage de références culturelles. Chaudoir précise que, « [ce] que signifie l'apparition de la ville événementielle, c'est donc le passage d'une visibilité internationale des villes comme représentantes des États-nations, à une présence des villes, sans intermédiaire, dans une logique de concurrence internationale et interurbaine ». L'enjeu réside dans une certaine déshumanisation de la ville ; celle-ci n'étant plus un territoire qui vit par ses habitants et les liens sociaux alimentés par des actions culturelles, mais comme un contenant à la belle présentation. Apparaît là la mise en garde quant à ce qui a été décrit comme démocratisation d'une culture. La forte attractivité, notamment touristique, peut occasionner une manipulation politique des pratiques culturelles et leur instrumentalisation par les industries culturelles. Les manifestations culturelles sont alors vidées de leur sens et ne peuvent plus avoir une portée identitaire. Il est essentiel de rappeler le caractère forcément évolutif de l'identité ; l'identité même collective, est un processus en constant rajustement selon les expressions individuelles qui l'alimentent. La pression engendrée par cet attrait fait entrevoir le risque de l'apparition d'une culture hégémonique, seraient alors valorisés les traits et pratiques culturels plébiscités par le caractère évènementiel et attractif de la ville.

> Les industries culturelles ont en effet le pouvoir de réélaborer et de refaçonner ce qu'elles représentent, et à force de répétition et de sélection, d'imposer et d'implanter des définitions de nous-mêmes qui correspondent plus facilement aux descriptions de la culture dominante ou hégémonique. C'est ce que signifie la concentration du pouvoir culturel – la capacité d'un petit nombre à fabriquer la culture (Hall, 72).

Cela induirait une corruption dans le processus de construction de l'identité locale et une tromperie quant au caractère légitime de la démocratie culturelle telle que déclarée.

Les propositions évènementielles qui ponctuent l'année au Cap sont représentatives du discours politique sur l'identité locale. Le calendrier annuel des manifestations culturelles festives constitue une carte culturelle de la ville, une *cultural mapping* ; il permet de visualiser les espaces et les temps forts de l'expression et les phénomènes constitutifs de l'identité capetonienne. Les pratiques festives possèdent un caractère promotionnel conséquent ; elles sont l'occasion d'attirer et de rassembler un nombre important de personnes et sont des média importants de l'identité locale.

Le discours politique propose la mise en place d'une réelle démocratie culturelle. Cependant, bien que l'éventualité que le partage d'une identité locale puisse transcender les profondes disparités sociales, il est légitime de se demander si la centralisation marquée de l'occurrence de ces évènements ne représente pas un frein à la démocratie culturelle.

Les difficultés engendrées par les inégalités sociales peuvent produire des effets d'exclusion qui rendront impossible l'adhésion à une identité locale. Il s'agit là de l'adéquation entre les idéologies politiques et les réalités du territoire. La construction d'une identité locale suit des codes prescrits par l'idéologie politique. Son élaboration est en partie le fruit de représentations culturelles partagées, rendues possibles grâce au respect des droits culturels et à une pratique de démocratie culturelle. Pour rendre cette approche pertinente, il semble qu'un élément essentiel doit pouvoir être inclus dans la construction identitaire locale, c'est l'intervention active de la société civile, par le biais d'organismes tels ceux en charge de l'organisation des carnavals du Cap ; ainsi, la démocratie culturelle prendrait des contours d'une démocratie contributive continue[19]. La société civile détient les moyens d'interpeller à la fois les populations et les institutions gouvernantes afin d'ajuster les procédures de mise en œuvre d'une identité locale partagée par tous au sein du territoire. Tout en assurant la vivacité de son centre et la pérennité d'actions d'expression de l'identité collective, la ville mène une politique de multiplication et de valorisation de lieux et actions culturelles portés par des OSC. L'instauration d'une politique culturelle proclamant un cadre défini des champs d'actions et un cadrage sélectif dans l'attribution d'aides publiques peut cependant se révéler un obstacle à long terme à la démocratie culturelle. Comme nous l'avons vu, le statut de ville créative induit également un risque de basculement vers une entité dans laquelle le développement d'une identité locale collective n'est pas possible.

BIBLIOGRAPHIE

BEKKER S., « Urban identities in South Africa : changes over this past 25 years », in *Altérité et identité, itinéraires croisés. Mélanges offerts à Christian Coulon*, Darbon *et al.* (éds.), Bruxelles, Bruylant, 2010, p. 261-276.

BELLAVANCE G., « Démocratisation culturelle et actions locales », in *Les arts et la Ville, Actes du 15e colloque annuel*, Sherbrooke, 2002, p. 59-62.

BEY M., « Compte-rendu de Michel Agier, "Anthropologie du carnaval. La ville, la fête et l'Afrique à Bahia" », *Revue Tiers-Mondes, Analyses bibliographiques* n°176, 2003/2004.

CHATZIMANASSIS A., « Démocratisation de la culture et démocratie culturelle à partir de l'exemple québécois », [en ligne] in Comité d'histoire du ministère de la Culture et de la Communication, Centre d'histoire de Sciences-Po Paris, *La démocratisation culturelle au fil de l'histoire contemporaine*, Paris, 2012-2014, http://chmcc.hypotheses.org/675 [mis en ligne le 15 septembre 2014]

CHAUDOIR Ph., « La ville événementielle : temps de l'éphémère et espace festif », *Géocarrefour* [En ligne], vol. 82/3, 2007.

---

19 Luc Carton, *Les projets culturels au cœur du développement des territoires. Quels liens entre culture, social et éducation ?*, Conférence introductive dans le cadre des rencontres professionnelles des Suds d'Arles, 15 juillet 2015, https://www.youtube.com/watch?v=-NW5-6m3wMg

CHEVALLIER D., MOREL A., « Identité culturelle et appartenance régionale : quelques orientations de recherche », *Carnets du Patrimoine ethnologique Terrain n°5*, octobre, 1985, p. 3-5.

CUCHE D., *La notion de culture dans les sciences sociales*, Paris, La Découverte, coll. « Grands Repères », 2010.

DENIS-CONSTANT M., « Le poids du nom. Culture populaire et constructions identitaires chez les "Métis" du Cap », *Critique internationale*, vol. 1, 1998, p. 73-100.

—, AGIER M., « Anthropologie du carnaval. La ville, la fête et l'Afrique à Bahia », *Cahiers d'études africaines*, Marseille, Éditions Parenthèses/IRD, 2000, n°161, 256 p., [En ligne], 2001, mis en ligne le 30 avril 2003.

—, « Cape Town : the Ambiguous Heritage of Creolization in South Africa », in *Popular Snapshots and Tracks to the Past : Cape Town, Nairobi, Lubumbashi*, de Lame D. & Rassool C. (éds.), Tervuren, Royal Museum for Central Africa, 2010, p. 183-202.

GIBAND D., SIINO C., « La citoyenneté urbaine pour penser les transformations de la ville ? », in *Annales de géographie 694*, n°6, 2013, p. 644-661.

GIRARD A., *Développement culturel : expériences et politiques*, Paris, UNESCO, 1982.

HALL S., *Identités et Culture : politiques des* cultural studies, Paris, Editions Amsterdam, 2008.

KRIGER & ZEGEYE (éds.), *Culture in the new South Africa, After Apartheid*, volume 2, Le Cap, Kwela Books, 2001.

MANGCU X. (éd.), *The Meaning of Mandela. A Literary and Intellectual Celebration*, Le Cap, HSRC Press, 2006.

MEYER-BISCH P., « Un schéma d'orientations culturelles pour la ville de Saint-Denis au regard des droits culturels », intervention en ligne, Saint-Denis Paris, 9 décembre 2015.

PHILIPPE G., HOUSSAY-HOLZSCHUCH M., « Du Township à la ville… Nouveaux chemins de l'identité urbaine des Noirs sud-africains », *Géographie et cultures*, n°28, 1998, p. 47-59.

SAGOT-DUVAUROUX J.-L., « Agenda 21 de la culture : les "autorités locales" championnes de la diversité culturelle ? », *Mouvements*, 1/2005 (n°37), p. 41-45.

TOURAINE A., *Qu'est-ce que la démocratie ?*, Paris, Fayard, 1996.

UNESCO, *Investir dans la diversité culturelle et le dialogue interculturel*, Rapport mondial, Paris, 2010.

Barack Obama : un kaléidoscope d'identités

Lea STEPHAN
CAS EA 801, Université Toulouse-Jean Jaurès, France

L'article propose d'analyser la fluctuation d'identité raciale de Barack Obama dans ses discours et ses écrits politiques et autobiographiques en fonction de l'affiliation raciale de son auditoire. En effet, l'identité complexe d'Obama construite dans un univers multiracial lui permet de jouer de ses multiples facettes afin de véhiculer un message politique délicat sur des sujets racialement sensibles, particulièrement concernant les politiques sociales.

Mots-clés : Obama, discours politique, politiques sociales, identité raciale, fluctuation.

This article proposes to analyze Barack Obama's fluctuating racial identity in his speeches and political and autobiographical writings. His racial identity changes according to the public. His complex identity, built in a multiracial universe, allows Obama to play on the different facets of his identity in order to establish a link with the public and achieve greater legitimacy in transmitting a political message on racially sensitive topics, especially social policies.

Keywords *: Obama, political discourse, social policy, racial identity, changing.*

Beaucoup de choses ont été dites concernant l'identité raciale[1] de Barack Obama, surtout durant sa première campagne présidentielle et au début de son premier mandat. De nombreuses opinions contradictoires ont été émises et Obama lui-même n'a pas toujours été constant concernant cette question. Les chercheurs se sont aussi penchés sur l'identité d'Obama mais les analyses disponibles à ce jour n'étudiaient que l'une des facettes identitaires, la dimension noire, biraciale ou autre. Mais aucune de ces analyses n'a montré comment Obama puise dans son identité multiple en fonction de ses besoins discursifs.

Aux États-Unis, l'identité raciale est un sujet compliqué, soumis à de nombreuses contraintes et en pleine évolution dans une période que certains qualifient peut-être prématurément de post-raciale, alors que le concept de multiracialité semble s'affirmer. Il ne s'agit pas ici de donner le mot final sur l'identité raciale de Barack Obama, mais plutôt de montrer comment ce dernier se sert de la complexité de son identité dans ses discours politiques afin d'établir une relation privilégiée avec son auditoire. En effet, selon la composition raciale de son auditoire et selon le sujet abordé, Obama n'endosse pas la même identité. Lorsqu'il aborde certains sujets sensibles, notamment liés aux

[1] Aux États-Unis, l'identification raciale et ethnique est commune, autant dans l'administration, que dans la société civile. Le questionnaire du recensement permet aux répondants de définir eux-mêmes leur identité raciale et ethnique. Le terme *race* est communément employé au quotidien et ne comporte pas nécessairement une connotation négative. Cet article traitant d'un contexte étasunien, j'emploie le terme dans ce sens neutre.

relations raciales[2], Obama puise souvent dans son histoire personnelle complexe pour y trouver l'élément qui lui permet le mieux de prouver sa légitimité à aborder ces sujets délicats.

L'évolution des discours politiques des deux grands partis étasuniens fait que certains sujets sont aujourd'hui encore racialement codés. Ainsi le Parti Démocrate évite traditionnellement tous les sujets qui présentent les différentes minorités en situation d'échec ou hésite à dénoncer une autre cause que le manque de fonds en matière de politique sociale. Ces libéraux structuralistes (traduit de *liberal structuralists*) admettent principalement la discrimination structurelle comme source de l'échec social de la *underclass* noire[3]. Les mêmes sujets sont aussi abordés de façon unidimensionnelle par le Parti Républicain, qui se contente de manière générale de dénoncer un manque de volonté, d'éthique de travail et de responsabilité personnelle de la part des groupes de populations minoritaires. Ces conservateurs behavioristes attribuent l'échec de ces groupes à

---

2 Certains domaines de la politique américaine, comme les politiques sociales, ont été fortement racialisés dans l'histoire et le sont encore aujourd'hui, surtout au niveau du discours politique. Pour la démonstration initiale de ce phénomène, voir Edsall Thomas B. et Mary D. Edsall, *Chain Reaction: The Impact of Race, Rights, and Taxes on American Politics.* New York: Norton and Company, 1992.

3 Robert C. Lieberman, *Shifting the Color Line: Race and the American Welfare State* (1998; Cambridge: Harvard University Press, 2001) ix-x ; 7; 12. La *underclass* désigne la couche de la population la plus pauvre, caractérisée par de la pauvreté profonde et beaucoup de problèmes sociaux, tels que l'abus de drogue, les grossesses d'adolescentes, un très fort taux de chômage et une forte dépendance aux prestations sociales.
William Julius Wilson, T*he Declining Significance of Race: Blacks and Changing American Institutions.* 3rd ed. (1978. Chicago: University of Chicago Press, 2012) 2; 22; 130. Wilson fait une démonstration très détaillée et fouilée de l'émergence de cettte *underclass.* Il faut cependant noter que le terme ne fait pas l'unanimité. Jennifer Hochschild, notamment, le conteste et préfère le terme de "*the estranged poor*". Jennifer L. Hochschild, *Facing Up to the American Dream: Race, Class, and the Soul of the Nation* (New Jersey: Princeton University Press, 1995) 45. Karyn R. Lacy, *Blue-Chip Black: Race, Class, and Status in the New Black Middle Class.* (Berkeley: University of California Press, 2007) 14. La définition de la *underclass* se fait notamment par rapport à la localisation et concerne donc les populations pauvres au comportement qualifié de « dysfonctionnel » ou encore de « pathologique » qui vivent dans des zones urbaines de centre-ville (ghetto) caractérisées par de fortes concentrations de ce type de comportements (criminalité, toxicomanie, grossesses chez les adolescentes, naissances hors-mariage, et forte proportion d'hommes adultes au chômage, voire hors du marché du travail). Ricketts, Erol R. et Ronald B. Mincy. "Growth of the Underclass: 1970-1980." *The Journal of Human Resources* 25, no. 1 (1990): 137. Bien que la *underclass* ne représente qu'au plus 4% de la population totale (estimation approximative pour 1980), il y a eu une augmentation spectaculaire de familles vivant sous le seuil de la pauvreté entre 1959 et 1985, et ce particulièrement pour la population noire qui passe de 38% à 61%. C'est surtout dans les grandes villes industrialisées du Nord-Est qu'on peut observer une concentration de la pauvreté : à New York City la population vivant dans des quartiers que l'on peut qualifier de ghettos a augmenté de 300% entre 1970 et 1980. Robert W. Pearson, "Social Statistics and an American Urban Underclass: Improving the Knowledge Base for Social Policy in the 1990s." *Journal of the American Statistical Association* 86, no. 414 (1991): 504-5. C'est notamment cette augmentation spectaculaire et concentrée qui a contribué à la visibilité du phénomène.

un problème de caractère et de culture raciale[4]. Ceci s'applique de façon assez générale aux questions d'échec social, d'échec scolaire et de difficultés à trouver du travail bien rémunéré. Un nombre grandissant de chercheurs et d'hommes politiques pensent aujourd'hui que la réponse se situe quelque part dans les zones grises entre le tout-responsabilité personnelle et le tout-État. Cornel West, depuis le début des années 1990, se fait notamment le défenseur d'une politique de la « troisième voie » combinant des efforts de responsabilité personnelle et d'intervention gouvernementale, politique que défend aussi Barack Obama. Cette « troisième voie » continue d'exister sous l'appellation d'idéologie libérale pragmatique.

La position d'Obama, qui allie intervention gouvernementale et responsabilité personnelle, prône des politiques racialement neutres. Sa politique cible des problèmes, et non pas des populations et réunit plusieurs éléments : une part provient très certainement de convictions et d'expériences personnelles, une autre part de l'évolution du débat sur les questions raciales depuis le début des années 1990[5]. Un autre facteur expliquant l'adoption d'un discours mettant en avant autant l'intervention gouvernementale que la responsabilité personnelle est le calcul politique. Ceci relève d'une stratégie plus large. Les questions raciales sont un sujet particulièrement diviseur aux États-Unis, et Obama a cherché à créer l'unité nécessaire dans la population afin de trouver le soutien et la cohésion indispensables à ses projets de réforme[6]. De plus, ses convictions politiques l'ont poussé à privilégier des solutions bipartisanes[7]. En raison de la polarisation rhétorique entre les deux partis, ce discours alliant responsabilité

---

4 Cornel West, *Race Matters* (1993; New York: Vintage Books, 2001) 22. Les libéraux structuralistes s'opposent aux conservateurs behavioristes. Les premiers soutiennent que les difficultés sociales proviennent uniquement de causes structurelles et peuvent être résolues par l'allocation de plus de fonds pour les politiques sociales. Les conservateurs behavioristes soutiennent que les problèmes des pauvres sont dûs principalement à des causes d'ordre comportemental et à des valeurs défaillantes, comme un manque d'éthique de travail. Pour plus de détails sur l'argumentation concernant la responsabilité personnelle, voir aussi David Schmidtz et Robert E. Goodin, *Social Welfare and Individual Responsibility: For and Against* (Cambridge: Cambridge University Press, 1998).
Les idées concernant la responsabilité personnelle comme solution à la misère sociale ne sont pas du tout récentes (elles remontent à l'instauration de la *Poor Law* au 16e siècle en Grande-Bretagne), mais elle ont été largement diffusées aux USA depuis le début des années 1980 notamment par Charles Murray dans son livre *Losing Ground: American Social Policy 1950-1980* publié en 1984 (financé par un *think tank* conservateur, le Manhattan Institute) et le American Enterprise Institute.

5 West 18-9.

6 Les réformes en question, du point de vue social, sont principalement la réforme de la santé (passée de justesse et sans l'aide espérée des Républicains) et la réforme de l'éducation qui a dû être abandonnée.

7 Barack Obama, *The Audacity of Hope: Thoughts on Reclaiming the American Dream* (2006; Edinburgh: Canongate, 2008) 17. Ceci a été le cas du moins jusqu'à la débâcle du vote de la réforme de la santé et l'obstructionnisme de la part du Parti Républicain depuis. Depuis, Obama a largement abandonné les tentatives de trouver des solutions bipartisanes et a privilégié les solutions individuelles par le biais des décrets exécutifs, comme cela a été le cas notamment pour augmenter le salaire minimum fédéral.

personnelle et intervention gouvernementale, jouant ainsi sur les aspects saillants de chacun des discours dominants des deux partis, est très délicat, car il exige de ne pas tomber dans l'un des deux discours préalablement établis et de ne pas heurter les différentes convictions politiques et raciales. Mon argument central est que Barack Obama se sert de ses origines mixtes afin de créer des identités d'orateur lui permettant de légitimer son discours et sa politique de libéral pragmatique. Cet article propose de mettre en lumière l'utilisation politique que Barack Obama fait de son identité kaléidoscopique. En me basant sur les outils d'analyse de discours de Ruth Amossy, je montrerai comment Obama construit sa *persona* politique et comment il module son *discours* en prenant en compte la *doxa* raciale et politique des États-Unis. Je démontrerai comment il projette un *ethos* différent en fonction du public et de la visée du discours. Afin de permettre un meilleur éclairage de cette projection, je vais d'abord faire un recensement des identités perçues par le public, suivi par l'analyse de la construction de l'identité personnelle d'Obama et de sa *persona* politique, pour étudier enfin comment il s'en écarte en puisant dans son histoire personnelle au gré de ses discours politiques. Il crée ainsi un ethos discursif lui permettant d'établir un lien privilégié avec son auditoire et convaincre son public.

OBAMA VU PAR LES AUTRES : PERCEPTIONS ET PROJECTIONS

Le concept d'identité : une évolution soumise à des contraintes

Aux Etats-Unis, les questions d'identité raciale ont longtemps été régies par un système très simple, qui diffère profondément de la façon dont d'autres pays définissent les identités raciales. Jusqu'à très récemment, la *One-drop rule* dominait complètement les identités noires et mixtes. Au temps de la ségrégation raciale cette règle stipulait que toute personne ayant ne serait-ce qu'une goutte de sang noir était considérée comme noire[8] et subissait de ce fait l'oppression des lois ségrégationnistes en vigueur dans les états du Sud jusque dans les années 1960. Le temps de la ségrégation est loin, mais aujourd'hui encore la *One-drop rule* influence beaucoup de choses, notamment les mesures de « discrimination positive » (traduction de *affirmative action*). La discrimination positive est un ensemble de programmes fédéraux créés dans les années 1960 pour lutter contre la discrimination. Elle permet aux individus qui se déclarent Noirs ou appartenant à d'autres minorités d'en bénéficier[9]. La *One-drop rule* domine toujours les rapports sociaux, et un phénotype mixte est communément catégorisé comme noir[10], écartant de fait toute considération de la dimension culturelle de l'identité des individus.

---

8 G. Reginald Daniel, "Race, Multiraciality, and the Election of Barack Obama: Toward a More Perfect Union?", ed. Andrew J. Jolivette, *Obama and the Biracial Factor: The Battle for a New American Majority* (Bristol: The Policy Press, 2012) 31.

9 EO 11246.

10 Andrew J. Jolivette, ed., *Obama and the Biracial Factor: The Battle for a New American Majority* (Bristol: The Policy Press, 2012) 5.

D'un point de vue légal, l'interdiction des mariages interraciaux a été abolie seulement en 1967 avec l'arrêt de la Cour Suprême fédérale dans l'affaire *Loving vs. Virginia*[11]. Cela ne veut pas dire qu'il n'y avait pas déjà avant des enfants issus de couples mixtes ; en revanche cela veut dire que les demandes de reconnaissance d'un héritage mixte sont assez récentes[12]. Le « *biracial baby boom* » juste après les années 1960 a vu naître une population qui refuse de s'identifier uniquement en fonction de l'une de ses origines[13]. Parmi les résultats visibles de ce mouvement pour une plus grande reconnaissance des identités mixtes figure la modification du formulaire de recensement de la population. Depuis le recensement 2000 la page du formulaire renseignant sur l'identité raciale de l'individu permet une plus grande souplesse. Il est désormais possible de cocher la combinaison raciale que l'on veut, ainsi que pour les Amérindiens de mentionner la tribu à laquelle ils appartiennent. Le formulaire mentionne les origines courantes présentes aux États-Unis[14] mais prévoit désormais de l'espace pour que les personnes puissent, le cas échéant, décrire elles-mêmes leur appartenance raciale telle qu'elles la définissent[15]. Il y a donc bien une multiracialité émergente aux États-Unis, mais Blancs comme Noirs maintiennent en partie la *One-drop rule* car celle-ci a un enjeu politique[16]. Les conservateurs défendent des politiques *colorblind* qui effacent les distinctions raciales, alors que les libéraux (traduit de *liberal*) privilégient des politiques raciales conférant des droits aux minorités. Certains Blancs cherchent à maintenir leur statut privilégié en refusant des identités mixtes, et certains Noirs cherchent à maintenir une base solide d'identité raciale qui permet la mobilisation visant à combattre les inégalités, notamment dans le cadre de la discrimination positive. La *One-drop rule* est devenue une doxa difficile à déconstruire aux États-Unis[17]. Cette

---

11 *Loving vs. Virginia* 388 U.S.1_1967 http://www.law.cornell.edu/supremecourt/text/388/1#writing-USSC_CR_0388_0001_ZS

12 Jolivette 5; 9.

13 Charles Jaret et Donald C. Reitzes, "The Importance of Racial-Ethnic Identity and Social Setting for Blacks, Whites, and Multiracials," *Sociological Perspectives* 42:4 (1999): 712.

14 Les races proposées dans le formulaire sont : Blanc, Noir, Amérindien ou Natif de l'Alaska, Indien d'Inde, Chinois, Philippin, Japonais, Coréen, Vietnamien, Natif d'Hawaii, originaire du Guam ou Chamorro, Samoan, autre Polynésien, et autre race.

15 Census.gov. Census 2000 questionnaire. 05 Sept. 2014. https://www.census.gov/dmd/www/pdf/d02p.pdf p.3.

16 La multiracialité se définit à deux niveaux. Le premier est celui de l'individu. Dans ce cas, la multiracialité renvoie au fait que l'individu s'identifie racialement par plusieurs de ses origines, en mettant en avant toutes les appartenances raciales de ses parents et autres ancêtres. Afin de pouvoir se définir comme multiracial, il est toutefois important de faire référence à plus de deux origines, deux origines renvoyant à la biracialité. La deuxième dimension de la multiracialité concerne la société et fait référence à l'acceptation de la multiracialité par la société. Ceci implique aussi l'émergence d'une plus grande acceptation du concept de race comme construction sociale et non pas comme une vérité biologique [Kathleen Odell Korgen et David L. Brunsma, "Avoiding Race or Following the Racial Scripts? Obama and Race in the Recessionary Period of the Colorblind Era," in *Obama and the Biracial Factor: The Battle for a New American Majority*, ed. Andrew Jolivétte (Bristol, UK: The Policy Press, 2012), 191-205. 192].

17 Daniel 31.

focalisation sur un monde racial toujours binaire en noir et blanc qui n'offre qu'un espace très restreint à la multiracialité fait que les origines multiraciales de Barack Obama ont été rapidement ignorées et sous-estimées pour expliquer son succès[18].

Parmi les contraintes qu'Obama subit concernant son identité raciale figure bien entendu aussi l'exercice de la politique au niveau national. Cela a deux conséquences : la première est qu'il ne peut pas se permettre de prôner une politique identitaire (*identity politics*)[19] qui privilégierait les minorités au détriment de la population blanche. Il est bien obligé de se présenter comme le président de tous les Américains. Les incidents avec le Pr. Henry Louis Gates[20] ou encore Shirley Sherrod[21], pour n'en mentionner que deux, illustrent ce problème. Dans les deux cas, la polémique tournait autour de deux points centraux : la communauté blanche accusait Obama de faire du favoritisme racial en intervenant dans les conflits et la communauté noire accusait Obama de ne pas en faire assez pour essayer d'aider un autre membre de sa communauté. Ces exemples illustrent parfaitement que sa position politique oblige Barack Obama

---

18 Jolivette 8.

19 La politique identitaire consiste à revendiquer et défendre les intérêts d'un seul groupe de population défini par son identité raciale au détriment des autres groupes. Les politiques identitaires s'insèrent dans le débat plus large d'une approche « *colorblind* » opposée à une approche « *color conscious* » de la politique et de la société. En effet, la première refuse de prendre en compte le facteur racial et considère donc des mesures comme la discrimination positive comme injustes. La seconde, au contraire, défend des mesures telles que la discrimination positive et prône la nécessité de prendre en considération la race afin de pallier les effets de la discrimination passée et présente.

20 CNN, "Obama: Police Who Arrested Professor 'Acted Stupidly,'" 23 July 2009. Consulted 25 Mar. 2014. http://edition.cnn.com/2009/US/07/22/harvard.gates.interview/. Le Pr. Gates est spécialisé en études africaines et africaines-américaines à l'université de Harvard. Il a été arrêté par la police alors qu'il essayait de rentrer dans sa propre maison. Une voisine l'avait prise pour un cambrioleur. Gates a un phénotype noir. Obama avait fait un commentaire sur l'arrestation du professeur Gates, disant que le policier avait agi de manière stupide et avait rappelé à cette occasion que la police étasunienne avait un long historique d'arrestations disproportionnées de minorités. Cette remarque avait causé de nombreuses réactions et beaucoup de mécontentement. Finalement, Obama avait invité le professeur et le policier à la Maison-Blanche afin de faire une médiation entre les deux. Cette rencontre aussi avait été critiquée et avait été appelée de façon péjorative le « *Beer summit* ».

21 Julie Pace, "Shirley Sherrod Firing: Obama Administration Had Concerns Over Forced Ouster, But Didn't Intervene," *Huffington Post.* 04 Aug. 2010. Consulted 26 Mar. 2014. http://www.huffingtonpost.com/2010/08/04/shirley-sherrod-firing-ob_n_670096.html. Shirley Sherrod était la Directrice du Département pour le Développement Rural de l'État de Géorgie. Certaines de ses paroles avaient été utilisées hors contexte et de manière tronquée pour l'accuser de racisme anti-Blancs. Elle a été forcée de démissionner. Sherrod a un phénotype noir. La Maison-Blanche est peu intervenue au départ, considérant qu'il s'agissait d'une affaire du département en question. Par la suite, la Maison-Blanche est plus intervenue, mais de façon discrète. Obama n'avait pas pris de position officielle au début de l'incident et n'avait pas essayé d'empêcher la demande de démission adressée à Sherrod.

à une neutralité raciale (c'est-à-dire la non-prise en compte du facteur racial ou *colorblindness*), délicatement équilibrée[22].

En somme, dans le contexte des États-Unis actuels, Obama s'est retrouvé dans une situation très complexe pour mener ses campagnes présidentielles et exercer ses mandats. C'est une période de multiracialité émergente, mais encore largement dominée par la *One-drop rule*, une période qui condamne les politiques identitaires, alors que des communautés demandent que leurs problèmes soient résolus et leurs griefs pris en compte.

Obama vu de l'extérieur

Beaucoup de choses ont été dites sur l'identité d'Obama, notamment durant sa première campagne présidentielle et au début de son premier mandat. Lorsque sa campagne a commencé à être un succès tout le monde l'a réclamé de son camp racial. Il a été présenté, tour à tour, comme noir, multiracial, pas assez noir, ou encore blanc.

Au début de la campagne présidentielle de 2008, Obama était présenté comme le candidat biracial ou multiracial[23], mais il est très rapidement devenu noir aux yeux de certains dans la presse. Lors de sa nomination officielle pour la campagne présidentielle par le Parti Démocrate, le *New York Times* le décrit dans le titre comme le premier candidat noir, tout en rappelant son ascendance mixte plus loin dans l'article[24]. Cela illustre parfaitement qu'aux États-Unis l'identité raciale est encore largement appréhendée au travers du prisme de la *One-drop rule*.

Le succès grandissant de Barack Obama a généré des interrogations au sujet de sa *blackness*[25]. Bien entendu, le terme ne renvoie pas ici à sa couleur de peau, mais plutôt à sa « couleur culturelle et politique ». Certains journalistes et penseurs ont saisi l'occasion pour justement remettre en question la domination de la *One-drop rule*, pour dénoncer son caractère anachronique et ses limites en rappelant qu'Obama est aussi à moitié blanc[26]. Cette remise en question était

---

22 Wornie L. Reed, "Social Justice in the Age of Obama," eds. Donald Cunnigen et Marino A. Bruce, *Race in the Age of Obama. Research in Race and Ethnic Relations. Vol.16* (Bingley, UK: Emerald, 2010) 194.

23 Janny Scott, "A Biracial Candidate Walks His Own Fine Line," *New York Times*. 29 Dec. 2007. Consulted 05 Sept . 2014. http://www.nytimes.com/2007/12/29/us/politics/29obama.html?pagewanted=all&_r=0

24 Jeff Zeleny, "Obama Clinches Nomination; First Black Candidate to Lead a Major Party Ticket," *New York Times*. 4 June 2008. Consulted 09 Sept. 2014. http://www.nytimes.com/2008/06/04/us/politics/04elect.html?pagewanted=all&_r=0

25 *Blackness* peut être littéralement traduit par « noirceur ». Ce terme fait référence au degré auquel un individu peut être considéré comme noir et s'oppose donc à la *One-drop rule*. Le concept de *blackness* interroge plus ce qu'être noir veut dire culturellement, politiquement et socialement. En remettant en question la « *blackness* » d'Obama, son appartenance à la communauté noire a été remise en question.

26 Marie Arana, "He's Not Black," *Washington Post*. 30 Nov. 2008. Consulted 14 March 2014. http://www.washingtonpost.com/wp-dyn/content/article/2008/11/28/AR2008112802219.html

assez largement partagée par le nombre grandissant de personnes qui refusent cette vision dépassée des relations raciales simplement en noir et blanc. Pour de nombreuses personnes biraciales ou multiraciales, Obama était tout simplement un candidat à l'héritage mixte, une preuve pour eux parmi tant d'autres que le problème de la *color line*, annoncé par W.E.B. Du Bois comme étant le problème du 20e siècle, était en train d'être dépassé et remplacé par quelque chose d'autre[27]. Il est toutefois important de noter que cette position n'implique pas forcément l'idée que le racisme n'est plus un problème. Il est très important de distinguer le refus de limiter l'identité raciale à un choix binaire noir/blanc, de la conviction que le racisme n'est plus un problème aux États-Unis aujourd'hui (définition conservatrice de l'idéologie « *colorblind* »). Paradoxalement, c'est en grande partie la communauté africaine-américaine qui a questionné le statut racial de Barack Obama. De nombreuses personnes ne considèrent pas Obama comme noir, mais bien comme mixte en raison de sa mère blanche, comme l'a fait par exemple l'acteur Morgan Freeman lors d'une interview pour *NPR*[28]. Au-delà de la question purement génétique de l'ascendance, l'identité raciale comprend aussi une dimension culturelle. Celle-ci prend aussi en compte, au-delà de la couleur, des facteurs comme l'environnement dans lequel une personne a grandi ou son éducation, par exemple. Selon le Représentant G.K. Butterfield, c'est à Obama de faire son choix, mais il pense qu'une identification blanche n'aurait pas été possible pour lui, car son phénotype est bien noir[29]. Butterfield, au contraire, bien que né de deux parents noirs, a un phénotype blanc, et aurait donc pu choisir de « passer pour blanc ». Selon lui, ce sont ses divers ancêtres blancs qui sont ressortis dans sa personne[30]. Butterfield a

---

Suzanne W. Jones, "The Obama Effect on American Discourse about Racial Identity: *Dreams from My Father* (and Mother), Barack Obama's Search for Self," p.131-152. Dans Harris, Moffit et Squires. Jones fait une analyse plus détaillée de la place de la mère dans la construction identitaire d'Obama à partir de son autobiographie.

27 Jesse Washington, "Many Insisting That Obama Is Not Black," Huffington Post. 14 Dec. 2008. Consulted 14 Mar. 2014. http://www.huffingtonpost.com/2008/12/14/ap-many-insisting-that-ob_n_150846.html

28 Margaret Hartmann, "Morgan Freeman Helpfully Declares That Obama Isn't America's First Black President," *NYmag.com*. 06 July 2012. Consulted 07 Apr. 2014. http://nymag.com/daily/intelligencer/2012/07/morgan-freeman-obama-isnt-a-black-president.html. Morgan Freeman fait partie des membres de l'élite africaine-américaine qui s'éloignent du discours racial conventionnel. Lors d'une autre interview, il a notamment critiqué le « *Black History Month* » pour la vision réductrice que cela donne de la place et de l'importance des Noirs aux États-Unis. Sa critique portait sur le fait que le *Black History Month* donne l'impression que l'histoire africaine-américaine est assez réduite et assez détachée du reste de l'histoire américaine pour n'être mentionnée qu'un mois sur douze. www.youtube.com/watch?v=GeixtYS-P3s

29 Washington.

30 C'est là tout le paradoxe de la *One-drop rule*. Bien que considérés comme noirs, il est maintenant assez généralement admis que les Africains-Américains ne sont pas génétiquement exclusivement noirs. Durant la période de l'esclavage, les viols étaient monnaie courante, donnant souvent naissance à des enfants biraciaux. Les lois de l'esclavage condamnaient ces enfants à l'esclavage et la *One-drop rule* assurait que personne ne pense trop au père blanc, les désignant comme noirs, camouflant ainsi leurs origines blanches.

toutefois choisi une identification noire, car sa biographie est résolument noire : il a grandi dans un quartier noir, a fréquenté des écoles noires, a été très actif dans le mouvement pour les droits civiques, appartient à une église noire[31] et représente un district à majorité noire au Congrès. Seulement 40% de la population de son district est blanche, 53% est noire et environ 2,5% s'identifie comme racialement mixte[32]. Butterfield déclare même ne pas se sentir à l'aise dans un environnement blanc[33]. Cet aspect culturel de la constitution de l'identité est l'un des arguments qui ont été utilisés par ceux qui ne voient pas Obama comme africain-américain. Cet argument culturel s'appuie sur deux points importants. Le premier est le fait que le père de Barack Obama n'était pas un Africain-Américain, mais un étudiant kenyan, venu seulement pour une courte période aux États-Unis. Il existe une forte sensibilité aux États-Unis concernant les différences d'expérience et de conditions entre les Africains-Américains descendants d'esclaves aux États-Unis, et les immigrés africains et caribéens arrivés plus récemment. Il y a donc aussi des différences ethniques parmi les Noirs[34]. Pour certains, cela offre donc la possibilité de ne pas considérer Obama comme faisant légitimement partie de la communauté africaine-américaine. L'autre point de l'argument culturel consiste à rappeler qu'Obama n'a pas grandi dans un environnement noir[35], tout au contraire de Butterfield, qui considère que son environnement culturel prime sur son phénotype. Obama a grandi dans sa famille blanche, a vécu longtemps avec sa mère, puis dans sa famille recomposée en Indonésie, pour finir son adolescence à Hawaii avec ses grands-parents maternels où il a fréquenté un lycée comptant moins de dix étudiants noirs[36]. La *blackness* de Barack Obama a aussi été remise en question par la population blanche[37], mais plutôt pour affirmer ses origines blanches, ne pas écarter sa mère et avoir une part de la gloire à faire partie de la même communauté raciale que ce jeune prodige politique.

Cette polémique concernant l'identité raciale illustre plusieurs choses. D'une part elle renseigne sur la complexité et le caractère sensible de la question raciale aux États-Unis, ainsi que sur l'actualité des questions raciales, bien que nombreux soient ceux qui souhaitent voir dans l'élection de Barack Obama

---

31 Biography of G.K. Butterfield. Consulted 14 Mar. 2014. http://butterfield.house.gov/biography/

32 Census.gov. "North Carolina, 1st Congressional District." Consulted 09 Sept. 2014. http://www.census.gov/fastfacts/

33 Washington.

34 Alana Hackshaw, "Black Ethnicity, Black Community, and Political Solidarity among African Americans and Black Immigrants," *PS: Political Science and Politics* 39:2 (2006): 377. Il ne s'agit pas là uniquement de différences en matière de culture, mais aussi de différences notables dans la réussite sociale et économique.

35 "Obama's true colors: Black, white ... or neither?" 14. Dec 2008. Consulted 24. Mar. 2014. http://www.nbcnews.com/id/28216005/ns/us_news-life/t/obamas-true-colors-black-white-or-neither/#.UzBtAqh5ORg

36 Barack Obama, *Dreams from my Father: A Story of Race and Inheritance* (1995; Edinburgh: Canongate, 2008) 72.

37 Washington.

l'avènement de l'Amérique post-raciale[38]. D'autre part, selon d'autres commentateurs, Obama représente une transition, comme le formulait une jeune femme blanche dans l'étude menée en 2010 par Mark P. Orbe sur la perception d'Obama : *"Barack Obama represents a transitional bridge. The United States wasn't entirely ready for a black president. But they could be ready for Obama"*[39]. Ces opinions diverses et variées sur ce qu'est la véritable identité raciale d'Obama démontrent l'atout majeur de la multiracialité : la possibilité pour chacun de projeter sur Obama l'identité qu'il souhaite ou qu'il souhaite retrouver[40]. Depuis son premier mandat, l'attrait de la nouveauté de l'identité raciale d'Obama a largement disparu. Désormais les médias ne s'y intéressent guère plus et pour la population cette question est devenue secondaire. L'identité raciale d'Obama est passée au statut de normalité. Comme l'a formulé un jeune Américain blanc du Michigan : *"He was the first black president, but over time, he has become the president who happens to be black"*[41].

Les nombreuses identités attribuées, critiquées, projetées, discutées et commentées d'Obama ne sont cependant que les représentations que lui renvoie la société et ne correspondent pas forcément à la façon dont il s'identifie et se présente lui-même.

IDENTITÉ(S) ASSUMÉE(S) PAR OBAMA

Il n'est certainement pas surprenant pour un individu d'origine mixte à l'histoire familiale un peu bousculée d'avoir passé un certain temps à chercher son identité raciale. Il est important de noter que Barack Obama lui-même a cherché et construit son identité raciale au fil du temps. La présente analyse de sa construction identitaire repose principalement sur deux livres. Le premier est son autobiographie *Dreams from My Father : A Story of Race and Inheritance*, dont le sous-titre, souvent omis, cible parfaitement le sujet : la recherche de son identité raciale par un jeune homme d'origines mixtes dans une Amérique qui n'a pas encore trouvé la paix dans ses relations raciales et qui n'avance que lentement vers une nouvelle ère (Obama, né en 1961, est légèrement antérieur

38 Melvin E. Thomas, Cedric Herring et Hayward Derrick Horton, "Racial Differences in the Perception of Racial Equality in the Obama Era," ed. Cunnigen, 179.

39 Mark P. Orbe, *Communication Realities in a "Post-Racial" Society: What the U.S. Public Really Thinks about Barack Obama* (Lanham: Lexington Books, 2011) 91.

40 Mitchell, W.J.T. "Obama as Icon," *Journal of Visual Culture* 8 (2009) 129. Sunaina Maira, "Obama as Enigma: A "New" Regime for Muslim and Arab Americans?" ed. L. Burnham, *Changing the Race: Racial Politics and the Election of Barack Obama* (Washington, DC: Applied Research Center, 2009) 14. Cette possibilité de projeter sur Obama n'importe quelle identité a aussi un côté très négatif. Ses opposants ont utilisé cela afin de remettre en question sa légitimité de candidat et de président et pour semer le doute quant à sa nationalité, son orientation religieuse ou encore son patriotisme. Adam Murphree et Deirdre A Royster, "Race Threads and Race Threats: How Obama/Race-Discourse Among Conservatives Changed Through the 2008 Presidential Campaign", ed. Cunnigen 285.

41 Orbe 96.

au « *biracial baby boom* »). Le second est *The Audacity of Hope*, le livre qu'il a écrit quand il était sénateur et qui détaille sa philosophie politique.

Une jeunesse marquée par la recherche identitaire

Dans *Dreams from my Father*, Obama conjugue deux thèmes fondamentaux : l'insistance sur ses racines blanches et son éducation dans une famille blanche d'un côté, et la recherche et l'apprentissage d'une identité noire de l'autre. Il admet un état de confusion totale à l'adolescence quant à son identité, celle-ci se concentrant à ce moment-là sur des problèmes liés à sa couleur de peau venant encore compliquer la recherche de soi classique de l'adolescence. Même à Hawaii où il habitait avec ses grands-parents, un des États les plus racialement divers des États-Unis, Obama remarquait sa différence : *"I was different, after all, potentially suspect ; I had no idea who my own self was"*[42]. Il explique qu'il avait choisi de venir vivre avec ses grands-parents maternels à Hawaii, plutôt que de retourner en Indonésie avec sa mère, justement afin de pouvoir se concentrer sur sa recherche identitaire. Au cours de ses premières années de lycée à Hawaii, Obama cherche dans les lettres qu'il reçoit de son père des indices, des points d'accroche afin d'expliquer son identité. Il cherche une figure masculine noire qu'il pourrait prendre comme modèle. Son grand-père a certes quelques amis noirs avec lesquels il joue au poker, mais le jeune Obama ne parvient pas à établir un réel contact avec eux, car ils parlent peu et ne s'intéressent pas vraiment au jeune adolescent. Par le biais de son grand-père, il est aussi en contact avec un poète noir nommé Frank, contemporain de figures illustres du monde intellectuel noir tels que Richard Wright et Langston Hughes, mais pour le jeune Obama le clivage générationnel est bien trop grand pour que Frank puisse lui servir de modèle. Obama ne parvient donc pas à trouver dans son entourage un modèle masculin noir et tente de trouver d'autres façons d'apprendre à être noir. Obama insiste sur cette différence entre son apparence, qui est bien noire, et son sentiment intérieur à ce moment-là, marqué par sa culture et son éducation blanches[43]. Au lycée il rencontre Ray, un étudiant noir un peu plus âgé que lui. Les deux adolescents se lient d'amitié principalement parce qu'il n'y a que très peu d'étudiants noirs à *Punahou High School*. Il commence son apprentissage de la culture noire en partie avec Ray[44]. Il cherche la signification de « *blackness* », ce que signifie « être noir » chez les grands intellectuels noirs tels que Baldwin, Ellison, Hughes, Wright et Du Bois, mais il ne trouve pas, pour lui, de réponse satisfaisante à ce qu'est une identité noire. C'est seulement dans les écrits de Malcolm X qu'il trouve quelque chose qui lui correspond :

42 Obama, *Dreams*, 82.
43 Obama, *Dreams*, 76.
44 Obama, *Dreams*, 72; 76-8.

> *Only Malcolm X's autobiography seemed to offer something different. His repeated acts of self-creation spoke to me ; the blunt poetry of his words, his unadorned insistence on respect, promised a new and uncompromising order, martial in its discipline, forged through sheer force of will*[45].

Il est intéressant de noter que c'est l'autocréation (*self-creation*) qui parle le plus à Obama, ce qui implique un certain refus des stéréotypes et des clichés, le refus de se laisser imposer une définition extérieure de ce que « être noir » signifie. Toutefois, les clichés et stéréotypes ont aussi joué un rôle dans sa construction identitaire, car cette recherche intellectuelle n'est qu'une partie de son apprentissage. Il essaie aussi d'apparaitre plus noir dans sa manière d'être et se tourne, comme tout adolescent, vers la culture populaire afin de se construire une attitude pouvant être interprétée comme noire. *"TV, movies, the radio ; those were the places to start. Pop culture was color-coded, after all, an arcade of images from which you could cop a walk, a talk, a step, a style"*[46]. Dans son autobiographie, Obama commente avec beaucoup de lucidité cette tentative de devenir noir en imitant des clichés. D'un côté il est conscient que cette démarche est commune aux adolescents qui cherchent une identité et essaient de se construire durant cette période. Il voit que, comme les autres, il a essayé de jouer un personnage, au risque de tomber dans la caricature. Mais il note aussi que les autres adolescents blancs disposaient d'une plus grande variété de rôles parmi lesquels choisir :

> [...] *I was living out a caricature of black male adolescence, itself a caricature of swaggering American manhood.* [...] *the principal difference between me and most of the man-boys around me – the surfers, the football players, the would-be rock-and-roll guitarists – resided in the limited number of options at my disposal*[47].

Cette identité noire limitée, qu'il a dénoncée ici par le nombre de rôles réduits qu'il pouvait incarner en tant qu'adolescent à la peau noire, il la développe aussi autrement. Très rapidement au début de sa recherche identitaire, parmi les facteurs qui avaient en partie provoqué cette recherche, Obama avait constaté que les gens s'arrêtaient très souvent à l'apparence, à la couleur de peau, pour désigner quelqu'un comme noir, sans être capable d'en expliquer les autres implications, sans donner de dimension culturelle ou autre à leur définition[48]. Deux éléments ressortent ici : le premier est la toute-puissance de la *One-drop rule*, qui associe tout phénotype noir à une identité noire, sans s'intéresser à la dimension culturelle et historique de l'individu – ce qui rend encore difficile aujourd'hui la prise en compte des nuances sociales et nationales dans la population noire, ou plus précisément la reconnaissance de ces dernières par le reste de la société. On retrouve aussi dans ce constat l'absence de consensus concernant l'identité noire, la difficulté à formuler une vraie définition (est-ce

---

45 Obama, *Dreams*, 86.
46 Obama, *Dreams*, 78.
47 Obama, *Dreams*, 79.
48 Obama, *Dreams*, 76.

souhaitable ?) de ce qu'est un Noir américain ou un Africain-Américain. Cette incertitude et cette confusion sont ressorties dans le débat concernant l'identité raciale d'Obama principalement entre 2007 et 2010. La recherche identitaire du jeune Obama reflète donc une question que se pose une nation entière.

Parmi les réponses trouvées par Obama, se trouve la nécessité d'être un Noir « acceptable ». Déjà au lycée, il comprend que certaines distinctions ont cours, comme celle entre un Noir « acceptable » et un Noir « inacceptable ». Celle-ci se révèle lors d'une altercation avec son entraineur de basket-ball, lorsque ce dernier utilise les termes « *black people* » et « *nigger* » pour distinguer les « bons Noirs » des « mauvais Noirs »[49]. Obama comprend également qu'il doit se comporter d'une certaine manière et parler d'une certaine manière pour ne pas effrayer les Blancs, pour ne pas apparaitre comme un « *angry black man* »[50].

La rencontre avec la communauté noire se fait plus tard, en partie par son travail en tant que *Community Organizer* dans le *South Side* de Chicago, qui lui révèle beaucoup sur les problèmes quotidiens de cette communauté, ses difficultés sociales et économiques[51]. Il finit par entrer dans la communauté par le biais de sa femme Michelle issue d'une famille noire assez « caractéristique » du sud de Chicago et par son adhésion à la *Trinity United Church*, l'église noire du Révérend Wright[52].

Sa recherche identitaire ne limite pas Obama à un seul continent, mais c'est seulement à l'âge adulte qu'il entreprend son voyage au Kenya. Il serait bien exagéré de prétendre que ce voyage lui a fourni les réponses qu'il cherchait, mais il est tout aussi exagéré de dire que ce voyage fut une déception. Obama rapporte une discussion avec la Dr Rukia Odero. Celle-ci mentionne le risque de déception pour Obama dans ce voyage, déception souvent partagée par d'autres Africains-Américains partis en Afrique à la recherche de leurs racines culturelles[53]. Obama ne fait pas état de ce sentiment dans son autobiographie. C'est précisément à ce niveau-là qu'intervient une différence fondamentale entre la situation d'un individu tel qu'Obama (dont au moins un parent est Africain) et les Africains-Américains issus de l'esclavage qui n'ont plus de lien familial et culturel avec une nation d'Afrique. Obama était parti sur les traces de son père, décédé avant le voyage, et pour rencontrer sa famille. Au contraire de nombreux Africains-Américains ayant entrepris des voyages similaires, Obama ne fait pas l'expérience terrible de la déconnexion, c'est-à-dire la découverte que l'on est après tout plus américain qu'africain. Obama, au

---

49 Obama, *Dreams*, 80.

50 Obama, *Dreams*, 100.

51 Obama, *Dreams*, 157-8.

52 Obama, *Dreams*, 291-5.
Barack Obama, *A More Perfect Union*, National Constitution Center, Philadelphia, 18 March 2008. Particulièrement dans ce discours, Obama précise qu'il considère que son accès à la communauté africaine-américaine et surtout à l'héritage historique de la communauté se fait par le biais de sa femme. Obama, *Audacity*, 330-2.

53 Obama, *Dreams*, 432-3.

contraire, éprouve pour la première fois des sentiments de normalité, d'appartenance. Son nom n'est plus écorché, il est reconnu, il est le « fils de » :

> *For the first time in my life, I felt the comfort, the firmness of identity that a name might provide* [...]. *No one here in Kenya would ask how to spell my name, or mangle it with an unfamiliar tongue. My name belonged and so I belonged* [...][54]

En effet, Obama vient retrouver une famille au sens propre et non au sens figuré et lointain, même si tout ne se passe pas de manière parfaite, comme par exemple la tentative de rencontrer son plus jeune frère George[55]. À travers des discussions avec les membres de sa famille il parvient à mieux comprendre son père et à trouver une forme d'équilibre, ou du moins de satisfaction. Il a été remarqué que la fin de l'autobiographie d'Obama est assez atypique pour le genre, puisqu'elle ne se termine pas sur cette découverte du moi tant attendue[56]. Cette interprétation est à tempérer. L'auto-présentation d'Obama reste en effet indéterminée dans *Dreams from My Father*[57] en ce qui concerne son identité raciale. Obama fait état à répétition de cette impossibilité d'appartenir à un seul univers racial, se voyant plutôt comme un pont entre les deux mondes :

> *As it was, I learned to slip back and forth between my black and white worlds, understanding that each possessed its own language and customs and structures of meaning, convinced that with a bit of translation on my part the two worlds would eventually cohere*[58].

À la fin de son autobiographie, son identité n'est toujours pas fixée, mais il semble avoir changé d'attitude vis-à-vis de cet état des choses. En effet, il n'y a certes pas de dénouement au sens où Obama ne décide toujours pas d'embrasser une identité raciale unique, mais il semble avoir trouvé une nouvelle sérénité concernant son héritage mixte et ses racines noires issues de l'immigration. Il n'apparaît plus avoir besoin de se couler dans le moule blanc ou noir. Il exprime plus tôt dans le texte la conviction profonde que son identité ne peut pas se cantonner à des questions purement raciales : *"My identity might begin with the fact of my race, but it didn't, couldn't, end there"*[59]. Un rappel de cette limite est l'insistance d'Obama sur sa famille patchwork, présente sur trois continents et composée de quatre groupes raciaux différents[60]. En rappelant

---

54 Obama, *Dreams*, 305.

55 Obama, *Dreams*, 431.

56 Justin Ponder, " 'A Patchwork Heritage': Multiracial Citation in Barack Obama's *Dreams from My Father*", ed. Jolivette, 73.

57 Ponder, 76-7.

58 Obama, *Dreams*, 82.

59 Obama, *Dreams*, 100-1.

60 Obama, *Audacity*, 231. Sa famille comporte donc des Blancs américains, des Noirs américains, des individus mixtes comme lui-même, des Indonésiens (beau-père), Indonésien mixte (sa sœur), des Noirs africains, des Asiatiques américains (beau-frère par alliance). Sa famille est principalement disséminée aux États-Unis, en Grande-Bretagne et au Kenya.

régulièrement sa famille multiraciale et multinationale, Obama réaffirme constamment son identité multiraciale.

L'affichage d'une identité publique et politique

Bien qu'au plan personnel Obama semble avoir trouvé une forme d'équilibre identitaire, sur le plan public ce n'est pas tout à fait la même chose. En tant qu'homme politique Obama ne bénéficie pas de la même liberté identitaire[61]. La façon dont les citoyens le perçoivent est partiellement déterminée par leur culture. La culture des États-Unis étant encore largement dominée par la *One-drop rule*, l'identification multiraciale d'Obama n'est pas vraiment une option. Cette perception influe sur son auto-définition. *"I identify as African American – that's how I'm treated and that's how I'm viewed"*[62]. Obama déclare très clairement que cette identification est largement le résultat de la pression extérieure. Mais cette identification africaine-américaine n'était pas encore fermement établie au début de son premier mandat quand il rappelait plus volontiers son identité mixte. Selon John Wilson, il s'est même retrouvé après son élection dans une situation inextricable, à la fois trop noir et trop blanc[63].

Un faux pas racial au début de son premier mandat est devenu célèbre. Lors d'une interview le journaliste demande à Obama quelle race de chien il souhaite choisir pour offrir en cadeau à ses filles, comme il le leur avait promis en cas de victoire électorale. Obama répond qu'il choisira probablement un bâtard, comme lui, le maintenant célèbre « *mutt like me* »[64]. Cette remarque avait été considérée comme insultante par de nombreux individus s'affirmant comme biraciaux ou multiraciaux[65]. Dans ce cas, Obama avait évoqué le mélange des races qui peut faire également référence à la multiracialité, mais il se présente aussi dans d'autres cas précisément comme biracial[66], même s'il n'utilise pas le terme. Dans bon nombre de ses discours, il se présente tout simplement à travers ses parents : « *I am the son of a white woman from Kansas and a black man from Kenya* »[67]. Obama a utilisé cette façon de se présenter si souvent que certaines

---

61 Pour une analyse complète de la dimension raciale en politique amércaine, voir Feagin, Joe, R. *White Party, White Government: Race, Class, and U.S. Politics*. New York: Routledge, 2012.

62 Darryl G. Barthé Jr, "Racial Revisionism, Caste Revisited: Whiteness, Blackness, and Barack Obama", ed. Jolivette 88; 91.

63 John K. Wilson, *President Barack Obama: a More Perfect Union* (Boulder: Paradigm Publishers, 2009) 54.

64 Lauren Kornreich, "Obama: New Dog Could Be 'Mutt Like Me,' CNN.com. 07 Nov. 2008. Consulted 26 Mar. 2014. http://politicalticker.blogs.cnn.com/2008/11/07/obama-new-dog-could-be-mutt-like-me/. Il est important de noter qu'en anglais le terme « *mutt* » évoque principalement le mélange de races mais pas un enfant né hors-mariage comme le terme français.

65 Zebulon Vance Miletzky, "Mutt Like Me: Barack Obama and the Mixed Race Experience in Historical Perspective", ed. Jolivette, 141.

66 La biracialité réfère au fait de mettre les deux origines raciales (souvent de ses parents directs) en avant sur le même plan, ne privilégiant aucune des deux, mais les considérant d'égale importance et complémentaires.

67 Obama, *Union*.

personnes racialement moins ouvertes ne pouvaient plus l'entendre[68]. Bien que pouvant heurter les sensibilités qui n'aiment pas qu'on leur rappelle que la biracialité existe, cette présentation a un avantage : Obama n'a pas à choisir, ou du moins à dire ouvertement ce que lui considère être son affiliation raciale. Il précise par les origines de son père qu'il ne prétend pas à un héritage culturel africain-américain[69], et il laisse le soin aux autres de projeter sur lui l'identité qu'ils veulent.

Dans *The Audacity of Hope,* Obama ne se présente pas comme Africain-américain dans la définition stricte qui exclut les immigrés africains récents. Il se qualifie lui-même de « *black candidate with an exotic background* » ou encore « *a black man of mixed heritage* »[70]. Cette présentation semble indiquer une acceptation de l'identité noire, sans pour autant renier ses origines et ignorer sa mixité. En revanche, son endossement de l'identité africaine-américaine est devenue officielle en 2010 lorsqu'il a coché seulement la case « *Black, African-American, or Negro* » dans le formulaire du recensement. Bien entendu cela a de nouveau provoqué la controverse[71], puisque depuis 2000, le formulaire offre la possibilité de choisir toutes les nuances raciales ; biracial ou multiracial était donc une possibilité.

Au niveau culturel, Obama met plus volontiers en avant son identité africaine-américaine, mais là encore en prenant soin de sélectionner des éléments appartenant au *mainstream* comme le sport (où la *doxa*[72] identifie le basket comme un sport noir) ou encore l'art. Obama met en avant la peinture et a sélectionné des peintres noirs pour décorer la Maison-Blanche, comme la peintre expressionniste peu connue Alma Thomas, William H. Johnson et Glenn Ligon, dont les Obama ont choisi l'œuvre « *Black Like Me No. 2* »[73]. En revanche, il condamne volontiers des aspects de la culture noire critiqués par la population au sens large, et surtout blanche. Parmi ces éléments, on peut citer la frange de l'univers du rap qui glorifie la « *gangsta life* » avec tout ce que cela comporte de criminalité, de violence et de non-respect des femmes[74].

Il semble donc que Barack Obama ait finalement endossé une identité africaine-américaine pour sa *persona* politique, mettant en avant une culture noire acceptable pour la population blanche, et se présentant politiquement comme « racialement conscient » sans en faire une obsession et surtout sans

---

68 Orbe, 96-7.

69 Obama, *Union.*

70 Obama, *Audacity*, 10; 120.

71 Oscar Avila, "Obama's census-form choice: 'Black'," *Los Angeles Times*, 04 Apr. 2010. Consulted 11 Sept. 2014. http://articles.latimes.com/2010/apr/04/nation/la-na-obama-census4-2010apr04

72 Ruth Amossy, *L'argumentation dans le discours*, 3e éd. (Paris : Armand Colin, 2010) 69-71 ; 102-7. La *doxa* est la signification commune que l'on attribue à des termes et concepts et couvre aussi les préjugés et les stéréotypes.

73 Carol Vogel, "A Bold and Modern White House," *New York Times.* 06 Oct. 2009. Consulted 03 Mar. 2014. http://www.nytimes.com/2009/10/07/arts/design/07borrow.htmlFormularbeginnFormulare

74 Obama, *Audacity*, 252.

faire de politique identitaire. Cette image, cependant, est trop simpliste et ne rend pas compte de l'usage politique que fait Obama de la riche palette d'identités à sa disposition.

DISCOURS ET POLITIQUE : CAMÉLÉON IDENTITAIRE

Bien qu'assumant une identité principale, Obama revêt des identités alternatives en fonction des situations. Ce type de comportement a été étudié dans les théories sur les identités basées sur la situation ou la culture, notamment par Henri Tajfel dans *Social Identity Theory* (1971), ou encore dans la *Affect Control Theory* de David Heise (1979). Ces théories postulent respectivement que l'individu adapte et modifie son identité en fonction de la pertinence de cette identité par rapport à la situation sociale et que l'individu fait cela de manière à obtenir une interaction agréable avec les autres, c'est-à-dire qu'il choisira l'identité qui est la mieux réceptionnée par l'autre[75]. Obama, en tant qu'homme politique, est confronté à des situations où les données politiques déterminent la pertinence identitaire. Parmi ces variables figurent la composition de l'auditoire et le sujet abordé. Certains sujets ne peuvent pas être abordés de la même façon selon un public noir ou blanc, ni selon l'orateur. Tel est le cas pour certains sujets « racialement chargés », particulièrement sur le terrain des politiques sociales et raciales sujettes à une polarisation idéologique forte[76]. La même remarque ne sera pas réceptionnée de la même façon en fonction de l'orateur. La *doxa* fait qu'un même terme se verra attribuer des charges de sens différentes en fonction de l'identité raciale et politique de l'orateur. Obama peut donc adapter son identité en fonction de ces variables. Le point crucial est qu'il ne s'agit pas pour lui de jouer un rôle dans le sens où il incarnerait une identité qui n'est pas la sienne, mais bien de mettre en exergue la facette de son identité multiraciale qui a le plus de pertinence par rapport à la situation. En revanche, il s'agit bien d'un jeu de rôle dans le sens où l'identité qu'il endosse n'est pas fixe et pérenne mais une représentation. La sémiologue Ruth Amossy explique que cette représentation de soi dans le discours qui se construit au fil du discours est l'*ethos discursif* et se distingue de l'identité propre, personnelle ou intime de l'individu et se base sur l'image ou ethos préalable que se fait le public de l'orateur selon ses fonctions institutionnelles, son statut, son pouvoir, et la

---

75 Timothy J. Owens, Dawn T. Robinson et Lynn Smith-Lovin, "Three Faces of Identity," *Annual Review of Sociology* 36 (2010): 478.
David Heise, *Affect Control Theory*. 25 April 2011. Consulted 11 Sept. 2014. www.indiana.edu/~socpsy/ACT/index.htm

76 Bruce S. Jansson, *The Reluctant Welfare State: A History of American Social Welfare Policies* (Pacific Grove, CA: Brooks/Cole Publishing Company, 2005).
Michael B. Katz, *The Price of Citizenship: Redefining the American Welfare State* (2001; Philadelphia: University of Pennsylvania Press, 2008).
Robert C. Lieberman, *Shifting the Color Line: Race and the American Welfare State* (1998; Cambridge: Harvard University Press, 2001).
Charles Noble, *Welfare As We Knew It: A Political History of the American Welfare State* (New York: Oxford University Press, 1997).

représentation collective ou stéréotype qui circule sur sa personne. L'orateur construit son ethos discursif en fonction de ce que lui pense être l'ethos préalable et la vision du monde de son public. La modélisation de l'ethos opère notamment à travers la *doxa* et la manière dont l'orateur la retravaille[77].

L'identité transcendante ou supra-raciale

La principale de ses identités politiques est celle d'un Obama transcendant les races. C'est l'identité qui a fait son succès, pour laquelle les médias ont chanté ses louanges[78]. La citation est maintenant célèbre : *"There's not a black America and white America and Latino America and Asian America ; there's the United States of America"*[79]. Ici Obama déploie une identité qui supprime toute appartenance raciale, c'est aussi celle qu'il a mise en avant durant la campagne électorale et qu'il a réaffirmée ensuite à intervalles réguliers, en insistant sur le fait qu'il est le président de tous les Américains. La crédibilité de ses propos vient précisément de sa multiracialité. Paradoxalement, sa multiracialité peut être vue comme un gage de sa *colorblindness* : en faisant d'une certaine manière partie de presque toutes les communautés, il n'aurait pas de raison d'en privilégier une en particulier. Dans *The Audacity of Hope,* Obama commente la déclaration citée plus haut. Il explique sa croyance en cette affirmation par sa famille patchwork qui est un parfait mélange des races et ne lui laisse pas d'autre choix que de croire en une approche *colorblind.* En revanche, il clarifie aussi à cette occasion ce qu'il entend par cette déclaration. Il n'entend absolument pas par là que les États-Unis ont atteint un stade post-racial (ayant surmonté le racisme et la discrimination) comme certains l'ont affirmé[80]. L'élection même d'Obama a été largement saluée comme l'avènement d'une Amérique post-raciale dans les médias et par certains chercheurs, mais cette interprétation est tout aussi largement jugée prématurée[81]. Obama avait besoin d'une unité raciale et devait donc affirmer une super-identité qui aide à dissiper les tensions et la compétition entre les différents groupes raciaux[82]. Pour les électeurs blancs, en particulier, la capacité d'Obama à transcender les races était importante[83]. Il explique par le biais de sa famille patchwork, dont il compare les réunions familiales pour Noël à des assemblées des Nations Unies, qu'il ne peut

---

77 Amossy 77; 79-80.

78 Michael Tesler et David O. Sears, *Obama's Race: The 2008 Election and the Dream of a Post-Racial America* (Chicago: University of Chicago Press, 2010) 3.

79 Barack Obama, *Keynote Address at Democratic National Convention*, Boston, Massachusetts. 27 July 2004.

80 Obama, *Audacity*, 231-2.

81 T.J. Sugrue, *Not Even Past: Barack Obama and the Burden of Race* (Princeton: Princeton University Press, 2010) 136.
Thomas, Herring et Horton, 179.

82 John E. Transue, "Identity Salience, Identity Acceptance, and Racial Policy Attitudes: American National Identity as Uniting Force," *American Journal for Political Science 51:1* (2007): 79.

83 Orbe, 106.

pas faire autrement que de croire en l'unité américaine et de rejeter les politiques identitaires[84]. Même face à des reproches ouverts de la part de la communauté noire, Obama a réitéré sa conviction déjà exposée dans *The Audacity of Hope* que des politiques racialement neutres sont en mesure d'aider la communauté noire[85].

> *I can't pass laws that say I'm just helping black folks. I'm the president of the United States. What I can do is make sure that I am passing laws that help all people, particularly those who are most vulnerable and most in need. That in turn is going to help lift up the African-American community*[86].

Cette citation, bien qu'insistant sur les aspirations d'Obama à l'universalisme, évoque aussi un problème profond. Les conflits intergroupes aux États-Unis s'articulent particulièrement autour du clivage Noir-Blanc. Outre son identité transcendant toutes les races, Obama met en avant une identité biraciale destinée à transcender ce clivage.

Obama biracial : un pont entre communautés blanche et noire

L'identité biraciale est celle qu'Obama met en avant lorsqu'il s'agit de faire office de pont dans le clivage Noir-Blanc, qui reste le plus profond aux États-Unis. Déjà dans son autobiographie, Obama avait exprimé sa conviction de pouvoir jouer ce rôle, mais c'est dans son célèbre discours *A More Perfect Union* qu'il l'a fait avec le plus de succès[87]. Dans ce discours il se présente comme biracial : *« I'm the son of a white woman from Kansas and a black man from Kenya »*. Cette façon de se présenter remplit deux fonctions dans son identité. La première est d'asseoir sa légitimité dans les deux camps raciaux : noir et blanc. La seconde est de rassurer la population blanche : il insiste sur le fait d'être un fils d'immigré africain (n'ayant donc pas la même histoire qu'un Africain-Américain et donc pas les mêmes reproches historiques à formuler)[88]. Ceci pourrait donc se révéler comme un problème de légitimité pour s'adresser à la communauté africaine-américaine, surtout dans son appel à mettre les ressentiments et les conflits au second plan et à arrêter de se complaire dans la victimisation. Toutefois, Obama justifie sa légitimité par sa femme Michelle qui

---

84 Obama, *Audacity*, 10; 120; 231.

85 Obama, *Audacity*, 247.

86 Sheryl Gay Stolberg, "For Obama, Nuance on Race Invites Questions," *New York Times*, 08 Feb. 2010. Consulted 05 May 2014. http://www.nytimes.com/2010/02/09/us/politics/09race.html?_r=0

87 La franchise avec laquelle Obama a parlé de questions raciales dans ce discours a été largement applaudie, mais aussi critiquée. Certains jugent qu'il a relégué les questions de racisme et de discrimination trop loin dans le passé. Pour une analyse plus détaillée, voir Sarah McCaffrey, "Ghosts and Gaps: A Rhetorical Examination of Temporality and Spatial Metaphors in Barack Obama's "A More Perfect Union", p. 31-48. Dans Harris, Moffitt et Squires.

88 Chuck Todd et Sheldon Gawiser, *How Barack Obama Won: A State-by-State Guide to the Historic 2008 Presidential Election* (New York: Vintage Books, 2009) 12.

le rattache à la communauté africaine-américaine. De la même manière, il utilise les préjugés et les peurs raciales de sa propre grand-mère maternelle pour montrer à la communauté blanche qu'il comprend parfaitement le point de vue blanc, même dans ses recoins les moins politiquement corrects[89].

Cette façon de se présenter introduit d'une certaine manière sa justification de ses convictions politiques. L'un des préjugés à contrer est le soupçon immédiat de la part de la population blanche qu'un homme politique noir mènera forcément une politique identitaire, ce qui constitue précisément une attente de la part de la communauté noire. Les incidents impliquant le Révérend Wright, Shirley Sherrod, le Professeur Henry Gates ou encore Van Jones[90] illustrent parfaitement ce problème que rencontre tout homme politique noir à l'échelle nationale. Un membre de la chambre des représentants peut avoir un électorat majoritairement noir[91], mais pas un sénateur, et encore moins un président. Ces positions exigent une politique générale excluant toute politique identitaire. Par le biais de son identité raciale, Obama tente de justifier sa position politique. Il précise qu'il n'a pas eu une éducation africaine-américaine, mais qu'il a fait l'expérience de la même discrimination quotidienne que tous les autres Noirs aux États-Unis, comme par exemple le fait d'être suivi par les vigiles dans les magasins, d'être pris pour le voiturier en attendant devant un restaurant, d'être arrêté fréquemment et sans raison par la police routière. Il est pourtant clair dans son rejet de toute politique identitaire. Il a maintenu cette position aussi plus tard, quand il a été accusé par certains membres de la communauté noire de ne pas s'investir assez pour la communauté[92]. Toutefois, en tant que sénateur, Obama avait eu un ton souvent plus virulent concernant des problèmes ou injustices raciales. Ce ton est devenu nettement plus conciliant durant sa campagne présidentielle. Le thème de la réconciliation raciale et le besoin de comprendre l'autre qu'il expose dans *A More Perfect Union* sont déjà présents dans *The Audacity of Hope.* Par contre, en tant que président il est vraiment contraint de ne pas apparaitre comme un « *angry black man* ». Cet aspect des contraintes raciales qui pesaient sur lui pour la présidence a été particulièrement exacerbé dans l'incident avec le Révérend Wright[93], qui dans son discours, interprété par beaucoup comme haineux, apparaissait comme l'image presque caricaturale de l'homme noir en colère. Sa distanciation vis-à-vis de Wright après un second prêche haineux et son positionnement politique sont considérés par certains comme un bon équilibre dans la délicate dicho-

89 Obama, *Union.*

90 Van Jones a démissionné en 2009 de son poste de conseiller pour la protection de l'environnement après que des dirigeants du Parti Républicain ont tenté d'utiliser ses propos et actions militantes pour entacher Obama et le présenter comme un dangereux radical.

91 Les circonscriptions sont beaucoup plus petites et souvent tracées de façon à présenter une certaine homogénéité politique et/ou raciale.

92 Stolberg.

93 Le Révérend Wright est le pasteur de la *Trinity United Church.* Obama avait commencé à fréquenter cette église relativement peu de temps après son arrivée à Chicago.

tomie du *Good Black Man/Bad Black Man* décrite par Judy Isaksen[94]. Obama parvient à montrer qu'il a une conscience raciale, sans avoir une obsession raciale. Ceci fut une qualité majeure du candidat Obama pour convaincre les électeurs[95].

Obama noir : politiques sociales et races

Obama n'a pas dû travailler son identité africaine-américaine dans l'unique but de rassurer l'électorat blanc. Comme il a été évoqué plus haut, à cause de ses origines, à cause du fait qu'il ne soit pas issu de la communauté noire, Obama a dû cimenter une identité noire pour établir une base de discussion avec la seule communauté noire. Parmi les sujets sensibles qui sont difficilement abordés dans la communauté noire se trouve celui de la responsabilité individuelle, notamment en matière d'éducation. Le clivage idéologique traditionnel entre conservateurs et progressiste présente couramment deux options pour résoudre les problèmes d'échec social et de pauvreté dans la population noire. La solution conservatrice exigeant plus de responsabilité personnelle et d'éthique de travail couplée avec la quasi-suppression de toute aide gouvernementale s'oppose à la solution progressiste prônant plus d'aide gouvernementale sans évoquer la possibilité d'un changement de valeurs morales[96]. Pour ceux, comme Cornel West et Barack Obama, qui souhaitent emprunter une « troisième voie » entre les deux, une combinaison de responsabilité personnelle et d'intervention gouvernementale, cette polarisation présente de nombreux écueils à éviter, particulièrement si la légitimité d'Obama à aborder le sujet était remise en cause. En abordant le sujet de la responsabilité personnelle, Obama a couru le risque d'être mal compris, d'être perçu comme un homme politique qui ne prend pas à cœur les intérêts de la communauté noire.

Obama est très conscient de ces mines politiques, comme lors de son discours devant la *Urban League* en 2010. Il aborde le sujet de la réforme de l'éducation devant un public noir. Après avoir longuement exposé ses plans de réforme, du point de vue de l'intervention du gouvernement et de ses convictions politiques, il exhorte les parents à s'investir davantage dans l'éducation de leurs enfants. Il s'aventure aussi sur un terrain rhétorique largement dominé par le discours conservateur, celui de la responsabilité personnelle. La *doxa* des États-Unis aujourd'hui veut que le terme de responsabilité personnelle soit immédiatement associé à l'idée d'une baisse des subventions pour les politiques sociales. Afin de désarmer cette mine rhétorique et de travailler son *ethos* d'homme politique de la « troisième voie », Obama procède en trois étapes.

Il rassure tout d'abord son public sur le fait qu'il est conscient du besoin de politiques sociales fortes :

---

94 Judy L. Isaksen, "Obama's Rhetorical Shift: Insights for Communication Studies," *Communication Studies* 62:4 (2011): 456-471.

95 Orbe, 213.

96 West, 18-22.

Now, in the past, even that statement has sparked controversy. Folks say, well, why are you talking about parents ? Parents need help, too. I know that. Parents need jobs. They need housing. They need –in some cases– social services. [...]. *We're working on all those fronts*[97].

La deuxième étape consiste à préciser qu'il ne s'agit pas là d'un ciblage racial, qu'il ne considère pas que cela soit un sujet exclusivement noir et ne l'entend pas dans un sens conservateur de culpabilisation, mais bien dans un sens universel : *« Then some people say, well, why are you always talking about parental responsibility in front of black folks ? (Laughter and applause.) And I say, I talk about parent responsibility wherever I talk about education »*. Pour finir, Obama insiste sur son appartenance à la communauté noire et de ce fait sur sa légitimité à aborder certains sujets qui fâchent : *« Michelle and I happen to be black parents, so – (laughter and applause) – I may – I may add a little umph to it when I'm talking to black parents. (Laughter) »*. Les rires enregistrés durant le discours suggèrent que la stratégie fonctionne.

Obama immigré : expérience personnelle et rêve américain[98]

L'endossement d'une identité biraciale ou noire est assez facile à envisager, mais Obama parvient aussi à opérer une connexion identitaire avec la communauté hispanique. Les difficultés en matière d'éducation sont un peu différentes pour la population hispanique que pour la population noire, car il ne s'agit pas là principalement de mauvais résultats scolaires, mais d'un taux encore plus élevé de jeunes quittant l'école sans obtenir de diplôme[99].

Obama a abordé le sujet de la réforme de l'éducation et de ce qui avait déjà été entrepris par le *American Recovery and Reinvestment Act* de 2009 devant la *Hispanic Chamber of Commerce*[100], en insistant particulièrement sur le rôle de l'éducation dans la compétitivité économique internationale. Le public de ce discours est hispanique et donc composé d'immigrés de la première et deuxième génération. Le thème sous-jacent reste le même que face aux Africains-

---

97 Barack Obama, *Remarks by the President on Education Reform at the National Urban League Centennial Conference*, Washington Convention Center, Washington, D.C. 29 July 2010.

98 Dina Gavrilos utilise l'expression « *American Dream Identity* ». Dina Gavrilos, "White Males Lose Presidency for First Time: Exposing the Power of Whiteness through Obama's Victory" dans Harris, Heather E., Kimberly R. Moffitt et Catherine R. Squires, eds. *The Obama Effect: Multidisciplinary Rendering of the 2008 Campaign.* Albany: SUNY Press, 2010.

99 Kurt J. Bauman et Nikki L. Graf, *Educational Attainment 2000: Census 2000 Brief*, U.S. Census Bureau, 2003. p. 5. Les pourcentages de personnes sans diplôme d'études secondaires sont : 19,6% de la population totale, 14,5% de la population blanche, 27,7% de la population noire, et 47,6% de la population hispanique. Ces taux se sont notablement améliorés entre 2000 et 2010 : plus que 12,9% de la population totale, 12,4% de la population blanche, 15,8% de la population noire, et 37,1% de la population hispanique n'avaient pas fréquenté ou fini le lycée. *U.S. Census Bureau Statistical Abstract of the United States* 2010, p. 151.

100 Barack Obama, *Remarks by the President to the Hispanic Chamber of Commerce on a Complete and Competitive American Education*, Washington Marriott Metro Center, Washington, D.C., 10 March 2009.

Américains : le besoin de conjuguer efforts de l'État et effort personnel, le besoin de s'investir dans l'éducation de ses enfants. Obama articule ce message autour de deux axes complémentaires. Tout d'abord, il situe l'éducation dans le rêve américain et l'associe à la notion de sacrifices faits pour ses enfants : *« And when you're a kid you don't think about the sacrifices they're [parents] making. She [Obama's mother] had to work ; I [Obama] just had to go to school. But she'd still wake up every day to make sure I was getting what I needed for my education »*[101]. La *doxa* du rêve américain insiste particulièrement sur l'idée qu'en travaillant dur n'importe qui peut réussir aux États-Unis. Elle se nourrit du mythe de la terre de toutes les opportunités pour les nouveaux arrivants, d'un idéal que tout le monde peut atteindre en faisant des sacrifices, avec principalement l'espoir que l'on prépare un meilleur avenir pour ses enfants. Bien entendu, cela convoque aussi l'image de ceux qui vivent déjà le rêve américain, et notamment Obama lui-même, un enfant issu d'une famille modeste devenu président des USA. Afin d'asseoir sa légitimité à demander plus de sacrifices et plus de responsabilité à des immigrés récents qui bataillent encore pour obtenir leur part du rêve américain, Obama rappelle sa propre expérience d'enfant d'immigré.

> *I say this not only as a father, but also as a son. When I was a child my mother and I lived overseas, and she didn't have the money to send me to the fancy international school where all the American kids went to school. So what she did was she supplemented my schooling with lessons from a correspondence course. And I can still picture her waking me up at 4:30 a.m., five days a week, to go over some lessons before I went to school. And whenever I'd complain and grumble and find some excuse and say, "Awww, I'm sleepy," she'd patiently repeat to me her most powerful defense. She'd say, "This is no picnic for me either, buster."* (Laughter and applause)[102].

Après cette description détaillée des sacrifices quotidiens que sa mère avait faits lorsqu'ils vivaient en Indonésie, Obama se présente lui-même comme le résultat du sacrifice, le rêve américain devenu réalité : *« [...] I can stand here today as President of the United States. It's because of the sacrifices [...] »*[103]. Il rappelle par là que sa famille a vécu exactement ce que les membres de son auditoire sont en train de vivre, et ce, comme ces derniers, dans un pays étranger.

De façon assez intéressante, Obama utilise le thème de l'immigration dans un but totalement différent. Dans le discours devant la *Democratic National Convention* de 2004, Obama utilise le thème de l'immigration pour se rattacher aux Amériques fondamentales, à travers l'histoire de ses parents. Il raconte l'histoire de son père (à la recherche d'opportunité), et de sa mère, qu'il présente comme un exemple de l'Amérique blanche modeste, sans oublier de préciser que cette Amérique blanche a bénéficié d'un soutien massif de l'État

---

101 Obama, *Chamber of Commerce.*

102 Obama, *Chamber of Commerce.*

103 Obama, *Chamber of Commerce.*

(*GI Bill, FHA*)[104]. Il se décrit comme le résultat du rêve de ses parents, fondé sur certaines valeurs américaines fondamentales : l'opportunité et l'égalité. Il présente sa propre expérience non-pas comme une anomalie, une curiosité, mais comme ce que les États-Unis ont toujours été : *« I stand here knowing that my story is part of the larger American story, that I owe a debt to all of those who came before me, and that in no other country on Earth is my story even possible »*[105]. En changeant légèrement de point de vue, en déplaçant légèrement sa focalisation identitaire, Obama parvient à utiliser un même thème, celui de l'immigration, pour deux finalités différentes : dans le premier cas pour se rattacher à un groupe racial particulier, dans le second pour se présenter comme l'essence des États-Unis.

CONCLUSION

Dans ses multiples facettes, Obama est très représentatif de la question identitaire aux États-Unis et tout aussi représentatif de l'évolution récente du débat sur l'identité raciale. Les différences entre la manière dont il est perçu, dont il se perçoit et dont il se présente dans ses discours politiques montrent la profondeur de la question. La perception de l'identité raciale est en train de changer aux États-Unis, et l'exemple d'Obama révèle un dilemme : d'un côté la revendication d'une identification biraciale ou multiraciale correspond mieux au ressenti intérieur des personnes et reflète la reconnaissance de cet état de fait par les institutions. Mais de l'autre, la société au sens large reste encore prisonnière de l'ancien modèle d'identification uni-raciale. Obama joue sur les deux plans : d'un côté il affiche une identité uni-raciale qui ne correspond pas à son ressenti intérieur et à son autodéfinition, mais, de l'autre, il se sert de l'acceptation naissante de la multiracialité pour endosser des identités différentes en fonction des besoins oratoires de ses discours. Cette navigation identitaire dans ses discours montre aussi à quel point la question raciale est toujours actuelle et loin d'être dépassée, surtout au niveau politique. Encore aujourd'hui, les politiques sociales sont particulièrement influencées par un discours et une doxa profondément marqués par des conflits d'intérêts orientés selon des lignes raciales et qui nécessitent une rhétorique habile pour contourner les impasses raciales aux États-Unis.

---

104 Le *G.I. Bill* a permis aux vétérans de la Seconde Guerre mondiale d'aller à l'université (les vétérans noirs ont été largement exclus de ce programme) et la *Federal Housing Agency* aidait à l'achat d'une maison. La population noire a été aussi largement exclue de ce programme. Ira Katznelson, *When Affirmative Action Was White: An Untold History of Racial Inequality in Twentieth-Century America* (New York: Norton, 2005) 17. West 94.

105 Obama, *Chamber of Commerce.*

BIBLIOGRAPHIE

AMOSSY R., *L'argumentation dans le discours*, 3e éd. Paris, Armand Colin, 2010.

ARANA M., "He's Not Black", *Washington Post*, 30 Nov. 2008, consulted 14 Mar. 2014. http://www.washingtonpost.com/wp-yn/content/article/2008/11/28/AR2008112802219.html.

AVILA, Oscar. "Obama's Census-form Choice : 'Black'", *Los Angeles Times*, 04 Apr. 2010, consulted 11 Sept. 2014. http://articles.latimes.com/2010/apr/04/nation/la-na-obama-census4-2010apr04.

BARTHÉ Jr., DARRYL G. "Racial Revisionism, Caste Revisited : Whiteness, Blackness, and Barack Obama", in *Obama and the Biracial Factor : The Battle for a New American Majority*, edited by Andrew Jolivétte, Bristol, UK : The Policy Press, 2012, 81-83.

BAUMAN K. J. and GRAF Nikki L., *Educational Attainment 2000: Census 2000 Brief*, U.S. Census Bureau, 2003.

Biography of G.K. BUTTERFIELD, consulted 14 Mar. 2014. http://butterfield.house.gov/biography/.

Census.gov. Census 2000 questionnaire, 05 Sept. 2014. https://www.census.gov/dmd/www/pdf/d02p.pdf.

Census.gov. "North Carolina, 1st Congressional District", consulted 09 Sept. 2014. http://www.census.gov/fastfacts/

CNN, "Obama : Police Who Arrested Professor 'Acted Stupidly'", 23 July 2009, consulted 25 Mar. 2014. http://edition.cnn.com/2009/US/07/22/harvard.gates.interview/.

DANIEL G. R., "Race, Multiraciality, and the Election of Barack Obama: Toward a More Perfect Union?", in *Obama and the Biracial Factor : The Battle for a New American Majority*, edited by Andrew Jolivétte, 31-61. Bristol, UK : The Policy Press, 2012.

EDSALL T. B. and EDSALL M. D., *Chain Reaction: The Impact of Race, Rights, and Taxes on American Politics*, New York, Norton and Company, 1992.

FEAGIN J. R., *White Party, White Government: Race, Class, and U.S. Politics*, New York, Routledge, 2012.

GAVRILOS D., "White Males Lose Presidency for the First Time: Exposing the Power of Whiteness through Obama's Victory", in *The Obama Effect : Multidisciplinary Renderings of the 2008 Campaign*, edited by Heather E. Harris, Kimberly R. Moffitt, and Catherine R. Squires, Albany, N.Y. : SUNY Press, 2010, 3-15.

GAY STOLBERG Sh., "For Obama, Nuance on Race Invites Questions", *New York Times*, 08 Feb. 2010, consulted 05 May 2014. http://www.nytimes.com/2010/02/09/us/politics/09race.html?_r=0.

GLAZER N., *We Are All Multiculturalists Now*, Cambridge, Harvard University Press, 1997.

HACKSHAW A., "Black Ethnicity, Black Community, and Political Solidarity among African Americans and Black Immigrants", *PS : Political Science and Politics* 39, 2 (2006), 377.

HARTMANN M., "Morgan Freeman Helpfully Declares That Obama Isn't America's First Black President", *NYmag.com*. 06 July 2012, consulted 07 Apr. 2014. http://nymag.com/daily/intelligencer/2012/07/morgan-freeman-obama-isnt-a-black-president.html.

HEISE D., *Affect Control Theory*. 25 Apr. 2011. Consulted 11 Sept. 2014. www.indiana.edu/~socpsy/ACT/index.htm.

HOCHSCHILD J. L., *Facing Up to the American Dream : Race, Class, and the Soul of the Nation*, Princeton, Princeton University Press, 1995.

ISAKSEN J. L., "Obama's Rhetorical Shift : Insights for Communication Studies", *Communication Studies* 62 : 4 (2011) : 456-471.

JANSSON B. S., *The Reluctant Welfare State : A History of American Social Welfare Policies*, Pacific Grove, CA: Brooks/Cole Publishing Company, 2005.

JARET Ch. and REITZE D. C., "The Importance of Racial-Ethnic Identity and Social Setting for Black, Whites, and Multiracials", *Sociological Perspectives* 42 : 4, 1999, 711-37.

JOLIVÉTTE A. J. (ed.), *Obama and the Biracial Factor : The Battle for a New American Majority*. Bristol, The Policy Press, 2012.

JONES S. W., "The Obama Effect on American Discourse about Racial Identity: Dreams from My Father (and Mother), Barack Obama's Search for Self", in *The Obama Effect: Multidisciplinary Renderings of the 2008 Campaign*, edited by Harris H. E., Moffitt K. R. and Squires C. R., Albany, N.Y., Suny Press, 2010, 131-52.

KATZ M. B., *The Price of Citizenship : Redefining the American Welfare State*, 2001, Philadelphia, University of Pennsylvania Press, 2008.

KATZNELSON I., *When Affirmative Action Was White: An Untold History of Racial Inequality in Twentieth-Century America*, New York, Norton, 2005.

KORGEN K. O. and BRUNSMA D. L., "Avoiding Race or Following the Racial Scripts ? Obama and Race in the Recessionary Period of the Colorblind Era", in *Obama and the Biracial Factor : The Battle for a New American Majority*, edited by Andrew Jolivétte, Bristol, UK, The Policy Press, 2012, 191-205.

KORNREICH L., "Obama : New Dog Could Be 'Mutt Like Me'", CNN. com. 07 Nov. 2008, consulted 26 Mar. 2014.
http://politicalticker.blogs.cnn.com/2008/11/07/obama-new-dog-could-be-mutt-like-me/

LACY K. R., *Blue-Chip Black: Race, Class, and Status in the New Black Middle Class*, Berkeley, University of California Press, 2007.

LIEBERMAN R. C., *Shifting the Color Line: Race and the American Welfare State*, 1998, Cambridge, Harvard University Press, 2001.
Loving vs. Virginia 388 U.S.1 1967
http://www.law.cornell.edu/supremecourt/text/388/1#writing-USSC_CR_0388_0001_ZS.

MAIRA S., "Obama as Enigma: A "New" Regime for Muslim and Arab Americans ?", ed. L. Burnham, *Changing the Race : Racial Politics and the Election of Barack Obama*. Washington, DC : Applied Research Center, 2009.

MCCAFFREY S., "Ghosts and Gaps : A Rhetorical Examination of Temporality and Spatial Metaphors in Barack Obama's 'A More Perfect Union'", in *The Obama Effect: Multidisciplinary Renderings of the 2008 Campaign*, edited by H. E. Harris, Kimberly, R. Moffitt and C. R. Squires, Albany, N.Y., SUNY Press, 2010, 31-48.

MILETZKY Z. V., "Mutt Like Me : Barack Obama and the Mixed Race Experience in Historical Perspective." In *Obama and the Biracial Factor : The Battle for a New American Majority*, edited by Andrew Jolivétte, 141-68. Bristol, UK : The Policy Press, 2012.

MITCHELL W.J.T., "Obama as Icon," *Journal of Visual Culture 8* (2009) 129.

MURPHREE A. and DEIRDRE A. R., "Race Threads and Race Threats: How Obama/Race Discourse Among Conservatives Changed Through the 2008 Presidential Campaign", in *Race in the Age of Obama: Research in Race and Ethnic Relations*, edited by D. Cunnigen and M. A. Bruce, 16, Bingley, UK, Emerald, 2010, 267-300.

MURRAY Ch., *Losing Ground: American Social Policy 1950-1980*, New York, Basic Books, 1984.

NOBLE Ch., *Welfare As We Knew It: A Political History of the American Welfare State*, New York: Oxford University Press, 1997.

OBAMA B., *A More Perfect Union*, National Constitution Center, Philadelphia, 18 March 2008.

—, *Dreams from my Father: A Story of Race and Inheritance*, 1995 Edinburgh, Canongate, 2008.

—, *Keynote Address at Democratic National Convention*, Boston, Massachusetts, 27 July 2004.

—, *Remarks by the President on Education Reform at the National Urban League Centennial Conference*, Washington Convention Center, Washington, D.C. 29 July 2010.

—, *Remarks by the President to the Hispanic Chamber of Commerce on a Complete and Competitive American Education*, Washington Marriott Metro Center, Washington, D.C., 10 March 2009.

—, *The Audacity of Hope : Thoughts on Reclaiming the American Dream*. 2006, Edinburgh, Canongate, 2008.

"Obama's true colors: Black, white… or neither?", 14. Dec 2008, consulted 24, March 2014.
http://www.nbcnews.com/id/28216005/ns/us_news-life/t/obamas-true-colors-black-white-or-neither/#.UzBtAqh5ORg

ORBE M. P., *Communication Realities in a "Post-Racial" Society: What the U.S. Public Really Thinks about Barack Obama*, Lanham, Lexington Books, 2011.

OWENS T. J., DAWN T. R. and SMITH-LOVIN L., "Three Faces of Identity", *Annual Review of Sociology* 36 (2010), 477-500.

PACE J., "Shirley Sherrod Firing : Obama Administration Had Concerns Over Forced Ouster, But Didn't Intervene", *Huffington Post*, 04 Aug. 2010, consulted 26 Mar. 2014.
http://www.huffingtonpost.com/2010/08/04/shirley-sherrod-firing-ob_n_670096.html.

PEARSON R. W., "Social Statistics and an American Urban Underclass: Improving the Knowledge Base for Social Policy in the 1990s", *Journal of the American Statistical Association* 86, no. 414 (1991), 504-12.

PONDER J., "'A Patchwork Heritage': Multiracial Citation in Barack Obama's Dreams from My Father", in *Obama and the Biracial Factor: The Battle for a New American Majority*, edited by Andrew Jolivétte, Bristol, UK, The Policy Press, 2012.

REED W. L., "Social Justice in the Age of Obama", in *Race in the Age of Obama: Research in Race and Ethnic Relations*, edited by Donald Cunnigen and Marino A. Bruce, 16, 193-214, Bingley, UK, Emerald, 2010.

RICKETTS E. R. and MINCY R. B., "Growth of the Underclass : 1970-1980", *The Journal of Human Resources* 25, n°1 (1990), 137-45.

SCHMIDTZ D. and GOODIN R. E., *Social Welfare and Individual Responsibility: For and Against*, Cambridge, Cambridge University Press, 1998.

SCOTT J., "A Biracial Candidate Walks His Own Fine Line," *New York Times*. 29 Dec. 2007, Consulted 05 Sept. 2014.
http://www.nytimes.com/2007/12/29/us/politics/29obama.html?pagewanted=all&_r=0.

SUGRUE T.J., *Not Even Past: Barack Obama and the Burden of Race*, Princeton, Princeton University Press, 2010.

STOLBERG Sh. G., "For Obama, Nuance on Race Invites Questions", *New York Times*, 09 Feb. 2010, consulted 05 May 2014. sec. U.S./Politics.

http://www.nytimes.com/2010/02/09/us/politics/09race.html.
TAJFEL H., *Social identity and Intergroup Relations*, New York, Cambridge University Press, 1982.
TESLER M. and D. O. SEARS, *Obama's Race: The 2008 Election and the Dream of a Post-Racial America*, Chicago, University of Chicago Press, 2010.
THOMAS M. E., HERRING C. and HORTON D., "Racial Differences in the Perception of Racial Equality in the Obama Era", in *Race in the Age of Obama: Research in Race and Ethnic Relations*, edited by D. Cunnigen and M. A. Bruce, 177-92. Bingley, UK, Emerald, 2010.
TODD C. and GAWISER Sh., *How Barack Obama Won: A State-by-State Guide to the Historic 2008 Presidential Election*, New York, Vintage Books, 2009.
TRANSUE J. E., "Identity Salience, Identity Acceptance, and Racial Policy Attitudes: American National Identity as Uniting Force", *American Journal for Political Science 51, 1* (2007), 78-91.
U.S. Census Bureau Statistical Abstract of the United States, 2010.
VOGEL C., "A Bold and Modern White House", *New York Times*, 06 Oct. 2009, consulted 03 Mar. 2014.
http://www.nytimes.com/2009/10/07/arts/design/07borrow.html.
WASHINGTON J., "Many Insisting That Obama Is Not Black", *Huffington Post*, 14 Dec. 2008, consulted 14 Mar. 2014, http://www.huffingtonpost.com/2008/12/14/ap-many-insisting-that-ob_n_150846.html.
WEST C., *Race Matters*, 1993, New York, Vintage Books, 2001.
WILSON J. K., *President Barack Obama: a More Perfect Union*, Boulder, Paradigm Publishers, 2009.
WILSON W. J., *The Declining Significance of Race: Blacks and Changing American Institutions*, 3rd ed., Chicago, University of Chicago Press, 2012.
ZELENY J., "Obama Clinches Nomination ; First Black Candidate to Lead a Major Party Ticket", *New York Times*, 4 June 2008, consulted 09 Sept. 2014, http://www.nytimes.com/2008/06/04/us/politics/04elect.html?pagewanted=all&_r=0

La lutte pour la liberté de Domingo, Malabar de Goa. Pérou (1561-1562)

Jean-Pierre TARDIEU
Professeur des Universités, Université de La Réunion

En 1561, Domingo intenta une action auprès de l'Audience royale de Lima (Pérou) contre son maître Francisco Pérez Lescano, de Trujillo. Il l'accusa de vouloir le vendre alors que, originaire de Goa, il jouissait de la liberté. Enfant, il en avait été extirpé, et se retrouva au Mexique, puis au Pérou, sans trop savoir ce qui lui arrivait. Lorsqu'il prit conscience de son état, à cause de cette menace de vente, il tenta de prouver sa condition d'homme libre en produisant des témoins également natifs des Indes portugaises. Son aspect physique et une marque distinctive sur la figure permettaient de ne pas le confondre avec un des esclaves noirs en provenance du Mozambique et d'affirmer qu'il appartenait bien au peuple malabar dont il connaissait la langue. Un de ces témoins affirma même avoir connu ses parents à Goa. Ces éléments parvinrent à convaincre les juges de la mauvaise foi de son maître, lesquels reconnurent sa liberté.

Mots-clés : Esclave, Goa, Malabar, Lima, Liberté.

En 1561, Domingo presentó una demanda a la Real Audiencia de Lima (Perú) en contra de su amo Francisco Pérez Lescano, de Trujillo. Le acusó de haber querido venderle cuando, oriundo de Goa, gozaba de la libertad. En su niñez, le habían arrancado de allí para mandarle a México y luego al Perú, sin que se hubiera enterado de lo que pasaba. Al tomar conciencia de su estado, debido a la amenaza de venta, intentó probar su condición de hombre libre, presentando testigos naturales de las Indias portuguesas. Su aspecto físico y una marca distintiva en el rostro permitían que no se le confundiese con uno de los esclavos negros procedentes de Mozambique y que se reconociese su pertenencia al pueblo malabar cuya lengua dominaba. Uno de dichos testigos aseveró incluso que había conocido a sus padres en Goa. Convencidos de la mala fe de su amo, los jueces proclamaron su libertad.

***Palabras claves** : Esclavo, Goa, Malabar, Lima, Libertad.*

Dans les fonds de l'Audience royale de Lima, aux Archives Nationales du Pérou, se trouve un surprenant dossier[1] concernant le Malabar Domingo, natif de Goa dans l'Inde portugaise. En 1561, il déposa une plainte auprès de l'instance juridique suprême de la ville (la « *Real Audiencia* ») pour recouvrer la liberté. Elle lui avait été frauduleusement ravie dans son enfance, assura-t-il, ce dont il prit conscience au moment où son dernier maître voulut le vendre à Trujillo, ville située au Nord de la capitale de la vice-royauté. L'affaire dura

---

1 "*Autos seguidos por Domingo, natural de la ciudad de Goa en la India portuguesa, contra Francisco Pérez Lezcano, regidor y vecino de la ciudad de Trujillo porque siendo hijo de padres libres, como lo son todos los naturales de aquella ciudad, Pérez Lazcano lo había privado de su libertad y se sirve de él como esclavo, y lo había enviado al secretario de la Real Audiencia*", Archivo General de la Nación, Lima (Pérou), Real Audiencia, liasse n°6, Année 1561, cahier n°34, 42 folios.

jusqu'en 1562, année où les juges lui donnèrent raison à la suite de plusieurs témoignages. Elle aurait pu paraître banale car, dans toute les Indes occidentales, les actions introduites en justice par les esclaves noirs ou mulâtres pour réclamer leur liberté ne manquaient pas. Mais le plaignant se distinguait par ses origines et son histoire singulières, dont il lui eût été difficile de prouver l'authenticité sans l'aide, tout à fait exceptionnelle, de quelques témoins, dont des compatriotes. La documentation historique permet de vérifier en grande partie les arguments avancés et de formuler quelques hypothèses vraisemblables.

De l'ingénuité à la révolte

Déclinant son identité lors du dépôt de sa plainte, Domingo se déclare originaire de la ville de Goa, dans les « Indes de Portugal ». Le qualificatif ajouté au nom de pays enlève toute confusion avec les Indes Occidentales, dénomination officielle du continent américain depuis l'erreur géographique commise par Christophe Colomb. Dès ses premières paroles, l'intervenant se proclame libre, parce qu'il est né de parents libres et qu'à Goa tous les natifs de la ville le sont par nature. Cette assertion pouvait paraître gratuite, à une époque où l'esclavage, très répandu dans les domaines ultramarins tant du Portugal que de l'Espagne, constituait un des supports de l'économie coloniale : pour convaincre les juges, il fallait produire des actes administratifs ou, tout au moins, des témoignages fiables.

Domingo se trouvait au service de Francisco Pérez de Lezcano, échevin (« *regidor* ») de Trujillo, cité prospère entourée de grands domaines sucriers où travaillait déjà une abondante main-d'œuvre servile, bien que la colonie, fondée en 1535 par Francisco Pizarro, n'eût alors qu'un peu plus d'un quart de siècle d'existence. Il ne partageait toutefois pas le dur labeur des travailleurs des champs, et avoua ne s'être jamais rendu compte auparavant de son véritable statut, d'autant que le traitement dont il bénéficiait n'avait pas éveillé de soupçons dans son jeune esprit. Il n'en ressentit les effets que lorsque son maître l'envoya à Francisco de Caravajal, secrétaire de l'Audience royale de Lima, personnage en vue au sein de la société coloniale, dans le but de l'offrir à la vente. Un sentiment de révolte s'empara alors de lui, non seulement à l'idée des possibles changements suscités par une telle résolution – ayant vécu à Trujillo, il n'ignorait pas ce qui pouvait l'attendre –, mais aussi de l'injustice dont il s'estimait victime. L'esclavage allait à l'encontre des droits de l'homme et du chrétien[2], clama-t-il avec une assurance, peu commune en ce temps, que contredisaient les faits au Nouveau-Monde. Il en fallait plus pour convaincre les juges. Peu sensibles aux incantations, ils s'en tenaient à une réglementation de

---

2 « *Francisco Pérez de Lezcano* [...] *contra derecho se sirve de mi como esclavo y a enviado a mandar al secretario Francisco de Caravajal que como tal esclavo me venda en ella y siendo como es contra derecho de xpno [cristiano] y umano y yo reclamo libertad por ser como soy libre y no sujeto a como soy libre y no sujeto a cativerio ninguno* ».

l'esclavage extrêmement précise depuis les textes législatifs émis par Alphonse X de Castille (1252-1284) et recueillis dans les *Siete Partidas*.

Ils ordonnèrent une première enquête sommaire (« *la sumaria* »), de façon à savoir s'il y avait matière à prendre la plainte en considération. L'avocat de la partie adverse, Francisco de la Torre, protesta le 22 avril 1561 avec véhémence contre les allégations de Domingo, se contentant de dénier la légalité de la plainte et les prétendues origines du plaignant. Sans toutefois apporter de preuves formelles, il prétendit que son client l'avait acheté pour 425 pesos à Alonso de Escobedo et pria enfin les juges d'établir une réquisition amenant cette personne à témoigner.

Le 5 septembre, dans la prison royale où il se trouvait à la requête de son maître, Domingo s'éleva contre le retard pris par son affaire. Personne ne pouvant lui porter secours, il demanda l'aide de l'avocat des pauvres, réservée aux justiciables dépourvus de moyens financiers. Les juges purent seulement éclaircir qu'Escobedo avait acquis Domingo à Juan de Orozco, lequel l'avait lui-même acheté à deux marchands associés, Alonso Ramírez et Juan Pérez de las Quentas. Pour ces différents acteurs, Domingo était bien un esclave noir, et non un Indien de « l'Inde du Portugal ». Le 9 septembre, l'avocat d'Orozco proposa aux juges de s'enquérir de la vérité auprès de Pérez de las Quentas. Bref, l'affaire s'embrouillait de plus en plus.

L'ingénuité de Domingo n'était pas telle qu'il méconnaissait le poids du rapport de forces : il ne se trouvait pas en mesure de résister aux pressions de son maître, lié en sa qualité d'échevin avec les groupes de pouvoir. Il sollicita donc du tribunal la possibilité d'être retiré de la prison et placé auprès d'une tierce personne afin d'organiser sa défense, comme le permettait en effet le droit en de tels cas. Le plaignant se mit à la recherche d'un protecteur, qu'il présenta aux juges le 10 septembre 1561, alors que le procès avait commencé depuis le 27 février. Juan de Grajales, charpentier de son état, se porta garant de lui. Les auditeurs de l'Audience acceptèrent la suggestion, tout en réservant bien sûr leur conclusion, car pour eux Domingo jusqu'à démonstration du contraire était un « noir qui se disait originaire de l'Inde du roi du Portugal »[3].

UNE ARGUMENTATION DÉLICATE

L'avocat de Domingo, Juan Sánchez de Aguirre, probablement commis d'office, pressa le 21 octobre et le 4 novembre 1561 le tribunal de recevoir les dépositions des témoins impatients de partir de Lima. L'interrogatoire put enfin commencer selon le schéma réglementaire. Il revenait au défenseur du plaignant, à partir des informations fournies par son client, de formuler les questions auxquels les témoins seraient appelés à répondre face aux juges. On les résumera comme suit :

3 « *domingo negro natural que dize ser de la Yndia del rey de Portugal* ».

1 Les témoins savent-ils que les Indiens de Goa sont réputés libres et ne peuvent être soumis en aucune façon à l'esclavage ?
2 Domingo est-il bien originaire de la ville de Goa « dans l'Inde du Prêtre Jean » (autrement appelée dans le formulaire « l'Inde du Portugal »), comme on peut le déduire de son aspect physique et de son expression ?
3 Les témoins savent-ils qu'Hernando et Catalina, parents de Domingo, sont originaires de Goa ?
4 Savent-ils que Domingo est libre en tant que leur fils légitime ?
5 Savent-ils qu'un gentilhomme, appelé Bertran Royuli, l'amena comme page de Goa au Portugal à l'âge de onze ou douze ans, sans que Domingo n'y comprît grand-chose. Son maître étant mort peu de temps après leur arrivée, la famille de ce dernier le céda à un autre individu, lequel en fit de même, les maîtres se succédant sans que l'enfant ne se rendît compte qu'il s'agissait de ventes.
6 Savent-ils que Domingo n'eut jamais connaissance de la condition servile où il se trouvait réduit jusqu'à ce que Francisco Pérez de Lezcano ne l'envoyât vendre à Lima. Car la bonne volonté dont il faisait preuve satisfaisait ses maîtres qui le traitaient toujours bien.

Cinq témoins eurent à répondre à ce questionnaire :
- deux Européens ayant séjourné à Goa : un Espagnol, Manuel Páez, demeurant à Trujillo et un Portugais, Pedro Dias, de l'Algarve au Portugal ;
- trois individus natifs de l'Inde orientale : Simón de Cáceres, domestique de María Ortiz, la femme du Comptable ; Manuel de Ribera, au service de Ribera le Jeune ; Salvador, de la domesticité d'Alonso Dávila.

Pedro Dias avait pu constater lors de son séjour que les Indiens goanais étaient libres, sauf ceux marqués d'une croix sur la figure, ce qui n'était pas le cas de Domingo. Salvador, en tant qu'Indien, se contenta d'assurer que ces gens jouissaient de la liberté. Simón de Cáceres se montra plus explicite. Se trouvant à la cour du roi du Portugal, au service d'un gentilhomme nommé Juan Brandon (pour João Brandão), il apprit que si les Indiens du pays du Prêtre Jean[4] avaient été réduits en esclavage dans un premier temps, ils s'en virent libérés lors du mariage de la princesse du Portugal, fille de Manuel Ier, avec le prince de

[4] Le Moyen-Âge avait situé ce monarque chrétien en Asie centrale, et avant le transfert du personnage mythique en Afrique causé par la confusion du Prêtre Jean avec le Négus d'Ethiopie, la légende récupéra l'existence des chrétiens nestoriens de l'Inde dits également « de saint Thomas », d'où cette appellation. Pour plus de précision, on consultera : Jean Doresse, *L'empire du Prêtre-Jean*, t. 2, *L'Ethiopie médiévale*, Paris : Plon : 1957, p. 220. En outre la politique missionnaire du Portugal vers l'empire du Prêtre Jean, soit l'Ethiopie, passa par Goa. Voir : Hervé Pennec, *Des Jésuites au Royaume du Prêtre Jean (Ethiopie)*, Paris : Centre Culturel Calouste Gulbenkian, 2003, p. 88-89.

Castille[5]. D'autre part, originaire lui-même de Goa, il avait eu tout le loisir d'observer les conséquences de ce décret royal.

Les témoins apportèrent diverses preuves des origines indiennes de Domingo. Simón de Cáceres se fie à sa peau, de couleur « abeja », comme celle des Indiens d'une province de l'Inde ainsi nommée[6]. Manuel Páez se réfère aussi à la couleur de Domingo, mais cite en plus sa pratique de la langue du lieu[7], dont il a lui-même quelques connaissances. D'autre part, le plaignant lui a fourni des détails significatifs sur le pays. Simón de Cáceres assure avoir connu les parents de Domingo : son père Hernando est bien de la province d'Abeja, « au-delà de la dite ville de Goa ». Manuel de Ribera, dont la langue maternelle est celle de Goa, même s'il ne la comprend plus très bien, étant parti fort jeune de l'Inde, a entendu Domingo la parler. Salvador soutient que son père est bien de la province d'Abeja. Le jeune homme pratique la langue des Malabars, dont il certifie qu'elle est celle de sa mère. De plus, c'est le seul témoin à évoquer ce détail, il possède une marque au-dessus de son sourcil droit, que les Indiens de Goa et les autres chrétiens « du Prêtre Jean » ont l'habitude d'imposer sur le visage de leurs nouveaux-nés de façon à ce qu'ils ne se confondent pas avec les esclaves noirs mozambiques. Lors de leurs conversations, Domingo lui a nommé des rues de Goa et s'est souvenu du nom du gouverneur Nuño de Acuña[8] (Nuno da Cunha). Quand il fit sa connaissance, quatre ans auparavant, il ne manqua pas de remarquer le signe distinctif des Goanais qu'il portait sur son visage, comme son père.

Fait vraiment inespéré, Simón de Cáceres, étant lui-même de Goa, connut Hernando, Catalina[9], et leur fils Domingo, âgé alors de neuf ou dix ans, qu'il n'a revu que longtemps après à Lima, soit un an avant le procès. Ils vivaient librement dans leur propre maison.

Pour ce qui est des circonstances du départ de Domingo de Goa, certains témoins avaient auparavant bénéficié de ses confidences. Selon Simón de Cáceres, il partit vers le Portugal en compagnie du capitaine Jorge Cabral, gouverneur des Indes entre 1549 et 1550. Manuel Páez se souvient même de ses dires au sujet par exemple du nom du navire et de l'endroit où accosta la flotte dont il faisait partie.

Détail intéressant, Salvador Dávila a retenu de ses conversations avec le plaignant qu'un individu l'avait amené du Mexique au Pérou et l'avait vendu malgré sa condition d'homme libre.

Il nous faudra revenir sur ces informations, afin de les situer dans leur contexte historique. L'avocat de Domingo, Juan Sánchez de Aguirre, fit remarquer aux juges que la partie adverse n'avait pas argumenté à l'encontre de ces

5 Charles-Quint épousa en 1526 la princesse Isabelle du Portugal.
6 S'agit-il de l'ancien sultanat Bijapur, au Nord-Est de Goa, dont cette ville fit partie avant la conquête portugaise ?
7 Le konkani.
8 Nuno da Cunha fut gouverneur de Goa de 1528 à 1538.
9 Sainte Catherine était la patronne de Goa. Le choix de ce nom pourrait être significatif.

témoignages, et les tint donc pour probants. Il les exhorta à émettre rapidement leur verdict, ce qu'ils firent le 23 novembre 1561 en déclarant l'Indien Domingo libre de toute servitude, et en le dispensant des frais de justice, probablement imposés à la partie adverse. Celle-ci ne renonça pas cependant à donner une suite à l'affaire. Le 10 janvier 1562, Francisco de la Torre, représentant Francisco Pérez de Lezcano, réclama copie des actes, car son client, ayant acheté légalement Domingo, voulait se retourner contre Alonso Escobedo, afin d'être dédommagé. Pour obtenir satisfaction, il produisit le contrat de vente daté du 11 septembre 1558, où il était stipulé que l'esclave Domingo, âgé alors de 27 ans, portait une inscription sur la figure signalant le nom de Bartolomé Garrico, qui serait un des acheteurs antérieurs. Le jeune homme serait alors âgé d'un peu plus de trente ans. Ces chiffres, il convient de le souligner, n'entrent pas en cohérence avec ceux notés plus haut ; mais l'on sait qu'en matière d'âge, les contrats de vente d'esclaves étaient très approximatifs. Tout nous porte à penser, si l'on tient compte des déclarations des témoins, que, lors de son arrivée au Portugal en 1550, Domingo devait avoir de 13 à 15 ans. Ne se souvient-il pas du nom de Nuno da Cunha ? Lors du procès, il ne pouvait donc avoir plus de 26 ans. Quant à la marque d'un ancien maître sur le visage du Goanais, il n'y est point fait allusion, ce qui est pour le moins significatif. L'acte était-il authentique ?

Néanmoins cela laissait entrevoir une remise en question de la sentence des auditeurs, ce qui poussa Sánchez de Aguirre à en demander confirmation. Elle lui fut donnée le 24 avril 1562 par les juges Saavedra, Ponce de León et Salazar de Villasanta. L'affaire avait donc duré un an et trois mois. L'on imagine aisément les affres par lesquelles passa Domingo. Il ne pouvait se fier qu'au droit, auquel la législation espagnole lui permettait d'avoir accès, malgré son statut d'esclave. Sans l'aide de l'avocat des pauvres, il n'aurait pas réussi à rassembler les témoignages nécessaires à rendre ses assertions plausibles. Le hasard voulut qu'il se trouvât à Lima quelques individus d'origine indienne, dont certains connaissaient Goa et même sa famille. Leurs déclarations, en relation avec son aspect physique, son expression et le signe distinctif inscrit sur son front, furent de poids, d'autant que celles des deux Européens les confortaient. Apparemment Francisco Pérez de Lezcano, sûr de son bon droit, en prit à son aise, misant trop sur son pouvoir face à un être esseulé. C'est le moment de rappeler que ce personnage n'avait pas hésité à s'affronter au vice-roi, marquis de Cañete, et qu'il fit partie de ceux qui réussirent à détruire son crédit auprès de la cour de Madrid[10]. Mais, pour les juges, le contrat d'achat, s'il attestait bien de la transaction, ne légitimait pas pour autant la condition servile de son prétendu esclave. C'est là un comportement tout à leur honneur, dans un système social fondé en grande partie sur l'esclavagisme.

---

10 Voir : Rubén Vargas Ugarte, S. J., *Historia General del Perú*, t. 2 (1551-1596), Lima : Carlos Millá Batres, 1966, p. 97.

DES ÉCLAIRCISSEMENTS SUGGESTIFS...

Certains points évoqués par les témoins méritent une mise en situation.

Tout d'abord la prétendue liberté des gens originaires de la ville de Goa. Conquise en 1510 par Alfonso de Albuquerque, la ville, à la suite de la soumission de Malacca l'année suivante et d'Ormuz entre 1508 et 1515, devint la capitale de l'Etat de l'Inde (*Estado da India*). Claude Markovits souligne que cela n'aurait pu se faire sans le recours à des militaires d'origine hindoue, dont « bon nombre [...] avait été baptisé et portait un nom chrétien ». A partir de 1540, deux tendances se manifestèrent : celle des Portugais et celle des hindous convertis qui gardaient leurs castes et leurs règles d'endogamie. A côté se trouvaient les métis, les « Indiens de basse caste et des musulmans convertis vivant dans un climat de traditions mêlées »[11]. Les chrétiens goanais[12], pour les plus anciens, provenaient des Indiens prétendument convertis par l'apôtre saint Thomas, qui aurait fini ses jours en Inde. Il s'agit des descendants des Nestoriens, dont une partie se rattacha à Rome pour former dans le Kérala une Eglise de rite syro-malabar. João de Barros fait une longue référence à ces chrétiens dans *Asia. Dos feitos que os Portugueses fieram no descobrimento e conquista dos mares e terras do Oriente. Segunda Década* (1552) :

> *... o bem auenturado Sam Thomé conuerteo muyta párte daquella regiam da India, de que óje fabemos muytas cáfas feitas per elle na terra Malabar, y principalmente a que elle fundou per fuas própias mãos em Choromandel : affy defta femente do euangelho que elle per aquella prouincia femeou, podía auer alguna chriftandade em Goa*[13].

Une représentation d'un couple de ces chrétiens se trouve dans une série d'aquarelles faite à Goa au milieu du XVIe siècle au sujet des différents types de la population à la demande des dirigeants portugais[14] :

---

11 *Histoire de l'Inde Moderne*, sous la direction Claude Markovits, Paris : Fayard, 1994, p. 76 à 82.

12 Selon les recherches de M. N. Pearson, en 1540, la population de Goa comprenait 10 000 Indiens chrétiens, entre 3 000 et 4 000 Portugais, et de nombreux non chrétiens. En dehors de la cité elle-même, 80% des 50 000 habitants des autres îles étaient hindous. Voir : *The New Cambridge History of India, I. 1. The Portuguese in India*, Cambridge : Cambridge University Press, 1987, p. 92-93.

13 João de Barros. *Asia. Dos feitos que os Portugueses fieram no descobrimento e conquista dos mares e terras do Oriente. Segunda Década* (1552). Fac-similé de l'édition d'António Baião, Lisboa : Imprensa Nacional-Casa da Moeda, 1974, réédition de 1988, t. 2, p. 188. Auparavant Duarte Barbosa avait consacré un long passage à ces chrétiens de saint Thomas. Voir : *A Description of the coasts of East Africa and Malbar in the begining of the sixteenth century, by Duarte Barbosa a portuguese. Translated from an early Spanish manuscript in the Barcelona Library with notes and a preface by the hon. E. J. Stanley, London, printed for the Hakluyt Society*, New York / London : Johnson Reprint Corporation, 1970, p. 162.

14 Voir : *Vasco de Gama et l'Inde.* 1998. Fondation Calouste Gulbenkian, Lisbonne / Paris, 1998. Catalogue de l'exposition : 12-Chrétiens du Malabar, *in* : Manuscrit anonyme de la Biblioteca Casanatense (cod. 1880), Rome, fol 116-117, Goa, milieu du XVIe siècle, édition en fac-similé, Lisbonne 1985, p. 68. L'aquarelle porte l'inscription « *Cristaos malabares que fez ho bem auinturado Sant-Tom* » (Chrétiens du Malabar que fit le bienheureux saint Thomas). L'éditeur

1-Chrétiens malabars ou de saint Thomas

Les parents de Domingo offraient-ils un aspect semblable ? Le prénom de notre personnage ne laisse pas présager de son appartenance à cette Eglise. Ses ascendants hindous auraient été plutôt convertis après la conquête. Si nous en jugeons par les repères chronologiques fournis par son contrat de vente à Pérez de Lezcano, Domingo, né en 1531, fut baptisé par les franciscains, arrivés à Goa en 1520-1521 avant les jésuites (1542) et les dominicains (1548). Ils marièrent probablement ses parents, qui devaient alors faire partie des Canarins. On appelait ainsi, signale Xavier de Castro dans ses annotations à *La relation de Jean Mocquet (1607-1610),* les natifs christianisés de basse caste ou dépossédés de leurs biens par leur famille après leur conversion au christianisme. Le mot, précise-t-il, vient de *Kanara*, nom d'une région limitrophe de Goa[15]. A son arrivée à Goa, Mocquet bénéficia de l'humble hospitalité de l'un d'eux. Dans *Voyage aux Indes orientales (1601-1611),* Pyrard de Laval, qui se trouva à Goa en même temps que Mocquet, traite également de ces gens. Avec « les mahométans, les gentils, les banians de Cambay, les brahmans » et « autres de telle condition qui y habitent », ils s'adonnent au commerce, et « font grand trafic et marchandise » :

> Ce sont eux qui tiennent les fermes et tous les grands partis, tant du roi que des particuliers, tant de marchandises que d'autres choses, et il ne se

---

fait remarquer que « des symboles religieux, tels une croix et des chapelets y sont également représentés ».

15 *Voyage à Mozambique & Goa. La relation de Jean Mocquet (1607-1610).* Texte établi & annoté par Xavier de Castro & présenté par Dejanirah Couto, Paris : Editions Chandeigne, 1994. *Quatrième livre de Voyages en Afrique, Asie, Indes orientales et occidentales faits par Jean Mocquet, Garde du Cabinet des Singularités du Roi, aux Tuileries,* Paris : Jean de Heuqueville, 1617.

peut rien vendre sans avoir le consentement de ces fermiers. Ces manières de gens ont des rues à part, où ils tiennent leurs boutiques pour chaque chose de marchandise. Car les Portugais ne font point là aucun art mécanique, quelque nécessité qu'ils aient[16].

On dispose également d'une représentation de ces Canarins, présentée en illustration de l'édition du voyage de Jean Mocquet de 1617 :

2-Les Canarins de Goa[17]

Elle semble davantage correspondre aux chrétiens de la campagne, à en juger par son cadre bucolique. Les témoins du procès ne laissent aucune incertitude à ce sujet : les parents de Domingo avaient pignon sur rue à Goa. C'étaient vraisemblablement de petits commerçants ou de modestes artisans, tels ceux décrits par Pyrard de Laval, et ils devaient plutôt ressembler par leur tenue vestimentaire au couple de chrétiens de saint Thomas du manuscrit de la Biblioteca Casanatense.

Reste à savoir si Hernando et Catalina étaient vraiment libres, comme le proclame leur fils, et si l'affirmation de Simón de Cáceres était fondée, selon laquelle le roi du Portugal avait accordé la liberté aux chrétiens goanais lors du mariage de sa fille avec Charles-Quint, premier de Castille. Il conviendrait de retrouver le document afférent à cette mesure, mais Pyrard de Laval y fait très clairement allusion :

16 *Voyage de Pyrard de Laval aux Indes orientales (1601-1611), tome 2 : Goa, l'empire maritime portugais et le séjour au Brésil.* Texte établi et commenté par Xavier de Castro, Paris : Chandeigne, 1998, p. 597-598.

17 Jean Moquet, *op. cit.*, p. 92.

> Quant aux étrangers, il y a les habitants propriétaires de l'île, qui sont les Portugais qui la dominent et laissent demeurer là les anciens habitants en toute assurance et jouissance de leurs biens, et par ordonnance du roi ne les peuvent faire esclaves comme les autres peuples, ayant obtenu ce privilège du roi[18].

Comment expliquer alors que Domingo se soit retrouvé embarqué comme esclave ? Une fois de plus, Pyrard de Laval nous donne la solution. Des Portugais peu scrupuleux n'hésitaient pas à faire fi des lois, dans une possession si éloignée du pouvoir central. Les gens de quelque pouvoir jouissaient de la faculté de retourner au pays aux frais de la Couronne avec des serviteurs indiens. Domingo, arrivé au Portugal comme page de Bertran Royuli[19], dans la flotte qui transportait le capitaine Jorge Cabral, se retrouva victime de son ingénuité, et surtout de celle de ses parents qui avaient consenti à un tel voyage. Royuli ne pouvait être qu'un familier de Jorge Cabral qui, selon la règle, rentra en Europe à la fin de son mandat. Cela permet de fixer l'arrivée de Domingo au Portugal au plus tôt cette dernière année. Si l'on tient compte des données retenues ci-dessus, l'âge de Domingo à son arrivée au Portugal semble très approximatif.

… ET DES HYPOTHÈSES LÉGITIMES

Lors de leurs interventions, Pérez de Lezcano et son avocat ne cessèrent de traiter Domingo de « Noir », le ramenant ainsi au rang des esclaves en provenance d'Afrique de façon directe ou indirecte, ce qui était le cas de tous les travailleurs serviles aux Amériques. C'était une façon rhétorique d'imposer l'équation Noir = esclave. Le fait de venir de Goa ne changeait pas forcément grand-chose à l'affaire, car les Portugais de la ville acquéraient bon nombre d'esclaves à Mozambique, où affluaient en particulier les Makuas, de mauvaise réputation de par leur irréductible indocilité. On fera appel une fois de plus au *Voyage de Pyrard de Laval aux Indes orientales* :

> Pour le regard du trafic de Mozambique, Sofala, Couama et autres lieux, je dirai premièrement de Mozambique, d'où la plus grande richesse qui s'apporte à Goa est principalement en esclaves ou cafres, qui se transportent partout[20].

Dans sa déposition, Salvador traita d'ailleurs de leur présence à Goa et de la préoccupation des Indiens de ne pas se confondre avec eux. Jean Mocquet en fait de véritables barbares, rejoint en cela par le dominicain João dos Santos

---

18 Pyrard de Laval, *op. cit.*, t. 2, p. 569.

19 Nous ne sommes pas sûr de l'orthographe de ce nom, dont nous n'avons pu trouver trace. Sa consonance à l'évidence n'est pas portugaise. Mais il est traité de « gentilhomme » (« *caballero* »). Ne serait-ce pas un riche marchand goanais accompagnant Jorge Cabral ?

20 *Op. cit.*, p. 528.

dans *Etiopia e varia historia de coisas notáveis do Oriente* (1609). Quelques décennies plus tard, soit en 1686, O. Dapper accentua le trait dans sa *Description de l'Afrique*. Ce comportement poussa la Couronne à ordonner à son vice-roi le 25 février 1609 de ne plus importer de tels esclaves afin de « mettre un terme à ces désordres » et que « l'Inde ne se remplisse d'une telle abondance de cafres ». Nous ne reviendrons pas sur cet aspect, que nous avons développé ailleurs[21].

La couleur noire de la peau des Dravidiens, groupe auquel appartiennent les populations du Sud de l'Inde, peut prêter à confusion, et servir de prétexte à la réaction de Pérez de Lezcano. L'aspect de leur chevelure n'est pas forcément à prendre en considération, car les « *sambos* », métis de Noirs et d'Indiennes aux Amériques, peuvent avoir des cheveux lisses. Restent les traits du visage qui se différencient de ceux des « Ethiopiens » comme on disait. Les témoins n'en firent pas abstraction, mais ils insistèrent sur l'absence de la marque de l'esclavage sur la figure de Domingo et sur le signe distinctif de son appartenance ethnique et religieuse porté par Domingo au-dessus de son sourcil droit.

Quel était ce signe ? Si l'un des témoins parle de la croix imposée sans doute au fer rouge sur la tête des Mozambiques, aucun ne fournit le moindre détail à ce sujet, ce qui est pour le moins étrange. Etait-ce une marque correspondant à une ancienne tradition hindouiste ? Peut-être, étant donné la survivance de certains usages, tolérée par les religieux qui réglementaient la vie à Goa[22]. Mais il ne s'agissait certes pas du troisième œil de la déesse Shiva, qui n'est que peint et donc délébile[23]. Ce ne pouvait être non plus le symbole des chrétiens de saint Thomas, à savoir la fameuse croix redécouverte en 1547 au Mont Saint-Thomas, à Mylapore (Chennai), trop complexe à représenter par incision de la peau et risquant pour cela de se confondre avec la croix des esclaves noirs de Mozambique. Cette scarification symbolique pourrait bien correspondre au triangle pointé vers le haut du shivaïsme, d'autant que ce signe est représentatif de la trinité pour les chrétiens[24].

L'itinéraire (le retour de « *la carreira da India* ») suivi par Domingo ne pose pas de problème jusqu'à son arrivée au Portugal. Tout laisse penser qu'il débarqua à Lagos, point de départ et de retour des expéditions portugaises depuis Henri le Navigateur.

---

21 Voir : Jean-Pierre Tardieu, « Les Mozambiques dans les Amériques espagnoles. Esclaves diaboliques ou esclaves paisibles ? », in Sudel Fuma (dir.), *Regards sur l'Afrique et l'océan Indien*, Paris : Le Publieur, 2005, p. 114-137.

22 Cela avant l'arrivée de l'Inquisition. M. N Pearson insiste : « ... *at least in the sixteenth century conversions, whether forced or not, were certainly done hastily and superficially* » ; *op. cit.*, p. 128.

23 L'œil de l'âme ou de la connaissance (« *jnana chakshu* ») se situe sur le front entre les sourcils. Or, dans le cas de Domingo, le signe distinctif est au-dessus du sourcil droit.

24 A leur arrivée en Inde, les premiers Portugais prirent certaines pratiques et croyances hindoues pour des indices de christianisme. Ce fut le cas de Duarte Barbosa, lequel pourrait ne faire qu'une seule et même personne avec Magellan selon E. J. Stanley, qui fit des brahmanes des adeptes de la Trinité : « *The Brams greatly honour the number three : they hold that there is a God in three persons, and who is not more than one* ». *In* : *A description of the coasts of East Africa and Malbar in the begining of sixteenth century*..., *op. cit.*, p. 123.

La suite de son odyssée l'amena au Mexique. L'union des deux Couronnes ne se produisit pas avant 1580, à travers la personne de Philippe II de Castille, fils d'Isabelle de Portugal. Il n'était pas si facile de passer d'un empire à l'autre. A moins que le maître ordonnateur de ce transfert ne fût un des « *conversos* » réfugiés au Portugal qui profitaient de leur double appartenance pour s'adonner au commerce dans le Nouveau Monde, en particulier à celui des esclaves, échappant ainsi au contrôle de l'Inquisition. Ces marchands, poussés par le sens des affaires, n'hésitaient pas à passer du Brésil à la Nouvelle Espagne par le port de Veracruz, et ensuite à la vice-royauté de Lima. Il leur fallait prendre un galion assurant la liaison entre Acapulco, sur la côte du Pacifique, où aboutira peu de temps après la « nao de Manila », et Le Callao, le grand port de Lima, en faisant escale à Panama, puis dans la baie de San Mateo et à Guayaquil dans l'Equateur actuel. La navigation s'effectuait la plupart du temps au mois d'octobre, la saison la plus favorable, étant donné les fortes tempêtes du Pacifique.

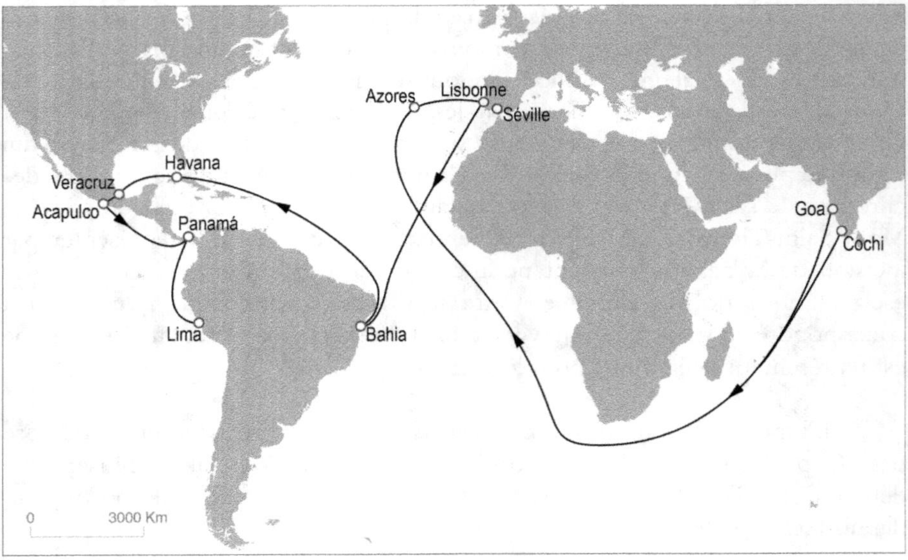

3-L'odyssée de Domingo

Un particulier n'entreprenait pas ce voyage risqué sans être très intéressé, soit administrativement, soit financièrement. Le ballotement de Domingo est à situer dans ce cadre. Trujillo, où il finit par se retrouver, était l'un des lieux du littoral péruvien qui avaient le plus besoin de travailleurs serviles. Il ne partagea cependant pas le sort des esclaves ruraux, comme il le reconnut. Le raffinement mimétique acquis à Goa, où il devait servir de page, le destinait-il davantage au service domestique de gens de qualité ? La lecture de la relation de Pyrard de Laval renforce cette hypothèse. Il s'attarde sur la coutume des gens de bien de la « Rome orientale », les « *fidalgos* »[25], lorsqu'ils vont à pied, de se faire suivre par « force pages, jusqu'à dix et douze ». Ces pages, s'ils ne sont pas nobles, sont

> des petits garçons venus du Portugal qui ne sont encore assez grands pour prendre les armes. Ils sont habillés tout de soie, des livrées et couleurs de leur maître, portent manteaux, et ne leur servent qu'à aller après eux, et porter messages, qu'ils appellent *recados* ; ils ne se mêlent pas parmi les autres serviteurs. Outre ces pages ils ont six ou sept grands cafres de Mozambique portant l'épée...[26]

Le Florentin Francisco Carletti, ayant séjourné dans la ville à la fin du XVIe siècle, traite de ce goût du paraître qui se manifestait par des cortèges d'esclaves :

> Lorsque les Portugais sortent à cheval, ils sont précédés et suivis par un cortège d'esclaves : un esclave tient un bâton pour frayer le passage à la façon d'un massier ; un autre, une ombrelle, sans laquelle ils ne sortent jamais. L'un fait office d'écuyer, l'autre de page et c'est dans cet équipage qu'ils vont paradant dans toute la ville[27].

Ce comportement résista au temps. En 1672, presque un siècle plus tard, Philip Baldaeus y fait allusion avec une bonne dose d'humour satirique :

> *The men are also generally excessive proud, there being scarce any of them that thinks himself remov'd a little above the vulgar fort, but what has is umbrella carried over his head, another servant to carry his cloke after him, and another who holds his sword*[28].

Mais ce qui marqua davantage les esprits curieux, ce furent les gravures illustrant la relation de voyage de Hugues van Linschotten, effectuées selon les dessins de ce dernier par Iohannes-Batista Duetechun[29]. La dignité ostentatoire

---

25 Jean-Baptiste Tavernier, qui séjourna à Goa pendant deux mois en 1648, offre un portrait virulent de ces « *fidalgos* » : « *The Portuguese who go to India no sooner passed the Cape of Good Hope than they all become Fidalgos or gentlemen and add Dom to the simple name of Pedro or Geronimo by which they were known when they embarked ; this is the reason why they are commonly called in derision "Fidalgos of the Cape of Good Hope"* ». In : *Travels in India by Jean-Baptist Tavernier Baron of Aubonne. Translated from the original French edition of 1676*. Second Edition edited by William Crooke, New Delhi : Munshiram Monoharlal Publishers Pvt Ltd, 1995, t. 2, p. 151.

26 *Op. cit.*, p. 602-603.

27 In Michel Chandeigne (dir.), *Goa 1510-1685. L'Inde portugaise, apostolique et commerciale*, Paris : Autrement, 1996, p. 164.

28 Philip Baldaeus, *A true and exact descriptive of the must celebrated east-India coasts of Malabar and Coromanchel and also of the Isle of Ceylan*, Amsterdam 1672. New Delhi-Madras : Asian Educational Services, 1996, p. 608.

29 Hugues van Linschotten, *Itinirário, viagem ou navegação de Huygen van Linschuten para as Indias Orientais ou Portugueses.* Traduction hollandaise de 1638, à partir de la première édition de 1596, chapitre XXIX. Edition de Arie Pos et de Rui Manuel Lourevio, Lisbonne, 1997.

des Portugais des Indes y est mise particulièrement en exergue, comme il apparaît dans la gravure reproduite ci-dessous :

4-La suite d'un « *fidalgo* » de Goa[30]

Domingo n'était pas un de ces jeunes « *reinols* », expression désignant les Portugais arrivés récemment d'Europe, ni un de ces esclaves évoqués par les voyageurs. Mais il aurait bien pu, avant de quitter son pays, faire partie de la suite d'un de ces « *fidalgos* », parmi les « autres serviteurs » qui les accompagnaient dans cette « *ilha ilustrisima de Goa* », « *soberba, altiva e exalçada* » que chante Camoens dans *Os Lusíadas*[31].

Les Espagnols, pour les mêmes raisons, aimaient également se distinguer ainsi du commun dans les principales villes du Nouveau-Monde, ce qu'attestent les chroniques. Pérez de Lezcano, on le déduira aisément, était un de ceux-là. Le jeune homme n'aurait donc pas connu de rupture dans l'outre-Atlantique hispanique, même si son emploi était réservé bien souvent aux esclaves noirs et mulâtres, jusqu'à ce que l'impitoyable réalité n'éveillât en lui des craintes fort légitimes.

L'adversité promena longtemps Domingo à travers le monde ibérique, jusqu'à sa prise de conscience favorisée par l'âge et une rupture de traitement. Peu de Malabars chrétiens suivirent le même périple auquel ne le condamnaient point sa foi et la législation de son pays, n'eût été leur ingénuité et la mauvaise

30 Gravure de Iohannes-Batista Duetechun, *in* : Linschotten, *op. cit.* Reproduction tirée de *Voyage à Mozambique & Goa*, *op. cit.*, p. 120.

31 Chant II, 51.

foi de certains Portugais de Goa. Toutefois, pour sa grande chance, il n'était pas le seul au Pérou à avoir connu telle expérience, comme le prouve la présence de trois témoins de l'Inde portugaise lors du procès intenté pour la reconnaissance de sa liberté. Une certaine porosité entre les deux empires, dont tiraient profit les nouveaux chrétiens castillans réfugiés au Portugal, se trouve possiblement à la base de ce périple involontaire. A la différence toutefois de ses congénères, Domingo, étant donné la naïveté de son jeune âge et l'ambiguïté de son phénotype, connut un avatar qui leur fut épargné, celui de l'esclavage, encore qu'il ne fût pas aussi dramatique qu'il pût l'être. Autre facteur favorable à sa revendication tardive : la proximité du siège d'une Audience royale, dont les juges, malgré les pressions sociales, surent se montrer impartiaux dans l'application du droit castillan.

5-Dans cette carte ancienne de l'Inde (reproduite dans *Vasco de Gama et l'Inde*, *op. cit.*, p. 10) apparaissent l'Île de Goa surdimensionnée et la représentation symbolique de guerriers indiens au phénotype dravidien qui pourrait les faire passer pour des Noirs, ce qui est arrivé à Domingo.

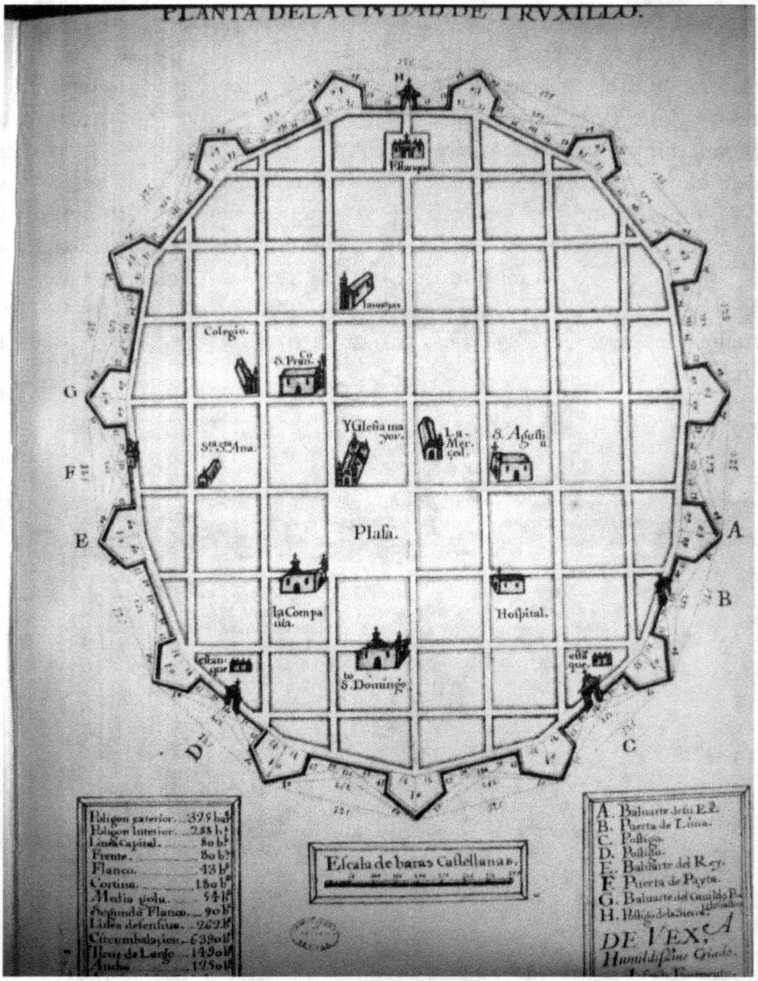

6-Fortificaciones de la ciudad de Trujillo-1687
Archivo General de Indias, Lima 85

Francisco Pérez de Lezcano, comme échevin de Trujillo, possédait, indépendamment de ses haciendas dans la région, une résidence dans cette ville, où Domingo jouait probablement le rôle d'esclave d'apparat avant d'être reclus dans la prison royale de Lima, à la suite de sa plainte, puis de recouvrer sa liberté en tant que Malabar né à Goa.

BIBLIOGRAPHIE

Source manuscrite

"*Autos seguidos por Domingo, natural de la ciudad de Goa en la India portuguesa, contra Francisco Pérez Lezcano, regidor y vecino de la ciudad de Trujillo porque siendo hijo de padres libres, como lo son todos los naturales de aquella ciudad, Pérez Lazcano lo había privado de su libertad y se sirve de él como esclavo, y lo había enviado al secretario de la Real Audiencia*". Archivo General de la Nación, Lima (Pérou), Real Audiencia, liasse n°6, Année 1561, cahier n°34, 42 folios.

Sources imprimées et ouvrages de référence

BALDAEUS Ph., *A true and exact descriptive of the must celebrated east-India coasts of Malabar and Coromanchel and also of the Isle of Ceylan*, Amsterdam, 1672, New Delhi-Madras : Asian Educational Services, 1996.

BARBOSA D., *A Description of the coasts of East Africa and Malbar in the begining of the sixteenth century, by Duarte Barbosa a portuguese. Translated from an early Spanish manuscript in the Barcelona Library with notes and a preface by the hon.* E. J. Stanley, London, printed for the Hakluyt Society, New York/London, Johnson Reprint Corporation, 1970.

BARROS J. de, *Asia. Dos feitos que os Portugueses fieram no descobrimento e conquista dos mares e terras do Oriente. Segunda Década (1552).* Fac-similé de l'édition d'António Baião, Lisboa, Imprensa Nacional-Casa da Moeda, 1974, réédition de 1988, t. 2.

CHANDEIGNE (dir.) M., *Goa 1510-1685. L'Inde portugaise, apostolique et commerciale*, Paris, Autrement, 1996.

DORESSE J., *L'empire du Prêtre-Jean*, t. 2, *L'Ethiopie médiévale*, Paris, Plon, 1957.

LINSCHOTTEN H. van, *Itinirário, viagem ou navegação de Huygen van Linschuten para as Indias Orientais ou Portugueses.* Traduction hollandaise de 1638, à partir de la première édition de 1596. Edition de Arie Pos et de Rui Manuel Lourevio, Lisbonne, 1997.

MARKOVITS Cl., *Histoire de l'Inde Moderne*, Paris, Fayard, 1994.

MOCQUET J., *Voyage à Mozambique & Goa. La relation de Jean Mocquet (1607-1610)*, texte établi & annoté par Xavier de Castro & présenté par Dejanirah Couto, Paris, Editions Chandeigne, 1994.

PEARSON M. N., *The New Cambridge History of India*, t. 1, *The Portuguese in India*, Cambridge, Cambridge University Press, 1987.

PENNEC H. *Des Jésuites au Royaume du Prêtre Jean (Ethiopie)*, Paris, Centre Culturel Calouste Gulbenkian, 2003.

PYRARD DE LAVAL, *Voyage de Pyrard de Laval aux Indes orientales (1601-1611)*, t. 2, *Goa, l'empire maritime portugais et le séjour au Brésil*, texte établi et commenté par Xavier de Castro, Paris, Chandeigne, 1998.

TARDIEU J.-P., « Les Mozambiques dans les Amériques espagnoles. Esclaves diaboliques ou esclaves paisibles ? », in Sudal Fuma (dir.), *Regards sur l'Afrique et l'océan Indien*, Paris, Le Publieur, 2005, p. 114-137.

TAVERNIER J.-B., *Travels in India by Jean-Baptist Tavernier Baron of Aubonne, translated from the original French edition of 1676*, second Edition edited by William Crooke, New Delhi, Munshiram Monoharlal Publishers Pvt Ltd, 1995, t. 2.

VARGAS UGARTE S. J. Rubén, *Historia General del Perú*, t. 2 (1551-1596), Lima, Carlos Millá Batres, 1966.

Vasco de Gama et l'Inde, 1998, Fondation Calouste Gulbenkian, Lisbonne/Paris, 1998, catalogue de l'exposition.

Who is an Aborigine?
The Stolen Generations, Assimilation and Identity in Australia

Oana DUMITRASCU
Université Paris Dauphine

Depuis le début de la colonisation de l'Australie, l'identité aborigène a été définie par les colonies australiennes et ensuite par les États australiens pour servir leurs intérêts et l'idéal d'une « Australie blanche ». Malgré la politique d'absorption, malgré l'enlèvement des enfants métis à leurs familles, malgré le contrôle total sur leurs vies, les Aborigènes ont survécu et ont réussi à garder leur identité. Loin des vieux stéréotypes encore bien tenaces, loin des quotas de sang, ils racontent l'histoire d'une identité ancrée dans la culture, la terre et les liens familiaux et sociaux.

Mots-clés : Aborigènes d'Australie, identité aborigène, les générations volées, assimilation, théories identitaires.

Aboriginal identity was defined by Australian colonies and states since the beginning of colonisation to serve their interests and the racial ideal of a "white Australia". Despite policies of absorption, forcible removal of "half-caste" children, as well as control over every aspect of their lives, Aborigines survived and managed to keep their identity alive. Far from old stereotypes, and blood quantum, they tell the story of an identity anchored in culture, kin and country.

Keywords: *Australian Aborigines, Aboriginal identity, Stolen Generations, Assimilation, race theories.*

INTRODUCTION

In 2005 historian Henry Reynolds published a book entitled *Nowhere People*, a book about race thinking in Europe and its influences in Australia. Reynolds's main research topics focused on Australian colonial history and relations between Aborigines and the British colonisers. Books like *The Other Side of the Frontier*[1], *Dispossession: Black Australians and White Invaders*[2], *Why Weren't We Told?*[3] and many others, were meant to tell a different version of Australian history, one in which Aboriginal people were not forgotten or just brushed aside as a passive people who gave their land willingly to the British. His desire was to set the record straight by telling the true history of Australia: that of a nation built on the massacre, dispossession and deprivation of its original population.[4]

1 Henry Reynolds, *The Other Side of the Frontier : Aboriginal Resistance to the European Invasion of Australia*, Sydney : UNSW Press, 2006.

2 Henry Reynolds, *Dispossession : Black Australians and White Invaders*, St Leonards, N.S.W. : Allen & Unwin, 1996.

3 Henry Reynolds, *Why Weren't We Told? A Personal Search for the Truth About Our History*, Ringwood, Victoria : Penguin Books Australia Ltd, 2000.

4 Reynolds, along with other historians, was involved in a debate about Australian history known as "the history wars". It is a debate that opposes on the one hand those who consider

Nowhere People brought another piece to the puzzle of the very entangled race relations in Australia but its tone – certainly its motivation – was more personal. In the introduction we were told that Reynolds's own research into his family's past led him to believe that there was a very strong possibility that he himself had Aboriginal ancestors and thus could potentially consider himself to be Aborigine. With this suggestion though came the question of who is an Aborigine, what makes someone an Aborigine. We have asked ourselves the same question and though this article does not try to answer this question directly, it provides some keys to understanding this complex issue by analysing past events and policies in Australian history.

Since settlement, Aborigines have been hostage in their own country. Physically by being forcibly removed from their lands and placed on reserves and missions where their lives were controlled to extreme levels. But also in a subtler way, they have been hostages of stereotypes and definitions that the settler society has created for its own purposes. The consequences of such definitions are still visible today but increasingly Aborigines claim the right to define themselves, create the identities and images by which they want to be identified. What is to be an Aborigine? Is there a standard definition? Who is entitled to be an Aborigine? Who decides who's in and who's out? Through testimonies and historical data this article interrogates the many faces of Aboriginal identity and the way they were shaped by the policies of the past and it argues that the complexity of Aboriginal identity is political and institutional mainly. We will first consider the policies and definitions that governed Aboriginal people from the beginning of British settlement in Australia and their roots. Then we will move on to study the impact on Aboriginal identity before considering, in our last part, the Aboriginal viewpoint in relation to Aboriginality.

FEARS AND ACTS: DEFINING ABORIGINALITY

The concept of identity is a complex and complicated one. Used widely in the public and private spheres, by politicians, scientists and ordinary people, in Europe, the United States or Africa, it seems to be of major concern to both individuals and states.

Psychologist Erik Erikson is considered to be the father of the modern meaning of the concept of identity that he developed in his book *Childhood and Society* published in 1950. It is in the 1960s in the United States though that the concept started being used largely in social sciences and it rapidly became a key concept in almost all areas of study.[5]

---

that Australian history was – but for some unfortunate "incidents" – a peaceful, successful and bright one and on the other hand those who claim that, on the contrary, the settlement of Australia was an invasion with frontier violence and guerrilla warfare led by Aboriginal people who defended their lands.

5 Catherine Halpern, « L'identité. L'histoire d'un succès », in Catherine Halpern (dir.), *Identité(s). L'individu, le groupe, la société*, Auxerre : Editions Sciences Humaines, 2016, p. 6-9.

Sociologist Jean-Claude Kaufmann suggests that identity is a concept that is necessarily linked to modernity. In traditional societies – though there was a sense of one's self – the individual did not struggle with the identity issues modern men and women struggle with.[6] The reason they do, the reason why identity is such an issue is because it seems no longer to be self-evident. Contrary to common sense for which identity is something essential, written deep inside a person, a group or a nation, research in social science insist on the fact that identity is a construct.[7] Throughout this article we shall see how Aboriginal identity was built and shaped along the decades.

Reynolds's grandmother, Margaret Dawson had always been a mystery for the family. Reynolds's father, John, never talked about her and became very itchy when asked questions about his mother. Both Reynolds's mother and sister arrived at the conclusion that "she must have been Aboriginal". Years of research were not enough to unveil the mystery. Wherever she had come from, she tried very hard to hide it, being very secretive about her past.

But why were all those secrets necessary? Why all the mystery? The answer resides at the very heart of the definition of the Australian national identity and hence the definition of Aboriginality.

Most colonial societies have in common the power of the colonisers to create new categories, new names and new identities for the colonized. Alfred Grosser talks about a feeling of belonging to a group that is conditioned from the inside but also, and mainly, from the outside: what he calls the identification by designation. He quotes the example of the Hutus and the Tutsis who never spontaneously thought of themselves as being one or the other before being designated as such by the colonisers.[8]

In Australia the British failed to see the remarkable diversity of language groups and the differences between the various tribes that peopled the continent. They thus identified them all by one encompassing name: "Aborigines". Though the tribes continued - and still continue to this day - to identify by their tribal names, the name given to them by the British has been gradually adopted and became a part of their identity. Defining who was an Aborigine and who wasn't contributed to this gradual acceptance.

Tracing all definitions of who was considered an Aborigine could be a complicated task. It differs from the period, the region and of whom you ask. Before contact, there were hundreds of distinctive language groups and Arende, Nyungar, Eora, Jawoyn, Parundji, Murri were as different as any two nations could be. At the arrival of the British, they all became "Aborigines" and having lost their power to decide for their lives they also lost the power to decide who and what they were. The settlers took up the task of defining Aborigines and as

---

6 Jean-Claude Kaufmann, *L'Invention de soi. Une théorie de l'identité*, Paris : Armand Colin, 2004, p. 17.

7 Catherine Halpen, *op. cit.*, p. 13.

8 Alfred Grosser, *Les Identités difficiles*, 2e édition, Paris : Presses de Sciences Po, coll. « La Bibliothèque du citoyen », 2007, p. 19.

the decades passed and the racial thinking and State interests progressed, the definitions multiplied.

Accounts about the first encounters with the Aborigines varied in description of the latter from "noble savages" to mere savages. When James Cook reached the East cost of Australia in 1770 he met with a luxuriant flora and with natives he described as follows:

> they may appear to some to be the most wretched people upon Earth, but in reality they are far more happier than we Europeans; being wholly unacquainted not only with the superfluous but the necessary conveniences so much sought after in Europe, they are happy in not knowing the use of them. They live in a Tranquillity which is not disturb'd by the Inequality of Condition: The Earth and sea of their own accord furnishes them with all things necessary for life; they covet not Magnificent Houses, Houshold-stuff &ca they live in a warm and fine Climate and enjoy a very wholesome Air: so that they have very little need of Clothing and this they seem to be fully sensible of, for many to whome we gave Cloth &ca to, left it carelessly upon the Sea beach and in the woods as a thing they had no manner of use for. In short they seem'd to set no Value upon any thing we gave them, nor would they ever part with any thing of their own for any one article we could offer them; this, in my opinion argues that they think themselves provided with all the necessarys of Life and that they have no Superfluities.[9]

Eighteenth century precepts about "race" were based on a strict hierarchisation of human "races" with the white one at the top and the black "races" at the bottom. Among the black "races" it seems that the Aborigines were on the lowest level, as captain Watkin Tench, who had arrived with the First Fleet, claimed in 1793: "they certainly rank very low, even in the scale of savages."[10] According to ideas of the time civilised people worked the land and had a rich culture. Since Aborigines appeared to have none and they seemed to be so primitive, some even thought they were the missing link between ape and man.

Their so-called primitivism motivated scientists of the time to study them closely, being thought moreover, at the end of the XVIIIth and beginning of the XIXth centuries that the Aborigines represented the past of the human kind, "…the 'savage' state from which 'civilised races' had long evolved."[11] This was known as the "stage theory": the idea that human society was evolving naturally "…from a stage of savagery (characterized by hunting as a mode of

---

9 James Cook, *Journal*, August 1770 in Manning Clark, *A Short History of Australia*, London: Heinemann, 1969, p. 8.

10 Watkin Tench, "A Complete Account of the Settlement at Port Jackson", 1793, in Russell McGregor, *Imagined Destinies: Aboriginal Australians and the Doomed Race Theory*, 1880-1939, Carlton South: Melbourne University Press, 1997, p. 1.

11 David Carter, *Dispossession, Dreams and Diversity. Issues in Australian Studies, Frenchs Forest*, N.S.W., Pearson Education, 2006, p. 48.

subsistence) to one of barbarism (characterized by nomadic pastoralism) to civilisation (distinguished by agriculture and commerce)."[12] But very rapidly, another notion came to overcome this theory, the notion of degeneration.

Darwin's theory of evolution, though it made no mention of human kind, had a great impact on race theories of the XIXth century. English philosopher and sociologist, Herbert Spencer (1820-1903) took up Darwin's theory of evolution and applied it to men. Human society was thus supposed to be governed by the same natural laws as plants and animals and therefore only those best adapted to their environment could survive. From the 1880s and 1890s what came to be known as "the social Darwinism" started to be applied to whole groups not only individuals. But Darwin's theory implied the notion of progress, an evolutionary uplift to something better and more civilised. In 1880 Edwin Lankester in his book *Darwinism, a Chapter in Degeneration*[13], was the first one to theorise the notion of degeneration claiming that human societies could either know progress or degenerate. The notion though existed before Lancaster, it existed even before Darwin presented his theory of evolution and fear of degeneration was already widespread in the XIXth century. Evangelists for instance being convinced of the innate sinfulness of man likewise argued that the Aborigines' primitivism was a consequence of their degeneration.

Thus the destiny of the Australian Aborigine took on a new course and it seems that from the 1830s the widespread idea in Australia was that the Aboriginal "race" would become extinct as the natural end point of their degenerative process. This *doomed race theory* as it was called coincided with the dramatic drop in numbers among the Aboriginal population and was moreover encouraged by the failure to civilise Aborigines. Furthermore, it meant that the degenerative process having started long before the arrival of the British in Australia, the latter were not the main cause of their disappearance though their presence was thought to have hastened the process. Though some held out against this theory, the majority of observers were convinced that the extinction of the Australian Aborigines was inevitable and that it was the design of Providence. This belief triggered almost immediately the need and desire to study Aborigines as it was thought they could provide important clues as to the past of Mankind. The *doomed race theory* was one of the major influences in Aboriginal affairs in Australia as its effects lasted up until the middle of the XXth century.

Another important factor was the fear of miscegenation. Derived from the Latin *miscere* "to mix" and *genus* "race", miscegenation refers to "the interbreeding of people considered to be of different racial types"[14]. The fear of

---

12 Russell McGregor, *op. cit.*, p. 2.

13 E. Ray Lankester, *Darwinism, a Chapter in Degeneration, Nature Series*, London, Macmillan and Co., 1880.

14 Oxford Dictionaries http://www.oxforddictionaries.com/definition/english/miscegenation (accessed March 9th, 2016).

miscegenation in the XIXth century was directly linked to that of degeneration and to the debate between monogenists and polygenists. Monogenists thought that all men descended from Adam and Eve and thus all "races" had a common humanity. All men were not equal, but their souls were and they could become civilised through education. Polygenists on the other hand thought that all human "races" were created separately and the differences between them were unbridgeable. What it also meant was that there could not be interbreeding between the species and if ever there was, the descendants would degenerate. J.C. Watson, leader of the Labour party claimed that the result of miscegenation was "a class 'even lower than either of the original elements'"[15]. In addition to this there was a strong popular belief that "half-castes"[16] inherited the vices of both "races" and none of their virtues, that they were morally deficient, unpredictable, unstable and dangerous. There were few people that suffered more contempt and deprecation from scientists and popular wisdom than the "half-castes" all around the world. In all things considered they were the worst beings on Earth. Moreover, in Australia, they were a considerable threat at a time when purity of the "race" was of great concern and when Australia positioned itself as the last bastion of the "white race".

The "half-caste" problem had to be tackled. According to ideas of the time they represented a third "race", different from the white and the black. Since the black "race" was supposed to die out and there was no desire to increase its numbers, it was thought that assimilation into the white "race" was preferable for the "half-castes" based on the idea that the inheritance of white blood made them capable of assimilation into the civilised society, though to the lowest level, as house maids and workers.[17]

As Australian colonies formed, Aborigines were more and more intensely driven off their lands and placed on missions and reserves for their protection from the damning influences of the whites. It was thought that thus they could spend their last years in peace. Protection Acts were also adopted in each state. Victoria was the first Australian colony to adopt its Aboriginal Protection Act in 1869, Western Australia followed in 1886, Queensland in 1897, New South Wales in 1909, the Northern Territory in 1910 and South Australia in 1911. Tasmania did not have such legislation as it was thought that there were no more Aborigines in Tasmania since 1876 when the last person of the "race", Truganini, was supposed to have died.

Though the title of those Acts included for the most of them the word "protection" and their goal was officially to protect Aborigines from the influence of the white society, what they effectively achieved was quite the contrary of protection. They were actually efficient tools in the exclusion of the Aboriginal people from white society and even more efficient tools in

---

15 J.C. Watson, *A White or a Piebald Australia*, United Australia, 20 December 1901 in Henry Reynolds, *Nowhere People*, Camberwell: Penguin Group Australia, 2005, p. 89.

16 This term refers to people that have mixed ethnicity. In Australia it designated the offspring of an Aboriginal person and a white settler.

17 Russell McGregor, *op. cit.*, p. 139-140.

controlling every single aspect of their lives: employment, marriage, movements, etc. They were also the means to define who was and who was not Aborigine, definitions that varied from state to state but that were all anchored in the notion of blood.

In Victoria, the *Aboriginal Protection Act* of 1869 defined Aborigines as: "Every Aboriginal native of Australia and every aboriginal half-caste or child of a half-caste, such half-caste or child habitually associating and living with aboriginals…"[18]

The *Aborigines Protection Law Amendment Act 1886* presented the following definition which allowed "full-bloods" and "half-castes" to be treated differently and thus push out the latter from reserves and into the white community: "full-bloods, half-castes over 34, female half-castes married to Aborigines, the infants of Aborigines and half-castes who were licensed by the Board of Protection for Aborigines to reside on a station."[19]

In Western Australia according to the 1886 *Aborigines Protection Act* it was deemed to be Aborigine:

Every Aboriginal Native of Australia, and every Aboriginal half-caste or child of a half-caste, such half-caste or child habitually associating and living with Aboriginals, shall be deemed to be an Aboriginal within the meaning of this Act…[20]

This definition was replaced in the *Aborigines Act 1905* by a new one:

> Aborigines of the full descent (referred to as the 'Aboriginal natives'); 'half-castes' (defined as persons with an Aboriginal parent on either side or children of such persons) who lived with an Aboriginal as wife or husband; other 'half-castes' who lived or regularly associated with 'Aboriginal natives'; and 'half-caste' children under the age of sixteen, irrespective of how they lived…[21]

In Queensland the The Aboriginal Protection and Restriction of the Sale of Opium Act of 1897 went along the same lines:

> Every person who is -
> (a) An aboriginal inhabitant of Queensland; or
> (b) A half-caste who, at the commencement of this Act, is living with an aboriginal as wife, husband, or child; or

---

18 *Aboriginal Protection Act 1869*, Victoria, http://www.foundingdocs.gov.au/resources/transcripts/vic7i_doc_1869.pdf (accessed March 12th, 2016).

19 Eleanor Bourke, "Australia's First Peoples: Identity and Population", p. 41, in *Aboriginal Australia. An Introductory Reader in Aboriginal Studies*, Colin Bourke, Eleanor Bourke and Bill Edwards (eds), St Lucia: University of Queenslanf Press, 2002.

20 *Aborigines Protection Act 1886*, Western Australia, http://www.findandconnect.gov.au/guide/wa/WE00403 (accessed March 12th, 2016).

21 Anna Haebich, *Broken Circles. Fragmenting Indigenous Families 1800-2000*, Fremantle: Fremantle Arts Centre Press, 2001, p. 220.

(c) A half-caste who, otherwise than as wife, husband, or child, habitually lives or associates with aboriginals…[22]

The 1909 *Aborigines Protection Act* of New South Wales described an Aborigine as being:

> …any full-blooded aboriginal native of Australia, and any person apparently having an admixture of aboriginal blood who applies for or is in receipt of rations or aid from the board or is residing on a reserve.[23]

The *Aborigines Act 1911* of South Australia gave a definition of who was to be considered Aborigine that is almost identical to that given in Queensland's 1897 Act. In the amended act of 1939 it included all people of Aboriginal descent.

Up to 67 definitions of Aboriginality existed in the some 800 pieces of legislation throughout the Australian continent before and after Federation.[24] This alone is telling of the complexity of the issue. But things were even more complicated because not all Aborigines were under the Acts: some were not included in the first place, others were exempted from them. In both cases it was still and always a question of blood.

Crossing the Colour Barrier: Dreams and Reality

From the beginning the "half-caste" problem was thought to have one single solution: the absorption of "half-castes" into the white community so that in two or three generations' time there would be no more trace of the Aborigines in Australia. Ethnographer N.B. Tindale explained:

> It may be accepted […] that two successive crossings with 'white' blood, the second accompanied by reasonable living conditions and normal education, enables the grandchild of a full-blooded aboriginal woman to take a place in the general community. Where a third crossing with white occurs the children are almost invariably completely merged into the general population.[25]

For this solution to effectively take place, "half-castes" were actively encouraged to cross into the white society through various means. The Acts

---

22 *Aboriginal Protection and Restriction of the Sale of Opium Act 1897*, http://www.foundingdocs.gov.au/resources/transcripts/qld5_doc_1897.pdf (accessed March 12th, 2016).

23 *Aborigines Protection Act 1909*, New South Wales, http://www.austlii.edu.au/au/legis/nsw/num_act/apa1909n25262.pdf (accessed March 12th, 2016).

24 Eleanor Bourke, *op. cit.*, p. 42.

25 N. B. Tindale, "Survey of the Half-Caste Problem in South Australia", in *Proceedings of the Royal Geographical Society of Australasia; South Australian Branch,* vol. XLII, 1940-41, p. 115 in Reynolds, *op. cit.*, p. 195.

were powerful tools by their capacity to say who was Aborigine and who wasn't. Thus in Queensland the "quarter-castes" were automatically excluded from the Act and we have seen that in Victoria, the 1886 Amended Act forced "half-castes" under 34 off the stations and missions by not including them in the definition of who was Aborigine. Most Acts, no matter how strict in their definition of Aboriginality, offered the possibility for those "mixed-descent" Aborigines who wanted and who were deemed worthy by the Chief Protector, to apply for an exception. But what exactly did it mean to be exempted, not to be under the Act?

It meant first of all the possibility to escape the all mighty control of the Act and be relatively free of one's movements and way of life. The down side to this freedom was a complete severance of ties with the community and the family. Those who wanted to pass into the white society were expected to disown their family, culture and past completely, all contact with those who remained behind being prohibited. They had to build a new life and very often a new past for themselves to account for their appearance.

To be able to understand the extent to which some people went to hide their ancestry, the example of Reynolds's grandmother that we mentioned several times in this article, is telling. Few things were known about her and she had been referred to by the family as being at times Armenian, at times Indian or Gypsy anyhow not Anglo-Saxon. She herself claimed to be of French extraction, which apparently no one believed. It seems that despite of what was said in the family everyone suspected she was of Aboriginal descent. Nevertheless, this was something difficult to prove. She had provided incorrect information on her marriage certificate and other birth certificates with conflicting names and dates making it impossible to use that information to track down her past. She never spoke about her family, she seemed to have none, nor where she had come from. She had decided to "pass" into white society and she apparently succeeded rather well. Others had certainly done so too though it is difficult to know just how many people exactly decided to pass and what had become of them. But why the need to undergo such a painful experience, cut oneself from family and kin to be accepted in a society that often rejected "half-castes"?

According to Charles Taylor, human existence has meaning only because the individual establishes connections with the others. We become fully-fledged human agents capable of defining an identity of our own through these connections. Taylor suggests that human individuals define themselves within a dialogue with people that matter, either by opposing them or by identifying with them. If some of the things that are most valuable to us are accessible only through the relationship with a person we love, that person becomes part of our identity.[26] Analysing the "passing" of some mixed-descent Aborigines from this perspective gives us insight into the trauma endured by many of them and

---

[26] Charles Taylor (entretien), « Individu et modernité », in Catherine Halpern, *op. cit.*, p. 92-93.

the consequences that are still visible today of abandoning one identity and inventing a new one. So why willingly make this choice?

The first reason would be that being identified as an Aborigine, or being of Aboriginal descent at the beginning of the XXth century in Australia meant living a life where everything you did or said was dictated by others, a life of powerlessness where your basic human rights were baffled and there wasn't much you could do about it. As Ruby de Satge from Queensland explains:

> Well the Act means that if you are sitting down minding your own business, a station manager can come up to you and say, "I want a couple of blackfellows". He could come from any station, any property that wanted a blackfella. They just come in and take him, no asking, just take … Just like picking up a cat or a dog.[27]

Moreover, there was a very strong prejudice and popular belief against "half-castes" at the time, despite what governments or scientist did or said to influence public opinion favourably towards people of mixed-descent. Theories like the Caucasian origin of Aborigines[28], arguing that the Aboriginal "race" and the white "race" were derived from the same ancestors and thus implying that there was no danger of there being "throwbacks"[29] in the event of mixed marriages, had little influence on popular belief.

And what could you do when everyone was convinced you were either a Stone-Age primitive or a mixed blood of degenerate character? To be known as a half-caste was to be placed in an encompassing, unbending straightjacket of other people's expectations, to be judged in advance regardless of your individual personality or ability.[30]

Even those who did not have any apparent resemblance to Aborigines and could have passed as whites without any problem but were known to be of Aboriginal descent were ostracised and no one wanted to have anything to do with them. Those who managed to pass as whites were in a precarious position fearing that their ancestry would be discovered, working much harder to be accepted by the whites.[31] On the other hand white people who were involved with Aborigines were cut off from white society without ever being able to mix with it again.

---

27 B. Rosser, *Dreamtime Nightmares*, Canberra, AIAS, 1985, p. 22, in Jackie Huggins, *Sister Girl*, St Lucia, University of Queensland Press, 1998, p. 5.

28 This theory was expressed from the end of the XIXth century by A. W. Howitt and Lorimer Fiston - based on the theory of W. H. Flower and Richard Lydekker – and by John Matthew and later on by Tindale.

29 A person, animal, or plant that has the characteristics of an earlier or more primitive type, a reversion to such an organism.
(http://www.thefreedictionary.com/throwback accessed March 13th, 2016).

30 Henry Reynolds, *op. cit.*, p. 231.

31 Marie Reay, "Colour Prejudice at Collarenebri, NSW", in *The Aborigines Protector*, vol. 2, n°3, 1947, p. 10 in Henry Reynolds, *op. cit.*, p. 201.

What is apparent from these comments is the difficulty that "half-castes" encountered when confronted to the white society into which they were supposed to merge. There was a wide divide between policy and policy-makers and the opinions of the wide society. Already in 1913 testimonies to the South Australian Royal Commission of those in close contact with "half-castes" on missions showed that racial prejudice was too strong and that whites would simply not accept "half-castes" in trades, in schools or public facilities. For the "half-castes" who abandoned everything to be accepted in the white community this rejection was very difficult to cope with as they found "themselves isolated and insecure in a racial no-man's land."[32]

What it also proves in terms of identity is that identity can be a matter of personal choice and people can decide to change their name and ancestry and completely reinvent themselves but what really matters is the way others perceive them and identify them. The fact that many mixed-descent Aborigines never really managed to pass because they were identified as Aborigines, shows that self-identification is less important than the "identification by designation" that Grosser talks about.

Not all mixed-descent Aborigines decided to pass into white society. Some dealt differently with the burdens of being a "half-caste" and decided to fight against the institutions that oppressed them. "Half-castes" who wanted to pass into the white society and who were subject to the different Acts could apply for an exemption. They would thus be considered as "honorary whites" and leaving behind their kin, they could merge. But there were those who, even if they could have applied for the exemption certificate, they refused to do so, choosing instead to fight for fairer treatment of Aborigines.

William Harris was one of these men. He was born around 1860 in Western Australia and was educated at the Swan Native and Half Caste Home and than the Swan Boys Orphanage. He worked on stations and managed to purchase a small farm and later, with his family ran a gold mine. Him and his family – though entitled to apply for exemption - were very strongly against the exemption certificates claiming they only reinforced the position of Aborigines as second-class citizens. The failure of a government proposal of 1925 to extend the state franchise to Aborigines of mixed-descent pushed him to create the Native Union. In 1928 he led the first deputation of Aborigines into the Western Australian Premier's office.[33] The grievances concerned

> ... the situation of Aborigines of the full and part descent who were 'in touch with civilisation'. 'We want to live up to the white man's standard [...] but in order to be able to do so we should be exempted from the

---

32 Henry Reynolds, *op. cit.*, p. 203.

33 Anna Haebich, *For Their Own Good. Aborigines and Government in the South West of Western Australia, 1900-1940,* Nedlands, Western Australia: University of Western Australia Press for The Charles and Joy Staples South West Region Publications Fund, 1992, p. 270-274.

> Aborigines Act, and allowed to live our lives in our own way'. They objected in particular to the denial of drinking rights to 'civilised' Aborigines...[34]

Harris' distinction is not one made on blood but on civilisation. And exemption has nothing to do with the exemption certificates the approval of which was left to the good will of the Protector of Aborigines and what he considered to be a worthy "half-caste". He wanted Aborigines to be left alone to conduct their own lives, though Aborigines who were "civilised" only. This distinction implies that absorption was to a certain extent accepted, they even clearly claim that they want to live like white men but state control and racial prejudice stopped them from doing so.

Aboriginality was central to the Protection Acts. It was an Aboriginality defined by blood quotas with no regard for culture, country or kin, in other words everything that makes up Aboriginal identity. In a country and a century obsessed with "race" and racial purity, blood was the only thing that mattered. In addition, Aborigines were not supposed to be civilised and their culture was deemed as primitive. The desire to assimilate the "half-castes" into the white population was accompanied by the fear that they would revert to the Aboriginal community. Facing the outright hostility we have spoken about earlier, some "half-castes" did try to cross back and find their way to kin and country not without major difficulties.

One of the main provisions of the Protection Acts and of the theory of absorption concerned the dealing with "half-caste" children. Most Protectors of Aborigines were at some point made legal tutors of Aboriginal children, which gave them the right to take them away from their families if they considered they were neglected. According to evidence it seems that "half-caste" children were forcibly removed from their parents on the sole reason of their "race". It was advocated at the time that in order to achieve the absorption of Aborigines into the white society until no trace of the "race" was left in Australia, children had to be taken at an early age from their families and placed in institutions sometimes hundreds of kilometres from their homes. They were trained to be housemaids or unqualified workers and then sent to work for white employers for very low or no wages. Some children were proposed for adoption in white families – the fairer-skinned ones – but most were sent to institutions.

Everything was done to ensure that no contact with their families was made, parents often not even knowing where their children had been taken to. Measures were also taken in order to erase all memory of the children's' former lives: they were given English names, were sometimes told that they were orphans, that their parents didn't want them, the use of tribal language or names was severely punished and they were generally taught to believe that being Aborigine was something bad and shameful. For these children crossing

---

34 *Ibid.*, p. 275.

back was impossible, as they knew not where to go nor even that they were Aborigines. According to historian Peter Read up to 50 000 Australians could claim Aboriginal ancestry but did not actually know they had any (or were ashamed to say so).[35]

Child removal took place all over Australia up until the 1970s with tremendous consequences for Aboriginal individuals, their families and whole communities.

ABORIGINAL IDENTITY, ABORIGINAL WAY

In August 1995, Attorney-General of Australia, Michael Lavarch required the Human Rights and Equal Opportunity Commission to inquire into the practices and policies of child removal in Australia that led to the separation of Aboriginal children from their families.[36] In 1997 the *Bringing Them Home* report was tabled in Parliament. Its findings came as a shock for most Australians: stories of mistreatment, abuse, suffering, of children separated from their parents and siblings forced to endure a life of loneliness and despair. More than that, and relevant to our argument, its findings told a story of identity: an Aboriginal identity stolen and lost forever and the feeling of belonging nowhere:

> We were completely brainwashed to think only like a white person. When they went to mix in white society, they found they were not accepted [because] they were Aboriginal. When they went and mixed with Aborigines, some found they couldn't identify with them either, because they had too much white ways in them. So that they were neither black nor white. They were simply a lost generation of children. I know. I was one of them.[37]

Co-Commissioner to the *Bringing Them Home* report, Jackie Huggins comments upon the stolen generation children:

> Their culture and identity have been fractured. They are told they are too black to be white and too white to be black. So where do they fit? Many times they have to go back and relearn the whole Aboriginal community

---

35 Peter Read, *A Rape of the Soul so Profound*, Sydney: Allen & Unwin, 1999, p. 26-27, in Henry Reynolds, *op. cit.*, p. 220.

36 Michael Lavarch in Human Rights and Equal Opportunity Commission, *Bringing Them Home: National Inquiry into the Separation of Aboriginal and Torres Strait Islander Children from Their Families*, Sydney, 1997, p. 2, https://www.humanrights.gov.au/sites/default/files/content/pdf/social_justice/bringing_them_home_report.pdf (accessed September 10th, 2016).

37 Confidential submission 617, New South Wales: woman removed at 8 years with her 3 sisters in the 1940s; placed in Cootamundra Girls' Home in Human Rights and Equal Opportunity Commission, *op. cit.*, p. 131, https://www.humanrights.gov.au/sites/default/files/content/pdf/social_justice/bringing_them_home_report.pdf (accessed March 13th, 2016).

> politics, dynamics, how to behave, the protocols, as well as try to link up with their mob. There are huge pressures for these people.[38]

"Where do they fit" is a question many stolen children ask themselves. Past policies of removal have been so efficient in cutting their roots and in blurring their pasts that most felt they belonged nowhere:

> That's how at six at night on 11 May 1928 I stopped being a Yanyuwa child and became a nowhere person … Motherless, cultureless and stuck in a government institution, not because I'd done anything bad or had been neglected, but because my mother was Aboriginal and my father was not. I ceased to be Aboriginal but would never be white. I was now something bad, shameful, called a half-caste.[39]

Nineteenth century racial thinking influenced Australian society deeply and its influence was felt way into the XXth century. One of the widespread theories of the time concerned the fixity of the "races". There were black, white or yellow "races". The mixed-descent children of any two of these "races" were supposed to form a distinct "race". The most telling example is that of the extinction of the Tasmanian "race". In 1876 the last Tasmanian Aboriginal "full-blood", Truganini, died. With her death the Tasmanian "race" was declared to have become extinct triggering on the side of scientists of the time deep regret and concern. It seemed that the *doomed race theory* was confirmed and it reinforced the belief that Aborigines on the mainland were soon to follow. As for the Tasmanians of mixed-descent who still lived in Tasmania (and regardless of their still considering and identifying themselves as Tasmanian Aborigines) they were simply considered to be of a different "race". It was not that scientists ignored their existence but they were considered to be racially impure, the pure Tasmanian "race" was no more. Of course this line of thinking was rooted in XIXth century beliefs and it brushed aside cultural considerations and more importantly the opinion and right to identification of the mixed-descent population itself who believed they were depositary of the Tasmanian Aboriginal traditions and identity. They were told it could not be so and in all things were considered as non-Aboriginal.

The Tasmanian example is related to another notion that has shaped definitions of Aboriginality throughout Australia in XIXth and XXth centuries, that of the "real" Aborigine. The notion is rooted in the idea of the fixity of the "races" we have mentioned before: the "real" depositaries of a "race" were its "full-blooded" representatives, all the other, not holding the distinctive characteristics of the said "race" were thus of a different one and not "real" Aborigines. The Protection Acts were efficient tools to spread this idea that some Aborigines were more Aborigines than others. The stereotype of the

---

38 Jackie Huggins, *op. cit.,* p. 143.

39 H.J. Muir, *Very Big Journey*, Canberra: Aboriginal Studies Press, 2004, p. 43, in Henry Reynolds, *op. cit.*, p. 225.

"real" Aborigine as black, living a traditional way of life, unaltered by civilisation took a strong hold in Australian imagery and crossed the decades virtually untouched.

The "fixity of the races" thus seems to have shifted to the "fixity of cultures" or the "fixity of the cultural identities". Social science has proven though that it is a myth to think that there is an essential, natural identity connected to a fixed culture that would determine how people think and feel. Identity is created by a multitude of identity strategies, conflicts of power, alliances, etc.[40] Precolonial societies were never "fixed", they were interacting, they were multi-ethnic. Yet, people tend to stick to this idea of "authenticity" when it comes to traditional societies. The custodians of such an identity are not allowed to adopt modern ways of life or even objects in order to preserve this authenticity. Maybe because it is reassuring. In a changing world, where we are asking ourselves, "who am I", "where do I belong" knowing that some things never change gives us hope.

> *I'm Aboriginal Afghan on my dad's side, and Scottish on my mom's side. And it is very much… all through school, we were half casts, or people would ask "what percentage of you is Aboriginal?"*
> *But for me, I'm Aboriginal. It's all or nothing, you can't choose a part of it. I guess it's like being pregnant, it's either you're pregnant or not. You can't be ten per cent pregnant.*
> *When someone from the Aboriginal community knows that you're Aboriginal, it's accepted. We've got the connection, we've got the similarities.*
> *But for non- Aboriginals, often, it's "but you don't look Aboriginal" or "You're only part Aboriginal so that doesn't count".*
> *People have an image in their minds of what an Aboriginal looks like, which is often black black [sic], very traditional, maybe standing with a spear, one leg up. If somebody doesn't fit into that narrow frame-set, then they think they can't be Aboriginal or at least not 100% Aboriginal.*[41]

There are various stereotypes and myths at work when defining Aboriginality apart the one of skin colour. Most non-Aborigines think Aborigines are poor, uneducated and live in remote communities. But only 25% of Aborigines live in non-urban areas and there are a large number of Aborigines who are successful lawyers, artists, writers, historians, teachers, etc.

Here are a number of testimonies from Aboriginal people being challenged in their identity on different issues that all underline the same misconception, misunderstanding and assumption to know best.

---

40 Hervé Marchal, *L'identité en question*, Paris : Ellipses, 2006, p. 115.

41 Creative Spirits, "Aboriginal Identity: Who is 'Aboriginal'?" http://www.creativespirits.info/aboriginalculture/people/aboriginal-identity-who-is-aboriginal (accessed March 14th, 2016).

When I was growing up, I was gifted with a very nice tan and jet black wavy hair, but you know, when I spoke to a number of people in my lectures, I was constantly told 'you don't talk like an Aborigine'. My reply was 'how do Aboriginal folk talk?'[42]

Aboriginal writer Anita Heiss, author of *Am I Black Enough For You?*, describes herself as "a concrete Koori with Westfield dreaming". She is urban, educated, glamorous and cheeky, hates camping and cannot tell the time by the sun.[43]

The problem it raises for Aborigines of mixed-descent is obvious: many are challenged about their identity and have to face trying and painful moments justifying their belonging to their people to services and bureaucrats (for grants, housing assistance, unemployment, etc.) or to anyone challenging it. How does one justify something they feel and know deep inside? The definition applied today comes a long way from past definitions but is it enough?

The official working definition adopted in the 1980s by the Federal Government and still in place today reads as follows:

> An Aboriginal or Torres Strait Islander is a person of Aboriginal or Torres Strait Islander descent, who identifies as an Aboriginal or Torres Strait Islander and is accepted as such by the community in which he or she lives.[44]

This three-part definition as it is called accounts for some of the important features of Aboriginality as experienced by Aboriginal people, but for some it is still white man defining who Aborigines are and claim problems still arise as Aborigines are constantly asked to confirm their Aboriginality. It is felt badly by people who have already suffered enough and looks as though history repeats over and over again. Some Aboriginal leaders ask for the power of Aborigines to define themselves as a way to break free from the vicious circle of imposed identification and as a way to control their lives and representation.

Since there is no standard, no register, no coordinated work between the different organisations as concerns Aboriginality, people who have considered themselves Aboriginal all their lives, are recognised as such by their community, have proof of their Aboriginality are being denied their rights and their Aboriginality. This goes to prove that when Aboriginal identity is decided outside the Aboriginal community it is always a complex issue and highly unfair.

---

42 Les Ridgeway Snr, Aboriginal Family Historian in Creative Spirits, "Aboriginal Identity: Who is 'Aboriginal'?" http://www.creativespirits.info/aboriginalculture/people/aboriginal-identity-who-is-aboriginal (accessed March 14th, 2016).

43 Anita Heiss in *Ibid.*

44 Department of Aboriginal Affairs, *Report on a Review of the Administration of the Working Definition of Aboriginal and Torres Strait Islanders,* Canberra, 1981 in Mick Dodson, "The Wentworth Lecture: the end in the beginning: (re)defining Aboriginality", *Australian Aboriginal Studies,* no 1, 1994, p. 6.

It is not to say though that it is an easy thing even inside the Aboriginal community. It is thought by mainstream society that Aborigines are a unique and homogenous people. That has not changed since the time the first settlers gave this name to Aboriginal nations. The reality of the situation then and now is that a multitude of nations and linguistic groups are encompassed under this term and then and now they are not one and the same thing. If two hundred years of suffering, dispossession and common mistreatment did give rise to a form of pan-Aboriginality, if certain goals are common to all Aborigines, it does not mean that they are all the same and speak of one voice.

The arrival of Aboriginal affairs on the political scene complicated things even more. Certain educated Aboriginal leaders managed to learn the ways of the mainstream society, knew how to get through the entangled codes and practices of mainstream media and got a certain credibility and most importantly they got a voice; a voice that was supposed to be that of the Aboriginal people at large since no other voices could be heard. These leaders (like Noel Pearson, Marcia Langton, Warren Mundine among others) were first met with attacks from their mainstream opponents, attacks in which their Aboriginality was questioned much along the good old lines of stereotyping: they were educated so they could not be really Aboriginal, some had fair skin, lived in cities, were well-off, lived by Western standards, they could thus not be Aborigines.

On the other hand the same leaders were found to be too mainstream in their ways to be Aborigines by Aborigines themselves. Those who were thought to engage too much with mainstream society were shown suspicion even overt aggressiveness. Leader Noel Pearson probably felt it most. He is a lawyer and land rights activists, he writes an opinion column in *The Australian* and is generally interviewed in connection to Aboriginal affairs being considered as a spokes-person for Aboriginal communities. During a speech in 2014 for the Sir Paul Hasluck Foundation annual lecture, Pearson was sworn at and criticised by Aboriginal elders who stated their disagreement with Pearson's points of view and the fact that he did not represent all Aboriginal people.[45] The fact that mainstream society seemed to have placed him in the position of spokes-person for all Aboriginal people did not help and was seen as yet again another act of disempowerment.

Attacks between Aborigines inside communities are unfortunately a reality and identity can be the cause of such lateral violence as it is called. Reasons such as oppression, intergenerational trauma, diminishing of Aboriginal traditional roles and structure, permanent attacks on Aboriginal culture and identity, powerlessness can lead to people turning against each other. In these cases it isn't rare to hear the same language and stereotypes used as in mainstream society regarding Aboriginal identity: skin colour, education, etc.

---

45 ABC, *Indigenous leader Noel Pearson abused by elders during Brisbane speech,* November 7th, 2014, http://www.abc.net.au/news/2014-11-07/elders-abuse-indigenous-leader-noel-pearson-at-brisbane-speech/5873994 accessed April 13th, 2016.

According to Aboriginal leaders, adequate dealing with this type of violence is empowerment of Aboriginal people: involvement in decision making concerning their lives, self-determination (meaning self-regulation and control), respect for and protection of Aboriginal cultures, non-discrimination against Aborigines and equality.[46]

At the heart of this empowerment and self-determination lies the question of identity and the possibility for Aborigines to decide who is an Aborigine and who isn't, who can speak for them and who can't.

In 1972 the United Nations Sub-commission on Prevention of Discrimination and Protection of Minorities commissioned a Study of the Problem of Discrimination against Indiginous Populations around the world. Concerning the issue of definition, it stated that:

> the fundamental assertion must be that Indigenous populations must be recognised according to their own perception and conception of themselves in relation to other groups. There must be no attempt to define them according to the perception of others through the values of foreign societies or of the dominant sectors in such societies … [And] artificial, arbitrary or manipulatory definitions must, in any event be rejected …[47]

And that: "The [Indigenous] community has the sovereign right and power to decide who belongs to it, without external interference."[48]

This hence raises the question of what is to be Aboriginal for an Aboriginal person? The answers are varied but they tend to agree on one point: despite what was thought at the high time of the assimilationist era, "half-castes" were not rejected by the traditional community as skin colour has nothing to do with the definition of Aboriginality, not then and not now. It has all to do with culture, kin and relationships. Provided a person shows interest in the affairs of the community, belief in and knowledge of Aboriginal culture, he or she is accepted as being Aboriginal, no matter the degree of dark skin he or she has.

Dr Victoria Grieves, a Warraimay from the mid north coast of New South Wales, is the lead researcher in an ARC-funded[49] project entitled *More than Family History: Race, Gender and the Aboriginal family in Australian history*. Her

---

46 Australian Human Rights Commission, *2011 Social Justice and Native Title Reports – A Community Guide*, https://www.humanrights.gov.au/publications/2011-social-justice-and-native-title-reports-community-guide , accessed April 13th, 2016.

47 José R. Martinez Cobo, *Study of the Problem of Discrimination against Indigenous Populations*, report submitted to the United Nations Sub-commission on Prevention of Discrimination and Protection of Minorities, United Nations, New York, vols 2 and 5, 1983, paras 368 and 372, E/CN.4/Sub.2/1983/21/Add.8 in Michael Dodson, *op. cit.*, p. 5.

48 *Ibid.*, para 371.

49 ARC stands for Australian Research Council.

findings on Aboriginal identity as described by Aborigines themselves indicate that:

> Aboriginal people in this study describe themselves in 50 different ways that mostly indicate their mixed racial background.
> Many Aboriginal people have more ancestors in the last two or three generations who are not "Aboriginal" than who are.[50]

Even if these Aboriginal people acknowledge their "non-Aboriginal" ancestors, they don't identify with them. They continue to identify with their Aboriginal ancestors and consider themselves as being Aborigines. According to Grieves most Aboriginal people who identify as Aborigines are of mixed-descent. The core of their identification has thus nothing to do with "race" but with something more profound and of vital importance to Aborigines: it has to do with country and land.

Aboriginal people will designate themselves by tribal names, which places them in webs of kin relations, recognisable by other Aborigines. The very word "Aborigines" is a European construction, a way to reassure the settlers and to encompass an "otherness" that they didn't understand and couldn't come to terms with. More than 200 language groups and 600 dialects existed in Australia before settlement and they were all reduced to a single definition: "Aborigines".

This is how Yalmay Gurrwun (Marika) Yunupingu introduced herself at the Human Rights and Social Justice Award 2014:

> I'd like to introduce myself first 'Yol ŋarra? Who am I'? and where I'm from. My name is Gurruwuṉ Yunupingu also known as Yalmay which means special sand on a Dhuwa land and Gurruwuṉ means a special walking stick that two ancestral beings used when they started their journey from East to West. Marika is my maiden name before I was married into the Yunupingu family. Marika means 'thunder and lightning'. My skin-name is Gamanydjan.
> My clan and Bäpurru [tribe] is Rirratjiŋu, which is the language I speak, my father's language. I am Dhuwa moiety, which I inherited through my father's side. My ḻikan [ancestral connection] is Gunitjpirr Guṉuwaŋa these are the special names identifying who I am just like your identification card on your driver's licence. But we don't carry our identification like a card, we live who we are.[51]

---

50 Victoria Grieves, "Culture, not colour, is the basis of Aboriginal identity", *The Conversation,* September 17th, 2014, http://theconversation.com/culture-not-colour-is-the-heart-of-aboriginal-identity-30102 , accessed March 5th, 2016.

51 Yalmay Gurrwun (Marika) Yunupingu, Creative Spirits, "Aboriginal Identity: Who is 'Aboriginal'?" http://www.creativespirits.info/aboriginalculture/people/aboriginal-identity-who-is-aboriginal (accessed March 18th, 2016).

Throughout Australia, Aboriginal society has been and still is structured on the basis of kinship systems. Aboriginal belief is that these kinship systems were given by the Dreamtime[52] Ancestors to Aboriginal tribes as a line of conduct. Kinship defines each person in a large web of relations. It places each person in that web and in relation to everyone in it. It defines the rights and obligations each person has to all other persons in the system and this includes not only family but also local groups and linguistic groups. Thus each Aboriginal person knows exactly how to behave to other people in the group and know how they, in return will behave. This system is the structure of Aboriginal society and gives those that are a part of it their sense of identity, personal and social.

Aboriginal society is a communal society. Individual freedom is respected but is less important than the sense of community, the interaction that goes on and the sense of belonging it creates. Being taken from such a system is damaging and it is difficult to readjust to its complexity.

Despite government efforts mixed-descent children have made their way back to their kin and Aboriginal identity was never lost to its people. Thanks to Link-Up, a service created in 1980 to help members of the Stolen Generations[53] find their families, a lot of stolen children found their country and kin. Mixed feelings result from such findings and the subsequent meetings with the families: joy, fear, apprehension, frustration, sadness to discover one got too late, that one's mother or father died just months before, but also a feeling of pride. Though getting back to the community is not necessarily the end of the journey, it is often the beginning of one, a journey into one's lost country, culture and traditions, into relearning a new way of life, being made difficult by years of brain-washing.

Coulthard felt the loss of language most severely 25 years ago when she finally found her grandfather at Ernabella. He could speak only Pitjantjatjara. She could speak only English.

"It was a terrible experience. I wanted to ask him so much. He was so excited I had come back, but we couldn't communicate," she recalled.[54]

For all those who crossed back, being able to identify to traditions that become their own is an act of asserting their belonging to a community and is a deeply proud moment. Being able to identify with a culture, finding one's roots, people that remember you and are like you is an important step towards asserting a lost Aboriginal identity. The importance of growing up surrounded by one's family who gives you the groundings of a strong Aboriginal culture, is

---

52 The Dreamtime is the mythological creation time when the Ancestors walked the land and sang it into creation, giving at the same time to men their languages, songs, rituals, kinship systems, laws, etc.

53 It is the name given to the "half-caste" children that have been forcibly removed from their families during the XIXth and XXth centuries to be brought up as whites in order to "breed out" the Aboriginal "race" from Australia.

54 The Sydney Morning Herald, *Between the Rock and … Nowhere,* May 8th, 1999.

expressed by Tom Trevorrow, the brother of Bruce Trevorrow, the first stolen child to have received compensation for being taken from its family:

> Because we weren't taken and we had mum and dad right until they passed away, we were able to put our roots down in our country as Ngarrindjeri people ... We were able to proud of whc we were, who we are, as Ngarrindjeri people ... all those things that Bruce never got.[55]

For others an important part of belonging is being able to participate in important cultural moments of the community like funerals or other ceremonies that make them feel the spirit of the country.

Culture at ay rate is an important aspect of Aboriginal identity. According to Dr Victoria Grieves, it is the basis of Aboriginal identity. It is the intangible aspects that are transmitted through kinship systems, the values and practices, the relationships, as well as the way people connect that define Aboriginality today.

CONCLUSION

Over the past decades, more and more Aborigines have published their life accounts. By doing so, they have actively contributed to shed a new light over the history of Australia but also convey new images of Aboriginal identity, very far from those spread by past policies and stereotypes.

Savages (noble or not), primitives, missing link between apes and man, a doomed race, Aborigines were for the most part of the XVIIIth and XIXth centuries some sort of living museum artefacts who were studied by some, pitied and then forgotten by most. "Half-castes" were worse-off: bureaucrats wanted to save them, society at large loathed them.

Tens of definitions were created during that period and afterwards – mostly on the basis of the degree of blood – in an attempt to deal with the Aboriginal problem and disempower Aborigines in the most effective way: deny them the right to decide who they were.

By a policy of child removal mixed-descent children were effectively estranged from their families and made to believe they belonged to the white society. They were made to fear Aborigines and sometimes to despise them. Many tried to pass into white society feeling ashamed of their ancestry and trying to hide it at any cost. Many for different reasons decided to cross back and relearn the ways of their ancestors.

It is in this tension between those who felt forced to deny their origins and those who felt forced to acknowledge them, between those who never knew they were Aborigines and those who never wanted to forget that lays the complexity of the Aboriginal identity. A complexity strengthened by the multiplicity of descent for Aboriginal people (South Asian, Middle Eastern,

---

55 The Australian, *Boy who was Stolen Twice Finds a Place,* August 4th, 2007, accessed August 4th 2007.

African, European). A complexity strengthened also by the implication it seems to have in everyday life.

If the lateral violence that affected Aboriginal communities in recent years seems to be a reaction to outside attacks that had been going on for two centuries, the more deliberate attacks on Aboriginal identity from policies and legislation – past and present –, in the political arena and from institutions are damaging and painful but they are external to Aboriginal communities. Aborigines don't get the sense of who they are from policies and stereotypes. Aboriginal identity is rooted neither in blood nor skin colour but in the land and in their culture, making it less restrictive and more anchored in a timeless past.

These incessant attacks make one ask what is to be done to rid the society of stereotypes that are more than one hundred years old? Is self-determination the solution as Aboriginal elders demand? What would it imply for Australian society? What would it imply for the Aboriginal identity? Would a definition made by, with and for Aborigines be more accepted? It would certainly neither make racism and stereotyping go away, nor solve all the administrative problems by magic. But at least it would confer on the Aboriginal people the power, recognition and dignity that were taken away from them, and that are long overdue.

BIBLIOGRAPHY

Books and articles

BOURKE C., BOURKE E. and EDWARDS B. (eds), *Aboriginal Australia. An Introductory Reader in Aboriginal Studies*, St Lucia: University of Queensland Press, 2002.

BOURKE E., "Australia's First Peoples: Identity and Population", in *Aboriginal Australia. An Introductory Reader in Aboriginal Studies*, Colin Bourke, Eleanor Bourke and Bill Edwards (eds), St Lucia, University of Queensland Press, 2002.

CARTER D., *Dispossession, Dreams and Diversity. Issues in Australian Studies*, Frenchs Forest, N.S.W., Pearson Education, 2006.

CLARK M., *A Short History of Australia*, London, Heinemann, 1969.

COBO J. R. Martinez, *Study of the Problem of Discrimination against Indigenous Populations, report submitted to the United Nations Sub-commission on Prevention of Discrimination and Protection of Minorities, United Nations*, New York, vols 2 and 5, 1983, paras 368 and 372, E/CN.4/Sub.2/1983/21/Add.8, in Dodson Michael, "The Wentworth Lecture: the end in the beginning,:(re)defining Aboriginality", Australian Aboriginal Studies, n°1, 1994.

COOK J., Journal, August 1770, in Manning Clark, *A Short History of Australia*, London, Heinemann, 1969.

Department of Aboriginal Affairs, Report on a Review of the Administration of the Working Definition of Aboriginal and Torres Strait Islanders, Canberra, 1981 in Dodson Michael, "The Wentworth Lecture: the end in the beginning,:(re)defining Aboriginality", *Australian Aboriginal Studies*, n°1, 1994.

DODSON M., "The Wentworth Lecture: the end in the beginning,:(re)defining Aboriginality", *Australian Aboriginal Studies*, n°1, 1994.

GROSSER A., *Les Identités difficiles*, 2e édition, Paris, Presses de Sciences Po, coll. « La Bibliothèque du citoyen », 2007.
HAEBICH A., *Broken Circles. Fragmenting Indigenous Families 1800-2000*, Fremantle, Fremantle Arts Centre Press, 2001.
—, *For Their Own Good. Aborigines and Government in the South West of Western Australia, 1900-1940*, Nedlands, Western Australia, University of Western Australia Press for The Charles and Joy Staples South West Region Publications Fund, 1992.
HALPERN C. (dir.), *Identité(s). L'individu, le groupe, la société*, Auxerre, Editions Sciences Humaines, 2016.
—, « L'identité. L'histoire d'un succès », in Catherine Halpern (dir.), *Identité(s). L'individu, le groupe, la société*, Auxerre, Editions Sciences Humaines, 2016.
HUGGINS J., *Sister Girl*, St Lucia, University of Queensland Press, 1998.
KAUFMANN J.-C., *L'Invention de soi. Une théorie de l'identité*, Paris, Armand Colin, 2004.
MARCHAL H., *L'identité en question*, Paris, Ellipses, 2006.
MCGREGOR R., *Imagined Destinies: Aboriginal Australians and the Doomed Race Theory*, 1880-1939, Carlton South, Melbourne University Press, 1997.
MUIR H.J., "Very Big Journey", Canberra, Aboriginal Studies Press, 2004 in Reynolds Henry, *Nowhere People*, Camberwell, Penguin Group Australia, 2005.
READ P., "A Rape of the Soul so Profound", Sydney, Allen & Unwin, 1999, in Reynolds Henry, *Nowhere People*, Camberwell, Penguin Group Australia, 2005.
REAY M., "Colour Prejudice at Collarenebri, NSW", in *The Aborigines Protector*, vol. 2, n°3, 1947, in Reynolds Henry, *Nowhere People*, Camberwell, Penguin Group Australia, 2005.
REYNOLDS H., *Nowhere People*, Camberwell, Penguin Group Australia, 2005.
ROSSER B., *Dreamtime Nightmares*, Canberra, AIAS, 1985, in Jackie Huggins, *Sister Girl*, St Lucia, University of Queensland Press, 1998.
TAYLOR Ch. (entretien), « Individu et modernité », in Catherine Halpern (dir.), *Identité(s). L'individu, le groupe, la société*, Auxerre, Editions Sciences Humaines, 2016.
TENCH W., "A Complete Account of the Settlement at Port Jackson", 1793, in Russell McGregor, *Imagined Destinies: Aboriginal Australians and the Doomed Race Theory, 1880-1939*, Carlton South, Melbourne University Press, 1997.
The Australian, Boy who was Stolen Twice Finds a Place, August 4th, 2007, accessed August 4th 2007.
The Sydney Morning Herald, Between the Rock and… Nowhere, May 8th, 1999.
TINDALE N.B., "Survey of the Half-Caste Problem in South Australia", in *Proceedings of the Royal Geographical Society of Australasia; South Australian Branch*, vol. XLII, 1940-41, in Henry Reynolds, *Nowhere People*, Camberwell, Penguin Group Australia, 2005.
WATSON, J.C., *A White or a Piebald Australia*, United Australia, 20 December 1901, in Henry Reynolds, *Nowhere People*, Camberwell, Penguin Group Australia, 2005.

Online resources

ABC, Indigenous leader Noel Pearson abused by elders during Brisbane speech, November 7th, 2014, http://www.abc.net.au/news/2014-11-07/elders-abuse-indigenous-leader-noel-pearson-at-brisbane-speech/5873994.
Aboriginal Protection Act 1869, Victoria, http://www.foundingdocs.gov.au/resources/transcripts/vic7i_doc_1869.pdf .
Aborigines Protection Act 1886, Western Australia, http://www.findandconnect.gov.au/guide/wa/WE00403.

Aborigines Protection Act 1909, New South Wales, http://www.austlii.edu.au/au/legis/nsw/num_act/apa1909n25262.pdf.

Aboriginal Protection and Restriction of the Sale of Opium Act 1897, http://www.foundingdocs.gov.au/resources/transcripts/qld5_doc_1897.pdf.

Australian Human Rights Commission, 2011 Social Justice and Native Title Reports – A Community Guide, https://www.humanrights.gov.au/publications/2011-social-justice-and-native-title-reports-community-guide.

Creative Spirits, "Aboriginal Identity: Who is 'Aboriginal'?" http://www.creativespirits.info/aboriginalculture/people/aboriginal-identity-who-is-aboriginal.

HEISS A. in Creative Spirits, "Aboriginal Identity: Who is 'Aboriginal'?" http://www.creativespirits.info/aboriginalculture/people/aboriginal-identity-who-is-aboriginal.

Human Rights and Equal Opportunity Commission, Bringing Them Home: National Inquiry into the Separation of Aboriginal and Torres Strait Islander Children from Their Families, Sydney, 1997, https://www.humanrights.gov.au/sites/default/files/content/pdf/social_justice/bringing_them_home_report.pdf .

GRIEVES V., "Culture, not colour, is the basis of Aboriginal identity", The Conversation, September 17th, 2014, http://theconversation.com/culture-not-colour-is-the-heart-of-aboriginal-identity-30102.

Oxford Dictionaries http://www.oxforddictionaries.com/definition/english/miscegenation.

RIDGEWAY, Les, Snr, Aboriginal Family Historian in Creative Spirits, "Aboriginal Identity: Who is 'Aboriginal'?" http://www.creativespirits.info/aboriginalculture/people/aboriginal-identity-who-is-aboriginal.

Yalmay Gurrwun (Marika) Yunupingu in Creative Spirits, "Aboriginal Identity: Who is 'Aboriginal'?" http://www.creativespirits.info/aboriginalculture/people/aboriginal-identity-who-is-aboriginal.

Relations rhizomatiques et identités noires au début du vingtième siècle

Christine Dualé
MCF HDR, Université Toulouse 1 Capitole

Au début du vingtième siècle aux Etats-Unis, un dynamisme culturel nouveau s'empara des intellectuels, blancs et noirs. La question noire fut alors explorée à travers un cadre culturel qui devait mener à une reformulation de l'identité américaine et noire américaine. Les écrivains et intellectuels noirs prônèrent clairement la défense de la culture noire en rejetant l'assimilation. Comme nous le verrons dans cet article, la période fut propice, à travers des relations rhizomatiques, à un renouveau culturel et identitaire porté par des intellectuels américains, blancs et noirs, soucieux de régénérer leur culture et leur littérature et par des intellectuels noirs français installés dans la « métropole » qui réfléchirent au colonialisme. Cet article propose d'analyser les relations rhizomatiques à travers l'expérience de Langston Hughes aux Etats-Unis mais aussi des sœurs Nardal et de Suzanne Roussi Césaire en France afin de montrer l'évolution identitaire noire en contextes pluriels et transnationaux au début du vingtième siècle.

Mots-clés : Intellectuels noirs américains, Intellectuels noirs de France, relations rhizomatiques, Identité noire, Langston Hughes, Les sœurs Nardal, Suzanne Roussi Césaire.

At the beginning of the twentieth century in the United States, a new cultural dynamism got hold of black and white intellectual circles. The issue of black identity was debated in an attempt at reshaping American identity and Black American identity as well. Black writers and intellectuals favored the preservation of black culture to reject assimilation. As we shall see in this article, the time was ripe for cultural and identity revivals which rhizomatic relations helped develop. Black and white intellectuals were eager to regenerate the American culture and literacy, while Black French intellectuals, freshly settled in the "métropole" debated on colonialism. Our intent here is to analyze the rhizomatic relations at work between intellectuals on both sides of the Atlantic, namely through the examples of Langston Hughes in the US, the Nardal sisters and Suzanne Roussi Césaire in France, in order to show the transnational and plural contexts reshaping black identity, at the beginning of the twentieth century.

***Keywords**: Black American intellectuals, Black French intellectuals, rhizomatic relations, Black identity, Langston Hughes, The Nardal sisters, Suzanne Roussi Césaire.*

Au début du vingtième siècle aux États-Unis, le renouveau culturel qui s'empara des intellectuels, blancs et noirs, permit d'évaluer la culture américaine et de la reformuler. En parallèle, la question noire commença à être explorée à travers un cadre culturel qui devait mener à la (re)formulation de l'identité noire américaine. Les écrivains et intellectuels noirs prônèrent clairement la défense de la culture noire américaine. Cela signifiait : s'affirmer comme Noir puisque, comme l'avait souligné Alain Locke dans *The New Negro*, ouvrage phare de la renaissance de Harlem, « l'Histoire noire n'existe pas car le Nègre a toujours été considéré comme un homme sans culture » (Locke 237)[1]. Cette anthologie-manifeste, qui rassembla des textes écrits par des auteurs noirs américains, fut annonciatrice d'un renouveau intellectuel et artistique noir et communiqua l'énergie de Harlem dans les années 1920 et la culture qui s'y développait. Cependant, sans nier le caractère original de ce mouvement, il fut au départ favorisé par les Blancs à la recherche d'authenticité et d'exotisme, des deux côtés de l'Atlantique.

La période fut par conséquent propice, à travers des relations rhizomatiques, à un renouveau culturel et identitaire porté par les intellectuels américains, blancs et noirs, soucieux de régénérer leur culture et leur littérature et par des intellectuels noirs français installés à Paris qui réfléchirent au colonialisme. Dans ce contexte, nous analyserons, ici, les relations rhizomatiques aux États-Unis et en France à travers l'expérience et l'écriture de Langston Hughes, un des auteurs et acteurs majeurs de la Renaissance de Harlem, et des sœurs Nardal et de Suzanne Roussi Césaire toutes venues en France pour y poursuivre leurs études. Langston Hughes est connu pour être « [...] le poète qui a libéré la poésie noire américaine » (Christol, np[2]). Son mode de vie « nomade » fondé sur des relations rhizomatiques continues, ce qu'il a retranscrit dans son écriture, est la parfaite illustration des contacts culturels entre intellectuels à cette époque car « [Hughes] vécut dans différents environnements et [...] il n'eut pas une vie mais bien plusieurs. [...] Ses autobiographies et sa poésie font et défont une multitude de géographies culturelles et langagières » (Kutzinski 2)[3]. En France, les Antillaises Jane et Paulette Nardal et Suzanne Roussi Césaire, entre assimilationnisme et émancipation du modèle colonial proposèrent une réflexion identitaire nouvelle à l'aune de la notion de genre. Des décennies avant ce que Paul Gilroy nommera « l'Atlantique noir » (1993), Hughes et ces femmes, entre autres, furent des interprétes privilégiés de ce concept.

En nous penchant sur cet « Atlantique noir » interprété par Hughes et ces intellectuelles antillaises installées à Paris, nous verrons en quoi les contacts culturels engendrés dans un contexte pluriel et transnational firent évoluer l'identité noire du début du vingtième siècle à l'aune du triptyque « race – classe – genre » et participèrent à sa (re)formulation dans un contexte pluriel et diasporique.

RÉGÉNÉRER LA CULTURE

Dans le milieu intellectuel new yorkais des années 1910, il se fit sentir le désir de régénérer la culture américaine et de créer une culture propre à

---

1 Afin d'éviter une rupture avec le texte, toutes les traductions sont de notre main et apparaîtront par la suite en italiques dans les notes de bas de page. Seuls les poèmes de Hughes, n'ayant pas tous fait l'objet d'une traduction, sont insérés dans la langue originale.
The Negro has been a man without a history because he has been considered a man without a worthy culture.

2 L'abréviation « np » renvoie à un article non paginé.

3 [...] *Langston Hughes moved in different worlds and* [...] *had not one life but many.* [...] *Because his autobiographies and his verse* [...] *weave in and out of a host of cultural geographies and languages* [...].

l'Amérique, loin de l'influence de l'Europe. Durant la même période, à Paris, les intellectuels remirent en cause le système social et critiquèrent le colonialisme. L'art fournit un espace créatif au travers duquel de nouvelles identités se formèrent en réaction à la perception coloniale. À New York, Man Ray se rapprocha de la culture noire et des artistes de Harlem. À Paris, les modernistes formèrent le mouvement Dada. Ils remirent en cause la société en rejetant le passé. Ce faisant, ils furent sensibles à l'Afrique qui incarnait le retour aux sources et aux origines.

Les *Young American critics* rassemblés autour de Waldo Frank (1889-1967), de James Oppenheim (1882-1932) et Van Wyck Brooks (1886-1963) créèrent, à New York, la revue éphémère *The Seven Arts*, qui ne fut publiée qu'entre 1916 et 1917, dans le but d'explorer le passé de leur pays et de régénérer la culture américaine. Ils souhaitèrent en faire une revue intellectuelle phare à mi-chemin entre expression artistique et expression politique. Randolph Bourne, Robert Frost ou encore D.H. Lawrence comptèrent parmi les rédacteurs occasionnels et prolifiques de la revue. Très intéressé par l'Europe et les relations culturelles entre les deux continents, Waldo Frank entama alors une réflexion bien avant le premier conflit mondial sur le rôle des intellectuels dans les domaines social et politique en se démarquant du modèle dominant[4]. Il fut aussi très critique vis-à-vis de l'industrialisation de l'Amérique. En exprimant le besoin d'un changement de perspective, les *Young Americans* s'opposèrent au canon littéraire américain mais s'interrogèrent aussi sur leur propre rôle dans une société changeante :

> [...] Ces intellectuels[5], ou du moins certains d'entre eux, se sont, bien avant ces années, intéressés à l'Europe, aux relations d'interdépendance culturelle entre les deux continents, ainsi qu'au rôle de l'artiste et de l'écrivain dans une société capitaliste (États-Unis) et socialiste (URSS). En d'autres termes, les prises de position bien connues d'un Waldo Frank ou d'un John Dos Passos en faveur des républicains espagnols ou contre le stalinisme, ne résultent pas, loin s'en faut, d'un éveil de conscience tardif chez des hommes jusque-là enfermés dans une tour d'ivoire, mais bien d'un cheminement intellectuel entamé dès avant le premier conflit mondial. [...] Il apparaît en effet que loin d'être

---

4 Dans son article sur Waldo Frank, Anne Ollivier-Mellios décrit son cheminement intellectuel de la façon suivante : « Frank, qui avait rejoint l'équipe de *The Seven Arts*, écrivit dans l'éditorial du premier numéro que son souhait le plus cher était de faire paraître une revue critique et libre de toute pression financière ou politique. C'est ce que tous les jeunes intellectuels qui gravitaient autour de la revue s'étaient efforcés de faire dès leurs débuts, tant dans leurs articles que dans leurs essais, en centrant leur critique sur les méfaits de la civilisation industrielle et la manière dont elle aliénait l'individu, sur le poids de la morale puritaine et de l'éthique capitaliste sur la société américaine, ou encore sur la primauté de la technique sur la culture, l'art et l'esprit. Frank s'intéressait tout particulièrement à ce problème, cherchant à concilier modernisme et vie spirituelle » (Ollivier-Mellios 20).

5 L'auteur fait référence aux intellectuels appartenant aux *Young American Critics,* aux groupes intellectuels radicaux et à la *lost generation.*

exclusivement préoccupé par la « renaissance » de la culture américaine ou par des problèmes de création littéraire, Waldo Frank s'est, tout au long de sa carrière, intéressé à la question du rôle de l'écrivain et de l'artiste dans les domaines à la fois social et politique (Ollivier-Mellios 18).

En s'interrogeant sur le rapport entre les individus et la société, ces intellectuels s'élevèrent en parallèle contre la tradition littéraire anglo-américaine. Ils cherchèrent à établir une tradition littéraire américaine authentique, c'est-à-dire empreinte des traditions populaires et du folklore américains. Ils se tournèrent alors vers les jeunes auteurs noirs américains car ils avaient un rôle à jouer en leur fournissant cette authenticité populaire tant souhaitée.

Dans un premier temps, les écrivains blancs découvrirent ou redécouvrirent les Noirs et en firent des personnages littéraires. Révoltés contre l'urbanisation et « la pruderie victorienne qui dominait encore la vie de la petite ville, [les écrivains] crurent trouver dans le personnage du Nègre une sorte de bon sauvage que sa mise à l'écart avait protégé des tares de la civilisation. Ce thème ressort notamment dans *Holiday* (1923) de Waldo Frank et dans *Dark Laughter* (1925) de Sherwood Anderson » (Fabre 88) mais aussi dans le très controversé *Nigger Heaven* (1926) de Carl Van Vechten. Connu pour sa prédilection pour le jazz et la culture noire en général, Van Vechten sonda dans son roman les différents aspects de la vie de Harlem tout en remettant en cause les stéréotypes des Blancs vis-à-vis des Noirs et les clivages traditionnels : Blancs/Noirs, dominants/dominés. La diversité de ses personnages (un poète, des prostitués homme et femme, un « Noir nouveau » parvenu et dépourvu d'éducation) l'aida à brosser un tableau éclectique mais surtout empreint de réalisme social.

L'accueil qu'Harlem réserva à *Nigger Heaven* fut très mitigé et on reprocha à Van Vechten, un Blanc, d'avoir utilisé le mot « Nègre » pour son titre mais on lui reprocha aussi son sensationnalisme et de faire peu de cas du nouveau statut du « Noir Nouveau ». Son ouvrage souleva toutefois la question de la définition des Noirs face aux stéréotypes des Blancs dans la littérature américaine et montra finalement à quel point les relations entre Blancs et Noirs étaient complexes. À cette époque, en effet, de nombreux intellectuels noirs furent déstabilisés par l'engouement des Blancs pour la « vogue nègre » et s'inquiétèrent que des qualités « primitives » et les stéréotypes diffusés dans la littérature des plantations, dont ils cherchaient d'ailleurs à s'éloigner, soient uniquement retenus. En proposant une orientation différente, ces dissidents intellectuels contribuèrent à redéfinir la culture et la littérature américaines et inscrivirent leur mouvement dans un nationalisme culturel où réalisme et authenticité furent revendiqués : « [John] Dewey[6] [...] souligna l'importance des cultures locales, régionales et ethniques dans l'émergence possible d'une littérature américaine » (Hutchinson 115).

---

6 Ce philosophe américain (1859-1952), antiélitiste, développa, avec d'autres penseurs, le pragmatisme. Sa philosophie politique suggère que l'expérience et le vécu priment et que les individus sont tous intrinsèquement liés les uns aux autres.

Les liens qui se nouèrent alors entre intellectuels blancs et noirs en Amérique et des deux côtés de l'Atlantique se développèrent progressivement et favorisèrent d'autres mouvements intellectuels : la Renaissance de Harlem à New York, la négritude en France. En parallèle, les intellectuels et théoriciens noirs s'interrogèrent sur leur héritage culturel et prônèrent la révolution culturelle et artistique. Ils furent donc très réceptifs aux idées véhiculées par les *Young Americans* ou ce que l'historiographie littéraire nomme aussi la « petite renaissance » blanche :

> Il n'est pas sans importance que Jean Toomer[7], l'auteur de l'ouvrage le plus achevé de la période, *Cane,* ait fait partie du cercle *Art as Vision* où se retrouvaient Hart Crane[8], Gorham Munson[9], Kenneth Burke[10] et Waldo Frank, tous influencés par le *Tertium Organum* d'Ouspensky[11]. Le philosophe Alain Locke, inventeur du « Nègre nouveau » et son principal porte-parole, était issu de la bourgeoisie noire de Philadelphie et il subit l'influence de Van Wyck Brooks[12] et Waldo Frank au point de recourir à leur phraséologie. Il reprend à son compte certaines idées de la « petite renaissance » exprimées dans les magasines d'avant-garde des années 1910 (Fabre 84).

---

7 Jean Toomer (1894-1967). Son ouvrage moderniste *Cane* (1923) est considéré comme un ouvrage précurseur dans l'histoire intellectuelle et artistique de Harlem car il combine à la fois un esthétisme et un style nouveaux tout en décrivant des gens ordinaires dans l'environnement rural de la Géorgie. Salué par la critique au moment de sa parution, *Cane* ne fut pas apprécié du public. Le lectorat blanc, comme le lectorat noir n'y trouva pas les stéréotypes auxquels les auteurs noirs les avaient habitués. Très proche de Waldo Frank, ils voyagèrent tous deux dans le Sud des États-Unis en 1921. Frank se déguisa en Noir afin d'observer au plus près les relations raciales dans les États du Sud.

8 Hart Crane (1899-1932). Très influencé par la poésie de Ralph Waldo Emerson, de Walt Whitman, de T.S. Eliot et d'Arthur Rimbaud, Hart Crane appartient au mouvement moderniste américain du début du vingtième siècle. Il a recourt à un lexique archaïque dans son écriture. *White Buildings* (1926) et *The Bridge* (1930) comptent parmi ses œuvres les plus importantes.

9 Gorham Munson (1896-1969), crée la revue littéraire *Secession* qui est publiée entre 1922 et 1924 et assure la promotion d'artistes et écrivains modernistes de l'entre deux-guerres aux États-Unis. Cette revue devient rapidement une plateforme d'échanges entre intellectuels américains et européens et fait découvrir au public américain, en les traduisant, les textes de Tristan Tzara ou encore ceux de Louis Aragon. La revue *Secession* contribue à faire connaître et à diffuser les idées nouvelles du mouvement Dada dans le milieu intellectuel new-yorkais.

10 Kenneth Burke (1897-1993) : critique littéraire.

11 Piotr Ouspensky (1878-1947), philosophe et ésotériste russe. Il utilise la géométrie dans ses réflexions sur la psychologie. Dans *Tertium Organum* qu'il publie en 1912 et qui sera traduit en anglais en 1920, il dévoile sur plus de 500 pages sa théorie mystique et ésotérique. Selon lui, les représentations de l'homme sont liées au pouvoir des sensations mémorielles. Sa réflexion se veut être une continuité de l'*Organon* d'Aristote et du *Novum Organum* de Francis Bacon (1620).

12 Van Wyck Brooks (1886-1963). Biographe et critique littéraire américain. L'écriture est, pour lui, une question de survie. Il publie notamment : *America's Coming-of-Age* (1915), *The Ordeal of Mark Twain* (1920) et *The Pilgrimage of Henry James* (1925).

Le désert culturel de l'Amérique, son matérialisme, sa laideur industrielle et sa médiocrité artistique furent critiqués par les intellectuels de la « petite renaissance » et ces idées furent reprises ensuite par les intellectuels noirs de Harlem qui, à travers de multiples collaborations avec les intellectuels et éditeurs blancs et à la lumière des travaux de l'ethnologue allemand Leo Frobenius[13] mirent en avant le passé africain et virent dans l'Afrique un retour aux sources, à la beauté et à la vie primitive. À Paris, l'engouement pour « l'art nègre et l'Afrique en général mais aussi pour le jazz, apporté par l'orchestre de Harlem à la fin de la Première Guerre mondiale, permit d'établir des liens entre intellectuels européens, américains et "français d'Afrique" ». Waldo Frank, qui séjourna à Paris en 1913, se nourrit des idées et théories qui circulaient dans le milieu intellectuel parisien. Ces échanges entre intellectuels ne firent que s'intensifier au fil du temps :

> Au début de l'année 1913, il [Waldo Frank] part pour Paris où il réside un an, avant de rentrer à New York. Il dira s'être peu mêlé au groupe d'artistes et d'écrivains américains francophiles qu'il rencontre alors à Paris (dont Gertrude Stein, T.S. Eliot et Erza Pound), passant son temps à lire Spinoza, à observer les Français et à prendre des notes en vue de la rédaction de son premier roman. Il est surtout fasciné par l'incomparable qualité de la vie intellectuelle à Paris dont il témoignera dans la revue française *Europe* (Ollivier-Mellios 19).

En parallèle, les intellectuels noirs américains étaient conscients qu'ils devaient dessiner les contours d'un art noir américain qui leur ressemble et dont ils devaient poser les principes fondateurs dans un contexte de ségrégation et de lutte pour l'égalité raciale. Quelques précurseurs, en quête d'horizons nouveaux, comprirent que ce changement devait passer par la reconceptualisation de la littérature et de la culture américaines afin d'attaquer les conventions sociales, de transformer les relations raciales fondées sur le racisme, de s'affirmer en tant que Noirs américains et de développer une solidarité diasporique et interraciale.

W.E.B. Du Bois (l'un des leaders noirs les plus influents du début du vingtième siècle voyait dans l'instruction le moyen pour les Noirs d'être acceptés par la société blanche et de s'y faire une place. Dans *The Soul of Black Folk* (1903), il présenta un portrait très précis et brillant de la situation noire américaine au début du vingtième siècle. Comme l'explique Houston Baker, « […] ce fut la magnifique collection de Du Bois qui créa une vague et qui

---

[13] Léo Frobenius (1873-1938). La question de l'origine et de la nature de la culture sont au centre de son travail. Il est le premier à parler d'une « civilisation africaine » et à rompre avec l'image de l'« Afrique des tribus ». Il remet en cause le colonialisme et réfute l'idée que les peuples d'Afrique sont des sauvages qui ont connu la civilisation grâce à l'apport des Européens. Il avance le concept d'« aire culturelle » afin d'élucider la nature de la culture. Trouvant des traits communs en Océanie et en Afrique de l'Ouest, il conclut à l'origine commune de deux civilisations. Les résultats de ses travaux auront une grande influence sur les intellectuels de l'époque et sur les poètes de la négritude.

culmina dans les années 1920 avec la Renaissance de Harlem » (Baker, 1988, 47)[14]. Il pensait aussi que la création d'une élite noire pouvait favoriser des changements sociétaux. Du Bois avait d'autres ambitions qu'un Booker T. Washington, autre leader noir, auquel il était opposé. Selon Du Bois la formation spécialisée, prônée par Washington, ne faisait que renforcer l'inégalité raciale en refusant aux élèves noirs tout espoir de promotion sociale par la formation car ce type d'instruction était insuffisant. L'expression *Talented Tenth* fut utilisée par Du Bois dans son essai éponyme de 1903 où il développa sa théorie, à savoir : se détacher du modèle culturel blanc en créant une conscience culturelle noire américaine afin de partager une mémoire collective et une sensibilité esthétique commune. En définissant ces grands axes majeurs et en faisant prévaloir une dimension internationaliste, Du Bois devint l'un des théoriciens de la Renaissance de Harlem mais ce fut la génération montante d'écrivains noirs qui prit le mouvement en main en se positionnant de façon plus subversive, comme Langston Hughes notamment. Hughes, qui rejetait les idéaux bourgeois des *Talented Tenth*, voyait dans la question sociale le thème central de sa réflexion. Les Talented Tenth souhaitaient, en effet, occulter la masse populaire pour enfin donner l'occasion aux Noirs d'être perçus comme des personnes respectables et au même niveau que les Blancs. Cette vision fut un point de discorde entre eux et le groupe des Niggerati auquel Hughes appartenait.

Le Noir nouveau contribua à façonner une autre vision américaine et cette prise de conscience prit corps à et hors de Harlem à travers Langston Hughes, notamment, qui ne cessa de voyager et d'observer les mœurs des différents pays où il séjournait pour nourrir son écriture. Il développa des échanges entre les membres de la diaspora noire des deux côtés de l'Atlantique mais aussi entre le continent Nord- et Sud-Américain et s'employa à les retranscrire dans sa poésie. Son travail ne fut pas uniquement un travail de composition à partir du langage, ce fut aussi un travail d'exploration, à la manière d'un ethnologue, lui qui poussa les relations rhizomatiques à leurs limites. Ce que Véra Kutzinski définit comme le « nomadisme » intellectuel et culturel de Hughes lui permit de prendre toute la mesure culturelle et linguistique des pays qu'il visita afin de proposer une identité noire plurielle et multidirectionnelle. Langston Hughes incarna cette pensée rhizomatique tant dans ses aspects les plus humains et culturels que dans son écriture.

LANGSTON HUGHES ET LES RELATIONS « RHIZOMATIQUES »

Deleuze nomma « rhizome » un système fait de connexions et d'hétérogénéité. Ce concept permet d'appréhender la circulation des idées au début du vingtième siècle entre intellectuels noirs et blancs des deux côtés de l'Atlantique. Cela montre aussi toute la multiplicité et la variabilité de ces connexions et interconnexions. Des « constructions rhizomatiques » ne cessèrent de pren-

---

14 [...] *It was Du Bois's brilliant collection that created a wave which crested during the Harlem Renaissance of the 1920s.*

dre corps avant et pendant la Renaissance de Harlem car, tel un rhizome, des racines et des « strates » caractérisèrent ce mouvement intellectuel qui se structura et se développa autour d'assemblages et de réflexions en perpétuels mouvements. Dans la philosophie deleuzienne, les différents plateaux peuvent être pris dans n'importe quel ordre et ne sont pas soumis à une organisation précise. Il faut voir là un ensemble qui fait sens, dénué de contraintes extérieures où les plateaux mènent à la réflexion pour connecter les hétérogènes et produire un sens propre :

> Le rhizome connecte un point quelconque avec un autre point quelconque, et chacun de ses traits ne renvoie pas nécessairement à des traits de même nature, il met en jeu des régimes de signes très différents et même des états de non-signes. [...] Il n'est pas d'unités, mais de dimensions, ou plutôt de directions mouvantes [...]. Nous appelons « plateau » toute multiplicité connectable avec d'autres par tiges souterraines superficielles, de manière à former et étendre un rhizome (Deleuze, Guattari, 1980, 31-33).

Aussi, faire rhizome pendant la Renaissance de Harlem signifia établir des liens et des ponts entre intellectuels de différents horizons, partager des références communes, dans un objectif de relance créative de l'écriture littéraire. Faire rhizome, signifia encore prendre la situation littéraire et artistique noires par son milieu pour la faire tendre vers ses limites ; développer un champ d'exploration du langage pour mieux revendiquer une nouvelle école d'écriture et tenter de faire de la littérature noire un art majeur, digne du canon littéraire américain. Ce fut explorer la culture noire et son rapport à l'Afrique, mais aussi s'interroger sur l'homme noir pour mieux le connaître et révéler un milieu aux possibilités infinies.

Dans son anthologie, *The New Negro*, Locke proposa sa vision de la culture américaine qu'il envisagea comme un réveil culturel et comme la définition des Noirs par eux-mêmes. Les termes « multiculturalisme » et « diversité » commencèrent à apparaître tout en mettant l'accent sur l'américanité des Noirs et le besoin d'une solidarité mondiale entre eux pour lutter contre le racisme. Avec cet ouvrage, Locke encouragea une revitalisation culturelle fondée sur la fierté raciale, le pluralisme culturel et les relations interraciales, des aspects ignorés par les Blancs.

Le poème « Jazz Band in a Parisian Cabaret », que Hughes écrivit en 1924 alors qu'il travaillait comme garçon à tout faire dans le cabaret Le Grand Duc à Montmartre, illustre les relations rhizomatiques entre intellectuels et artistes noirs et blancs qui se nouèrent à cette époque sur les deux rives de l'Atlantique. Ce poème révèle l'expérience parisienne de Hughes ce qui fut l'occasion de proposer un nouveau vocable en rapport avec la musique et d'élargir l'expérience musicale noire au continent européen :

« Jazz Band in a Parisian Cabaret »[15]
Play that thing,
Jazz band!
Play it for the lords and ladies,
For the dukes and counts,
For the whores and gigolos,
For the American millionaires,
And the school teachers
Out for a spree (...).

May I?
Mais oui.
Mein Gott!
Parece una rumba.
Play it, jazz band!
You've got even languages to speak in
And then some,
Even if you do come from Georgia.
Can I go home wid yuh, sweetie?
Sure.

Ce poème fut un moyen pour Hughes de sortir le blues et le jazz de leur contexte et de déplacer l'espace musical noir américain dans le cadre des cabarets parisiens qui étaient des microcosmes de la société française et internationale puisque s'y retrouvaient des personnes de nationalités et de classes sociales différentes (*Play it for the lords and ladies,/ For the dukes and counts,/ For the whores and gigolos,/ For the American millionaires,/ And the school teachers/ Out for a spree*). L'aristocratie européenne se mêlait aux écrivains et aux musiciens français ou noirs américains mais aussi aux nouveaux riches. Effectivement, les musiciens noirs qui se produisaient à Paris attiraient un public très en vogue : Mistinguett, Louis Aragon, Charlie Chaplin, Nancy Cunard, Man Ray, Francis Scott Fitzgerald et Hemingway, pour ne citer qu'eux, mais aussi le Prince de Galles. Ce brassage social, racial, linguistique et culturel est souligné dans l'extrait suivant qui montre le caractère cosmopolite et universel des cabarets qui étaient des lieux d'échanges et de contacts multiculturels qui abolissaient les distinctions sociales :

May I ?
Mais oui.
Mein Gott !!
Parece una rumba.

---

[15] Ce poème, écrit en 1924, est publié pour la première fois dans *Crisis* en décembre 1925 sous le titre : *To a Negro Jazz Band in a Parisian Cabaret.* Il devient *Jazz Band in a Parisian Cabaret* lorsqu'il est inclus dans *Fine Clothes to the Jew.* Le poème est extrait de l'anthologie publiée par Arnold Rampersad et David Roesse, 1994, 60.

À la demande formulée en anglais par un cavalier, la réponse se fait en français ; réponse qui déclenche l'exclamation d'un(e) Allemand(e) et qui se termine par l'énoncé d'un locuteur espagnol. La réponse en français (« Mais oui ») à la question « *May I ?* », est un jeu de mots linguistique et phonétique (*Mais oui/ May we*) qui fait bien référence à l'internationalisme tel que le poète l'envisageait. Dans cet espace clos où quelques privilégiés et amateurs de musique se rencontrèrent, le jazz fit se rejoindre le singulier et le collectif. Ce fut aussi une façon pour Hughes d'introduire un nouveau vocable : le mot « jazz » (*Play that thing/ Jazz band !*). En effet, dans les années vingt, la distinction entre blues et jazz n'était pas encore évidente et les musiciens de jazz disaient interpréter du blues. Le jazz permit de traduire une poétique universelle et les différentes langues utilisées soulignent que la musique noire pouvait traverser les frontières et dépasser le cadre racial américain. Les musiciens noirs de l'État de Géorgie sont d'ailleurs venus jouer à Paris (*Even if you do come from Georgia./ Can I go home wid yuh, sweetie?*) et continuent à utiliser le vernaculaire noir des États du Sud (*wid yuh : with you*). La suppression de la ponctuation exprime la confusion sonore qui règne dans le cabaret mais aussi ce nouveau style musical fondé sur l'improvisation, mais une improvisation maîtrisée toutefois puisque les grands artistes de jazz sont connus pour répéter plusieurs fois leurs morceaux avant de se produire sur scène. Du particulier, Hughes passa à l'universel et montra que blues et jazz pouvaient proposer une autre géographie et que l'expérience (musicale) noire pouvait être partagée par delà les frontières.

Souvent incompris par la critique dans son propre pays, Hughes fut un modèle pour les poètes et écrivains étrangers avec lesquels il établit des relations rhizomatiques et dont il guida l'écriture. Lors de son voyage à Cuba, en 1929, il fut considéré comme l'ambassadeur de l'Amérique noire et son séjour lui permit d'étendre le rhizome dans le domaine de la littérature considérée mineure. À la Havane, il rencontra Nicolás Guillén (1902-1989) et influença son écriture. Comme Hughes, Guillén retranscrit dans sa poésie l'expérience des plus humbles. En utilisant les sons et les rythmes afro-cubains (appelés *son*) qu'il transposa dans son écriture, en affirmant la beauté et l'esthétisme des Noirs cubains, en s'inspirant de leurs chants et de leurs danses, Guillén devint le « double » cubain de Hughes et créa son propre langage. En faisant se rejoindre la culture négro-cubaine et la culture cubaine à travers son écriture, mais aussi influencé par Hughes, la Renaissance de Harlem et le mouvement de la négritude, Guillén créa le négrisme hispano-caribéen, résultat d'un « processus rhizomatique » caractéristique des relations entre les intellectuels et sources réciproques d'inspiration :

> *Motivos de son*, écrit en 1930, sera l'acte de naissance du « poème son ». Tout y est ; la structure musicale, les personnages populaires et le « parler métis », né du mélange d'espagnol et de substrat africain : « Mes sons peuvent être mis en musique, mais cela ne veut pas dire qu'ils soient écrits avec cette intention, mais plutôt avec celle de présenter de la meilleure façon possible des tableaux de mœurs et des personnages

populaires, tels qu'on les voit s'agiter autour de nous ». La musique de ses poèmes lui permet d'évoquer la vie de son peuple, dans une société qui le marginalisait (Couret, np).

Négrisme à Cuba, Négritude en France, Noir Nouveau aux États-Unis, ces mouvements témoignèrent des multiples interprétations individuelles et collectives, mais aussi insulaires ou continentales de l'expérience noire devenue plurielle et diasporique. Le peintre cubain métis Wilfredo Lam (1902-1982), sur les traces de Guillén, créa lui aussi son propre langage à travers ses toiles et décrivit les réalités du monde paysan cubain quelques décennies plus tard. Proche des surréalistes puis de Césaire, l'un des pères fondateurs de la négritude, il concevait ses toiles comme un acte de décolonisation qui disait la vie des Noirs mais aussi leur dignité. En Haïti, Jacques Roumain (1907-1944) puisa son inspiration dans la poésie de Langston Hughes car il voyait en lui la personnification de la liberté. Les deux hommes se rencontrèrent au début des années trente lors d'un séjour de Hughes en Haïti et nouèrent une grande amitié. L'écriture de Roumain exprima les frustrations de son peuple, piétiné et dominé pendant des siècles. À Paris, les jeunes intellectuels noirs

> réussirent cette chose remarquable et subversive de créer une sociabilité intellectuelle et culturelle noire [...] ce qui était manière pour eux de se soutenir mutuellement, voire de se sortir d'états dépressifs, et de faire sens de leur situation particulière de Français (ils l'étaient et se considéraient comme tels) à peau noire, bref de leur situation de minorité raciale dans une République théoriquement indifférente à la couleur de peau. [...] Damas et Hughes firent connaissance en 1938 lors du deuxième Congrès des écrivains pour la défense de la culture (Ndiaye 322-333).

Cette atmosphère et ces différents mouvements, autour d'une cause commune, attestent des relations rhizomatiques entre intellectuels qui donnèrent naissance à des possibilités infinies dans le domaine littéraire mais aussi artistique. C'est donc dans ce contexte d'échanges et de recherche d'horizons nouveaux que la Renaissance de Harlem se structura tout en ouvrant la voie à d'autres courants intellectuels et artistiques et en proposant une (re)définition de l'identité et de la culture noires. Dans ses travaux sur la diaspora noire, Paul Gilroy nomma cela « l'Atlantique noir » (*The Black Atlantic*), c'est-à-dire des échanges permanents entre les membres de la diaspora noire des deux côtés de l'Atlantique. Cette notion « offre des formes d'identification qui transcendent les limites nationales et offrent de réfléchir à des formes de dominations globalisés » (Ndiaye 50). Ces relations rhizomatiques témoignèrent donc du besoin des intellectuels noirs de réfléchir à l'identité noire et à son évolution. En échangeant et en discutant de leur expérience, ces intellectuels formulèrent ce que signifiait « être Noir » en Amérique mais aussi par delà les frontières. Ils développèrent une culture où les notions « race », « nègre » et « culture nègre » furent discutées et valorisées :

> Les intellectuels noirs des États-Unis et de France avaient en partage une expérience double : celle de leur infériorisation par la société blanche et celle d'une éducation qui était source de fierté et d'aliénation, puisque les amenant à inférioriser leur culture et donc eux-mêmes. (Ndiaye 323)

Cependant, Harlem ne fut pas l'unique cadre de cette effervescence et de cette production culturelle. À Paris, quelques années déjà avant le mouvement de la Renaissance, les artistes et les modernistes, très critiques à l'égard du colonialisme et de la culture occidentale mirent l'Afrique et son imagerie en avant. La fascination pour l'Afrique et la culture noire américaine trouva son expression artistique dans la « vogue nègre », car la scène avant-gardiste parisienne découvrit en l'art nègre une source d'inspiration mais aussi un modèle de transgression et de subversion. L'imagerie noire et l'art nègre gagnèrent les cercles d'artistes de Montmartre et de Montparnasse. Si Harlem popularisa la culture noire au début du vingtième siècle, c'est sans aucun doute le Paris avant-garde des années 1920 qui offrit aussi l'opportunité de développer et d'encourager les écrivains et artistes noirs de Harlem. À Montmartre, haut lieu de la vie nocturne parisienne à cette époque, de nombreux Noirs de passage travaillèrent ou se retrouvèrent dans les cabarets. *Le Grand Duc* (où Hughes travailla), *Zelli*, *Chez Florence*, *Chez Joséphine*, furent des endroits très courus. Au départ, Montmartre accueillit surtout des musiciens noirs ; à partir des années 1920, des écrivains et artistes y convergèrent aussi. La plupart étaient Noirs américains mais d'anciens soldats sénégalais et des Caraïbes vivaient aussi à Montmartre. Dans le *Pittsburgh Courier* d'août 1929, le chroniqueur Joël Rogers constatait :

> Le boulevard de Clichy est le Broadway parisien. Toute la vie nocturne de Paris se concentre boulevard de Clichy, comme d'ailleurs la plupart des gens de couleur venus des États-Unis. [...] Montmartre vous rappelle d'autant plus Harlem que le spectacle *Blackbirds* se joue actuellement au Moulin Rouge (Archer-Straw 160-161)[16].

Le Bal Nègre de la rue Blomet dans le quartier de Montparnasse était exclusivement fréquenté par les Antillais mais les Noirs américains s'y retrouvaient aussi et rencontraient d'autres membres de la diaspora. Langston Hughes et Claude McKay travaillèrent à Paris pour s'imprégner de son atmosphère et constituer un réseau. Hughes fut embauché dans un club rue Fontaine comme portier puis au Grand Duc où il demeura plongeur avant de devenir cuisinier. C'est à Paris que Hughes rencontra le collectionneur américain Albert Barnes par l'intermédiaire duquel il entra en contact avec les artistes de la scène parisienne. Le moment fut propice à une réévaluation de l'héritage noir des deux côtés de l'Atlantique. « Lorsque parut *Voyage au Congo* d'André Gide (1927), l'Amérique put voir se confirmer son impression que la France

16 *"The boulevard de Clichy is the 42nd and Broadway of Paris. Most of the nightlife of Paris centers around it, and most of the colored folks from the States, too. [...] Just now with the 'Blackbirds' at the Moulin Rouge, this section of Montmartre reminds you more of Harlem than ever."*

retournait aux sources vitales et authentiques » (Fabre 83). En 1921, *Batouala, « véritable roman nègre »* du martiniquais René Maran, inaugura le combat anticolonial en donnant pour la première fois aux « Nègres » le statut de personnages principaux. Prix Goncourt la même année, le roman fut immédiatement traduit en anglais et influença considérablement les intellectuels noirs. À Paris, sous l'impulsion d'écrivains antillais et africains, une identité noire francophone prit corps en parallèle. L'objectif affiché de ces jeunes intellectuels fut de développer et d'élaborer une pensée nouvelle. Une réflexion autour de leur identité s'imposa à eux. Le concept de « négritude » marqua les débuts de la littérature panafricaine francophone et surtout les débuts d'une nouvelle identité noire francophone, à la manière du « Noir Nouveau » de Harlem :

> [...] La Négritude, c'est, comme j'aime à le dire, l'ensemble des valeurs culturelles du monde noir, telles qu'elles s'expriment dans la vie, les institutions et les œuvres des Noirs. Je dis que c'est là une réalité : un nœud de réalités. [...] Pour nous, notre souci, notre unique souci a été de l'assurer, cette Négritude, en la vivant, et, l'ayant vécue, d'en approfondir le sens. Pour la présenter au monde, comme une pierre d'angle dans l'édification de la Civilisation de l'Universel, qui sera l'œuvre commune de toutes les races, de toutes les civilisations différentes – ou ne sera pas. C'est en cela que cette Négritude ouverte est un humanisme. Elle s'est enrichie, singulièrement des apports de la civilisation européenne, et elle l'a enrichie (Senghor 8-9).

L'IDENTITÉ NOIRE ET LE MOUVEMENT DE LA NÉGRITUDE

Le mouvement de la négritude, « qui se développa dans la foulée de l'organisation politique des Noirs de l'empire français » (Ndiaye 320), marqua les débuts d'une nouvelle identité noire francophone en réaction contre le colonialisme français et le racisme. Utilisé pour la première fois par Aimé Césaire en 1939 dans *Cahier d'un retour au pays natal* le mouvement de la négritude rassembla des écrivains antillais et africains vivant à Paris, et dont l'objectif affiché était de développer une pensée et une identité nouvelles à la manière du « Noir Nouveau » qui avait vu le jour dans le quartier noir de Harlem.

Comme tous les historiens et critiques littéraires l'ont expliqué, ce mouvement fut le résultat de la rencontre décisive de trois étudiants provenant de différentes colonies françaises : Aimé Césaire de Martinique, Léon Gontran Damas de Guyane et Léopold Sédar Senghor du Sénégal. Les trois intellectuels commencèrent un travail d'exploration identitaire tout en articulant leur pensée autour de l'appartenance raciale, en s'appuyant sur la culture africaine et antillaise et tout en s'inspirant des intellectuels noirs américains. Ils lancèrent le mouvement de la négritude dans l'unique numéro de *L'étudiant noir* en 1935 et se demandèrent comment les Noirs pouvaient se définir dans la société blanche. Dans ce contexte d'effervescence intellectuelle, les intellectuels noirs de la diaspora s'influencèrent et ouvrirent la voie de nouveaux débats sur fond de colonialisme. Senghor expliqua au cours d'un entretien pour *Présence Africaine* en 1971 :

> Au Quartier Latin, dans les années 30, nous étions sensibles, par-dessus tout, aux idées de la Harlem Renaissance dont nous rencontrions à Paris quelques-uns des représentants les plus emblématiques. Je lisais régulièrement *Crisis* mais aussi *The journal of Negro History* qui consacrait de nombreux articles à la connaissance de l'Afrique. Mon livre de chevet était, évidemment, *Le Nouveau Noir*. [...] Les poètes de la renaissance de Harlem qui nous influencèrent le plus sont Langston Hughes, Claude McKay, Jean Toomer, James Weldon Johnson, Stirling Brown et Frank Marshall Davis car ils nous prouvèrent et nous montrèrent qu'en étant créatifs nous pouvions faire respecter et faire reconnaître la civilisation noire-africaine (*Présence Africaine*, 78, 1971).

L'historiographie de la négritude attira surtout l'attention sur le rôle essentiel des hommes dans la création de ce mouvement en désignant Aimé Césaire, Léon Gontran Damas et Léopold Senghor comme ses trois fondateurs. Pourtant, des intellectuelles antillaises installées à Paris développèrent bien avant eux des relations rhizomatiques entre intellectuels noirs en organisant et en participant activement à des rencontres à la manière des salons littéraires de l'Ancien Régime. Elles témoignèrent elles aussi d'un engagement intellectuel et revendiquèrent très tôt la construction d'une identité raciale en mettant en avant la question de genre. De la même façon que Langston Hughes qui proposait une « écriture prolétarienne » afin de réfléchir à l'universalité de l'identité noire américaine, ces intellectuelles, exposées à divers contacts, posèrent les jalons d'une nouvelle identité noire francophone à l'aune du triptyque « race, classe, genre ».

En 1928, Jane Nardal publia un essai précurseur dans *La Dépêche africaine*. Cet article, intitulé « L'internationalisme noir » paraît dix ans avant la publication de *Cahier d'un retour au pays natal*, l'ouvrage considéré par l'historiographie comme le roman marquant la naissance de la négritude. Dans cet essai, Jane Nardal jeta les bases d'une réflexion identitaire nouvelle et évoqua pour la première fois la conscience double antillaise. Elle vit aussi l'utilité de créer un nouveau vocable pour étayer sa réflexion :

> À idées nouvelles, mots nouveaux, d'où la création significative des vocables : Afro-Américains, Afro-Latins. Ils confirment notre thèse tout en jetant une lueur nouvelle sur la nature de cet internationalisme noir. Si le nègre veut être lui-même, affirmer sa personnalité, ne pas être la copie de tel ou tel type d'une autre race (ce qui lui vaut souvent mépris et railleries) il ne s'ensuit pourtant pas qu'il devienne résolument hostile à tout apport d'une autre race. [...] Être Afro-Americain, être Afro-Latin cela veut dire être un encouragement, un réconfort, un exemple pour les

noirs d'Afrique en leur montrant que certains bienfaits de la civilisation blanche ne conduisent pas forcément à renier sa race (Hayes 19).

Jane Nardal fut la première intellectuelle antillaise à s'inspirer des questionnements formulés par les intellectuels de la Renaissance de Harlem et posa la question : « qui sommes-nous dans ce monde de Blancs ? » Elle s'interrogea aussi sur le vocable utilisé et la nécessité de repenser le lexique pour traduire au plus près la spécificité antillaise francophone. Dans « L'internationalisme noir », elle proposa une discussion autour de la conscience de race en évolution et devenue double. En imaginant la fusion de l'africanité et de la négritude, la fusion des mondes français et latin, elle créa le néologisme « Afro-latin » faisant ainsi écho au terme « Afro-Américain » ou plutôt « Africo-Américain », la traduction utilisée à cette époque. Ces deux termes traduisaient une identité raciale commune fondée sur l'acculturation dans un contexte de colonisation. Pour elle, l'expérience américaine ou latine ne signifiait pas renier son origine raciale car la synergie entre les civilisations africaine et latine avait donné naissance, selon elle, à un métissage culturel, à cette conscience double, propre aux Noirs nouveaux francophones mais aussi américains. En insistant sur cet héritage culturel double, Jane Nardal rendit finalement compte de l'expérience antillaise. Si « L'internationalisme noir » ne fut pas un succès, sa théorie eut le mérite de proposer un nouvel espace de réflexion et un nouveau vocable porteur de cette nouvelle identité raciale fluctuante. Les différents vocables utilisés rendirent aussi compte de la difficulté de nommer et de traduire l'expérience d'une communauté qui devenait cosmopolite, diverse et diasporique et qui était partagée entre balkanisation et internationalisation de sa culture et de son expérience.

L'autre sœur Nardal, Paulette, eut elle aussi les mêmes préoccupations identitaires. Elle publia « En exil » et « L'éveil de la conscience de race chez les étudiants noirs » en 1929. Très influencée par le mouvement du Noir nouveau et les intellectuels de Harlem, dont elle traduisit et publia les travaux, elle joua le rôle d'intermédiaire entre intellectuels noirs américains et francophones dans son salon littéraire de Clamart où étudiants et intellectuels noirs des Caraïbes, d'Afrique et des États-Unis échangèrent sur les problèmes coloniaux et interraciaux. L'engagement intellectuel de Paulette Nardal alla plus loin lorsqu'elle fonda, en 1931, avec l'écrivain haïtien Léo Sajous *La Revue du monde noir* (une revue bilingue). Ce journal donna l'occasion de débattre de thèmes propres aux Noirs vivant en France et plus particulièrement aux femmes car les sœurs étaient sensibles à la situation dans laquelle se trouvaient les Antillaises francophones. Elle adapta certainement les idées évoquées par Elise Johnson McDougald en mars 1925 dans *Survey Graphic* sous le titre : « The Struggle of Negro Women for Sex and Race Emancipation », lorsqu'elle affirma dans *La Revue du Monde Noir* de 1932 :

> Les femmes de couleur vivant seules dans la métropole, moins favorisées jusqu'à l'Exposition coloniale que leurs congénères masculins aux faciles succès, ont ressenti bien avant eux le besoin d'une solidarité raciale qui

> ne serait pas seulement d'ordre matériel : c'est ainsi qu'elles se sont éveillées à la conscience raciale. Le sentiment de déracinement [...] aura été le point de départ de leur évolution (« L'Éveil de la conscience de race chez les étudiants noirs ». *La Revue du Monde Noir,* 6 avril 1932, 30).

Elle insista aussi sur le pouvoir des jeunes Antillaises qui, en s'investissant dans une recherche identitaire profonde, pouvaient surmonter leur marginalisation. L'idéologie des sœurs Nardal dessina les premiers contours d'un nouvel humanisme du monde noir francophone et posa les jalons du mouvement noir francophone de la négritude en France. Leur activisme et leurs initiatives ne firent cependant pas l'unanimité et leur salon littéraire fut qualifié de salon bourgeois traditionnel. Aimé Césaire jugea le salon des sœurs Nardal et les idées qui y circulaient trop assimilationnistes. Pour lui, ce salon maintenait le *statu quo* et les privilèges de l'élite métisse antillaise : « Ce groupe [le groupe qui donna naissance à *La Revue du monde noir*] s'enorgueillissait d'être un parfait modèle d'assimilation à la société française » (Arnold 11)[17]. Les sœurs Nardal furent cependant innovantes à travers l'organisation de ces rencontres et eurent le mérite de créer un nouvel espace d'échanges et un réseau pour la diaspora noire à Paris ; il n'est cependant pas attesté que Langston Hughes y participa car bien que soucieux de rencontrer d'autres intellectuels pendant ses voyages et d'établir des contacts avec eux, toute sa vie durant il trouva son matériau d'écriture dans les rues de Harlem ou de Paris et se tint toujours à l'écart de la bourgeoisie noire. Les critiques autour des rencontres littéraires organisées par les sœurs Nardal révèlent, en définitive, les divergences idéologiques qui animèrent les intellectuels noirs francophones, exactement comme ceux appartenant au mouvement de la Renaissance de Harlem.

La très engagée Suzanne Roussi Césaire poursuivit le travail d'exploration identitaire amorcé par les sœurs Nardal mais afficha des objectifs différents. Si les sœurs furent favorables à l'assimilationnisme, Suzanne Roussi Césaire, elle, fut beaucoup plus radicale et dénonça ouvertement le colonialisme. Elle parla de pluralité, résultat d'un processus historique, comme origine de l'identité martiniquaise. Le métissage racial et culturel de l'île, ce « brassage continu », comme elle l'écrivit dans « Malaise d'une civilisation » devait, selon elle, transcender les clivages Blancs/Noirs, Européens/Africains, peuples civilisés/peuples sauvages, en vogue à cette époque, tout en permettant la découverte et la reconnaissance de l'identité martiniquaise libérée du joug colonial. À Paris, elle établit des liens avec des philosophes et des artistes. Elle rencontra Jean-Paul Sartre, le critique d'art Michel Leiris très intéressé par l'art africain, ou encore Léopold Sédar Senghor et Aimé Césaire. Cette époque fut foisonnante pour ces étudiants et artistes qui débattirent de l'anticolonialisme tout en prenant conscience de la montée du nazisme. De retour en Martinique, elle fonda, en 1941 avec Aimé Césaire, Aristide Maugée, René Ménil et Lucie

---

17 *This group [the group around* La Revue du monde noir*] prided itself on what it thought to be its perfect assimilation into French society.*

Thérèse, la revue culturelle *Tropiques* où elle publia tous ses essais. Suzanne Roussi Césaire se fixa alors pour objectif de sauver la Martinique de sa médiocrité culturelle puisque les écrivains martiniquais produisaient, selon elle, « une littérature de hamac, de sucre et de vanille » (*Tropiques* 4, janvier 1942, *in* Maximin 65)[18]. Dans ses textes enflammés, elle reprocha aux écrivains antillais de reproduire la culture française sans jamais s'attacher à la spécificité de l'expérience martiniquaise, à son métissage racial et culturel. En 1942, elle écrivit dans un article intitulé « Malaise d'une civilisation » :

> Non – le Martiniquais a échoué parce que méconnaissant sa nature profonde, il essaie de vivre d'une vie qui ne lui est pas propre. Gigantesque phénomène de mensonge collectif, de « pseudomorphose ». Et l'état actuel de la civilisation aux Antilles nous livre les conséquences de cette erreur. Refoulement, souffrances, stérilité. Comment, pourquoi, chez ce peuple hier esclave, cette méprise fatale ? [...] On comprendra dès lors que le but essentiel pour l'homme de couleur soit devenu l'*assimilation*. Et qu'avec une force redoutable s'opère en son esprit la désastreuse confusion : *libération égale assimilation* (*Tropiques* 5, avril 1942, *in* Maximin 72-73).

Suzanne Roussi Césaire s'interrogea, elle, sur la nécessité de rompre avec les codes du colonisateur. Déclarer l'émancipation de la Martinique ne pouvait passer par l'assimilation ni par le retour à une culture ancestrale à la manière des colonisés d'Afrique qui étaient restés sur la terre de leurs ancêtres. En cela, elle se distingua des sœurs Nardal car pour elle l'identité noire des Antilles était avant tout le résultat du colonialisme et ne devait pas passer par l'assimilation au modèle dominant. Trois ans plus tard, dans « Le grand camouflage », Suzanne Césaire dénonça le jeu de cache-cache de la vérité africaine des Antilles derrière les oripeaux du regard colonial :

> Voici un Antillais, arrière-petit-fils d'un colon et d'une négresse esclave. [...] Le voici avec sa double force et sa double férocité, dans un équilibre dangereusement menacé : il ne peut pas accepter sa négritude, il ne peut pas se blanchir » (*Tropiques* (13,14), septembre 1945, in Maximin 91).

Aussi, les écrits à la fois militants et lyriques de Suzanne Roussi Césaire révélèrent son indépendance d'esprit mais surtout une pensée philosophique aboutie, issue des contacts culturels et rhizomatiques de la période, et favorable au pluralisme culturel. « Il apparaît clairement à Suzanne Césaire qu'il n'y a pas une Civilisation conquérante qui domine toutes les autres mais une multiplicité de civilisations qui possèdent, chacune, une âme, un esprit, une vie » (Tanella 71).

---

[18] Tous les textes de Suzanne Roussi Césaire ont été regroupés par Daniel Maximin en 2009 et nous nous appuyons sur son ouvrage pour les citations.

Comme les intellectuelles noires américaines, ces intellectuelles antillaises furent tenues à distance elles aussi et leur rôle minimisé, voire occulté. Pourtant, elles firent partie intégrante des relations rhizomatiques de l'époque et luttèrent contre l'impérialisme et le colonialisme. Elles apportèrent une sensibilité et une approche féminines et firent prendre conscience des notions de « race », de « classe » et de « genre » à travers leurs textes, tout comme le fit Langston Hughes tout au long de sa carrière. Ces intellectuelles antillaises du début du vingtième siècle eurent une influence souvent méconnue et montrent la difficulté de se faire une place. Leurs textes permettent cependant de comprendre comment un féminisme noir antillais émergea en pointillés et permettent de voir en quoi la pensée féministe antillaise et la condition féminine noire dans son ensemble suscitèrent des débats autour de l'identité noire antillaise et diasporique.

Ces mouvements intellectuels noirs qui naquirent au début du vingtième siècle posèrent certes les jalons d'une révolution identitaire et culturelle noires à Harlem et par delà les frontières mais montrèrent aussi les difficultés idéologiques et les faiblesses auxquelles leurs acteurs et actrices furent confrontés. À Harlem, la révolution intellectuelle du Noir nouveau fut critiquée pour ne pas avoir suffisamment touché les couches populaires noires. La lecture historiographique de la Renaissance de Harlem des années 1970 a d'ailleurs interprété la période comme un échec aussi bien esthétique que politique et n'ayant pas réussi à dépasser les clivages traditionnels Blanc/Noir, dominants/dominés, hommes/femmes[19]. La lecture révisionniste montre, à l'inverse, que ce mouvement réussit, à travers des relations rhizomatiques, à transcender ces clivages. La Renaissance de Harlem eut aussi le mérite de révéler des poètes et écrivains noirs dont l'innovation stylistique transforma l'écriture noire (américaine), apporta « un frisson nouveau » (Senghor 108) et modifia la culture et l'identité noires dans son ensemble. En France, les fondateurs de la négritude s'interrogèrent sur l'identité noire sans jamais mentionner leur dette à l'égard des pionnières qui firent elles aussi circuler des idées et participèrent à la construction identitaire noire de la première moitié du vingtième siècle. En élaborant une nouvelle « conscience de race », Suzanne Roussi Césaire et ses ainées (Paulette et Jane Nardal) contribuèrent pourtant à développer la littérature caribéenne francophone en apportant leur histoire, et leur sensibilité féminine. Paulette Nardal suggéra une réécriture de l'histoire de la négritude afin de replacer les femmes au cœur de cette prise de conscience raciale, mais cette réécriture n'eut jamais lieu.

Au-delà des querelles et de la dynamique (inter)raciale, ces mouvements démontrèrent aussi le besoin de déterritorialisation, au sens littéral, puisque formuler et poser l'émancipation identitaire naquit et/ou évolua hors de Harlem, pour les intellectuels noirs américains, hors des Caraïbes et d'Afrique,

---

19 David Lewis, l'auteur de *When Harlem was in Vogue* (1979) considère la Renaissance de Harlem comme un échec politique et les relations entre mécènes blancs, auteurs et artistes noirs comme une illustration du rapport dominant/dominé.

pour les fondateurs de la négritude. « Faire peau neuve, développer une pensée neuve », pour reprendre la pensée de Fanon, passa par un ailleurs, un espace où les groupes minoritaires purent subvertir la norme sans se marginaliser ou se normaliser.

Bien que ces parcours furent singuliers et divergents, ils donnèrent l'occasion aux intellectuels et intellectuelles de devenir les thèmes de leur propre écriture et de valoriser l'expérience noire en Amérique, en France et dans les colonies françaises à travers le triptyque « race, classe, genre ». En empruntant diverses voies et en construisant leur propre voix, ces intellectuels et intellectuelles firent table rase de l'écriture noire du passé et imposèrent de nouvelles caractéristiques à travers une nouvelle esthétique et une identité reformulée favorisée par une dynamique rhizomatique et diasporique.

BIBLIOGRAPHIE

ARCHER-STRAW P., *Negrophilia.* New York, Thames & Hudson, 2000.

ARNOLD J., *Modernism and Negritude: The Poetry and Poetics of Aimé Césaire.* Cambridge, Harvard University Press, 1981.

BAKER JR., H. A., *Afro-American Poetics. Revisions of Harlem and the Black Aesthetic.* Madison, The University of Wisconsin Press, 1988.

CÉSAIRE A., *Cahiers du retour au pays natal.* Paris, Présence Africaine (1933) 2000.

CHRISTOL H., SYLVANISE F., « *Langston Hughes, poète jazz, poète blues* », *E-rea* [En ligne], 8.2 | 2011, mis en ligne le 28 mars 2011, consulté le 21 février 2016. URL: http://erea.revues.org/1720

COURET B., « Nicolás Guillén, ou l'incarnation poétique du métissage cubain. Le chantre cubain de la "négritude négriste" ». *Le Journal International*, mis en ligne le 16 décembre 2013. URL : http://www.lejournalinternational.fr/Nicolas-Guillen-ou-l-incarnation-poetique-du-metissage-cubain_a1579.html Consulté le 5 août 2015.

DELEUZE G. et GUATTARI F., *Mille Plateaux*, Paris, les Éditions de Minuit, 1980.

FABRE M., « L'Amérique blanche à la découverte de son âme noire ». Richet, Isabelle (dir.), *Harlem 1900-1935*, Paris, Éditions Autrement, Série Mémoires – n°25, 1993, 82-91.

FANON F., *Peau Noire, masques blancs*, Paris, Éditions du Seuil, 2015 (1952).

GILROY P., *The Black Atlantic. Modernity and Double Consciousness*, Cambridge, Harvard University Press, 1993.

HUTCHINSON G., *The Harlem Renaissance in Black and White*, Cambridge, Ma., Harvard University Press, 1995.

KUTZINSKI V. M., *The Worlds of Langston Hughes: Modernism and Translation in the Americas.* Ithaca, NY, Cornell University Press, 2012.

LEVERING LEWIS D., *When Harlem was in Vogue.* New York, Oxford University Press, 1982.

LOCKE A., *The New Negro: Voices of the Harlem Renaissance*, New York, A. & C. Boni, 1925, Touchstone, 1999.

MARAN R., *Batouala. Véritable roman nègre*, Paris, Albin Michel (1921), Harpress Publishing, 2013.

MAXIMIN D., *Suzanne Césaire, Le grand camouflage. Ecrits de dissidence (1941-1945)*, Paris, Éditions du Seuil, 2009.

NARDAL J., « L'internationalisme noir », *La Dépêche africaine*, 1928.

__, « Pantins exotiques », *La Dépêche africaine*, 15 octobre 1928.

NARDAL P., « L'éveil de la conscience de race », *La Revue du Monde Noir,* 6 avril 1932.

NDIAYE P., *La condition noire. Essai sur une minorité française,* Paris, Calmann-Lévy, 2008.

OLLIVIER-MELLIOS A., « Waldo Frank et Europe : un Américain et l'Europe », *Revue française d'études américaines* 2001/1 (n°87), 17-37.
Article disponible en ligne. URL:http://www.cairn.info/revue-francaise-d-etudes-americaines-2001-1-page-17.htm

RAMPERSAD A., ROESSEL D., (éd.), *The Collected Poems of Langston Hughes*, New York, Vintage Classics, 1995.

ROUSSI CÉSAIRE S., « Malaise d'une civilisation », *Tropiques 5*, avril 1942.

__, *Tropiques 4*, janvier 1942.

__, « Le grand camouflage », *Tropiques 13,14*, septembre 1945.

SENGHOR L., *Liberté, tome 1. Négritude et humanisme*, Paris, Seuil, 1964.

TANELLA B., « Femmes en Négritude : Paulette Nardal et Suzanne Césaire », *Rue Descartes* 4/2014 (n°83), 62-76. URL: www.cairn.info/revue-rue-descartes-2014-4-page-62.htm.

TOOMER J., *Cane*, New York, Liveright (1923), 1951.

VAN VECHTEN C., *Nigger Heaven*, University of Illinois Press (1926), 1999.

Diachronic diasporas and shifting frontiers in Indian English Migration Novels

Bhawana JAIN
Université de Paris 1

Migratory movements in the second half of the twentieth century deconstruct the classical notions of diaspora and circulation. A historical framework and a social discourse on migration elucidate how this phenomenon is propitious to newer migrant identities, shifting borders and changing spatio-temporal realities. This essay underscores the contribution of Indian English Migration Literature and particularly of Anita Desai's novels in portraying this diachronic nature of migration concept. On the one hand, cross-cultural encounters underscored the postcolonial dichotomous divisions between the host and the migrant in the early migration fictions. On the other hand, postmodern waves of "uncertain", "unrestricted" travel and "connection being a non-connection" migration cultures defy these binary divisions in the global scenario. Paul Gilroy, for example, in The Black Atlantic (1993) has replaced the diasporic space by itinerary and "cultural routes" to depict the nomadic and the wandering spirit of a postmodernist traveller. Taking a historical approach, this essay explores theoretical and fictional depiction of travel and frontier to understand a transition from colonial times to "late diaspora culture of the border" by focusing on European as well as Indian migrant or traveller protagonists in Anita Desai's works. This article will also elucidate how the earlier fixed concepts of spatial and temporal borders, both physical and mental, are replaced by liminal, interstitial and borderland spaces and new hybrid and transnational cultures in Desai's later migration novels. Lastly, this essay aims at showing how the fiction of displaced writers such as Anita Desai, in particular, can be seen as being written from the frontiers challenging the duality of belonging and non-belonging, and past and present.

Key Words: *Migration Fiction, Diasporic literature, Post-colonialism.*

Les mouvements migratoires dans la deuxième moitié du vingtième siècle ont déconstruit les concepts classiques de la diaspora et de la circulation. Une étude historique et un discours social sur la migration montrent comment ce phénomène est propice à des nouvelles identités des migrants, des changements des frontières et de l'évolution des réalités spatio-temporelles. Cet article analyse la contribution de la littérature indienne écrite en anglais sur la migration et en particulier celle d'Anita Desai dans la représentation de diachronie du concept de migration. D'une part, les rencontres interculturelles ont marqué par la division dichotomique entre l'hôte et le migrant dans les premiers travaux postcoloniaux consacrés à la migration. D'autre part, les vagues de postmodernité, "l'incertitude", voyage "sans restriction" et "connexion sans connexion" cultures de migration défient ces divisions binaires pendant la mondialisation. Paul Gilroy, par exemple, dans *Black Atlantic* (1993) a remplacé l'espace diasporique par circuit et "itinéraires culturels" afin d'illustrer des nomades et de l'esprit d'errance d'un voyageur postmoderniste. Cette étude adoptera une approche historique, pour analyser la représentation de frontière et de voyage dans la théorie et la fiction afin de comprendre la transition de l'époque coloniale à la fin de "la culture de la diaspora de la frontière" dans la littérature, en focalisant sur des personnages indiens ou étrangers dans les romans d'Anita Desai. Cette étude explore également la façon dont les conceptions traditionnelles des frontières spatiales et temporelles, à la fois physique et mentale, sont remplacées par des espaces liminaux et interstitiels, ainsi que des nouvelles cultures transnationales et hybrides dans les romans de migration chez Anita Desai vers la fin du vingtième siècle. Enfin, cette étude montre comment la fiction écrite par des écrivains déplacés comme Anita Desai, en particulier, peut être vue comme étant écrit de la frontière qui défie la dualité entre l'appartenance et la non-appartenance, et le passé et le présent.

Mots-clés : Migration, littérature diasporique, post-colonialisme.

At the Hay Festival of Literature and the Arts (2012), Salman Rushdie spoke on the current epoch: "We live in the age of migration" (quoted in Singh). His statement upholds relevance since, at the turn of the twenty-first century, migration experience is marked by "homeless" condition, the shifting spaces and "deterritorialization"[1] more than ever before. Modern man, being displaced from the borders, is experiencing cross-cultural intimacy as well as an ironical confrontation with the alterity of the other in a dynamic and challenging way, disrupting the essentialist notion of one's identity. It is this acute sense of displacement and belonging that fashions the distinct diasporic condition in the present. This essay seeks to elucidate the diachronic nature of migration and the metaphoric frontier in Indian English Literature, particularly in Anita Desai's novels, by historizing diasporic literature study. The first part elucidates the relevance of Indian novels in English in depicting diasporic experiences. It particularly focuses on the evolution of concepts such as migration, diaspora and frontier by taking an overview of the above mentioned literature. The second part focuses on how Anita Desai's novels written from 1960s to the present day exemplify this transition. The emphasis of this paper will also on how Desai's works delineate migration experience of the characters from across the world including Indian as well as European migrant or traveller characters.

DIACHRONIC INDIAN DIASPORIC LITERATURE

The word "diaspora" is a complex and contested term which has often been associated with the Jewish history of predicament, exile and oppression at the hands of ancient rulers and the Nazis in the twentieth century. Theorist William Safran expounds upon the Jewish diaspora as an "ideal" diaspora, and rejects other diasporas as not being "genuine". He argues that "dislocation… does not automatically bring about a diaspora condition."[2] Moreover, John Peter Durham describes it as synonymous with exile and Jewish history: "In

---

1 Deterritorialization is a term conceived by Deleuze and Guattari in their book *A Thousand Plateaus* to suggest the binary division existent in the world in a radical way. They say: "In a book, as in all things, there are lines of articulation or segmentarity, strata and territories; but also lines of flight, movement of deterritorialization and destratification" (3). Here, Deleuze and Guattari speak about separations as "segmentarity" and also "movements of deterritorialization" to evoke boundaries and eventually transgressing it by "destratification".

2 Safran, p. 83-99.

Jewish thinking, exile and diaspora are sometimes synonymous. The Hebrew terms *galut* and *golah* can be translated as both. Much in the Jewish historical experience of diaspora suggests the yearnings of exile; next year in Jerusalem" (1999: 20). The classical definition of "diaspora consciousness"[3] inspired by Jewish historical experiences, embraced the myth of autochthony, carried the connotations of exile, and the condition of being perennially away from home and one's roots.

With the advent of colonialism, the damaging psychological condition of being "out of place" (Said 1999: 3) was added to its meaning. Edward Said's (1978) seminal work *Orientalism* argued that there is a dichotomous relationship between the center and the periphery such as master/slave, rich/poor, white/ black, colonizer/colonized, and center/margin. The prejudice and intolerance confronted by the people from the newly independent countries – guided by occidental consciousness of "them" being racially and culturally distinct from "us" – forced them to go their "separate ways" (Itwaru 1987: 227). Moreover, the consciousness of rootlessness, exile, alienation, nostalgia, dislocation and the desire of be(long)ing (being and belonging) compounded the overarching sense of "otherness" in these already marginalized communities. Writers such as Frantz Fanon, among others, avowedly proclaimed that colonization has created a "massive psychoexistential complex" (xvi) in the postcolonial societies in his book *Black Skin, White Masks.*

In an Indian context, colonialism initiated a large-scale indentured labor migration to constitute the "girmit"[4] colonies in British Guyana, Trinidad and other British Caribbean colonies. The descendants of these Indian migrants include many well-known Indian diasporic writers of the early postcolonial era, such as V. S. Naipaul, Cyril Dabydeen M.G. Vassanji, Shani Muthoo, and Marina Budhos among others. The shared experience of dislocation and colonialism inspired them to create migrant characters who attempt to search for their homes and reconstruct their identities in diasporic spaces. For most of these writers, Indian homeland was not a geographical space, but rather a construct of the imagination. Their shared ways of interpreting the memory of the homeland were attuned to their distinct cultural and physical sense of dislocation throughout a period of indentured labor migration spanning over 150 years. Whether imaginary or real, tangible or abstract, these diverse interpretations nurtured an "imaginary coherence"[5] in their diasporic identity. As Gupta and Ferguson observe:

---

3 It is a consciousness sense of their origin, roots, culture and tradition. Online consulted on 16 september, 2015.
http://www.movingpeoplechangingplaces.org/key-concepts/diasporas.html

4 Girmit population or Girmityas are descendents of indentured Indian labourers who were brought to Fiji to work on sugarcane plantations under an agreement or girmit by European colonizers after the abolition of slavery. See for further explaination: Lal, Brij et Fortune, Kate, p. 110-111.

5 Stuart Hall defines it as the "experience of dispersal and fragmentation, which is the history of all enforced diasporas" (2003: 235).

> Remembered places have often served as symbolic anchors of community for dispersed people. This has long been true of immigrants, who use memory of place to construct imaginatively their new lived world. "Homeland" in this way remains one of the most powerful unifying symbols for mobile and displaced peoples, though the relation to homeland may be very differently constructed in different settings. (37)

In most of the cases, the fictional characters of these writers of Indian origin were the archetypes of outsiders, the homeless individuals haunted by their colonial legacy (Saha: 129).

However, by the end of the twentieth century, migration patterns showed a radical change from the path mapped by these indentured laborers of the colonial era to the fluid and irregular trajectories of migrants or "scapes"[6] of the present day. Arjun Appadurai explains that with the advent of globalization, the earlier migration theories fail to map the complex circulation patterns around the world. He explains that the new global cultural flows occur in and through growing disjunctures among ethnoscapes, technoscapes, finanscapes, mediascapes, and ideoscapes. For him, the new global culture is an intermingling and overlapping system which neither can be explained in terms of postcolonial dichotomous center-periphery model, nor can be defined simply by traditional push and pull migration theories. Migration today can only be defined by the complex, multi- scaled and multi- layered phenomena of displacement and settlement. The chaos of globalization triggered by rapid criss-crossing boundaries, circulations of goods and people is becoming propitious to deterritorialized identities, shifting cultures and changing spatio- temporal realities. The depiction of new circulations, "unrestricted" travels and migration patterns in these writings resist the postcolonial dichotomous divisions between the host and the migrant, belonging and non-belonging, diasporic and indigenous, past and present, and here and there. Postcolonial critic Paul Gilroy, for example, in *The Black Atlantic* (1993) has replaced the diasporic space by the itinerary and "cultural routes" to depict nomadic and wandering spirit of a global migrant. This concept also holds true for Indian English Writing. Similar notions of postmodern travel such as in Gilles Deleuze and Felix Guattari's conception of "intensive voyage" (Deleuze et Guattari: 60) can be seen in Indian English Writing. These concepts map complexity of a global turmoil as it began to disrupt the traditional and confining boundaries of nation and national identity, and insider and outsider. The border has now been conceived as "not that at which something stops, but, as the Greeks recognized, a boundary is that from which something begins its presencing" (Bhabha, quoting Martin Heidegger, 1994: 1). Homi Bhabha interprets frontier or border as a

---

6 Appadurai proposes that five factors contribute to the global exchange of ideas and information. He terms these five dimensions "-scapes," which are fluid and constantly shifting. For example, Ethnoscape refers to the migration of people across cultures and borders in an increasingly fluid and mobile world. Technoscapes use technology for new types of swift cultural interactions and exchanges. (Appadurai: 31)

space of blurring physical as well as mental boundaries. He favours liminal and borderland spaces that could articulate migrant's identitarian flux as also suggested by Salman Rushdie: "The journey creates us. We become the frontier we cross...The frontier is an elusive line, visible and invisible, physical and metaphorical, amoral and moral...To cross a frontier is to be transformed" (Rushdie 2002: 410). Rushdie perceives border as a space of enunciation that promotes new hybrid, migrant and transnational cultures and identities as is also emphasized in his novels, *The Satanic Verses* and *The Ground Beneath her Feet.* His emphasis on the origin of a new "diaspora consciousness" in the wake of complex and distinct globalizing tendencies is also endorsed by other Indian English writers. The latter promotes open, fluid, anti-teleological and spatially networked identities of the characters in opposition to the fixed, closed and teleological ones. For example, Amitav Ghosh's novel *The Shadow Lines* depicts the ambiguity of the border between Bangladesh and India that brings the people of two nations together and simultaneously draws them apart. Romesh Gunesekera's *The Match* also explores the deterritorialized existence across the continents, marking a shift from his earlier works that were rooted in the native landscape of Sri Lanka.

The concept of "deterritorialization", defined by Deleuze and Guattari, challenges the concept of fixed borders and the dichotomies. According to Gilroy (276), diaspora also undergoes a dynamic placement, displacement and replacement; formation and reformation; detachment and reattachment in the globalization era. It becomes a source of "synthesis and convergence" (Gilroy: 195) which relates the "self" with the "other" through cultural identification. Similarly, in Indian English novels, culture and literature get mixed; the traditional stereotypes are deconstructed and destratified to represent shifting borders, be they geographical, cultural or ethnic. The Indian English writings, like that of Anita Desai's, therefore also become displaced from the borders of the Indian Nation just as their creators. Their writing demonstrates diachronism in response to social developments, different cultural exposures and historical experiences to acquire expanded and heterogeneous meanings at the turn of the twenty-first century.

Most contemporary Indian English diasporic writers such as Anita Desai, Bharati Mukherjee, among others, enjoy multicultural affiliations and have lived away from India for years. As globe trotters, they enjoy the ambiguous position of a migrant. Their voluntary journey provides them with a necessary distance to develop an objective perspective and a congenial environment for their international literary career. The meandering journey undertaken with a "homing desire"[7], the verve of quest, discovery and recognition, find expression in their artistic creations. These writers depict the otherness and cultural plurality right

[7] According to Avtar Brah, the notion of homing desire is a desire for home and belonging, rather than a desire to return to the original home or the homeland. Processes of homing include the construction of habitable place through collective memory, shared tradition and common cultural practices (Brah: 197).

from the Occidental center. They currently speak about the global spaces where postcolonial boundaries blur between the global and the local, dominant and minority cultures, and national and migration cultures to be re-emphasized in a new way. Their migrant characters, despite being marginalized, unanchored and in liminal states, are hopeful to cease new opportunities in their new home. Although they narrate migrant experiences and the experiences of Indians living abroad, they no longer look at their country of origin (India) with exilic vigour or nostalgia. Rather, they perceive it as another country evolving rapidly under the impact of globalization. As Homi Bhabha proclaims:

> The borderline work of culture demands an encounter with 'newness' that is not part of the continuum of past and present. It creates a sense of the new as an insurgent act of cultural translation… The 'past - present' becomes part of the necessity, not the nostalgia, of living. (Bhabha 1994: 7)

These writers celebrate global assimilation and identify nostalgia as characteristic of old diaspora. Their narratives are no longer fixed in any particular place. Bharati Mukherjee's immigrant characters such as Jasmine, Jhumpa Lahiri's Gogol or Moushumi, for example, re-examine and re-appropriate their cultural identities and undergo radical transformations. The diasporic consciousness of their characters mediates between social, political, and cultural boundaries. The transnational writings of Salman Rushdie and Anita Desai explore not only the dilemma of the Indian diaspora, but also of foreign migrants and travellers from across the globe. John Lie's contention holds true for migrant characters, when he says: "the sojourn of immigrants entails a radical, and in many cases a singular, break from the old country to the new nation; migration is inter-national across well-defined national territories and boundaries. In the process of unidirectional crossing, migrants are 'uprooted' and shorn of pre-migration networks, cultures, and belongings" (Lie: 303). A transition with the socio-temporal changes and after diasporic exposure can also be seen in the writings of Anita Desai as will be delineated in the next section.

DIASPORIC NOVELS OF ANITA DESAI

Anita Desai's novels written in the 60s and the 70s differ in diasporic ethos from those she wrote at the turn of the century. As a third world global writer, she no longer speaks only about uprootedness, nostalgic memories, or return to an imagined homeland, as she did earlier. She is not only concerned with Indian society, but she also embraces transnational existence and cosmopolitan consciousness. Her novel *The Zigzag Way* (2004) moves beyond the familiar issues of racial discrimination, national politics and spaces as seen in her earlier novel *Bye-Bye Blackbird* set in the 1960s to elicit a new setting and experience in Mexico. In the former, even the characters are non-Indians as she delineates the travel experiences of American traveller of British origin in Mexico.

Bye-Bye Blackbird evokes racial prejudice against Indians and their exilic condition in the United Kingdom. Adit is a diasporic Indian in London. He is emblematic of the collective colonized Indian consciousness of belonging to British culture: "I am happy here. I like going in to local for a pint on my way home to Sarah. I like wearing good tweed on a foggy November Day. I like the convent garden Opera house... I like the girls here... I like their nylon stockings and the way their noses tilt upwards, and used to like dancing with them" (18). Anaphora "I like..." lays emphasis on Adit's romantic sense of belonging to the diaspora space. This space is as an object of desire for Adit that re-constructs his identity as "Babu"[8]. Adit is enjoying the privileged position of being in a diaspora space. But these lines paradoxically foreshadow that even this privileged position endows a sense of alienation and exilic inferiority. Once the object of Adit's desire is achieved, i.e. to experience diasporic life, there is a reversal. Adit revolts against the very hostland that had fascinated him initially. He finally bursts out:

> I can't live here anymore. Our lives here–they've been so unreal, don't you feel it? Little India in London. All our records and lamb curries and sing songs, it's all so unreal. It has no reality at all, we just pretend all the time. I'm twenty-seven now. I've got to go home and start living a real life. Sarah, you know I've loved England more than you, I've often felt myself half English, but it was only pretence. (203)

Adit feels that the life in the diaspora or "little India" is artificial. There can't be home away original home. Therefore, the longing for homeland and return to it begins to dominate his thoughts. These above mentioned lines connote Adit's yearning for his original home(land) and his unbreakable bond with his ethnic culture and roots.

In Desai's earlier novels, the nostalgic detachment from the homeland was not easy. Repetitive acts of remembering India through Bollywood music and ethnic culinary habits became an act of "idealization of absence" (Mishra: 8) resulting in heightening the experiences of displacement and loss of original home in Adit. He longs for his homeland and to be back with his parents. Myriad memories of home, therefore, became a manifestation of true mourning which bequest as grief and desire for an ever-elusive homeland (Mishra: 8). *Bye-Bye Blackbird* vehemently depicts a period of the 1960s in London when a diasporic Indian was in a perplexed state of straddling places and yet both inside and outside it. The lives of Desai's diasporic characters portrayed then, demonstrated the complex interplay of postcolonial configurations of home-lessness and fractured identities. They lead ambivalent lives both as alienated

8 It is a respectful form of address for an educated Indian man. It is a term of social class and respect in pre-colonial times. It also became associated with pejorative connotation in colonialist discursive context. See for further information: (Khair: 155).

foreigners and as attached members of the host society. At the same time, they felt entrapped by the duality of belonging here and being there, predicament and aspirations, loss and hope, attraction and repulsion and henceforth their inner self was traumatized.

By the end of 1980s, Desai began to engage with the universal issues of displacement and deterritorialization. Her migration writings started to forge bonds that transcend time and space gaps, promoting an overarching sense of shared cross-cultural experiences and multiple affiliations. The feeling of being divided by two extreme poles (homeland and alien hostland) was yet experienced but to a lesser degree. Matteo and Sophie, in Anita Desai's novel *Journey to Ithaca* (1995), are driven by the quest motif of Zygmunt Bauman's wanderer (Bauman: 240-241). As a European traveller to India, Sophie possesses the tourist's aesthetic eye, curiosity and desire for entertainment. She seeks new experiences like any global traveller. While in India, she has the absolute freedom of choosing places from the tourist's world. In the same novel, Matteo's arrival in India is depicted as a pilgrim's arrival and his discovery of a spiritual land, driven by unfulfilled desire and hope. Like the pilgrim's progress which is filled with moments of despair, Matteo's journey is also replete with moments of uncertainty. He eventually becomes a "vagabond" (Bauman: 241-242) with no fixed itinerary. Being exposed to a sudden ray of hope followed by long stretches of darkness, he continues to move from one to another fleeting, arbitrary "transit" (Clifford: 3) place. The multiple trajectories followed by these two characters are symptomatic of the continuous anxiety of a traveller to explore far and beyond. As a vagabond (Matteo) and as a tourist (Sophie), both challenge marginalization engrossing their lives. While living outside the boundaries of the territory, they acquire a privilege and freedom to refashion their lives and identities. According to Bhabha, the new diasporic identities can restructure themselves in the "beyond" which: "(It) is the trope of our times to locate the question of culture in the realm of the beyond [...] For there is a sense of disorientation, a disturbance of direction, in the 'beyond': an exploratory, restless movement" (Bhabha 1994: 1). Laila in *Journey to Ithaca* looks beyond the boundary of her Egyptian home(land) and travels to India via Paris to adopt it as her new home. A similar sense of longing to explore beyond the familiar territory also drives Matteo and his wife to India. These routes taken in to the "beyond" articulate the nomadic feature of postmodern identities. These foreign characters create new modes of cultural belonging, both within and outside the boundaries, of their rooted/routed identities.

Desai's bicultural upbringing in British colonial India, her current migrant status and her maternal ties to Germany have helped her "sail in to wider seas and experience different worlds" (Desai 2003: 121). Following the trend set by international migration novelists like Forster, Henry James and others, who have explored the heart of darkness of the New Worlds, Desai also explores new and less know territories. She focuses on the complex interactions between different cultures, emphasizing the global as well as the local components. The novel *The Zigzag Way* (2005) explores European, Mexican and

Huichol histories, myths and cultures, thus linking historical events of Sierra Madre, Cornwall and New England to the present. The protagonist of the novel Eric is a young American scholar who travels to Mexico. As a foreigner, Eric is eager to explore an "Alibaba cave of curiosities" (Desai 2005: 29) and behaves "rabbit-like....(he) went out to meet the city, a city that strewed its sights before him as a carpet-seller might his carpet, a jeweller his gems" (27). He wanders around Mexico city observing life in an unpremeditated and anxious way, "It was as though he had been starving throughout his northern existence and now, reborn a traveler, could feast and gourmandize without restraint till he was so replete ..." (28). Number of metaphors and similies are employed by the author to illustrate his enthusiasm as a traveller in Mexico. Eventually, Eric decides to travel to ancient city of Sierra Madre where his grandparents once lived as Cornish miners. Here, Eric yearns to trace the zigzag way in the history of mining with the enthusiasm of an "explorer on the brink of discovery" (97) rather than with nostalgia for his ancestral roots. Eric efforts to penetrate the past are described through a metaphor of mining or digging in "a mine that no light pierced and where no air circulated" (79). When Eric reaches the deserted small mining town on the night of the festive day of the *los muertos,* he discovers complex layers of time, history and present, and self and other. The seemingly normal and ordinary surface of this ancient city seems to undercut any specific reference to what might have happened there in the past. Yet the presence of remnants becomes signifiers of the past that continue to exist in the present. The third-person omniscient narrator asserts that the past is alive everywhere in Sierra Madre: "The past was alive here– crepuscular and underground, but also palpable" (112). The reference here is to the hidden past that is "underground" and "crepuscular" and yet decipherable. The ruined mines and the deserted "...houses of adobe and tile that were clearly abandoned and in ruins, doors hanging from their hinges, barred windows opening on to scenes..." (160-161) seem to convey the history of the horrendous past when silver mines were deserted by the Cornish diasporans during the Mexican revolution. Eric's gaze at this evocative site establishes an intimate connection between the past and the present, individual experience and the act of terror from the past. As Eric moves through the ruins, he marks new steps through this unknown and mysterious place. It is through his very act of gazing at the Mexican past, including his family's history, that this place is encoded with history, memory, loss and absence. Eric's engagement with this site functions as connect between memory and his embodied experience. Yet the open-ended climax of the novel suggests that Eric doesn't get overwhelmed by his family's past. He only possesses a detached and an objective attitude to explore his ancestral history as the concluding lines of the novel suggest: "There was only the melancholy tinkling of bells and a movement of the speckled stones that proved to be young goats who had come to graze....The light grew brighter, the sun appeared and everyone went streaming back to where they had come from" (179). The hypallage "only" the melancholy tinkling of bells is caused by the goats and not by memories of the past. No doubt, the affiliation with the lost loved one imposes an attentive proximity, yet "Everyone went streaming back" denoting that daily life continues as usual. The discrepancy between cause and effect is emphasized here. Moreover, the logical progression of the storyline signifies that Eric doesn't fully internalize the past. It is stopped much before complete contact. The above mentioned lines also suggest geographical and temporal distance between the past events of traumatic repercussion and Eric's present. The routes taken by Eric to discover the past, therefore, can be considered as exemplary in the discursive construction and recognition of the new identities which are interested in global culture and history so as to establish cross-cultural and historical connections.

Anita Desai also employs different linguistic devices to explore new territories and their local culture. Sometimes, she conforms to Bakhtin's assertion that the "artistically conscious choice between languages" is the new form of the writers' consciousness and that: "The new cultural and creative consciousness lives in an active polyglot world. The world becomes polyglot, once and al1 and irreversibly. The period of national languages, coexisting but closed and deaf to each other, comes to an end" (Bakhtin: 12). The other times, she employs code-switching and code-mixing to evoke a particular socio-cultural milieu or to accommodate the foreign words within the familiar English language, showing its relevance in the wake of globalization. Hindi words and phrases such as "…chai, khana, baraf, lao, jaldi, joota, chota peg, pani, karma, soda, garee…" (92) in *Baumgartner's Bombay* are drawn from local Indian speech and are integrated directly in the text to delineate cultural ethos of the Indian setting. Similarly, her novels are sprinkled with native lexemes that portray local cultures and rituals, along with their translations and meanings in *The Zigzag Way*. The contextualization of language, through the device of translation or simple borrowing of local vocabulary, becomes a process of nativization of a language. Hence the local become the global and vice versa or in the words of Edouard Glissant, it becomes symptomatic of "chaos-monde"[9] where different languages and cultures mingle and compound.

EXPERIENCING BORDERLANDS: EVOLVING INDIAN ENGLISH LITERARY TRENDS AT THE END OF THE TWENTIETH CENTURY

If in its earlier postcolonial iteration, the term "diaspora" addressed the marginalizing and exclusionary experiences of refugees, visitors, immigrants, ethnic and racial minorities, then during the late twentieth century, the diaspora began to be questioned and reassessed for its racial representations, "its boundary maintenance" status quo, its origin–centered outlook, and its tendency to

[9] Glissant says : « *J'appelle Chaos-Monde le choc culturel actuel de tant de cultures qui s'embrasent, se repoussent, disparaissent, subsistent pourtant, s'endorment ou se transforment, lentement ou à vitesse foudroyante ; ces éclats, ces éclatements dont nous n'avons pas commencé de saisir le principe ni l'économie et dont nous ne pouvons pas prévoir l'emportement* » (Glissant: 22). English Translation taken from online source. 5 June 2015:
http://scholarlyrepository.miami.edu/cgi/viewcontent.cgi?article=1131&context=anthurium

fix single and collective social identities in a particular space. The idea of national boundaries too is being disrupted by the rapid crisscrossing of people, goods and ideas, so much so that the concept of a nation also is becoming fluid. For Salman Rushdie, the word "India" denotes not just a geographical space, but also a broader concept linked to a shared history and a shared culture, and it is a term of emotional connection: "This word 'Indian' is getting to be a pretty scattered concept. The Indian writers in England include political exiles, first generation migrants, affluent expatriates whose residence here is frequently temporary, naturalized Britons, and people born here who may never have laid eyes on the subcontinent" (1991: 17). His perspective on India and the notion of Indianness suggest that the idea of fixed boundaries is also getting dislocated. Hence, the notion of the nation itself becomes very difficult to articulate and therefore arbitrary. At the interface between globalization and local spaces, the fixed borders are defied to give way to the hybrid, cosmopolitan modes of identification. Home is re-located, and marginalized identities are re-territorialized in Borderlands.

Borderland can be seen as "mental as well as physical" space having a capacity to transcend social, political and cultural boundaries. It lies at the intersection of two ambiguously separated spaces. Gloria Anzaldua's concept of "Borderland" explores the issue of "a third country - a border culture". It is perceived as: "A dividing line, a narrow strip along a steep edge. A borderline is a vague and undetermined place created by the residue of an unnatural boundary. It is a constant state of transition" (Anzaldua: 3). Homi K. Bhabha's "Third Space" is also a hybrid space of cultural transition, where "the margin of hybridity, where cultural differences 'contingently' and conflictually touch, and become the moment of panic which reveals the borderline experience" (Bhabha 1994: 296). It, therefore, also becomes an interstitial space of movement, negotiation and appropriation that also has the possibility of cross-cultural mixing. Combining these two ideas, the borderland becomes a hybrid site of experience characterized by momentary crisscrossing between two different spaces. It opens up possibilities for a new identity formation and challenges the essentialist conception of rigid identities. Here, an individual's life is transformed after experiencing a new "Third" space that resists post-colonial divisions.

The individuals in the borderlands in Desai's novels enjoy the benefits of many cultures simultaneously. Borderland becomes a space or topos which is neither "here" nor "there", but is rather an "in-between" spatial and temporal concept which could exist in any location, time or memory depending upon the character who perceives it. It is also conceived as a moment of uncertainty which is sometimes presented in her works as an imaginative re-creation and sometimes as a transitional, ephemeral time and space. In a diasporic setting, it marks the moment of departure from one's home and before arrival in the host country. Those who experience borderland become more or less global wanderers. It symbolizes a complex space in which a man is constantly oscillating between hope, illusion and anxiety. The sense of homeliness is also accorded by

Borderland experience. In an interview, Desai explains how the protagonist Hugo of *Baumgartner's Bombay* is able to experience a sense of belonging in a "Border Zone" of East and West:

> Once one has torn up one's roots, one becomes a piece of driftwood, after all, or flotsam. It is the tides and currents that become one's fluid, uncertain home.... Venice, that island in a lagoon where continents wash into each other, creating a confluence that belongs to poetry, to art and spirit rather than to humdrum reality. I understand that wish – to have the wash and the flow of water as one's final home. (Desai, "Various Lives" 17)

The city of Venice is depicted as an imaginary space where all the visible boundaries imposed by human cruelty are erased by its water tides. In *Baumgartner's Bombay* (1988), it is seen to exist between the physical and the virtual realm:

> [...] this strange city,...so palpably as to make him feel he was already transported at the East, it had so little relation to the Europe of the north.
>
> True, the weather was European, it could be nothing else – these lowering clouds of melancholy grey, the fine rain...– and yet it was not Europe after all: there was here a magical, poetical quality he had never known in Berlin. He walked in the narrow lanes...and then entered the nearest chiesa....and asked himself if he was not actually in Tartary or in Persia, in some magical fairyland not only south but far, the East of Germany and everything he had known in his life till then. (58)

A contrast is evoked between the richness, exoticism and magnificence of the Orient through the use of adjectives such as "magical," while "the weather was European" suggests the occidental quality of Venice. Here, the two disparate worlds of east and west conflate in an unusual harmony when the aesthetic quality of architectural, climatic and geographical description evokes the migrant's joyful borderland experience in Venice.

Hugo recognizes the importance of this brief moment of identification with Venice and the homely feeling attached to it. Speaking to his friend Lotte, decades later, he affirms:

> Baumgartner laughed, shamefacedly. 'Only an idea, Lotte,' he apologized. 'Once I was there – for seven days. I caught the boat to India from there. It was so strange – it was both East and West, both Europe and Asia. I thought – maybe, in such a place, I could be at home (81).

Venice is the only place where Hugo is able to locate his own marginal identity irrespective of color, caste or creed. Life in the Borderland is dynamic and pregnant with meaning. The feeling of homeliness in this borderland space of Venice stays forever in Hugo's memories. These provide a feeling of "ontological security" (Giddens: 92) and a temporary flight away from divided spaces from which physical escape is an impossibility: "Germany there, India here – India there, Germany here. Impossible to capture, to hold, to read them, make sense of them. They all fell away from him, in to an abyss" (Desai 1988: 216). The memories of the Borderland continuously counter the hegemonic discourses as well as the boundaries between individuals, cultures, communities, nation-states and identities.

In the global times, a migrant is no longer seen as "suspended between geopolitical ends and origins or between imagined communities of here and there" (Mishra 2006: 174). Instead, the postmodern migrant can only be understood: "by differing from other social entities and deferring their claims to territorial identification....take on the characteristics of the detouring supplements" (Mishra 2006: 174). This postponement of Baumgartner's territorial identification with the borderland space of Venice (the above passage is in the past tense) is due to his wavering between opposing poles such as neither being himself nor the other, past and present, being here and not there. This also leads to his constant wandering and ceaseless quest. Baumgartner's deferment eventually results in what Bhabha's terms (1999: xi), a diasporic condition of a transcendence of the past, a break from the fixed spaces and the recognition of borderless territories.

Experiencing constant Border Zones makes Hugo recognize that "Third space" or "Borderland space" –where there is no separation between the insider and the outsider– is an individual construct that can be experienced by individual will and that the idea of a return to the original state is futile. Memories of borderland experience have erased differences and he discovers new ways of seeing reality. After this enigmatic Borderland experience, the characters accept their de-territorialization.

To conclude, the contemporary writers of Indian English migration Literature including Desai endorse shifting cultures, crossing borders and diachronic diasporas. Their literary practices are groping not only with the binary divisions of the postcolonial world, but they also counter them by the depiction of metaphoric borderland space. The latter is not a reality and yet not only a dream. On the one hand, Borderland is illusionary, disjunctive and transient because physical boundaries still exist and on the other hand, it is a space of individual resistance and a new identity formation in a rapid "time-space compression" (Harvey n. pag) of the global age. The concept of Borderland may be ambiguous, but it accords the three territorial satisfaction of home (Porteous: 383) – identity, shelter, and stimulation – to the postcolonial individuals. Even when the circumstances are compelling and restraining, the homeless are housed, their identities are re-fashioned and they find a new inspiration to proceed with their lives and reach their goals.

The new diasporic characters from across the globe of these Indian English writers do not favor an essentialist unified self, but embrace contradictions, ambiguities, and multiple open identities. The global era is marked by new modes of travelling and cross-cultural interaction, and this shapes new ways of being and becoming. In the words of Stuart Hall, the diaspora of today:

> …is defined not by essence or purity, but by the recognition of a necessary heterogeneity and diversity; by a conception of identity which lives with and through, not despite, difference; by hybridity. Diaspora identities are those which are constantly producing and reproducing themselves anew, through transformation and difference (2003: 235).

This is the new migrant identity which is de-territorialized, renewed and negotiated (psychological, cultural, racial, linguistic identities) in a never ending process with respect to the earlier times.

Stuart Hall, in his article "The Local and the Global: Globalization and Ethnicity", has emphasized that today's postcolonial spaces provide the background for a new global mass culture. In this new milieu, the image crosses and re-crosses frontiers more rapidly to fashion interlinked processes –economic, political, cultural and social– leading to the increasing interdependence of disparate parts of the world as is also evident in the diachronic nature of Indian English Migration Writings marked by a shift from simple migration models and postcolonial dichotomies.

BIBLIOGRAPHY

ANZALDUA G., *Borderlands/La Frontera: The New Mestiza*, San Francisco, Aunt Lute Books, 1987.

APPADURAI Arjun, "Disjuncture and Difference in the Global Cultural Economy", in *Theorizing Diaspora: A Reader*, Mannur, Anita et al (eds), Oxford, Blackwell Publishing, 2003, p. 25-48.

BAKHTIN M., *The Dialogic Imagination,* Emerson, Cary1 (trad.), Austin, University of Texas, 1981.

BAUMAN Z., *Postmodern Ethics*, Oxford, Blackwell Publishing, 1993.

BHABHA H., *The Location of Culture*, London, Routledge, 1994.

—, "Arrivals and Departures", in *Home, Exile, Homeland – Film, Media, and the Politics of Place*, Naficy Hamid (éd.), New York, Routledge, 1999, p. vii-xii.

—, Interview with J. Rutherford, "The Third Space: Interview with Homi Bhabha", in *Identity: Community, Culture, Difference,* Rutherford, J. (éd.), London, Lawrence and Wishart, 1990. p. 207-221.

BOYARIN D. et BOYARIN J., "Diaspora: Generation and the Ground of Jewish Identity", in *Theorizing Diaspora: A Reader*, Anita Mannur et *al.* (eds), Oxford, Blackwell Publishing, 2003, p. 85-118.

BRAH A., *Cartographies of Diaspora: Contesting Identities*, London, Routledge, 1996.

CHEYETTE B., "Venetian Spaces: Old - New Literatures and the Ambivalent Uses of Jewish History", in *Reading the 'New' Literatures in a Postcolonial Era,* Nasta, Susheila (éd.), Cambridge, Boydell et Brewer, 2000, p. 53-72.

CLIFFORD J., "The Transit Lounge of Culture", *Times Literary Supplement*, May 1991, p. 1-3.

DELEUZE G., GUATTARI F. et MASSUMI B., *A Thousand Plateaus: Capitalism and Schizophrenia,* London, Continuum, 2004.
DESAI A., *The Zigzag Way,* London, Vintage, 2004.
—, "Bicultural, Adrift, and Wandering", in *The Writing Life: Writers on How They Think and Work,* Marie, Anna (éd.), New York, Public Affairs, 2003, p. 120-125.
—, *Journey to Ithaca,* London, Heinemann, 1995.
—, *Baumgartner's Bombay,* New York, Alfred A. Knopf., 1988.
—, *Bye-Bye Blackbird,* New Delhi, Orient Paperbacks, 1971.
DURHAM J. P., "Exile, Nomadism and Diaspora: The Stakes of Mobility in the Western Canon", in *Home, Exile, Homeland: Film, Media and the Politics of Place,* Naficy, Hamid (éd.), London, Routledge, 1999, p. 17-41.
FRANTZ F., *Black Skin, White Masks,* New York, Grove, 2008.
GIDDENS A., "A Reply to Critics", in *Social Theory of Modern Societies: Anthony Giddens and his Critics,* Held, D. and Thomson, J. (eds), Cambridge, Cambridge UP, 1989, p. 249-301.
GILROY P., *The Black Atlantic: Modernity and Double consciousness,* London, Verso, 1993.
GLISSANT É., *Traité du tout monde,* Paris, Gallimard, 1997.
GUPTA A. et FERGUSON J., *Culture, Power, Place: Explorations in Critical Anthropology,* Durham, Duke UP, 1997.
HALL S., "The Local and the Global: Globalization and Ethnicity", in *Dangerous Liaisons: Gender, Nation and Postcolonial Perspectives,* Mclintock, Anne et *al.* (eds), Minneapolis, University of Minnesota Press, 1997, p. 173-187.
—, "Political Belonging in a World of Multiple Identities", in *Conceiving Cosmopolitanism: Theory, Context and Practice,* Vertovec, Steven et *al.* (eds), Oxford, Oxford UP, 2002, p. 25-31.
—, "Cultural Identity and Diaspora", *Theorizing Diaspora: A Reader,* Braziel, Jana Evans et Mannur, Anita (eds), Malden MA, Blackwell, 2003, p. 233-246.
HARVEY D., *The Condition of Postmodernity: An Enquiry into the Origins of Cultural Change,* Cambridge, Blackwell, 1989.
ITWARU A., *Entombed Survivals,* Toronto, Williams-Wallace, 1987.
KHAIR T. (éd.), *Amitav Ghosh: A Critical Companion,* New Delhi, Permanent Black, 2003.
LAL B. V. et FORTUNE K. (éd.), "Girmitiya", in *The Pacific Islands: An encyclopedia,* Honolulu, University of Hawaii Press, 2000, p. 110-111.
LIE J., "International Migration to Transnational Diaspora", *Contemporary Sociology,* vol. 24.4, 1995, p. 303-306.
MISHRA S., "From Sugar to Masala: Writing by the Indian Diaspora", in *An Illustrated History of Indian Literature in English,* Mehrotra, Arvind (éd.), New Delhi, Permanent Black, 2003, p. 276-294.
—, *Diaspora Criticism,* Edinburgh, Edinburgh UP, 2006.
MISHRA V., *Literature of the Indian diaspora: Theorizing the Diasporic Imaginary,* London, Routledge, 2007.
PARANJAPE M., "Triple Ambivalence: Australia, Canada, and South Asia in the Diasporic Imagination", *Journal of the Department of English.* Dasgupta, Sanjukta et Sanyal, Jharna (éds.), vol. 32 (1, 2), 2005-2006.
PORTEOUS J., "Home: The Territorial Core", *Geographical Review,* vol. 66.4, 1976, p. 383-390.
RUSHDIE S., *Imaginary Homelands: Essays and Criticism 1981-1991,* London, Granta Books, 1991.
—, *Step Across this Line. Collected Non-fiction 1992-2002,* London, Vintage, 2002.

SAFRAN W., "Diasporas in Modern Societies: Myths of Homeland and Return", *Diaspora: A Journal of Transnational Studies*, vol. 1.1, 1991, p. 83-99.

SAHA A., "Exile Literature and the Diasporic Indian Writer", *Rupkatha Journal on Interdisciplinary Studies in Humanities,* vol. 1.2, 2009, p. 186-169.

SAID E., *Out of Place: A Memoir,* New York, Knopf, 1999.

—, *Orientalism,* New York, Vintage Books, 1978.

SHARMANI P. G., "Immigrant or Post Colonial? Towards a Poetics for Reading the Nation in Bharati Mukherjee's *The Tiger's Daughter", The Journal of Commonwealth Literature,* vol. 39.1, 2004, p. 85-103.

SINGH A., "Hay Festival 2012: Salman Rushdie on security and The Satanic Verses", *The Telegraph*, 3 June 2012.

La boutique chinoise dans l'univers romanesque mauricien

Bruno CUNNIAH
Associate Professor, Université de Maurice

La petite boutique chinoise est une icône culturelle incontournable à l'île Maurice. Dès la fin du XVIIIe siècle, cette structure, traversée par le monde, recueille le meilleur comme le pire de l'insularité lors d'une course au progrès social et économique. Notre étude se propose de démontrer comment la boutique chinoise est un espace pluri-culturel qui capte l'essence des diverses voix de l'insularité qui s'y déploient.

Mots-clés : Littérature mauricienne, Chinois, boutique, carrefour multiracial, repli identitaire

Since the eighteenth century, the small Chinese corner store has been an iconic cultural landmark of Mauritius which displays the best as well as the worst elements of insularity along the way to economic prosperity. Our study aims to show how the small Chinese corner store is a multicultural showcase where different identities coexist as it provides a window on the reality of the Mauritian society whether past or present.

Keywords*: Mauritian literature, Chinese, corner store, crossroads of cultures, cultural isolationism*

La petite boutique de quartier en tant que repère identitaire est le symbole par excellence de toute la communauté chinoise de l'île Maurice. Loin d'être un stéréotype réducteur, ce lieu abrite, reflète ou écrase ses occupants à tel point qu'il tend souvent à se substituer aux personnages traditionnels pour se métamorphoser en icône culturelle. Représentante d'une classe sociale et d'une civilisation, la boutique chinoise est un endroit à fonctions multiples. Lieu privilégié de la vie sociale de l'île, cette structure engluée dans la précarité est le théâtre des enjeux principaux tels que le libéralisme économique et l'interaction sociale. Cependant, la boutique peut parfois être un lieu de désolation matérialisé par la pauvreté, la confusion identitaire de même que l'empiètement des uns sur les autres. En effet, cet établissement incontournable de la société mauricienne est tout sauf un endroit privé. Ouverte tôt le matin avec une heure de fermeture souvent incertaine, la petite boutique de quartier résume à elle-seule toute la richesse d'une société qui se cherche encore et toujours. Cette structure traversée par le monde, recueille le meilleur comme le pire de l'insularité lors d'une course au progrès social et économique. Espace libre caractérisé comme lieu de rencontre des différentes classes sociales et des races de l'île, ce lieu pluriculturel capte l'essence des diverses voix de l'insularité qui s'y déploient jour après jour. Cela dit, les Chinois perçoivent leur passage dans l'île comme essentiellement temporaire. Sur ce point en particulier, l'immigration chinoise dans les îles du sud-ouest de l'océan Indien comporte bien des similitudes comme nous pouvons en déduire de l'étude de Tsien Tche-Hao sur les Chinois de Madagascar :

> Leur but est toujours resté de gagner assez pour rentrer en Chine finir confortablement leurs jours, suivant le proverbe chinois : « l'arbre peut avoir mille *chang* de haut, ses feuilles retombent toujours sur ses racines ». Ce n'est que par la suite et devant les évènements mondiaux, guerre etc. qu'ils commencèrent à se fixer, le retour en Chine devenant problématique et l'avenir incertain[1].

Nous retrouvons une situation similaire à l'île Maurice où les personnes issues des premières vagues d'immigration chinoise ne pensent généralement qu'à faire du commerce dans le but de s'enrichir pour pouvoir retourner au pays natal. Ce désir de ne pas se faire naturaliser finira par cantonner la communauté chinoise dans le cercle étroit du domaine commercial. En effet, face à une spéculation alarmante d'aventuriers, le gouvernement britannique par la Proclamation du 21 juin 1842 enlève aux étrangers le droit d'acquérir ou d'hériter des biens fonciers ou immobiliers. Ainsi, quand la communauté chinoise demande l'autorisation d'élever une chapelle pour la pratique de leur culte en 1851, elle se retrouve face à un refus des autorités car aucun de ses membres ne possède la nationalité britannique. Selon Huguette Ly Tio Fane Pineo, cet unique moyen pour acquérir des biens immobiliers et fonciers « était répugnant aux nationaux chinois »[2]. Nous avons là les raisons historiques qui expliquent la cristallisation de l'identité chinoise autour de l'iconique boutique de quartier. Selon *Index Mundi*[3], lors d'une estimation faite en juillet 2014, la communauté chinoise de l'île Maurice ne représente que 3% de la population. Cependant, toujours selon cette même source, les Franco-Mauriciens représenteraient 2% de la population. Or, de par leur appartenance à la culture dominante de l'île, ces derniers sont relativement bien représentés dans l'univers romanesque local en comparaison aux Chinois. Depuis l'accession à l'indépendance, nous n'avons pu dénombrer que cinq romans qui évoquent les conditions de vie de l'individu d'origine chinoise. En ordre chronologique, nous trouvons : *À l'Autre bout de moi*[4] (1979) de Marie-Thérèse Humbert, *Le bal du dodo*[5] (1989) de Geneviève Dormann, *Quartiers de Pamplemousses*[6] (1999) d'Alain Gordon-Gentil, *Made in Mauritius*[7] (2012) d'Amal Sewtohul et *The Coral Heart*[8] (2014) de Peggy Lampotang. Au-delà du sujet abordé, il faut souligner le caractère hétéroclite des divers écrivains. Marie-Thérèse Humbert de même que Peggy Lampotang

---

1 Tsien Tche-Hao, « La vie sociale des Chinois à Madagascar », *Comparative Studies in Society and History*, Vol. 3, No. 2, Janvier 1961, p. 171.

2 Huguette Ly Tio Fane Pineo, *La diaspora chinoise dans l'océan Indien*, Aix-en-Provence, GRECO-Océan Indien, 1981, p. 79.

3 *Index Mundi – Mauritius Demographic Profile 2014*, consulté le 17 septembre 2014. http://www.indexmundi.com/mauritus/demographics-profile.htm

4 Marie-Thérèse Humbert, *À l'autre bout de moi*, Paris, Stock, 1979.

5 Geneviève Dormann, *Le bal du dodo*, Paris, Albin-Michel, 1989.

6 Alain Gordon-Gentil, *Quartiers de Pamplemousses*, Paris, Julliard, 1999.

7 Amal Sewtohul, *Made in Mauritius*, Paris, Gallimard, 2012.

8 Peggy Lampotang, *The Coral Heart – A Shopkeeper's Journey*, Ile Maurice, Atelier d'écriture, 2014.

représentent les voix de la diaspora mauricienne. Or, au sein de ce groupe, seule Lampotang est de descendance chinoise, ce qui donne une vision intérieure de la problématique. Quant à Sewtohul et Gordon-Gentil, ils nous proposent une perception locale de l'univers de la boutique. De son côté, Dormann nous livre une textualisation de l'île vue de Paris. Dans ce contexte, notre étude se propose de démontrer comment l'univers de la boutique met en scène une identité chinoise déterminée par trois notions clés nommément l'argent, la désolation et le carrefour multiracial. Cela dit, il est impératif de comprendre que pour les Chinois, l'argent est une notion sur laquelle l'insularité n'a aucune influence. Dans les textes, ce facteur est présenté comme inhérent aux personnages comme s'il s'agissait d'un code génétique. Par contre, les deux autres facteurs, nommément la désolation et le carrefour multiracial, sont directement influencés par l'espace social et géographique.

L'ARGENT

Au cœur du roman *The Coral Heart* qui raconte la vie d'immigrants chinois sur trois générations, se trouve l'iconique boutique de quartier. Quand en fin d'année 1911, le narrateur, Pu Yi, débarque dans l'île, la communauté chinoise tient déjà les rennes du petit commerce. Sur un plan historique, la fin du monopole de la Compagnie de Indes en 1770 va conduire à la libéralisation du commerce. Il va alors se mettre en place un système de hiérarchie du commerce où quelques boutiques de premier ordre vont alimenter des boutiques de second ordre, beaucoup plus nombreuses, qui vont à leur tour, fournir des denrées à des boutiques de troisième ordre. Selon le *Census of Mauritius and its dependancies taken on the night of the 31st March 1911*[9] (1912), il y aurait environ 3662 Chinois à l'époque où se situe l'arrivée du narrateur dans l'île. Ly Tio Fane Pineo ajoute qu'à la fin du XIXe siècle, « 700 détaillants chinois contrôlaient le commerce de l'alimentation et desservaient une population de 371 000 âmes »[10]. C'est une boutique des plus basiques que gère le père de Pu-Yi et son partenaire. Elle se situe dans le village côtier de Baie du Cap, une zone qui, aujourd'hui encore, est classifiée comme « défavorisée ». Par contre, le commerce du cousin Shuk Pak situé dans le village de Rivière des Anguilles, un carrefour commercial pour les résidents du sud de l'île, est très prestigieux. Ces différences d'ordre géographique démontrent que tous les Chinois de l'île ne sont pas logés à la même enseigne. Selon Ly Tio Fane Pineo, s'il existe quelques commerçants qui font fortune, la grande majorité des boutiquiers gagnent « leur vie qu'au prix d'un rude labeur qui commençait à l'aube et ne s'achevait que fort tard dans la nuit »[11].

---

9 Government of Mauritius, Report on the Census Enumeration made in the Colony of Mauritius and its Dependancies on the night of the 31st March 1911, Port Louis, Government Printer, 1912.

10 Ly Tio Fane Pineo, *op. cit.*, p. 76.

11 *Ibid.*, p. 76.

Dans l'univers de la boutique, le travail a priorité sur tout et cela inclut les études. Par exemple, quand Pu Yi demande d'être dispensé de son travail à la boutique familiale pour faire ses devoirs, la réaction du père est sans équivoque : « *Work comes first. Studies second [...] You only need to know how to use the abacus to work in the shop* »[12]. Dans les années qui précèdent la grande guerre, l'éducation comme vecteur pour la prospérité est une notion qui n'existe pas encore au sein de la famille de Pu Yi. Aussi, l'enfant doit aider avec les travaux tels que la fabrication de sacs en papier ou l'emballage du poisson salé destiné à la capitale. Il s'agit ici d'un travail pénible pour un enfant comme nous le décrit Lampotang : « *That night, after packing the fish, I was so tired that the clic clac of the black beads on the abacus [...] made me drowsy* »[13]. Quelques années après, à l'âge de treize ans, c'est à contre-cœur qu'il est contraint d'abandonner ses études pour se consacrer uniquement à la boutique. Baie du Cap s'étant révélé peu propice au profit, voilà le père qui se trouve une autre boutique, cette fois-ci à Bon Accueil et un nouveau partenaire, Pit Shing. Alors qu'il occupe un emploi à plein temps dans l'entreprise familial, Pu Yi n'est rémunéré qu'au tiers du salaire d'un cuisinier de boutique chargé dès l'aurore de la préparation d'achards, de *vindaye* et de currys. Or, il ne peut se révolter contre un membre du clan et cela même s'il se sent exploité par Pit Shing. Une fois de plus, la rémunération est au cœur de la progression de l'intrigue. Ne pouvant plus supporter cette exploitation, Pu Yi ira travailler dans l'établissement de son oncle Shuk Pak à Rivière des Anguilles.

Tout n'est pas idyllique dans l'univers de la boutique de quartier. Dans sa tentative de nous brosser un tableau réaliste de la communauté chinoise, Lampotang dénonce l'exploitation de l'homme par l'homme ainsi que les affres du libéralisme économique. Dans sa course à la prospérité, Pu Yi passe à côté de choses qui lui tiennent à cœur telles que son désir de trouver l'amour. Son existence n'est qu'une succession de déboires sentimentaux. Ainsi, il doit renoncer à Shamina parce qu'elle n'est point chinoise et il perd Lian Fa l'ayant laissée en Chine pour s'occuper des affaires à Maurice. Quant à Li Yin, il l'épouse pour ne pas déplaire à ses parents bien que le cœur n'y soit pas. Dans ce roman, le cheminement intérieur du héros est subordonné à la réussite dans les affaires qui se résume à la possession de boutiques aux quatre coins de l'île. La lente construction d'un empire financier aboutit finalement à l'éclatement de l'axe familial qui est pourtant primordial au sein de la famille chinoise. Comme le dit le père de Pu Yi au début du roman, « *The family comes first* [...] »[14]. Or, au fur et à mesure que le temps passe, le lien entre les valeurs traditionnelles chinoises et les demandes de la société capitaliste locale deviennent de moins en moins conciliables. Pu Yi qui a construit un empire commercial de neuf boutiques va presque toutes les perdre, la tradition voulant qu'elles soient au nom de son père. L'homogénéité de la famille chinoise se brise quand les autres

12 Lampotang, *op. cit.*, p. 72

13 *Ibid.*, p. 72.

14 *Ibid.*, p. 74.

membres de la famille demandent leur part de l'empire créé par un seul homme. Pu Yi doit tout recommencer. Aussi, le roman s'ouvre et se conclut par un retour aux affaires. Le seul élément tangible de la communauté chinoise décrite par Lampotang demeure la boutique, source de richesse, source d'esclavage et source de division.

L'obsession du profit à tout prix atteint son apogée dans *Le bal du dodo* à travers le personnage de Mme Solange qui nous est présentée comme une créature féroce qui a le génie des affaires : « À part son coffre-fort, Mme Solange n'aime personne »[15]. Contrairement au roman de Lampotang, le texte de Dormann n'est pas un roman sur la communauté chinoise. Dans sa tentative de brosser un tableau de la société franco-mauricienne, l'auteur nous gratifie d'un portrait au vitriol d'une boutiquière qui pousse l'idéologie capitaliste à son paroxysme. Dans l'univers dominé par les hommes chinois, Mme Solange s'impose comme un être mythique, profondément ancré dans la réalité de sa boutique. Dès les premières lignes qui lui sont consacrées, Dormann nous transporte dans un réalisme étourdissant : « L'air est encore étouffant après huit heures du soir et la boutique de la Chinoise, mal ventilée, empeste le dessous de bras, la naphtaline et le poisson séché »[16]. C'est dans cet univers qui rappelle les boutiques de Pu Yi qu'apparaît la boutiquière en train de faire l'addition d'une cliente. Une telle description démontre que la boutique de proximité évolue peu pendant le XXe siècle et cela indépendamment de la clientèle et de l'environnement. Alors que les boutiques où Pu Yi fait son apprentissage sont situées dans des lieux à faible pouvoir d'achat, la boutique de Mme Solange dessert la communauté franco-mauricienne de Rivière Noire. Rien d'étrange alors qu'elle propose des produits de luxe à sa clientèle : « Pas de champagne ? Whisky ? Vodka ? Ricard ? »[17].

Les calamités naturelles ou celles qui sont fabriquées par les hommes sont dépeintes sous un angle positif dans l'antre de la boutique. En effet, le père de Pu Yi fait de très bonnes affaires à Bon Accueil car l'ouverture de son nouvel établissement coïncide avec le début de la grande guerre. Comme le lancement d'une nouvelle boutique demande l'élaboration d'un nouveau stock de marchandise, la pénurie causée par les hostilités mondiales contribue à faire grimper les profits. Il en est de même avec Madame Solange qui voit d'un très bon œil l'arrivée prochaine d'un cyclone : « Dans les heures qui précèdent, son stock s'envole à des prix cycloniques. Même s'il y a du dégât sur la boutique, elle s'y retrouve »[18]. Autant Pu Yi ne semble que très rarement à sa place dans l'espace de la boutique, autant Mme Solange semble dans un état jubilatoire à chaque fois que son coffre-fort se remplit. Aussi, quand le cyclone « Claudette » détruit sa boutique, elle demeure stoïque car l'essentiel n'a pas bougé : son

---

15 Toutes les citations du texte de Dormann sont extraites de l'édition suivante: *Le bal du dodo*, Paris, Le Livre de poche, 1991.

16 *Ibid.*, p. 394.

17 *Ibid.*

18 *Ibid.*, p. 395.

coffre-fort reste intact au milieu des ruines comme un monument à la gloire du libéralisme économique. Alors que Pu Yi travaille essentiellement pour le bien-être de sa famille, la boutiquière travaille pour alimenter son coffre-fort : « C'est là qu'elle prend son plaisir, tous les soirs, quand elle ouvre la porte épaisse et y empile les liasses qu'une fois par mois, elle emporte à la banque, au Port-Louis, entassées dans un vilain sac de jute, pour ne pas attirer l'attention des voleurs »[19]. Cet extrait est significatif car il inscrit Madame Solange dans un monde qui prend ses distances des règles de la communauté chinoise traditionnelle où le recours aux banques est quasiment inexistant comme nous le démontrent les protagonistes de Lampotang : « *Father and I never used a bank. Most Chinese did not* »[20].

L'aspect le plus révolutionnaire de la représentation de la boutique chez Dormann est que le commerce est aux mains d'une femme. Dans les cinq romans à l'étude, Mme Solange est la seule femme qui dirige un commerce. Cela est quelque peu étonnant quand nous considérons la place de la femme dans la société traditionnelle chinoise. Dans *The Coral Heart*, la soumission de la femme est clairement démontrée. Li Yin, la deuxième épouse de Pu Yi met au monde huit enfants et pendant toute cette vie de sacrifice, elle ne demande qu'une chose à son mari : une maison à elle. Elle mourra sans que son vœu ne soit jamais exaucé bien que son époux ait aisément eu la capacité financière de le faire. Dans une telle conjoncture, les désirs de la femme sont subordonnés à ceux du mari. L'épouse occupe, donc, un rôle tout à fait traditionnel où elle est chargée de s'occuper des enfants et de satisfaire les attentes sexuelles de son époux. En sus de cela, elle doit activement veiller à la bonne marche de la boutique. Dans *Quartiers de Pamplemousses*, c'est elle qui tient la buvette alors que dans *À l'autre bout de moi*, « malgré son apparence douce et chétive »[21], c'est elle qui sert les clients. Cependant, quand ces derniers se montrent récalcitrants, elle est obligée de sortir de sa réserve pour s'imposer car c'est la répartition des rôles au sein de la boutique qui le demande. Ainsi, l'espace de la boutique consacre la marginalité de la femme chinoise face à l'omniprésence du dominant qui contrôle tout et qui prend toutes les décisions. Cependant, ce schéma ne s'applique pas au *Bal du dodo* qui exhibe une situation familiale où les rôles traditionnels sont inversés. Mme Solange ne se préoccupe de personne :

> Ni son beau-père à moitié aveugle qui reste assis toute la sainte journée, adossé aux sacs de riz, dans un coin de la boutique et dont elle surveille avec intérêt la décrépitude progressive, ni son petit mari fluet dont le museau de rat apparaît de temps en temps, entre les piles de conserves, ni sa propre marmaille [...][22]

19 *Ibid.*
20 Lampotang, *op. cit.*, p. 245.
21 Humbert, *op. cit.*, p. 60.
22 Dormann, *op. cit.*, p. 396.

La boutiquière que nous présente Dormann est de ce fait une nouveauté littéraire qui s'éloigne des représentations traditionnelles. Quelque part, elle reflète la réalité de la deuxième partie du XXe siècle qui voit la femme chinoise occuper un rôle beaucoup plus important au sein de la boutique familiale. Sur un plan historique, la boutique de Mme Solange assure la transition entre le passé et le présent car nous assistons à une transition du pouvoir. Sur un plan culturel, le personnage de Mme Solange célèbre la destruction des codes de la représentation en intégrant la passion du commerce et de l'argent à un idéal féminin.

ESPACE DE DÉSOLATION

L'espace fictionnel mis en scène dans *Made in Mauritius* d'Amal Sewtohul met en scène des immigrants fraîchement débarqués qui se retrouvent dans la plus décatie des boutiques de Port Louis. Il est à noter que l'espace occupé par la boutique n'est jamais valorisant et cela indépendamment du texte choisi. La première caractéristique qui frappe dès qu'un individu pénètre dans ce type de structure est l'odeur souvent pestilentielle qui s'en dégage. Dans *Le bal du dodo*, « Bénie pénètre dans la boutique et se met instinctivement en apnée, à cause de l'odeur »[23]. Quant à Pu Yi dans *The Coral Heart*, il jubile à l'idée de quitter la boutique paternelle pour aller travailler dans un commerce plus prestigieux à Rivière des Anguilles car il sera enfin débarrassé de l'odeur agressive qui est incompatible avec le désir d'un jeune adolescent de plaire : « *In the shop, I was thrilled to smell laundry soap instead of curried octopus. Here I could wear clean clothes* »[24]. Le deuxième facteur qui caractérise la boutique chinoise est la précarité de la structure. En effet, la construction de celle-ci semble aléatoire et ne contient aucun confort. L'objectif de la boutique de quartier est d'attirer le client de par les marchandises offertes à la vente et non pas par une quelconque architecture. Dans ce contexte, il n'est pas étonnant que les boutiques aient des difficultés à résister aux cyclones qui balaient l'île de temps en temps. Voilà pourquoi la boutique de Mme Solange dans *Le Bal du dodo* est pratiquement détruite par le cyclone « Claudette ». Il en est de même pour Ah Ling qui voit le toit de son établissement emporté par des rafales de vent dans *À l'autre bout de moi*. Une telle mésaventure pourrait difficilement arriver à l'espace commercial occupé par Lee Kim Chan, un des protagonistes de *Made in Mauritius* car le bâtiment est en pierre au lieu des habituelles planches de bois. Cependant, de toutes les boutiques décrites dans l'espace romanesque mauricien, c'est bien la plus triste.

Au-delà du mythe selon lequel la communauté chinoise serait homogène et prendrait soin de ses membres, il existe, en secret, de féroces rivalités qui tiraillent ce type d'organisation sociale. La famille Lee Kim Chan se sent humiliée au sein de la communauté chinoise car on lui rappelle constamment qu'elle n'a pas les épaules assez larges pour occuper une boutique dans la rue Joseph

23 *Ibid.*, p. 399.
24 Lampotang, *op. cit.*, p. 109.

Rivière. Dans un premier temps, elle va essayer de vendre le bric-à-brac importé de Chine mais elle va vite se rendre compte que ce sont des produits à écoulement lent. Alors, elle doit se résoudre à faire de l'alimentation basique en vendant des conserves, du riz, de l'huile et du rhum. Cela aura comme conséquence de faire enrager les autres commerçants : « S'ils n'ont pas les moyens de tenir un magasin convenable en ville, ils devraient aller à la campagne. Ils rabaissent le niveau de la rue »[25]. Si le père éprouve une gêne considérable quand les commerçants de la rue vont se plaindre au chef du clan Lee, il en est de même pour leur unique enfant. Lors d'une réunion de famille pour célébrer la fête de mi-automne qui a lieu dans une villa à la mer, les enfants aisés de la famille Lee Fa Cai n'hésitent pas à humilier leur cousin : « Eh toi ! Mange ! Mange ! C'est nous qui avons payé pour toi »[26]. Plus tard alors que ce dernier est admis au prestigieux Collège Royal de Port Louis, ces mêmes cousins, Derek et James, enfoncent le clou : « "Eh ! qu'est-ce qu'il vient faire là, ce taré ?" Et Derek répondit : "Sûrement qu'il a pris de l'emploi, comme pion. – Ou qu'il va nous vendre des topettes de rhum, comme ses parents" »[27]. Ces incidents démontrent que le respect obtenu au sein de la communauté chinoise dépend du type de boutique que l'on possède. Ainsi, dans *Quartiers de Pamplemousses*, la pâtisserie « Golden » fréquentée par les gens issus de la bonne société catholique est « tenue par une famille chinoise très respectée de Beau-Bassin »[28]. Plus l'établissement est prestigieux sur le plan commercial, plus grande sera la reconnaissance sociale. À partir de là, nous comprenons mieux le désir obsessionnel de Pu Yi d'étendre son empire dans *The Coral Heart*.

Dans l'univers des commerces chinois, le malheur ne vient pas de facteurs exogènes mais bien souvent de facteurs internes à la communauté. Pour le narrateur de *Made in Mauritius*, la boutique de la rue Joseph Rivière ne peut qu'être un lieu de profonde tristesse vu les circonstances de l'arrivée de ses parents sur le sol mauricien. À Hong Kong, après avoir mis sa cousine enceinte lors d'une sortie au cinéma, Lee Kim Chan est obligé de se marier et de s'exiler alors que rien ne lie le couple : « Mes parents ne s'étaient jamais remis de la déception de leur arrivée à Port-Louis en 1959 »[29]. Contrairement à la boutique qui est décrite comme un lieu de vie dans les autres romans, la boutique de famille Lee Kim Chan est un espace de mort. C'est le lieu où les rêves viennent s'échouer en particulier ceux de Lee Ying Song, la mère du narrateur. Jadis à Hong Kong, elle avait toujours affirmé son désir de quitter la misère du pire taudis des New Territories, là où elle est née. Elle se voyait déjà secrétaire travaillant dans ces immeubles ultramodernes du centre ville où elle rédigerait des lettres ou répondrait au téléphone. Or, une erreur de jeunesse a fait qu'elle se retrouve aujourd'hui dans « la plus crevée de ces bâtisses »[30] dans une

25 Sewtohul, *op. cit.*, p. 47.
26 *Ibid.*, p. 158.
27 *Ibid.*, p. 188.
28 Gordon-Gentil, *op. cit.*, p. 76.
29 Sewtohul, *op. cit.*, p. 147.
30 *Ibid.*, p. 35.

structure qui ressemble à « ces anciennes fumeries d'opium des bas-fonds de Hong Kong »[31]. Vivant dans une honte continuelle par rapport aux gens respectables de l'île, elle n'abandonne, cependant, pas son rêve de s'éloigner de l'univers de la boutique. En apprenant l'existence de cours de secrétariat, elle retrouve un semblant d'espoir pour déchanter aussitôt vu qu'elle ne parle ni l'anglais, ni le français. Si Lee Ying Song doit renoncer à ses aspirations professionnelles, écrasée par l'immensité de sa défaite, elle ne peut pas non plus s'épanouir dans sa vie familiale. Son mari qu'elle rend responsable de sa déchéance de même que son fils qui fréquente des Indiens, sont pour elle une immense déception. La boutique devient ici un espace infernal où règnent la misère, l'humiliation et un rappel perpétuel de l'échec.

LE CARREFOUR MULTIRACIAL

Les multiples tentatives de faire venir des Chinois à l'île Maurice sont caractérisées par la disparité entre les candidats masculins et les candidates féminines. Dès le début de l'immigration chinoise, l'absence de femmes issues de cette communauté va conduire à des mariages mixtes comme le démontre Ly Tio Fane Pineo :

> En 1883, on dénommait 415 unions mixtes contractées entre les membres des communautés chinoise, indienne et créole du fait de l'absence de femmes chinoises dans le pays car en jusqu'en 1881, on comptait seulement neuf immigrantes de Chine. Pourtant rares étaient ceux qui contractaient une union selon les lois de Maurice ; ils étaient en cette fin de siècle environ 8% des immigrés chinois à le faire[32].

Si la grande majorité des immigrants chinois prônent une union libre avec les Mauriciennes, c'est qu'ils sont déjà mariés. En Chine, la tradition veut que l'émigrant ait l'obligation, avant son départ, de se marier à une personne choisie par ses parents. À l'époque, la société chinoise permet à l'homme d'avoir autant de concubines que sa situation financière le lui autorise. Aussi, ce dernier peut aisément accomplir son devoir familial tout en menant une vie libre de toute contrainte à l'île Maurice. Comme la première tâche de l'épouse légitime est de s'occuper de ses beaux-parents, elle ne peut qu'espérer le retour de son époux. Sur le plan local, de grands efforts seront consentis pour faire venir plus de femmes chinoises dans l'île. Aussi, dans les romans à l'étude, aucun des hommes n'est marié à une Mauricienne ou à une Sino-Mauricienne (enfant issue d'une union mixte). Dans *The Coral Heart* et dans *Made in Mauritius*, l'épouse est même originaire de Chine. Si la communauté chinoise prône une certaine orthodoxie dans le choix des époux, c'est non pas pour des raisons ethniques mais pour des raisons purement pratiques, voire économiques. Une femme d'origine chinoise comprendra les sacrifices nécessaires pour faire vivre

---

31 *Ibid.*

32 Ly Tio Fane Pineo, *op. cit.*, p. 277-278.

les parents restés en Chine ou pour un éventuel retour au pays natal. Par contre, une famille sino-mauricienne (mixte) aura des attaches dans l'île et finira par adopter le style de vie de la bourgeoisie coloniale. Dans cette optique, la boutique chinoise peut difficilement être un facteur qui favorise l'intégration sociale.

Le roman de Marie-Thérèse Humbert, *À l'autre bout de moi*, présente la boutique chinoise comme un espace merveilleux qui contraste avec l'aspect silencieux des quartiers résidentiels de Quatre Bornes. Il existe au sein de la boutique de quartier, une ambiance typiquement mauricienne qui ne saurait être reproduite ailleurs. Quant au gérant des lieux, dans sa tentative de se conformer aux idéaux de sa communauté, notamment l'accumulation de richesses, il se doit de favoriser cet espace de rencontre au mieux de ses possibilités :

> À la longue, nous nous étions mises à [...] considérer sa boutique comme un deuxième foyer où la réalité se parait d'enchantements [...] Ah Ling, c'était bien plus : l'Hospitalité, le Rêve Incarnés. Plus familier que celui de nos proches parents, son sourire venait à notre rencontre dès que nous franchissions le seuil de son antre magique[33].

Pour Sonia Dosoruth, le bric-à-brac proposé à la vente « permet aux filles de découvrir la magie des différentes cultures qui cohabitent dans l'île »[34]. En effet, cet univers où les statues de la Vierge Marie côtoient celles de Bouddha ou celles de Vishnu, annonce un mauricianisme à venir. Alors qu'elles sont en train de se métamorphoser en jeunes filles métisses, la boutique devient un asile, un lieu sur lequel les pressions sociales et parentales n'ont aucune prise. Comment aurait-il pu en être autrement quand la seule loi de la boutique est la loi du profit ? Quelque part, l'espace de la boutique est un *no man's land* qui offre une protection à ces filles contre l'agression « de cette civilisation européenne qui méprise ce qui n'est pas en elle »[35]. En effet, le roman est une tentative de l'auteur de montrer les difficultés auxquelles ont à faire face les enfants issus du métissage car ils incarnent la propriété d'une frontière. En d'autres termes, ces derniers ne sont ni à l'intérieur, ni à l'extérieur ; ils sont au milieu. Brimées par une société où les préjugés de races et de couleur de peau sont plus forts que jamais, l'unique refuge de leur jeunesse devient la boutique d'Ah Ling, un espace neutre.

De tous les boutiquiers présentés dans les romans à l'étude, Ah Ling semble être celui qui est le moins fabriqué, le plus humain. Dans sa mission en tant que vendeur dans un cadre multiracial, il sait faire la différence entre les femmes noires qui s'endettent, les femmes indiennes qui paient comptant et les autres clients aisés qui ont généralement l'épiderme pâle. Dans l'ensemble, il demeure, avant tout, un homme de cœur, sensible, attentionné et qui parle avec

---

33 Humbert, *op. cit.*, p. 57.

34 Sonia Dosoruth, « L'exil de Marie-Thérèse Humbert : entre mort et renaissance », *Les Cahiers du GRELCEF – Les écrits contemporains des femmes de l'océan Indien et des Caraïbes*, 3, 2012, p. 170.

35 Humbert, *op. cit.*, p. 80.

amour de sa boutique. Contrairement à Mme Solange dans *Le bal du dodo*, Ah Ling ne fait jamais preuve d'agressivité. Sa boutique demeure un havre de paix parce qu'elle est gérée par un homme « d'une civilité attentive, d'une agilité physique et intellectuelle »[36]. C'est dans ce sens qu'il se rapproche du personnage d'Ah Ko dans *Quartiers de Pamplemousses* d'Alain Gordon-Gentil. En effet, Ah Ko, c'est l'homme de confiance ; c'est l'homme à qui on demande de gérer une campagne électorale. Ce dernier occupe des fonctions que l'on ne retrouve pas chez les autres commerçants. En sus de servir de taverne, « la boutique d'Ah Ko était, à la fois, centre d'approvisionnement, banque et société de crédit »[37]. Cela montre à quel point une boutique de quartier joue un rôle primordial dans un environnement social. Plus la communauté qu'elle dessert est petite, plus grand est son rôle et inversement. Par exemple, la boutique de Lee Kim Chan située dans la ville de Port Louis n'exerce aucune influence sur sa clientèle. Par contre, celles de Pu Yi et celle d'Ah Ko, situées en milieu rural, sont essentielles à la communauté. Cela n'empêche qu'à la base, toutes les boutiques de l'île fonctionnent sur le même principe : celui de la croissance du chiffre d'affaire. Aussi, le boutiquier de Pamplemousses a le sens du profit et n'hésite pas à trafiquer son rhum : « C'est ainsi qu'avec une bouteille de rhum, il en faisait deux »[38]. Somme toute, de tels récits sont indissociables de l'image traditionnelle que l'on se fait du boutiquier de quartier. Cela dit, de telles pratiques sont encore toujours de mise dans l'univers de la boutique chinoise, ce qui cautionne le réalisme des divers romans.

Autant la majorité des romans dépeignent les boutiquiers comme vivant en autarcie, autant Gordon-Gentil nous présente un personnage qui a des interactions sociales avec des gens hors de l'espace de la boutique. Ainsi, la présence d'Ah Ko, de sa femme et de ses enfants aux funérailles de Tante Athalie est une nouveauté dans le paysage romanesque local. De plus, nous ressentons la tristesse du narrateur quand Ah Ko décide de quitter l'île Maurice pour le grand nord canadien. Dès qu'il établit des liens avec les gens des autres communautés, le boutiquier prend une autre envergure. À la fois mise en scène et force derrière une voix, ce dernier fait un pas hors de l'invisibilité que lui confère son rôle. On fréquente le boutiquier mais on ne sait jamais rien de lui. De nos jours, la boutique chinoise traditionnelle est en voie de disparition. Pour les nouvelles générations, il est inconcevable de travailler dans l'espace d'une telle structure. C'est précisément ce que démontre Lampotang dans *The Coral Heart* où les jeunes de la communauté chinoise se sont depuis longtemps tournés vers de hautes études dans le but d'améliorer leur statut et leur situation financière. Néanmoins, la boutique de quartier existe toujours ; elle est souvent délabrée et elle recèle presque toujours de très fortes odeurs exotiques, ce qui est incompatible avec les nouveaux modes de consommation. À la lumière de cette nouvelle donne, que ce soit sur le plan romanesque ou dans la réalité, la

36 Dormann, *op. cit.*, p. 61.
37 Gordon-Gentil, *op. cit.*, p. 92.
38 *Ibid.*, p. 96.

boutique chinoise a toujours un rôle important à jouer surtout en milieu rural. Comme l'écrit Alain Gordon-Gentil : « À la campagne, les boutiquiers chinois sont souvent des hommes de pont »[39].

Bibliographie

DORMANN G., *Le bal du dodo*, Paris, Albin-Michel, 1989.

—, *Le bal du dodo*, Paris, Le Livre de Poche, 1991.

DOSORUTH S., « L'exil de Marie-Thérèse Humbert : entre mort et renaissance », *Les Cahiers du GRELCEF – Les écrits contemporains des femmes de l'océan Indien et des Caraïbes*, 3, 2012, p. 161-174.

GORDON-GENTIL A., *Quartiers de Pamplemousses*, Paris, Julliard, 1999.

GOVERNMENT OF MAURITIUS, *Report on the Census Enumeration made in the Colony of Mauritius and its Dependancies on the night of the 31st March 1911*, Port Louis, Government Printer, 1912.

HUMBERT M.-Th., *À l'autre bout de moi*, Paris, Stock, 1979.

Index Mundi – Mauritius Demographic Profile 2014, consulté le 17 septembre 2014. http://www.indexmundi.com/mauritus/demographics-profile.htm.

LAMPOTANG P., *The Coral Heart – A Shopkeeper's Journey*, Ile Maurice, Atelier d'écriture, 2014.

LY TIO FANE PINEO H., *La diaspora chinoise dans l'océan Indien*, Aix-en-Provence, GRECO-Océan Indien, 1981.

SEWTOHUL A., *Made in Mauritius*, Paris, Gallimard, 2012.

TCHE-HAO T., « La vie sociale des Chinois à Madagascar », *Comparative Studies in Society and History*, Vol. 3, No. 2, Janvier 1961, p. 170-181.

---

[39] *Ibid.*, p. 93.

Cartographie mouvante de l'identité dans
Les Sables de Mésopotamie *de Fawaz Hussain*

Dersim BARWARI
Université McMaster

Cet article porte sur la représentation de la frontière dans l'écriture kurde d'expression française. C'est autour de la théorie de l'« oppositionnalité » que s'articule la réflexion qui s'y déploie. L'objectif de l'article est de soulever les divers enjeux de la frontière sur les constructions identitaires des communautés marginalisées ou dominées. Comment l'expérience des peuples frontaliers permet-elle de poser un regard mouvant sur l'identité ?

Mots-clés : identité, frontière, théorie de l'« oppositionnalité », exil, écriture kurde d'expression française.

This article focuses on the representation of the border in Kurdish writing of French expression. The analysis is built around the theory of "opposition" that articulate the thinking it deploys. The aim of the article is to raise the various issues of the border on the construction of identity on marginalized or dominated communities. How the experience of border peoples allows a moving perspective on identity?

Keywords: *identity, border, theory of opposition, exile, Kurdish writing of French expression.*

> *It was only when the subaltern figures like women, Orientals, blacks, and other "natives" made enough noise that they were paid attention to, and asked in, so to speak. Before that they were more or less ignored, like the servants in the nineteenth-century English novels,* there *but unaccounted for except as a useful part of the setting* (Edward Said, *Reflections on Exile: and Other Essays*, p. 298 ; italiques dans l'original).

La question de la frontière occupe une place cruciale au sein des débats sur l'identité et le déplacement des personnes. L'année 1989 constitue un tournant dans l'histoire de l'Europe de l'Est et de l'Occident, en général, avec l'effondrement du Mur de Berlin, symbole de la guerre froide et de la division du monde en deux pôles « irréconciliables ». Or, alors que nous célébrons aujourd'hui l'ère de la mondialisation, nous observons paradoxalement un désir croissant de la part des pays occidentaux de contrôler le flux des migrants, dans une tentative de fermeture. Un exemple particulièrement frappant de ce phénomène est la construction, en 2006, de la barrière entre les États-Unis et le Mexique, qui s'étend sur plus de 1300 kilomètres. En 2016-2017, la question des réfugiés divise à nouveau le monde, d'autant plus qu'elle oblige à poser la question à la fois politique et éthique de l'ouverture des frontières aux personnes qui, ayant quitté leurs pays d'origine pour des raisons politiques, économiques ou autres, bénéficieraient du droit international d'asile. Selon

Michel Agier, « la fin du droit à l'asile est au centre de la criminalisation des déplacements d'un pays à l'autre et [...] au centre du rejet des étrangers[1] ». En Europe, la « crise des réfugiés » est, en effet, un sujet de grande controverse, puisqu'elle remet en cause les accords de Schengen[2] ainsi que les notions de frontière et de migration. Le débat contemporain sur la question des frontières donne lieu, par ailleurs, à un discours anti-impérialiste, lequel permet de remettre en question la cartographie des frontières établie, en majorité, par les anciennes puissances européennes.

La notion de frontière est indissociable de la problématique identitaire dans la mesure où elle renvoie à l'idée de déplacement à la fois physique (d'un espace à un autre) et symbolique (d'une langue à une autre, par exemple). À partir de l'exemple de l'écriture kurde d'expression française, la présente étude se propose d'analyser quelques enjeux de la frontière sur les constructions identitaires des communautés habitant une région frontalière. Concentrée sur le récit *Les Sables de Mésopotamie*[3] de Fawaz Hussain (2007), elle consiste à démontrer que la représentation de la frontière, sous ses diverses formes, illustre des zones de contact ethnoculturel qui dépassent toutes limites réelles ou imaginaires. La nécessité de cette initiative peut se justifier par la crise à la fois philosophique et politique que vit le monde moderne dans son rapport à toute forme d'altérité. Elle s'articule autour de la théorie de l'oppositionnalité telle que pensée par Michel de Certeau, Jean-François Lyotard, Ross Chambers et Richard Terdiman. Dans un premier temps, nous proposons une synthèse de la question de l'oppositionnalité et nous tentons de montrer comment, par sa configuration, *Les Sables de Mésopotamie* se prête à une lecture oppositionnelle, à la fois sur le plan narratif, rhétorique et discursif. Dans un second temps, nous soumettons une réflexion de l'énoncé oppositionnel à partir de la question de l'exil. Nous espérons ainsi rendre compte de l'expérience des peuples marginalisés et montrer comment leur rapport à la frontière permet de poser un regard mouvant sur l'identité.

---

1 Michel Agier, *Le couloir des exilés : être étranger dans un monde commun*, Bellecombe-en-Bauges, Croquant, 2011, p. 44.

2 L'espace Schengen est un vaste territoire « ouvert » à la libre circulation des biens et des personnes habitant dans les vingt-six pays-membres. Pour en savoir plus sur l'espace Schengen, voir le site *Vie publique*, notamment « Les accords de Schengen » et « Qu'est-ce que l'espace Schengen ? ».

3 *Les Sables de Mésopotamie* est le récit d'enfance et d'adolescence de l'auteur exilé depuis plus de vingt-cinq ans en France, d'où il se remémore l'histoire de sa vie d'avant son départ en exil. Il raconte la réalité quotidienne des Kurdes de Syrie, leurs rapports aux nombreuses communautés culturelles et religieuses ainsi que les enjeux sociopolitiques et historiques de la frontière pour les habitants de cette région. Fawaz Hussain, *Les Sables de Mésopotamie*, Monaco, Rocher, 2007. Désormais, toute citation de l'œuvre sera renseignée par le sigle *SM*, suivi du numéro de la page.

CADRE THÉORIQUE : L'OPPOSITIONNALITÉ

Dans *Room for Maneuver: Reading (the) Oppositional (in) Narrative*, Ross Chambers postule que le but de la littérature est de changer le monde[4]. La littérature, selon Chambers, joue un rôle primordial dans la mesure où elle peut mener à un déplacement (*shift*) dans le désir[5] du lecteur, par le biais de l'acte de lecture[6]. Il montre que la narration ne prend de signification que dans une situation et qu'elle a le pouvoir de transformer les situations humaines[7].

Tout discours dominant est vulnérable, ce qui offre la possibilité aux voix dominées ou marginalisées de manipuler cette faiblesse. En fait, tout discours du pouvoir exige, ou du moins admet la présence d'un discours oppositionnel. Dans ce sens, la littérature – spécialement la littérature de nature oppositionnelle – devient le lieu où l'auteur cherche à provoquer un déplacement dans le désir[8]. Plus précisément, c'est la lecture du texte oppositionnel comme « moyen de moyenner » qui permet de produire l'opposition et d'entraîner un changement politique, aussi petit qu'il soit, dans la vie réelle.

Mais, la théorie de l'oppositionnalité précise que tout comportement et tout discours oppositionnel qui cherchent à changer la réalité telle qu'établie par le *statu quo* devront avoir recours aux structures dominantes. Comparant l'opposition à la résistance, Chambers constate, en effet, que l'opposition n'est pas un acte de résistance. Si la résistance consiste en « le geste d'opposer la force à la force »[9], l'opposition est une « réaction aux forces aliénantes »[10]. L'opposition ne cherche pas à contester la légitimité du pouvoir en place, mais plutôt à « *making use of dominant structures for "other" purposes and in "other" interests, those of the people* [...] *whom power alienates* »[11]. En fait, l'opposition s'appuie le plus souvent sur le pouvoir en place ; elle consiste en une subversion, mais de l'intérieur du système, « en utilisant le pouvoir contre le pouvoir »[12]. L'opposition ne cherche ni à changer l'état des choses ni à renverser le système dominant, mais à y « créer des circonstances permettant d'y vivre, ou d'y survivre »[13]. L'opposition entretient avec le pouvoir une relation de dépendance mutuelle. Tout comme l'opposition dépend du pouvoir pour réaliser son geste oppositionnel, on peut dire que le pouvoir dépend de l'opposition pour

---

4 Ross Chambers, *Room for Maneuver: Reading (the) Oppositional (in) Narrative*, Chicago, University of Chicago Press, 1991, p. 1.

5 *Ibid.*, p. xv-xvi. Chambers utilise la notion de « désir » pour parler de ce qui « *produces the real* », c'est-à-dire de ce qui a un impact sur la réalité.

6 *Ibid.*, p. xvii.

7 Ross Chambers, *Story and Situation: Narrative Seduction and the Power of Fiction*, Minneapolis, Minnesota University Press, 1984, p. 7.

8 *Ibid.*, p. xvi.

9 Ross Chambers, *Mélancolie et opposition : les débuts du modernisme en France*, Paris, J. Corti, 1987, p. 99.

10 *Id.*

11 Ross Chambers, *Room for Maneuver: Reading (the) Oppositional (in) Narrative*, *op. cit.*, p. xiii.

12 Ross Chambers, *Mélancolie et opposition : les débuts du modernisme en France*, *op. cit.*, p. 99.

13 *Id.*

légitimer sa position de pouvoir. L'opposition est un savoir-faire, car le geste oppositionnel implique un certain savoir et une certaine adresse. C'est pourquoi l'être oppositionnel doit savoir profiter de l'ordre des affaires présent et « changer de tactique selon des exigences elles-mêmes changeantes »[14].

Cependant, il faut noter que tous les textes littéraires ne sont pas oppositionnels. Seule la lecture et l'(les) interprétation(s) d'un texte oppositionnel permettront de déterminer le(s) message(s) de l'auteur d'une telle œuvre. En fait, un texte ne peut être dit oppositionnel sans sa fonction de lisibilité[15]. « [*T*]o *read* [...] *is to understand the discourse of power in the text, not as a natural phenomenon, but as a* simulated *discourse, and thus to be* distanced *from it* »[16]. C'est en ce sens qu'on peut comprendre pourquoi le texte oppositionnel nécessite un dialogue avec le pouvoir, et qu'il dépend de l'acte de lecture afin de réaffirmer son identité textuelle en fonction de son contexte de production social, politique et culturel. Avant d'entrer dans le vif du sujet de notre propos, il importe de définir brièvement quelques notions clés de l'oppositionnalité qui nous permettront de mener à terme notre réflexion.

Tout d'abord, il est important de souligner la différence entre le comportement oppositionnel et le discours oppositionnel. Le comportement oppositionnel renvoie à un très vaste nombre de gestes et d'activités involontaires et non-réfléchis qu'effectue un individu ou un groupe social au quotidien. Mais, ceux-ci ne produisent aucun changement essentiel à l'ordre établi. Un exemple de comportement oppositionnel est quand un étudiant amène une note du médecin afin de différer un examen final. L'étudiant profite des décalages dans le système bureaucratique pour changer une situation défavorable en une situation favorable dans son propre intérêt. Pour ce qui est du discours oppositionnel, il implique une plus grande complexité parce que tout geste et toute action sont « volontaires » et « réfléchis » mais codés à l'intérieur du discours. La tâche de les décoder incombe au destinataire.

D'autre part, il faut souligner la distinction entre « stratégie » et « tactique ». Dans *L'invention du quotidien*, Michel de Certeau établit une opposition dialectique entre la stratégie et la tactique. De Certeau soutient que la stratégie s'applique au discours du dominant ; c'est l'art de maintenir l'emprise sur un territoire quelconque. La tactique, quant à elle, relève du dominé désirant se mouvoir sur ce territoire ; c'est l'art de survivre à l'intérieur de ce territoire occupé par l'autre, dominant[17].

Enfin, la notion d'autorité est un élément crucial pour le fonctionnement de la théorie de l'oppositionnalité. L'autorité est l'occasion idéale pour celui ou celle qui, ayant le droit de parler, décide de le faire en se servant du pouvoir des

---

14 Ross Chambers, *Mélancolie et opposition : les débuts du modernisme en France, op. cit.*, p. 99.

15 *Ibid.*, p. 235. Chambers utilise le terme de lisibilité pour désigner les possibilités illimitées d'interprétation des textes (oppositionnels).

16 Ross Chambers, *Room for Maneuver: Reading (the) Oppositional (in) Narrative, op. cit.*, p. 18 ; italiques dans l'original.

17 Michel de Certeau, *L'invention du quotidien 1, Arts de faire*, Paris, Gallimard, 1990, notamment p. 59-61.

mots dans l'espoir de changer une certaine réalité[18]. Chambers rappelle que « *[t]o tell a story is to exercice power (it is even called the power of narration) and "authorship" is cognate with authority* »[19]. L'autorité est une composante essentielle de tout texte oppositionnel puisqu'elle permet à un auteur d'influencer son public mentalement ainsi qu'émotionnellement (*shift in desire*). C'est par l'autorité de sa plume qu'un auteur peut suggérer des moyens de changer telle ou telle situation, sans renverser l'ordre établi[20]. L'autorité se construit à partir de quelques mécanismes de persuasion, notamment la séduction.

Dans *Story and Situations: Narrative Seduction and the Power of Fiction*, Chambers souligne l'importance de la séduction dans la production de l'autorité[21]. Il explique que la séduction est l'outil de défense discursif du faible contre l'oppression politique du fort dans une situation quelconque[22]. Selon Chambers, la séduction permet de transformer une faiblesse historique (du groupe dominé à une époque donnée) en pouvoir discursif[23]. Chambers insiste : « [...] *the claim to seductive power is a claim of perlocutionary force, another* kind *of power. It is not self-directed but other-directed* [...] »[24]. Autrement dit, la séduction est une tactique oppositionnelle qui vise à agir sur autrui. La séduction dans un texte oppositionnel s'avère ainsi l'art de recruter l'autre, d'engager son désir et ses intérêts afin de provoquer le changement voulu. En quoi la configuration du roman *Les Sables de Mésopotamie* annonce-t-elle un texte oppositionnel ?

DE LA STRUCTURE DU ROMAN : ÉCRITURE ET OPPOSITION

Configuration narrative

Sur le plan narratif, *Les Sables de Mésopotamie* est le récit, à la première personne du singulier, de l'enfance et de l'adolescence du narrateur à Amoudé, une ville de Syrie limitrophe de la Turquie. *Les Sables de Mésopotamie* prend la forme d'un roman autobiographique dans lequel une seule voix est en charge de la narration. Bien que cette dernière provienne d'une source unique, l'auteur utilise différents procédés narratologiques (par exemple le dialogue) et littéraires (comme la citation) pour donner à son œuvre un caractère polyphonique. L'abondance de citations dans le roman confirme l'hypothèse, selon Mikhaïl Bakhtine, de la pluralité des voix sociales qui peuplent le récit, c'est-à-dire de la trace de la parole d'autrui dans le discours du narrateur[25]. Ce procédé littéraire est d'autant plus significatif qu'il illustre une tactique littéraire permettant de faire circuler une certaine vérité par le biais d'une écriture plurielle.

---

18 Ross Chambers, *Room for Maneuver: Reading (the) Oppositional (in) Narrative, op. cit.*, p. 1.

19 *Id.*

20 Ross Chambers, *Room for Maneuver: Reading (the) Oppositional (in) Narrative, op. cit.*, p. 12.

21 Ross Chambers, *Story and Situation: Narrative Seduction and the Power of Fiction, op. cit.*, p. 212.

22 *Id.*

23 *Id.*

24 Ross Chambers, *Story and Situation: Narrative Seduction and the Power of Fiction, op. cit.*, p. 211-212 ; italiques dans l'original.

25 Mikhaïl Bakhtine, *Esthétique et théorie du roman*, Paris, Gallimard, 1978, p. 144.

Dans *Fables de la personne : Pour une histoire de la subjectivité*, Georges Benrekassa estime bien que « tout univers romanesque est codé »[26], ce qui explique la multiplicité de lectures et de significations du récit. En fait, *Les Sables de Mésopotamie* comporte plusieurs histoires. D'abord, l'histoire du narrateur constitue le fil conducteur du récit. Puis, les histoires des personnages secondaires, racontées par le narrateur lui-même, occupent une place également importante dans la trame du roman. Enfin, l'histoire de la mort du père et de la grand-mère du narrateur, cause immédiate du « retour » du narrateur au pays de l'enfance, est l'arrière-plan du récit. Sur le plan individuel, l'histoire de chaque personnage devient un instrument par lequel l'auteur relate l'expérience de l'être déterritorialisé, dépossédé du territoire, de la langue, de la culture et de la mémoire des siens. Mais sur le plan collectif, c'est là où l'auteur tire le signal d'alarme sur le sort des communautés minoritaires en Syrie victimes d'exactions. C'est pourquoi *Les Sables de Mésopotamie* ne peut être séparé du contexte sociopolitique et historique de la Syrie au XXe siècle. L'histoire personnelle du narrateur est ainsi une représentation métaphorique de la société syrienne des années 1950-1970.

Le récit s'ouvre sur la voix du narrateur qui se trouve dans son appartement, à Paris. Il est réveillé par un appel d'un ami kurde, Mehemet – exilé, lui aussi, à Paris –, qui lui annoncera, quelques jours plus tard, la mort de son père et de sa grand-mère. La narration repose sur un double JE narratif, JE-narrant et JE-narré[27], qui révèle un double écart, temporel et identitaire, entre ces deux instances narratives. Le temps de narration est partagé entre le présent d'énonciation et l'imparfait et le passé simple du récit au passé qui occupe la place la plus importante dans le texte. Les dernières lignes du prologue marquent un retour en arrière, une plongée dans le passé : « Mes souvenirs s'égrènent devant mes yeux comme un chapelet fait de noyaux d'olive dans une main couverte de tatouages. Ils s'enchaînent comme des séquences d'un fil aux couleurs fanées » (*SM* 20). Ce choix stylistique permet d'établir une continuité entre les deux récits du texte.

Hussain utilise diverses tactiques pour ne pas isoler l'individu du collectif. Une première tactique est le recours au thème de l'exil qui est une condition inévitable de nombreuses communautés en Syrie. Autrement dit, le sort lie chacun à un même destin. Parce qu'il est une expérience commune, l'exil peut être une image évocatrice pour plusieurs centaines de milliers de gens, exilés (et lecteurs éventuels), pour qui l'exil est une réalité physique, permettant à ces derniers de mieux s'identifier au parcours du narrateur. L'exil est aussi une

---

26 Georges Benrekassa, *Fables de la personne : Pour une histoire de la subjectivité*, Paris, PUF, 1985, p. 45.

27 Dans *Figures III*, Gérard Genette souligne que : « Le récit est une séquence deux fois temporelle… : il y a le temps de la chose-racontée et le temps du récit (temps du signifié et temps du signifiant). Cette dualité n'est pas seulement ce qui rend possibles toutes les distorsions temporelles […] ; plus fondamentalement, elle nous invite à constater que l'une des fonctions du récit est de monnayer un temps dans un autre », Gérard Genette, *Figures III*, Paris, Seuil, 1972, p. 77.

image qui suscite la curiosité du lecteur occidental, étranger au contexte référentiel de l'œuvre et curieux de connaître l'histoire du sujet exilé. Le thème de l'exil est présenté dès le début du récit avec la figure du narrateur qui est kurde, mais exilé à Paris. Son étrangeté et sa multiplicité d'être exilé font de lui une figure attirante dans le récit. Hussain tente ainsi de recruter l'autre, de susciter son intérêt pour provoquer chez lui une réaction à la fois émotionnelle, politique et même littéraire (le résumé en quatrième de couverture des *Sables de Mésopotamie*, écrit par Gérard Chaliand, par exemple). Une deuxième tactique, étroitement liée à la première, est l'évocation du thème de l'identité fragmentée, fluide et plurielle. L'auteur utilise des figures de l'identité multiple et en devenir comme moyen de séduire le lecteur en refusant de croire au mythe de l'homogénéité. Hussain parvient à promouvoir un autre discours sur l'identité sans pour autant se montrer rebelle.

Configuration rhétorique

La configuration narrative convoque la forme rhétorique du roman *Les Sables de Mésopotamie*. C'est à partir de la rhétorique que Hussain tente d'élargir les perspectives de son lecteur au regard des thèmes de l'identité et de l'exil en proposant de nouveaux modèles d'interprétations. L'auteur réussit à amener un déplacement dans la façon de penser et d'agir du lecteur même sur le plan rhétorique, notamment par les figures de style comme la métonymie, la métaphore et l'ironie. Le narrateur est la métonymie de l'être exilé dans tous les sens du terme (physique, symbolique et imaginaire). Il est la voix de l'être pris dans un entre-deux culturel (l'Orient et l'Occident, la tradition orale et la tradition écrite), géographique (la Syrie et la France) et linguistique (l'arabe, le français et le kurde). L'histoire du narrateur est une représentation métaphorique de la position des Kurdes en Syrie.

Le personnage du narrateur est ouvertement oppositionnel, mais la parole qui lui est attribuée est plus discrète, car les clefs qui servent à décoder le(s) message(s) du récit ne sont pas toujours facilement accessibles au lecteur. C'est par le biais de la duplicité du discours que le narrateur parvient à réaliser un geste oppositionnel. L'ironie entraîne toujours une duplicité du discours, duplicité qui, nous dit Chambers, révèle la duplicité du discours du pouvoir[28].

Dans *Discourse/Counter-discourse: the Theory and Practice of Symbolic Resistance in Nineteeth-Century France*, Richard Terdiman montre comment les intellectuels et les artistes avaient recours à diverses techniques et pratiques afin de remettre en cause le discours dominant de l'époque en France, c'est-à-dire celui de la bourgeoisie[29]. Ces intellectuels et ces artistes cherchaient des systèmes alternatifs pour produire un autre discours sans nécessairement revendiquer un statut de révolutionnaire. Le résultat final était ce que Terdiman nomme les

---

28 Ross Chambers, *Room for Maneuver: Reading (the) Oppositional (in) Narrative, op. cit.*, p. 55.

29 Richard Terdiman, *Discourse/Couter-Discourse: the Theory and Practice of Symbolic Resistance in Nineteeth-Century France, Ithaca, Cornell University Press*, 1985, p. 12.

« *counter-discourses* »[30]. Ceux-ci sont arrivés à produire ces « *counter-discourses* » principalement à partir du langage qui est pourtant commun à tous. Le langage comme outil d'opposition permet de remettre en question le discours dominant sans pour autant le contester. C'est surtout sous le couvert de la fiction et de l'ironie que les intellectuels et artistes du XIXe siècle ont su renvoyer l'actualité dans un monde fictif, mais symbolique. L'ironie, comme le dit Terdiman, est d'autant plus pertinente qu'elle produit un autre discours, une vérité autre que celle du discours dominant[31]. Si les bourgeois étaient les maîtres de l'univers réel, les intellectuels et les artistes, eux, étaient les maîtres de l'univers symbolique. Pour Chambers, la mélancolie et l'ironie constituent « deux réponses aux conditions de la modernité »[32]. L'ironie oppositionnelle est à la fois appropriative et négative par rapport au discours dominant.

Considérons ce passage du roman *Les Sables de Mésopotamie* où le narrateur fait référence à un événement historique dans l'histoire des Kurdes de Syrie, à savoir le recensement d'août 1962. Sur un ton sarcastique, voire ironique, le narrateur explique que les autorités syriennes lancèrent un recensement particulier de la population kurde de peur que l'impérialisme et le sionisme poussent les Kurdes de la Turquie et d'ailleurs à franchir illégalement la frontière et à s'approprier une terre dont le caractère *purement* arabe sautait aux yeux comme le nez au milieu de la figure. Elles se dirent prêtes à arroser le *sol* de la chère *patrie* de leur *sang pur* et à faire reculer les *ennemis de la nation* qui complotaient le pillage de ses richesses s'étendant du golfe Arabique à l'océan Pacifique (*SM* 52-53 ; nous soulignons).

L'auteur s'en prend avec ironie aux forces de l'autorité syrienne, se moquant de leurs politiques draconiennes de contrôle de la frontière. L'expression « comme le nez au milieu de la figure » est supposée souligner une évidence, par exemple « la terre appartient à la nation arabe ». Vu cependant le contexte de son apparition, on peut dire qu'elle sert de réfutation au point de vue ironisé. Hussain rappelle, avec un détachement ironique, que l'on ne peut pas attacher un caractère ethnique à une terre. La fausse logique sur laquelle le raisonnement repose est ainsi remise en question. Elle est mise en relief par l'utilisation d'arguments logiques soulignant un raisonnement qui se veut cohérent sans l'être. L'emploi de la fausse logique amène le lecteur à s'interroger : « Comment est-il possible qu'une terre ait un caractère ethnique ? ». Le lecteur comprend, dès lors, que l'auteur tourne en dérision le raisonnement et les adeptes d'un tel point de vue.

De même, les termes *frontières*, *terre*, *sol*, *patrie* et l'expression *ennemis de la nation* font écho[33] au discours dominant sur l'identité nationale et étatique. Ce

---

30 *Ibid.*, p. 13.

31 *Ibid.*, p. 76.

32 Notre traduction. Le texte originel : « *two responses to the conditions of modernity* », Ross Chambers, *Room for Maneuver: Reading (the) Oppositional (in) Narrative*, *op. cit.*, p. 110.

33 Selon Dan Sperber & Deirdre Wilson, l'ironie est un cas de mention échoïque, dans lequel le locuteur adopte une position dissociative par rapport à un énoncé attribué à quelqu'un d'autre. L'ironie comme mention-écho consiste à reprendre une idée à railler qui ne repré-

faisant, Hussain récuse aussi bien « la conception tribale » de l'identité qui « réduit l'identité à une seule appartenance »[34] que « la conception ethnique de la nationalité qui repose notamment sur le *jus sanguinis*, le droit du sang. De plus, il remet en cause cette conception de « l'identité-racine unique »[35] qui est à l'origine d'« un mythe fondateur » et de « la prétention à la légitimité, qui permet à une communauté de proclamer son droit à la possession d'une terre, laquelle devient ainsi territoire »[36]. Cela évoque la pensée de Jacques Derrida (1996) qui, dans un autre contexte, a avancé qu'on ne pouvait posséder *naturellement* une langue. Nous ajouterons qu'on ne peut posséder *naturellement* une terre non plus. Dans un cas comme dans l'autre, il s'agit d'une appropriation « au cours d'un procès non naturel de constructions politico-phantasmatiques »[37], et il rappelle que toute tentative d'appropriation ou de réappropriation ne peut que demeurer inaboutie.

Dans *Les Sables de Mésopotamie*, l'auteur s'adresse aux sentiments du lecteur. Ainsi pour le persuader, l'auteur utilise des modalités de façon à l'émouvoir, à le séduire, par le biais d'images troublantes et obsédantes, comme dans les exemples qui vont suivre sur la représentation de la frontière. L'une des images les plus frappantes de la frontière est celle d'un espace hostile, contrôlé par un complexe militaro-défensif[38]. Dès le prologue, le narrateur fait allusion à la dimension militaire de la frontière. Et lorsqu'il parle de son ami Mehemet, il dit : « Mon ami vient de la même contrée que moi mais de l'autre côté des champs de mines, et de la frontière » (*SM* 17). Cette représentation dramatique de la frontière revient sans cesse dans le texte, comme une obsession. Elle est un rappel permanent aux habitants des zones frontalières du danger réel du passage de la frontière, en l'occurrence la frontière turco-syrienne. C'est dire que la frontière impose la sédentarité forcée des personnes ; à partir de là,

---

sente pas le point de vue du locuteur (narrateur). L'ironiste fait écho à une pensée ou à des propos antérieurement prononcés par quelqu'un d'autre, pour en suggérer le caractère non pertinent et montrer sa désapprobation. L'auditeur de l'ironie a une double tâche : reconnaître le statut de mention plutôt que d'usage, percevoir l'attitude moqueuse du locuteur envers le point de vue ironisé. Dan Sperber & Deirdre Wilson, « Irony and the use-mention distinction », in *Radical pragmatics*, Cole, P. (ed.), New York, Academic Press, 1981, p. 295-318.

34 Amin Maalouf, *Les identités meurtrières*, Paris, Grasset, 1998, p. 43.

35 S'inspirant de la théorie philosophique de Deleuze et Guattari sur l'identité, Édouard Glissant associe l'image de l'identité-racine à l'idée de l'absolu identitaire et au mythe de l'homogénéité. L'identité-racine est « une souche qui prend tout sur elle et tue alentour ». À la différence de l'identité-racine, l'identité-rhizome « s'étend dans un rapport à l'Autre ». Édouard Glissant, *Poétique de la relation*, [Paris], Gallimard, 1990, p. 23.

36 *Ibid.*, p. 157.

37 Jacques Derrida, *Le monolinguisme de l'autre*, Paris, Galilée, 1996, p. 45.

38 Le mot frontière est un composé du terme *front* et du suffixe *–ière* ; étymologiquement, front est un terme militaire qui désigne le « front d'une armée » et la « place fortifiée faisant face à l'ennemi ». Le sens moderne de frontière comme limite séparant un territoire (souverain) d'un autre puise ses origines dans cette tradition militaire. *Centre national de ressources textuelles et lexicales*, consulté le 2 février 2016.
[http://www.cnrtl.fr/etymologie/frontière].

franchir la frontière devient une violation de la loi, soit du principe de la souveraineté territoriale. La frontière, comme l'a déjà signalé le géographe français Jacques Ancel (1938), c'est le lieu tracé d'un équilibre de forces entre deux états[39].

Une autre image de la frontière qui revient souvent dans le texte est celle de la frontière comme l'espace des activités clandestines, dont le marché du tabac turc de contrebande. Mais comme le rappelle le narrateur, les gens étaient libres d'exercer ce genre de commerce, qui se faisait en toute légalité, sous l'Empire ottoman, puisqu'il n'y avait pas la contrainte de la frontière. Le narrateur suggère que la frontière criminalise en premier lieu les êtres frontaliers, en dressant des barrières contre une économie qui, bien qu'admise autrefois juridiquement et politiquement, est désormais illégale. En effet, la criminalisation des êtres frontaliers est un élément symboliquement central d'une politique déshumanisante de l'identité des peuples marginalisés ou dominés qui sont perçus comme illégitimes et impurs aux yeux du groupe dominant.

Dans *Les Sables de Mésopotamie*, la notion d'identité-frontière présuppose l'hétérogénéité des êtres vivant sur un même territoire. L'auteur dépeint une véritable mosaïque culturelle et sociale, où cohabitent différentes communautés ethniques et culturelles, arménienne, assyrienne, kurde, syrienne et yézidi, malgré les divers conflits qui les opposent les unes aux autres. Dans son œuvre intitulée *Borderlands / La Frontera: The New Mestiza*, Gloria Anzaldúa fait un lien entre frontière et affirmation identitaire, à partir de l'exemple de la frontière États-Unis-Mexique :

> *The U.S.-Mexican border es una herida abierta where the Third World grates against the first and bleeds. [...] Borders are set up to define the places that are safe and unsafe, to distinguish us from them. A border is a dividing line, a narrow strip along a steep edge. A borderland is a vague and undetermined place created by the emotional residue of an unnatural boundary. It is in a constant state of transition. The prohibited and forbidden are its inhabitants. Los atravesados live here: the squint-eyed, the perverse, the queer, the troublesome, the mongrel, the mulato, the half-breed, the half dead; in short, those who cross over, pass over, or go through the confines of the « normal »*[40].

Cet extrait fort symbolique, où l'auteure *chicana* compare la frontière à une plaie ouverte contre laquelle se frotte le Tiers-Monde jusqu'à en saigner, montre que la frontière est forcément douloureuse pour les marginaux. L'emploi du présent de l'indicatif permet à l'auteure d'exprimer un fait actuel ou une vérité générale par opposition à un phénomène qui s'est produit dans le passé et qui est maintenant révolu ou une fiction. L'auteure suggère que la frontière sert à établir des divisions entre le *nous* et les *autres*, ce qui confirme

---

39 Jacques Ancel, *Géographie des frontières*, Paris, Gallimard, 1938.

40 Gloria Anzaldúa, *Boderlands / La Frontera: The New Mestiza*, San Francisco, Aunt Lute [1987], 2012, p. 25 ; italiques dans l'original.

que la frontière a toujours une valeur politique (et donc idéologique). Les propos de l'auteure sont d'autant plus significatifs qu'ils révèlent la structure sociale de la population qui constitue la frontière, entre autres ceux et celles qui transgressent les normes, ces êtres qui se trouvent dans un état de mouvance perpétuelle, errant d'un espace à un autre. Dans *Les Sables de Mésopotamie*, les contraintes de la frontière imposées par les pouvoirs externes et internes sont constamment remises en cause, signe de l'opposition de l'auteur à l'idée de la frontière comme garantie d'une identité homogène.

Se remémorant les circonstances de sa première expérience du passage de la frontière, accompagné de son oncle Faré, le narrateur se souvient de tous ces hommes et femmes regroupés des deux côtés de la frontière turco-syrienne, qui étaient anxieux de retrouver leur famille. Arrivé en Turquie, le narrateur se rappelle que :

> [l]à-bas, des hommes, des femmes et des enfants partageaient avec nous la même langue, le même dialecte, la même physionomie, le même mode de vie. J'avais des difficultés à penser que je venais de traverser une frontière, que je me trouvais sur un sol étranger, dans un autre pays (*SM* 187).

L'idée de frontière comme limite entre deux espaces apparemment distincts permet au narrateur de s'interroger sur son identité. Bien que dans un territoire nommément différent, le narrateur prend conscience du fait que les Kurdes de Syrie et de Turquie ont beaucoup en commun, y compris la culture et la langue. Il remet en question les limites culturelles et linguistiques de la frontière. D'un geste oppositionnel, le narrateur résiste à la frontière en refusant de reconnaître son « voyage » en Turquie « comme un vrai voyage » (*SM* 257) ; néanmoins, il affirme « j'avais traversé une frontière, je m'étais trouvé dans un pays qui avait une autre langue officielle » (*SM* 257). Hussain établit une critique de l'artifice et de l'arbitraire de la frontière. Ce refus de la frontière dévoile, en outre, ce que Michel Agier (2011) nomme la fiction du dehors (d'extraterritorialité), c'est-à-dire l'apparence d'un lieu en dehors d'un territoire, car, selon lui, « le "dehors" d'un État est le "dedans" d'un autre »[41]. La frontière s'avère un obstacle dans le rapport intersubjectif, empêchant le passage de Soi à l'Autre. L'auteur invite le lecteur à repenser la conception de l'absolu identitaire et du désir d'homogénéité qui poussent à l'exclusivité et la fermeture à l'Autre.

L'émergence d'un discours d'autorité

Enfin, sur le plan discursif, Hussain se sert de diverses techniques littéraires pour remettre en question le discours dominant. Dans *Les Sables de Mésopotamie*, l'écriture de la mémoire devient le lieu d'émergence d'un autre discours. À travers un dialogue entre la mémoire et l'histoire, Hussain réussit à produire un « contre-discours », c'est-à-dire une vérité que ne saurait soutenir le

41 Michel Agier, *Le couloir des exilés : être étranger dans un monde commun, op. cit.*, p. 22.

discours dominant. La récupération de l'histoire à travers la mémoire du narrateur se manifeste par une tentative de reterritorialisation dans l'espace de l'autre. Rappelons-le, l'opposition, c'est l'art d'habiter l'espace occupé par l'autre. Cette mémoire est forcément en opposition avec l'histoire officielle telle qu'établie par le discours dominant, qu'il soit syrien, turc, iranien, irakien ou occidental. Dans une correspondance inédite avec Fawaz Hussain, l'auteur affirme : « J'ai écrit *Les Sables de Mésopotamie* pour dire ma vérité et relater cette mémoire clandestine bannie par les autorités syriennes et surtout du [*sic*] parti unique »[42]. Cette idée d'une mémoire clandestine traverse tous les écrits de l'auteur, surtout dans son dernier roman, intitulé *Orages pèlerins*[43] (2016). Mais cet aspect à lui seul pourrait faire l'objet d'un article. Nous nous contenterons ici de montrer en quoi ce discours sur le dialogue entre la mémoire et l'histoire relève d'une pratique oppositionnelle.

Du point de vue esthétique, on retrouve dans cette œuvre une écriture mémorielle qui rencontre une écriture factuelle de l'histoire. *Les Sables de Mésopotamie* est une œuvre empreinte de subjectivité. Le passé colonial de la Syrie, qui fut placée pendant vingt-quatre ans sous le protectorat français, permet de mieux comprendre la position kurde avant et après l'occupation française. Un événement qui est particulièrement marquant, de par sa récurrence dans le récit, est celui du bombardement d'Amoudé par l'armée française en 1937 « en représailles contre des paysans armés de pioches et de sabres et de quelques fusils rouillés [...] » (*SM* 48), qui avaient « refus[é] de payer les impôts que les mandataires réclamaient sur leurs maigres récoltes de blé » (*SM* 48). On perçoit, à partir de là, le rapport inégal au pouvoir entre le dominé (les paysans kurdes) et le dominant (l'armée française), vu la dissymétrie des armes de combat. Le narrateur dénonce ainsi indirectement l'absurdité du crime. Il se rappelle qu'à chaque fois que sa grand-mère maternelle évoquait ce drame, elle se martelait la poitrine à coups de poing, image sombre et sinistre de l'histoire coloniale sous l'occupation française illustrant la violence du colonialisme pour les peuples dominés qui sont meurtris jusque dans la chair.

Avant l'arrivée des Français, les communautés d'Amoudé étaient partagées depuis quatre siècles entre l'Empire ottoman et l'Empire perse. On perçoit une nostalgie de ce monde où la liberté de déplacement des personnes était permise à l'intérieur de l'Empire ottoman. C'est à travers certains personnages, notamment celui du père et de la grand-mère maternelle du narrateur que l'auteur peint le portrait « d'un monde qui se faisait agressivement remplacer par un autre » (*SM* 84). Se remémorant les quelques moments qu'il avait passés auprès de son père (très souvent absent), le narrateur se souvient de la déception et du désarroi de son père face au monde dans lequel il vivait :

---

42 Hussain à Barwari, inédit 2016.

43 *Orages pèlerins* raconte l'aventure de quatre migrants clandestins qui ont choisi le chemin de l'exil. Dans *Orages pèlerins*, les limites entre le réel et l'imaginaire sont brouillées, contribuant à donner à l'œuvre un aspect fantastique. Fawaz Hussain, *Orages pèlerins*, Paris, Le Serpent à Plumes, 2016.

> Il rêvait d'un monde où les hommes armés se déplaceraient sur le dos des coursiers rapides, cavaliers ne connaissant ni la peur des autorités policières ni les contraintes des frontières. L'univers de mon père était celui de l'Empire ottoman, où l'on réglait soi-même les conflits à coups de sabre et de fusil, où l'on pouvait briller par des exploits que les bardes chantaient aux quatre coins du monde. Mon père connut les quinze dernières années de l'Empire ottoman, les vingt-quatre de la présence française, le départ des Anglais et enfin la naissance du jeune État syrien, en 1946 (*SM* 101).

Ce passage sur les aspirations et la nostalgie du père du narrateur convoque du même coup l'histoire du colonialisme et de l'impérialisme, ainsi que celle du tracé des frontières. Il s'agit de la liberté de mouvement et du droit à l'autodétermination dont le père du narrateur, parmi d'autres personnages, se sent injustement privé sous les pouvoirs impérialistes occidentaux et les pouvoirs étatiques et administratifs syriens après l'obtention de l'indépendance en 1944.

Certes les entités territoriales ont toujours existé, délimitées parfois par des frontières « naturelles » (au sens géographique, par exemple les fleuves et les montagnes), mais la cartographie contemporaine est, en partie, le fruit de la colonisation occidentale. Le partage du territoire entre les puissances mondiales de l'époque (notamment la France et l'Angleterre) s'est souvent fait sans aucune véritable consultation avec les populations locales qui sont, pourtant, les plus affectées par la nouvelle cartographie. Cela a eu des conséquences dévastatrices sur les minorités culturelles et ethniques habitant la région. Du jour au lendemain, des milliers, voire des centaines de milliers, de familles sont divisées et dispersées sur de nouveaux territoires, dans une région aux frontières démultipliées et donc contraignantes. Le narrateur du récit *Les Sables de Mésopotamie* le démontre ainsi :

> Le nouveau tracé de frontière fut catastrophique pour nous, les Kurdes. Il écartelait un corps déjà divisé. Désormais, la moitié de notre tribu se trouvait derrière la bande où l'on sema des mines et où l'on cultiva du fil de fer barbelé et des miradors. Partagés depuis quatre siècles entre l'Empire ottoman et l'Empire perse, nous allions nous trouver dans deux nouveaux États poussés sur le cadavre de « l'Homme malade » (*SM* 59).

Le recours à un lexique qui puise dans le registre de l'agriculture (*semer, cultiver* et *pousser*) pour parler des champs de mines placés à la frontière turco-syrienne permet de rapprocher deux images opposées pour mieux faire ressortir le contraste frappant entre celles-ci : les champs de blé (par exemple) pour nourrir et les champs de mines pour blesser ou tuer. Ce rapprochement renforce l'idée de l'arbitraire de la frontière. Il permet, par ailleurs, à l'auteur d'évoquer la question politique de l'identité kurde que les pouvoirs (turcs et syriens), de chaque côté de la frontière, tentent d'anéantir. Le décret gouvernemental d'avril 1966, suite au recensement particulier de novembre 1962, prive une partie de la population kurde vivant en Syrie – accusée de venir de Turquie et d'Iran – de ses droits et libertés les plus fondamentaux. De même, le décret-loi du 3 mars 1924 de Mustafa Kemal Atatürk interdit « l'enseignement du kurde et son usage public »[44], en Turquie, où habite la grande majorité des Kurdes, pendant une durée de soixante-dix ans[45]. Ainsi, les Kurdes de Syrie et de Turquie se voient refuser leur droit même à l'existence.

Quant à l'expression « homme malade », elle renvoie au tsar Nicolas 1er de Russie, et fait allusion au déclin de l'influence et de la puissance de l'Empire ottoman au XIXe siècle. L'image de « l'homme malade » se voit à travers certaines figures masculines dans le récit (l'arrière-grand-père, le père et l'oncle du narrateur) qui souffrent de différentes maladies chroniques ou de blessures incurables : bronchite chronique, infection chronique et mal incurable. L'auteur esquisse ainsi un portrait du malaise social et politique de la Syrie qui touche notamment les communautés marginalisées, de détecter les diverses maladies affectant cette société et d'émettre des alternatives pour guérir certains de ces maux.

Comme alternative au malaise syrien, Hussain suggère un modèle culturel d'intégration sociale, où différentes cultures peuvent coexister sur un même territoire. Il revendique le dialogue et la rencontre des cultures dans un effort de compréhension et de partage des connaissances et des valeurs entre elles. L'auteur témoigne : « J'ai toujours prêché l'altérité, la diversité comme un remède-miracle contre tous les maux du Proche-Orient. Si chacun s'accroche à son identité, s'agrippe aux busques de son clan, de sa religion, l'identité devient, comme l'explique magistralement Amin Maalouf, une identité meurtrière »[46]. Dans *Les Sables de Mésopotamie*, ce modèle d'une société plurielle et inclusive prend forme à travers les pratiques culturelles et les traditions religieuses partagées, par exemple la circoncision rituelle. Le narrateur explique l'importance de ce rituel pour le maintien des relations intercommunautaires : « Cette tradition ancestrale allait leur permettre de renouveler le pacte de sang avec deux familles, l'une arménienne, l'autre yézidie » (*SM* 151). Ce pacte entre le « circoncis » (un jeune kurde musulman) et son parrain (arménien ou yézidi) confirme, en effet, le lien qui rattache la communauté kurde aux autres communautés syriennes. À travers ce rite culturel, Hussain parvient à offrir un discours sur la tolérance et, par conséquent, s'oppose au discours dominant qui prétend à l'homogénéité de l'identité.

La diversité culturelle, ethnique et religieuse qui constitue le tissu social à Amoudé rappelle « une autre Babylone, mais d'une dimension plus modeste que la première » (*SM* 28). Le narrateur explique que la communauté chrétienne à Amoudé avait une position sociale élevée, grâce non seulement à son sens des

44 Joyce Blau, « La langue et la littérature kurdes », *Fondation-Institut kurde de Paris*, consulté le 10 août 2016. [http://www.institutkurde.org/langue/].

45 Joyce Blau, « La littérature kurde », *Études kurdes* n°11, mars 2012, p. 21-22.

46 Hussain à Barwari, inédit 2016.

affaires et à son sens de la discipline, mais encore par la force de la solidarité de ces communautés les unes avec les autres. Il remarque que « [...] le cordonnier, l'épicier, le quincaillier, le boulanger, l'orfèvre, les vendeurs de tissu, le buraliste, le cocher de l'unique fiacre, tout ce monde était forcément chrétien et œuvrait comme des abeilles ouvrières dans une même ruche au service de la même reine chrétienne et de ses générations futures » (*SM* 25). Dans un entretien accordé à Sébastien de Courtois[47], Hussain confirme que les Chrétiens étaient le modèle à suivre pour les Kurdes de Syrie. À l'inverse de la solidarité prêtée aux chrétiens, c'est la division qui semble caractériser les rapports entre les communautés musulmanes à Amoudé. Ce fait est particulièrement évident dans la position topographique des quartiers musulmans telle que représentée dans le récit : « Au nord de la ville, le quartier des mollahs jouxtait celui des cheikhs. On les appelait ainsi car l'aspect religieux y était plus prononcé qu'ailleurs » (*SM* 25). Mais la différence reste un trait nécessairement décisif et visible au sein des communautés qui forment la mosaïque sociale et religieuse de la Mésopotamie. Par exemple, si les Arabes partagent la même foi musulmane que les Kurdes de Syrie[48], le narrateur juge que les Arabes « ressemblaient aux chrétiens par leurs sens des affaires et la propreté de leurs maisons » (*SM* 27). *Les Sables de Mésopotamie* offre un exemple intéressant du « vécu conscient et contradictoire des contacts de cultures »[49] que présuppose l'identité relationnelle en contextes pluriels.

De l'énoncé oppositionnel : l'exil

Les Sables de Mésopotamie cultive le thème de l'exil, dans une perspective oppositionnelle. Si les frontières semblent fixes et fixées, il n'en va pas de même pour le narrateur, dont la volonté de déplacement et le désir de dépaysement le poussent à trouver un refuge pour échapper à l'enfermement social et politique. Longtemps, il trouve refuge dans les livres qui lui offraient une échappatoire vers le monde de l'imaginaire loin « d'une réalité faite de poussière, de canicule et de tension » (*SM* 111). Cependant, plus tard, dans son adolescence, le narrateur affirme ne pouvoir trouver de repos ; ni les livres, ni les autres refuges comme le cinéma, la bande dessinée et la poésie ne pouvaient étancher sa soif de l'*ailleurs*, parce que justement *ici* (en Syrie) « les rêves étaient fragiles [...] le réel pouvait à tout moment basculer dans un enfer de tracasseries et d'oppression » (*SM* 204). Cet état d'esprit n'est pas sans rapport avec l'appartenance du narrateur à une communauté marginalisée, pour qui l'exil est devenu une condition *sine qua non* de la liberté.

Un soir, le narrateur et quelques amis sont arrêtés et enfermés dans une prison, où ils sont torturés avant d'être libérés, sans jamais recevoir aucune

---

47 Sébastien de Courtois, « Les Sables de Mésopotamie : Syrie », *France Culture*, à l'émission « Foi et Tradition | 12-13 », 30 septembre 2012.

48 La majorité des Kurdes sont musulmans, mais on retrouve également d'autres minorités religieuses au Kurdistan, notamment chrétienne, juive et yézidi.

49 Édouard Glissant, *Poétique de la relation*, *op. cit.*, p. 158.

explication quant à la raison de leur arrestation par les autorités syriennes. C'est cet incident qui fait comprendre au narrateur la précarité de sa situation, et de conclure : « Je compris que je vivais sur un sol extrêmement glissant et dangereux [...] » (*SM* 246). Cet événement traumatique constitue le point culminant du récit. Sachant qu'il aurait plus de chances de quitter son pays en obtenant une licence de français, le narrateur décide de poursuivre ses études en langue française. Il s'agit ici d'un comportement oppositionnel qui consiste à transformer une situation défavorable en une situation favorable dans l'intérêt du narrateur. Le narrateur détourne le système à ses propres fins. Le rejet d'une réalité faite d'injustices et de souffrances passe ainsi par la route principale de l'« Exil », car comme le rappelle Maalouf, « [s]i l'on est parti, c'est qu'il y a des choses que l'on a rejetées »[50]. « Habité par le départ » (*SM* 256), rien ne pouvait empêcher le narrateur de parcourir la distance qui allait le séparer de sa Mésopotamie natale.

Quelques semaines avant son départ, le narrateur accompagne son père chez le médecin pour un examen général ; c'est alors qu'il apprend que son père souffre de bronchite chronique. Il se rappelle que son père avait tout le temps soif et que ses mains tremblaient beaucoup surtout à l'approche de son départ. Le narrateur se souvient des paroles fort significatives de son père souffrant qui lui dit avant de se séparer de lui : « Que Dieu tout-puissant soit avec toi, mon fils. Va ! Ne t'en fais pas pour moi. Ma mort sera un soulagement pour ta mère et une libération pour moi. Va ton chemin ! Il est terrible qu'il y ait de l'air partout et que mes poumons en soient privés » (*SM* 297). Sinistre image de l'état physique et psychologique de la figure du subalterne dans un régime qui écrase et étouffe tous les espoirs. Ce que révèle implicitement cet extrait symbolique dans le récit, c'est que la tyrannie qui règne dans le pays provoque forcément une ambiance d'enfermement, ce qui rend impossible la véritable liberté. La figure du père du narrateur est la métonymie de l'être marginalisé pris en otage par ce régime tyrannique. Avant de mourir, le père du narrateur avait désespérément demandé à sa fille : « De l'air, ma fille, de l'air ! » (*SM* 19) ; l'air est symbolique de la liberté. Mais si on doit en croire le médecin cette mort était « une attaque foudroyante et libératrice » (*SM* 19). Le paradoxe est que la mort est une source de liberté pour le défunt, une liberté fragile dont il se sent farouchement privé dans la réalité. C'est par le biais de ce processus de symbolisation de l'individuel à l'universel que l'on peut voir comment l'histoire du père du narrateur est en fait une représentation métaphorique de la position des Kurdes en Syrie.

Le parcours exilique du narrateur ne s'arrête pas à Paris, car il ne semble pas avoir encore trouvé « le lieu d'arrivée de son voyage »[51] ; autrement dit, un

---

50 Amin Maalouf, *Les identités meurtrières, op. cit.*, p. 55.

51 Dans *Le couloir des exilés : être étranger dans un monde commun*, Michel Agier recense trois traits majeurs de ce qu'il nomme « l'intériorité de l'exil », dont la première est en rapport avec l'expérience de l'exil. Agier affirme à juste titre que l'intériorité de l'exil c'est « la condition paradoxale des personnes en déplacement [...] quand elles ne trouvent pas le lieu d'arrivée de leur voyage et n'ont pas non plus d'autre ailleurs où aller pour se protéger, se reconstruire,

endroit où il pourrait faire le deuil de son passé dans le calme et la sérénité. Et peut-être qu'il n'y a pas de lieu d'arrivée pour l'exilé, surtout quand l'exil n'est pas volontaire. Tout se passe, justement, comme si la véritable demeure de l'exilé était dans le déplacement et dans l'errance, ce qui explique d'ailleurs pourquoi le narrateur achète un aller simple pour Paris. Le sujet déterritorialisé est essentiellement un esprit oppositionnel dont les perspectives ne sont ni fixes ni stables, mais plutôt toujours en évolution[52]. Étant donné son refus de la territorialisation, le narrateur est un être déterritorialisé. Mais tout cela à quel prix ? Le prix à payer pour l'être déterritorialisé est une condamnation permanente à la marginalisation. Le narrateur achève ainsi son récit sur ces paroles qui insistent sur le paradoxe de l'expérience de l'exilé :

> Mon parcours n'avait rien d'extraordinaire, il était plutôt banal. Depuis l'aube des temps, les Kurdes frappaient aux portes des villes étrangères. Ils sollicitaient un bout de patrie, un morceau de pain. Comme tous les miens, j'allais voyager, endosser d'autres noms et d'autres identités, mais arriverais-je quelque part ? Ne ferais-je que me déplacer sur la même plaie ? (*SM* 300)

Le paradoxe de l'expérience de l'exil est qu'elle est à la fois traumatisante et formatrice pour le protagoniste ; elle est une condition douloureuse mais nécessaire pour la survie du sujet déterritorialisé. Sa posture de mendiant établit une critique du pouvoir.

Ainsi, comme nous l'avons démontré, *Les Sables de Mésopotamie* relève de ce que Chambers, de Certeau et Lyotard appellent des pratiques oppositionnelles : un geste à caractère politique qui n'est pas révolutionnaire mais discrètement subversif, dont le but est le « *shift in desire* » du lecteur[53]

Notre objectif dans ce travail a été d'analyser quelques enjeux de la frontière sur les constructions identitaires des peuples marginalisés ou dominés, et de montrer comment leur rapport à la frontière permet de poser un nouveau regard sur la question de l'identité. Le parcours particulièrement mouvant de l'auteur kurde nous permet de voir que l'identité est un processus dynamique et évolutif, par lequel l'individu, en tant qu'être social, doit nécessairement se concevoir dans son rapport à l'Autre. L'identité kurde est, comme tout autre

---

revivre ». L'exilé est ainsi en constante mouvance, « à la quête errante d'une place refuge où se repositionner » et à la recherche de l'unité de son identité disjointe. Michel Agier, *Le couloir des exilés : être étranger dans un monde commun*, *op. cit.*, p. 9 et p. 34.

52 Gilles Deleuze et Félix Guattari définissent le concept de déterritorialisation comme « une rupture signifiante », impliquant un processus perpétuel de déracinement et de déplacement d'un territoire à un autre, et donc une transformation. Pour eux, toute déterritorialisation s'accompagne d'un mouvement vers la reterritorialisation, définie comme un processus de restructuration de quelque chose dans un nouveau territoire, c'est-à-dire une manière pour le sujet de s'inventer afin de se repositionner dans un nouvel espace, selon un nouvel usage. Voir Gilles Deleuze et Félix Guattari, *Kafka : pour une littérature mineure*, Paris, Minuit, 1975. Voir également Gilles Deleuze et Félix Guattari, *Mille plateaux*, Paris, Minuit, 1980.

53 Ross Chambers, *Room for Maneuver: Reading (the) Oppositional (in) Narrative*, *op. cit.*, p. xvii.

identité, plurielle, vu ses nombreux contacts au cours de l'histoire, avec les autres communautés culturelles et ethniques qui sont constitutives de la mosaïque sociale et culturelle du Moyen-Orient. C'est autour de la théorie de l'oppositionnalité que nous avons articulé la réflexion qui s'y déploie sur la problématique identitaire pour soutenir notre hypothèse selon laquelle la rencontre entre les différents espaces physiques et symboliques révèle des espaces de rencontre ethnoculturelle qui dépassent toutes limites réelles ou imaginaires. Dépasser, pour assumer la diversité, l'absolu de l'Être et la conception de l'appartenance monolithique qui continue à servir de prétexte « légitime » à la négation de l'autre : tel est, semble-t-il, le véritable défi auquel l'avenir confronte notre humanité.

BIBLIOGRAPHIE

AGIER M., *Le couloir des exilés : être étranger dans un monde commun*, Bellecombe-en-Bauges, Croquant, 2010.

ANCEL J., *Géographie des frontières*, Paris, L'Harmattan, 1938.

ANZALDÚA G., *Borderlands / La Frontera: The New Mestiza*, San Francisco, Aunt Lute [1987], 2007.

BAKHTINE M., *Esthétique et théorie du roman*, Paris, Gallimard, 1978.

BENREKASSA G., *Fables de la personne : Pour une histoire de la subjectivité*, Paris, PUF, 1985.

BLAU J., « La littérature kurde », *Études kurdes* n°11, mars 2012, p. 5-36.

— « La langue et la littérature kurdes », *Fondation-Institut kurde de Paris*, consulté le 10 août 2016. [http://www.institutkurde.org/langue/].

DE CERTEAU M., *L'invention du quotidien 1, Arts de faire*, Paris, Gallimard, 1990.

CHAMBERS R., *Room for Maneuver: Reading (the) Oppositional (in) Narrative*, Chicago, University of Chicago Press, 1991.

— *Mélancolie et opposition : les débuts du modernisme en France*, Paris, J. Corti, 1987.

— *Story and Situation: Narrative Seduction and the Power of Fiction*, Minneapolis, Minnesota University Press, 1984.

DE COURTOIS S., « Les Sables de Mésopotamie : Syrie », *France Culture*, émission « Foi et Tradition | 12-13 », 30 septembre 2012.

DELEUZE G. et GUATTARI F., *Mille plateaux*, Paris, Minuit, 1980.

— *Kafka : pour une littérature mineure*, Paris, Minuit, 1975.

DERRIDA J., *Le monolinguisme de l'autre : ou la prothèse d'origine*, Paris, Galilée, 1996.

GENETTE G., *Figures III*, Paris, Seuil, 1972.

GLISSANT É., *Poétique de la relation*, Paris, Gallimard, 1990.

HUSSAIN F., *Orages pèlerins*, Paris, Le Serpent à Plumes, 2016.

— *Les Sables de Mésopotamie*, Monaco, Rocher, 2007.

HUSSAIN F. à BARWARI D., inédit, 2016.

LYOTARD J.-F., « Sur la force des faibles », *L'Arc* n°64, 1976, p. 4-12.

MAALOUF A., *Les identités meurtrières*, Paris, Grasset, 1998.

SAID E., *Reflections on Exile : and Other Essays*, Cambridge et Massachussetts, Harvard University Press, 2002.

SELAO C., « Ma langue, mes langues, mélanges », dans *Tessera*, vol. 37-38, « Langues / Languages », 2005, p. 25-35.

SPERBER D. & WILSON D., « Irony and the use-mention distinction », in *Radical pragmatics*, Cole, P. (ed.), New York, Academic Press, 1981, p. 295-318.

TERDIMAN R., *Discourse/Couter-Discourse: the Theory and Practice of Symbolic Resistance in Nineteeth-Century France*, Ithaca, Cornell University Press, 1985.

« Les accords de Schengen », *Vie publique*, consulté le 2 janvier 2017. [http://www.vie-publique.fr/].

« Qu'est-ce que l'espace Schengen ? », *Vie publique*, consulté le 2 janvier 2017. [http://www.vie-publique.fr/].

[illegible]

Innovative Cultural Writing in Secondary Orality, Secondary Writing in *Changó, el Gran Putas* by Manuel Zapata Olivella

Honoré Jean MISSIHOUN
PhD Senior Lecturer, Department of Africana Studies,
University of North Carolina at Charlotte, USA

Changó, el gran putas est, par excellence, une œuvre de signification sociale parce qu'elle est sociale et visionnaire, puisque l'imaginaire de l'auteur, Manuel Zapata Olivella, est plutôt bien plus préoccupé par une projection visionnaire de société que par des perspectives spéculatives de littérature ou d'autre moyen d'expression esthétique. Et celle-ci est la stratégie exégétique de Zapata Olivella dans l'œuvre, *Changó*, un univers de créativité où l'auteur donne entièrement libre cours à l'imagination pour exposer les causes historiques de l'aliénation culturelle de l'étant noir dans les Amériques. Le roman explore, dans une perspective circulaire, diachronique, la lutte libératrice d'un peuple épris de liberté.
Changó, du point de vue thématique et artistique, confronte les problèmes cruciaux qui, à travers l'histoire, ont contribué à l'aliénation socio-culturelle du noir esclavagisé dans les *Amériques*. Le roman est une entreprise thématique et esthétique pour confronter l'acuité du problème de l'identité par voies d'innovation qui rompent avec les positions établies, caractéristiques des débats que provoque l'œuvre. Sans relâche, *Changó* montre du doigt la nature complexe de la société latinoaméricaine, étant donné sa composition éthnique variée et sa longue histoire de misogynie. Mon analyse va examiner comment le roman défie mythe, archétype, histoire et langue/langage/parole et crée l'espace d'un « contre-discours », alternative à la négritude, dans l'esthétique littéraire occidentale.

Mots-clés : roman noir, écriture/oralité, langue-langage-parole, « liminarité »/hybridité, résistance.

Changó, el gran putas *is, par excellence, a work of social significance because it is social and visionary, since the author, Manuel Zapata Olivella's imagery is far more preoccupied with a visionary projection of society than with speculative perspectives of literature, or of any medium of expression. And this is Zapata Olivella' exegetic strategy in* Changó, *a universe of creativity where this author's imagination runs completely free to expose the historical sources of the cultural estrangement of being black in the Americas. The novel assumes a circular, diachronic look into the liberationist struggle of an embattled group of people.*
Changó *thematically and artistically confronts the crucial problems that have historically contributed to the socio-cultural estrangement of the enslaved black in the Americas. The novel is a thematic and aesthetic endeavor to address the salient issue of identity by innovating ways which break with the established positions that are characteristic of the debates around it. Relentlessly,* Changó *points out the complex nature of Latin American society, given its varied ethnic composition and long history of miscegenation. My analysis will examine how the novel challenges myth, archetype, history and language and creates an alternative négritude counter-narrative space in Western aesthetics.*

Keywords: *black novel, literacy/orality, language, liminality/hybridity, resistance.*

INTRODUCTION

Since the sixties, when the historiographic study of Africa by Africans themselves gained impetus, aided by the publication of works such as D. T. Niane's *Soundjata, ou l'épopée mandingue* and Jan Vansina's *Oral Tradition*, orality has been largely accepted as a valid method of historical inquiry, whereas the formal questions about orality and literacy have been raised mainly in literary studies. Nevertheless, it should be understood that rarely, if at all, has orality commanded explicit attention in literary theory. On the other hand, in many areas of literature in the developing world, and particularly in the Black Atlantic, hardly any evaluation or criticism of literary texts occurs without some form of reference to oral tradition. Focusing attention on the terms "orality" and "literacy", this work, "Secondary Orality, Secondary Literature: Inventive and Innovative Cultural Writing", concentrates on *Changó, el gran putas* as an innovative approach to *négritude*, as a linguistic, cultural, and anthropological discourse viewed from the theoretical perspectives of narrative hybridism, as well as from the transcultural and transvaluative experiences of the Afro-Colombian author, linguist, and cultural anthropologist Manuel Zapata Olivella. The theoretical views and analyses of well-known anthropologists and social, literary, and cultural critics such as Lévi-Strauss, Ruth Finnegan, Eileen Julien, Derrida, Irele, and Emevwo Biakolo help to clarify key concepts in my analysis.

In this work, I frequently resort to the postmodern and post-colonial theoretical and critical views of Zapata Olivella and Wole Soyinka, two critical voices joining together from either side of the Black Atlantic in their endeavor to define and propose a social vision of liberation compatible with the historical experiences of blacks in the mother-continent, Africa, and in the Diaspora.

Changó, el gran putas, shortened as *Changó*,[1] shows a worldview, an ideology that is neither strictly Western nor strictly rational. Thus my interest in this work rests on the author's creative ability to devote *Changó* to changing conventions. In attempting to valuate *négritude*, the author re-appropriates this literary movement, purges it of the Manichaeism it adopted from the dialectic of European ideologies of hierarchy of thoughts which assert that European is analytical and Black pre-logical. Zapata Olivella thereby establishes a more nuanced and complex set of relationships in *négritude*.

Set in this ideological framework, *Changó* is a model of *négritude* discourse which harmoniously blends *indigénisme* and *negrismo* in a historiographic metafictional intertextuality where orality, writing, history, politics, and anthropology come together in defiance of linear writing. As such, *Changó* is a discourse with social visions which does not overlook the dynamism of black political ideologies but takes into consideration the recombinant qualities of Black Atlantic's affirmative, sociopolitical cultures.

This work centers on orality and literacy as I denominate it "Innovative Cultural Writing in Secondary Orality, Secondary Writing in *Changó.*" My

---

1 M. Z. Olivella, 1983, *Changó, el gran putas*, Bogota: Oveja Negra.

research endeavor here is to reconsider facts already at our disposal on discourse on orality and literacy and the way elements of literary or cultural theory and criticism on it are perceived. The details I bring on the narrative stylistic and structure of *Changó* are not new to creative aesthetic; they are instead an attempt to propose an alternative view of the black novel, for the issue of orality and literacy and black novel is not a relationship left out of critical studies, but one I think is misapprehended.

For many scholars of black literature and criticism, "continuity"[2] has meant most often a search for a heritage from oral traditions to the new literatures written in European languages, the passage from orality to writing. Orality is a complex concept to which we shall give considerable attention, but here let us note simply that practitioners of written black literature generally have looked for the origins of continuity in those genres which existed centuries before the colonial period and the rise of the novel: poetry, proverbs, riddles, narratives, epics articulated and performed orally – the so-called indigenous and authentic genres.

It is important, for the purpose of this analysis, to distinguish between the concrete conditions in which black verbal arts are produced and the way in which those conditions are represented in critical discourse. The primarily oral character of traditional black verbal art is of the first order. It is a fact, but it is a fact whose significance and implications are, I believe, often misrepresented. My study treats the issue of how that fact has been discussed and written about, how that treatment affects the way we think, how it enables us to see only certain things. The issue at hand, then, is not the orality of Africa and the Diaspora but rather the intellectual categories of orality and writing that we construct and use. The discourse on orality has been articulated both by Western scholars and Africans. We must consider how the category of "black orality" permeates literary criticism, how it is subject to ideological pressures, and how it has come to define and confine the scope of our interest in and perception of black writing.

In the same vain, recent scholarship within African film theory, for instance, supports that most work on screen adaptation has focused on the transformation of African oral narratives to the screen and not on adaptation of literature. This focus is unsurprising when one considers the importance of oral tales in Africa, and the way in which African film narratives often mimic structures of orality. Nevertheless, recent studies have attempted to show that literature and written word do have tremendous value to Africans, and that studies of film adaptation of literature are worthwhile. Criticizing thinking around the pair orality/literature in African screenwriting, Mbye Cham argues that in African cultural studies "the focus has been predominantly on the

[2] L.S. Senghor, 1974, « Comme les lamantins vont boire à la source », *Ethiopiques*, Paris : Le Seuil.

relationship between the oral and the written" and that "only scant attention"[3] has been given to the imbrications of oral narratives, literature, and film.

Walter J. Ong's theoretical view in *Orality and Literacy*[4] is an important critical line along which I will deal with the subject of orality and literacy. Ong pulls together works by himself and other critics on linguistic anthropology and the differences between primary oral cultures – those that do not have a system of writing, – and chirographic (writing) cultures to look at how the shift from an oral-based stage of consciousness to one dominated by writing and print changes the way humans think. His approach to the subject of orality/literacy is both synchronic in that he looks at cultures that coexist at a certain point in time, and diachronic in that he discusses the change in Western society from being oral-based to chirographic which began with the appearance of script. In addition to pinpointing fundamental differences in the thought processes of the two types of culture, Ong comments on the current emergence in the West of what he calls a "second orality"[5], which, dominated by electronic modes of communication – television and telephones, – incorporates elements from the chirographic mode and the orality pattern which have subordinated each other for some time. These communicative interrelation and interconnectedness between orality and literacy are complementary processes in discourse production in a given linguistic and cultural context, in a creative and inventive textual space, such as *Changó*.

As Bakhtin writes the novel is a genre "in the making"[6], it is this aspect of the Afro-Hispanic text, *Changó*, which I will explore and stress: its dynamism, creativity, and process. In this perspective, the novel subscribes to the thread of thought on African and diasporic literatures that culminates in a critical look at the links between the oral tradition of Africa and the African novel, the heritage as it is often described, owed by the written discourse to the tale or epic. As a search for the aesthetic origins of black novel centered on *Changó*, this analysis stretches from what seems a deterministic, evolutionary approach to black writing to a more open-ended examination of how aesthetic, cultural, and social demands are met by reference to and imitation or parodying of the structures of oral genres. Thus the question is no longer the extent to which black novel is derivative of oral traditions, but rather the extent to which such references hold the means of imaginative solutions to problems of aesthetic and ideological dimensions. Because this approach gives the writer more freedom and assumes s/he is a thinking architect rather than a prisoner of a cultural heritage, it permits richer and more complex interpretations of aesthetic works.

---

3 C. Mbye, 2005, "oral Traditions, Literature, and Cinema in Africa." *Literature and Film: A guide to the Theory and Practice of Film Adaptation,* Oxford: Blackwell, p. 295-312.

4 W.J. Ong, 1982, *Orality and Literacy: Technologizing of the Word*, London: Methuen.

5 W.J. Ong, 1982, "Orality/Literate Continuum in Discourse", *Spoken and Written Language: Exploring Orality and Literacy*, Ed. Tannen, Norwood: Ablex, p. 1-16.

6 M. Bakhtin, 1981, *The Dialogic Imagination: Four Essays by M. Bakhtin*, Trans. Caryl Emerson and Michael Holoquist, Austin: University of Texas Press.

I analyze *Changó* as "*texto liminar*" to use the words of de Lima Reis in *Pós-Colonialismo*[7] based on Homi Bhabha's concept of liminality. Bhabha quotes the art historian Renee Green's characterization of a stairwell as a "liminal space, a pathway between upper and lower areas, each of which was annotated with plaques referring to blackness and whiteness"[8] to indicate how the liminal can become a space of symbolic interaction. That is, the stairwell, the liminal, prevents identities from polarizing between such arbitrary designations as "upper" and "lower," "black" and "white." In a sense one could say that post-colonial discourse itself consistently inhabits this liminal space, for the polarities of imperial rhetoric on one hand, and national or racial characterization on the other, are continually questioned and problematized like my work does of discourse on the dichotomy orality/literacy.

For Bhabha the liminal is important because liminality and hybridity go hand in hand. This "interstitial passage between fixed identifications opens up the possibility of a cultural hybridity that entertains difference without an assumed or imposed hierarchy"[9]. Liminality also shows that post-modernity and post-coloniality are meaningless if the "post" simply means "after". Each of these concepts represents a liminal space of contestation and change, at the edges of the presumed monolithic, but never completely "beyond". In this conceptual framework, the present, literacy/orality, can no longer be envisaged as a break or a bonding with the past or future, orality/literacy. They are two modes of language which, like speech/listening and writing/reading, are discontinuous, complementary, and interconnected. The development that follows will focus on some thoughts on orality/literacy and will show that *Changó* is, par excellence, a liminal orality/literacy and literacy/orality textual creativity, inventiveness, innovation, and resistance.

"*CHANGÓ*: ORALITY AND LITERACY: COGNATE CONCEPTS IN CULTURAL COMMUNICATION"

Language is a major battleground on which the struggle against Western alienation of black has been waged. In this regard, we have seen that Abiola Irele, for example, is of the view that learning European languages is a first step to resolving the problem of the cultural estrangement of black because therein lie some of the moral and practical ideas that are responsible for the crisis.[10] For Frantz Fanon, nothing can be further from the truth. As he argues in *Black Skin White Masks*, "these languages are just the tombs of many an illustrious indigenous civilizations".[11]

---

7 E. L. Reis, 1999, *Pós-colonialismo, identidade e mestiçagem cultural: a literatura de Wole Soyinka*, Rio de Janeiro: Relume Dumará.

8 H. K. Bhabha, 1994, *The Location of Culture*, New York: Routledge, p. 4.

9 *Ibid*, p. 4.

10 A. Irele, 1987, *In Praise of Alienation: An Inaugural Lecture*, Ibadan: Samgys Printing Co., p. 6.

11 F. Fanon, 2008, "The Black Man and Language", *Black Skin, White Masks*, Trans, Richard Philcox, New York: Grove Press, p. 1-10.

Fanon echoes Paul Valery when he calls language "the god gone astray in the flesh".[12] Moreover, Critics such as Bill Ashcroft, Gareth Griffiths, and Helen Tiffin join Fanon in their work, *The Post-Colonial Studies Reader* as they observe:

> Language is a fundamental site of struggle for post-colonial discourse because the colonial process itself begins and ends in language. The control over language by the imperial center –whether achieved by displacing native languages, by installing itself as a 'standard' against other variants which are constituted as 'impurities,' or by planting the language of empire in a new place– remains the most potent instrument of cultural control. Language provides the terms by which reality may be constituted; it provides the names by which the world may be 'known.' Its system of values –its suppositions, its geography, its concept of history, of difference, and its myriad gradations of distinction–becomes the system upon which social, economic, and political discourses are grounded.[13]

Changó is conscious of this metaphysics of language. The novel is crafted to reflect the social conscience of a writer whose aesthetic creation aims to resist, subvert, and de-center the hegemony of the center and of the master discourse over art creation in the periphery. Similar to *The Post-Colonial Studies*, in *Nuestra voz*, Zapata Olivella observes on language and literature that,

> *se necesitaron varios siglos de mestizaje y la alcanzada independencia de España, para que académicos y letrados americanos se sustrajeran de la alienación colonialista que los impulsaba a menospreciar el habla vulgar… Y después de todo, dice Bally refiriéndose a los falsos opuestos del habla y la escritura, no se trata de renunciar a los ejemplos escritos, sino más bien fiscalizarlos constantemente, sistemáticamente, con una norma. Esta norma es la lengua hablada.*[14]

Changó is just as reflective of Zapata Olivella's concept of literature and language when it comes to the extent to which the work appropriates and integrates African linguistic elements. Ranging from stories, chants, songs, oratory, and poetry to such ancillary stylistic enhancers as idiophones, neologisms, repetitions, allusions, imagery, and tonality, in all cases their function is to portray these elements of African communication practice as legitimate tools of

---

12 *Ibid.*, p. 2.

13 B. Ashcroft, 2002, *Postcolonial Studies: The Key Concepts*, London: Routledge, p. 28.

14 See Zapata Olivella quoting Charles Bally's *El lenguaje y la vida*, p. 110: "It required many centuries of crossbreeding and the achieved independence from Spain for American academics and intellectuals to surpass the colonial alienation that caused them to belittle the everyday language… And, after all, says Bally, referring to the fallacious opposition speech/writing, it is not about renouncing the written examples, but rather criticizing them constantly, systematically within a norm. That norm is the spoken language."

discourse that should be valued not only by the intended audience of the writer, but also by the other inhabitants of the Americas.[15]

We can see a combination of them in the *Ngafúa* story. At times simple chant rendered in poetic form, the following pieces offer a useful illustration:

> *¡Oídos del Muntu, oíd! / ¡Oíd! ¡Oíd! ¡Oíd! / ¡Oídos del Muntu, oíd! // Soy Ngafúa, hijo de Kissi-Kama. / Dame, padre, tu voz creadora de imágenes, / Tu voz tantas veces escuchada a la sombra del baobab (6); // ¡Changó! / Voz forjadora del trueno. / ¡Oye, oye nuestra voz! / Siéntate, descansa tu descomunal falo / tu gran útero, / la vida tenga conciencia de la muerte. / ¡Oye, oye nuestro canto! Oye la palabra del Muntu / sin el truenoluz de tus relámpagos.*[16]

Examples of oratory also abound in *Changó*. While the first is the exchange that took place between Benkos Biojo and Father Peter Claver on the question of humility and obedience to the Catholic God, others include the following words from the *Babalao* to Father Alonso de Sandoval:

> *-Nada me aflige más que oír tan buenas intenciones, pero creo defraudar tus propósitos. Bien sabes que no podrás ser nunca el defensor de mis convicciones religiosas. Mal podrías convertirte en predicador de Odumaré, en caballo de Changó, en mensajero de Elegba. Sólo conseguirás que te reprochen el falaz intento de apiadarte de un pertinaz réprobo como yo. Dejad que el Santo Tribunal me acuse, pues cada palabra, cada instante de los días que me quedan, ya que seré quemado vivo en la hoguera, los emplearé para predicar entre mis ekobios la fe que deben a nuestros Orichas,*[17]

and this fiery speech from an African-American World War II veteran: "*¡Hemos vuelto! ¡Hemos vuelto del combate y regresamos combatiendo! ¡Abrimos paso a la democracia! ¡La salvamos en Francia y por Changó que la salvaremos en este país donde hemos nacido!*"[18]

---

15 See I. Okpewho, 1992, *African Oral Literature: Backgrounds, Character, and Continuity*, Bloomington: Indiana UP. These are elements of African culture because they have been identified as such by a number of African and Africanist scholars.

16 *Changó, el gran putas*, p 26: Ears of the Muntu, hear! / Hear! Hear! Hear! Ears of the Muntu, hear! / I am Ngafua, son of Kissi Kama. / Give me, Father, creator of images, your voice, / Your voice so often heard in the shades of the baobab. /Chango! Forging voice of thunder. / Hear, hear our voice! / Sit down, / Rest your colossal phallus, / Your great uterus, / Let life be aware of death. / Hear, hear our song! / Hear the word of the Muntu / Without the thunderlight of your lightning flashes.

17 *Ibid.*, p. 150-151: "Nothing distresses me more than hearing such good intentions I will disappoint. You know well you will never be able to be the defender of my religious convictions. Barely could you change to Odumaré's priest, to Chango's horse, to Elegba's messenger. Only allow that I reproach you with the fallacious intention of taking pity on an obstinate damned like me. Let the Saint Tribunal accuse me, as each word, each moment of my remain days, since I will be burnt live at stake, I will use them to preach among my ekobios the faith they owe our Orichas."

18 *Ibid.*, p. 403: "We returned! We returned from the combat and we continued the fight! We opened the way to democracy! We saved it in France and for Chango's sake we will save it in this land where we were born."

Although this last piece belongs to the prose section of the novel, it nevertheless continues to exhibit the same poetic attributes that characterize the purely lyric portions of the novel in the internal rhythm, tonality, and semantic of the words used, all of which echo and enhance the revolutionary mood of the speaker. Together with the rest of the pieces quoted, it functions as a channel of criticism for both individual and institutional acts of injustice. It also serves to arouse what Okpewho calls "the fighting spirit"[19] of the African.

The clearest manifestation of the black voice in *Changó*, however, is the grammatical inconsistencies that riddle the work. Presented especially in the novel's prose sections, the examples are too many to recount since they are almost on each page. Here are some:

> *La oscuridad cayó tempranamente sobre la fortificación y la Loba baja la bandera con desgano; "Las moscas* se prenden *a la carne cuando los soldados se la* llevaban *a la boca"; "Dos Lobas* rodaron *aullando y las otras atrapadas* se defienden *a rebencazos"; "Los Orichas sagrados escalaron los muros de la fortaleza y penetran en la mansión del Kilumbu Blanco cuando dormía"; "Mientras el fuego los* consumía, *nuestros ekobios* suelen *entonar cantos guerreros, mostrando amenazantes a las Lobas Blancas sus puños encadenados".*[20]

I will not agree more with Nobui Zoggyie that, given Zapata Olivella's impressive educational background,[21] it is his contention that the grammatical inconsistencies are intentional, that they are designed, he proposes, to capture the notion of circular time so prevalent in traditional African thought and convey what Bill Ashcroft calls the "illocutionary force" of the story told.[22] Illocutionary force is that aspect of every discourse which depends on the specific context of the enunciation to be understood. In the specific case of Zapata Olivella's story, it is the uniqueness of the America's black in relation to the other inhabitants of this space, and the fact that s/he perceives and processes the world differently. The linguistic discrepancies enable the writer to express this difference while affording his intended audience a voice of their own.

Another linguistic example in cultural communication involves the neologisms that riddle *Changó*. Essentially idiophones, since they are "idea [s]-

---

19 I. Okpewho, 1992, *African Oral Literature: Backgrounds, Character, and Continuity,* Bloomington: Indiana UP, p. 151.

20 *Changó,* p 35-40: "Night *fell* early on the fortification and the white Wolf *lowers* the flag reluctantly: "The flies *stick* to the meat when the soldiers *were taking* it to their mouths"; "Two white Wolves *ran away* crying and the others trapped in *defend* themselves using whips"; "The sacred Orichas *climbed* the walls of the fortification and *penetrate* the mansion of the White Kilumbu when he *was sleeping"; "*While the fire *was consuming* them, our ekobios *intonate* war songs, showing the White Wolves their threatening fists in fetters."

21 N.H. Zoggyie, 1999, The Poetics of Disalienation in the Novelistic Work of *Manuel Zapata Olivella and Carlos Guillermo Wilson,* PhD Dissertation, University of Cincinnati.

22 See N.H. Zoggye, 2003, *In Serach of the Fathers*, New Orleans: University Press of the South, p. 184.

in-sound",[23] they contribute to the revival of the new African voice and they enable Zapata Olivella to express what would otherwise have been inexpressible in Spanish language. A case in point is the word "*luzsombra* / lightshadow"[24] associated with the personality of *Elegba*. While the "*luz*" component is consistent with the earthly collaborations blacks often affiliate with their gods that of the "*sombra*" hints at the very fact of the latter's divinity and the idea that gods are physically invisible to men. By combining "*luz*" and "*sombra*" into one word, the Afro-Colombian ethno-linguist manages to convey his notion of liminality, complementarity, and dialogic presence of two polarizing elements in a linguistic formation even while speaking in a language that traditionally seems to be ignorant of this phenomenon.

Other neologisms with similar functions include the "*vistasonido*" of *Sosa Illamba*,[25] the "*ayermañana*" of the *Muntu* as a group,[26] the "*espaciotiempo*" of Agne Brown's body, and the "*nochesdías*" she spends recalling her stay with Reverend Robert's family.[27] At a par with "*luzsombra*," each of these words-phrases expresses a concept which is uniquely black. Speaking of liminality, "*vistasonido*," for instance, because of her status as a deity, *Sosa Illamba* does not merely see but also feels the future, hence the component "*sonido*." In a similar vein, consonant with the cyclical notion of time in black universe, the *Muntu* does not only exist in the here and now but also simultaneously in the past and the future – "*ayer, mañana*."

We come again to the point that what must be recognized, it seems to me, is that speech/listening is a mode of language as is writing/reading. The art of speaking is highly developed and esteemed in the black world for the very material reasons that voice has been and continues to be the most available medium of expression, that people spend a good deal of time with one another, talking, debating, entertaining. For these very reasons, there is also respect for speech and for writing as communicative and powerful social acts.

Our objective as readers and critics, as Eileen Julien remarks, should not be to isolate orality, to see it as singular, as inherently "first" or "other" in opposition to writing.[28] Neither medium should serve as metonymies for African or for European. Speech and writing are modes of language, and both modes are ours when we have the means to produce them. When we look at their interaction in literary genres, it therefore should not be in an effort to prove or disprove cultural authenticity but rather to appreciate literature as a social and aesthetic act, and cultural production.

---

23 I. Okpewho, 1992, *African Oral Literature: Backgrounds, Character, and Continuity*. Bloomington: Indiana UP, p. 92.

24 *Changó*, p. 43.

25 *Ibid.*, p. 74: "viewsound"

26 *Ibid.*, p. 19: "yesterdaytomorow"

27 *Ibid.*, p. 354: "spacetime"

28 E. Julien, 1992, *African Novels and the Question of Orality*, Indiana UP, p. 24

There must not and cannot be prescriptions for authenticity in approaches to cultural communication. As M. Z. Rosaldo explains in *The Use and Abuse of Anthropology*, the search for origins is a dubious quest:

> To look for origins is, in the end, to think that what we are today is … primordial, trans-historical, and essentially unchanging … Quests for origins sustain a discourse cast in universal terms; and universalism permits us all too quickly to assume … the sociological significance of what individual people do or even worse, of what, in biological terms, they are. Stated otherwise, our search for origins reveals a faith in ultimate and essential truths.[29]

Conversant with H. Bhabha's concept of liminality and Emevwo Biakolo's view on orality and literacy, I believe Zapata Olivella demonstrates through *changó* that speech and writing are cognate concepts in the field of verbal communication. Language can be said to play an active role in the development of theme in *Changó*. Through the manipulation of this element, the ethno-linguist and social writer, Zapata Olivella, succeeds in underscoring the individuality and cultural uniqueness of the audience he represents. He shows that this group can and is indeed different from everyone else despite the passage of centuries, that this difference is an integral part of who they are, and that accepting and respecting it is the first step toward achieving racial harmony in the Americas since, as Zoggyie puts it in *In Search of the Fathers*, "intolerance and civil unrest often go hand in hand".[30]

Very much to the aesthetic and ideological purpose of *Changó*, I think that the argument of Zapata Olivella on literature, language, and cultural communication in *Nuestra voz* is very relevant as he writes:

> *Nuestros románticos comienzan a descubrir la inexplotada cantera de su literatura oral; leyendas, cuentos, oraciones mágicas, romances y deidades de España preclásica y de la América prehispánica, inspiran al poeta y al narrador. Desde entonces, hasta hoy, el escritor latinoamericano persigue captar su mundo real y mítico. Si en la actualidad se aproxima a su ideal estilístico se debe a que posee un lenguaje cuyas palabras, dinámica, y resonancia, conllevan el espíritu de nuevas connotaciones surgidas de su realidad vivencial…*[31]

---

29 M.Z. Rosaldo, 1980, "The Use and Abuse of Anthropology: Reflection on Feminism and Cross-Cultural Understanding", *Journal of Women in Culture and Society 5* (1980), p. 392-393.

30 In *Search of the Fathers*, p. 185.

31 *Nuestra voz*, p. 105: "Our romantics start discovering the unexplored quarry of their oral literature; legends, tales, magic narratives, romances and deities of pre-classic Spain and pre-Hispanic America, inspire the poet and relater. Since then, till now, the Latin-American writer seeks to capture his real and mythic world. If in present days, he comes close to his ideal stylistic, it is due to this that he possesses a language whose words, dynamic, and resonance, carry the spirit of new connotations that arise from his existential reality."

This view of Zapata Olivella on language and literature in Latin America is at par with the deconstructionist approach to Orality/Literacy through *Changó*. Nevertheless, Zapata Olivella's analysis joins Eileen Julien's view on orality/literacy and reveals that it is to the Eurocentric reception of black literature that we owe the current academic orientation in studies of oral traditions and literature. Literature is not alien to black in his attempt to express his sensibility and, by the same token, literacy and orality are not mutually exclusive since both are part of the existential practice of black. They blend together, complement each other in black's response to his social environment. They are liminal. Western critiques tend to see works like *Changó* as a fictional universe where only magic and mysticism prevail. This deontology which characterizes the Western critical attitude toward such an elaborated aesthetic construction as *Changó* is another way of presenting the divide orality/literacy, but in the dichotomous representation periphery/center. In this framework of ideas, Zapata Olivella challenges the Judeo-Christian view that the black universe is denuded of literacy and writing and is therefore inferior to its literate and rational Western counterpart.

"*CHANGÓ*: DISSIDENCE AND INVENTIVENESS IN ORALITY/LITERACY ARCHETYPES"

Binarism is deeply rooted in the Judeo-Christian monolithic worldview. In the framework of free, dissenting aesthetic creativity, Zapata Olivella constructs *Changó* on a structural and thematic basis which challenges the classical orality/literacy Manichaeism so prevalent in literary and cultural theories and criticism in the West.

It is my contention that *Changó* reaches beyond Ong's simplistic and reductionist view on orality, and straddles the Manichean gulf between oral and written discourse and dialogues with the pluralistic essence of the text. *Changó* provides an apposite reference to black writing as it constitutes an instance of post-modern and post-colonial bases of the painful pulse and liberationist nature of Black Atlantic discourse over the medium of transmission, language, oral or written. Since oral cultures are assumed to have no written texts, they are not enslaved and confined to writing; they are open-ended, dynamic, and, therefore, more prone to eclecticism and innovation. Beyond that, I think that a work structured in the style of *Changó* is elaborated on a communicative basis aimed at reinstating the aesthetic and creative value of orality. For instance, in the opening section of the novel, "*Los Orígenes*," are free verse epic poems with no written textual antecedents, African or diasporic. It is an oral intertextuality which features tales and stories told about African gods reinvented by a socio-conscious author, to answer his aesthetic aspiration toward addressing black existential problems in Americas. More than that, it is, I believe, an aesthetic endeavor toward closing the psychological gap of suspicion caused by the bitterness of slavery between the two shores of Black Atlantic.

In the structure of *Changó* – in which the world of the ancestors, nature, interconnects and even overlaps with the world of the living, society, – the communicative modes of expressing such a worldview cannot be continuous, stagnant, and unidimensional. This may seem a surprising assertion to those who consider that the kind of society which has emerged from Ong's definition of orality fits rather into the classical primitive blueprint for modern totalitarian world. I think that Ong's limited knowledge of the societies which he attempts to ease into the constructed circle of the West may be brought to task by creative works like *Changó,* which bridge the split and establish dialogic interferences between the oral structure of "*Los Orígenes*" and the mixed oral and written orders of communication in the remaining part of the novel.

Western scholars have always betrayed to accept the myth, the lore, social techniques of imparting knowledge or stabilizing society as evidence of orthodox rigidity or hierarchy. Yet the opposite, an attitude of philosophic accommodation, is constantly demonstrated in the attributes accorded black deities, which deny the existence of impurities or foreign matter, in the god's concept and conceptualization. Experiences which, until the foregrounding event, lie outside the community's cognition, are absorbed through the god's agency, are converted into yet another piece of social armory in the community's struggle for existence, and enter the lore of the tribe. Those who cannot appreciate black experiences through aesthetic creativity may think of the evocation of a hermetic world, autonomous, cohesive, and neutral to exterior mores and values; yet it is a rich and persuasive evocation achieved though the felicitous plurality of words and idioms, a stylistic appropriation of which both intimates of black cultures and outsiders share equally. As *Changó* begins with "*Los Orígenes*" in re-creationist mode, speaking into existence the creation of the universe using gods of African religiosity, a code of meanings is established through rhythm, repetitions, alliterations, and language-specific harmonies which instantly create their own territory of reality.

In a postmodern perspective, *Changó* challenges the idea of exclusivity between history and literature as "branches from the same tree of learning"[32]. In this analysis, I assess the commonalities between orality and literacy following Hutcheon's argument on the teachings of historiographic metafiction and I conclude that Orality and Literacy as literature have both been seen to derive their force more from verisimilitude than from any objective truth; they are both identified as linguistic constructs, highly conventionalized in their narrative forms, and not at all transparent either in terms of language or structure; and they appear to be equally intertextual, deploying the texts of the past within their own complex textuality. As literature does not escape interfacing with history, and history with myth, in discourse production, neither does orality with literacy; rather, the two modes of communication complement each other at times.

32 L. Hutcheon, 1988, *A Poetics of Postmodernism: History, theory, Fiction*, New York: Routledge, p. 105.

On similar grounds, I challenge the view that "basically, *Changó* is a plotless "tale" that through a type of extended, narrative iteration manages to repeat in an engaging fashion the attempts of a people to win their freedom"[33]. If we consider plot to be the plan or outline of the events of a story, especially of a novel, then the plot of *Changó,* the outline of the story or of the tale of deity Changó, to my mind, is the repetitious, the recurrent struggle of diasporic Africans to liberate themselves from racial bondage as enunciated by ancestor *Ngafúa* in the initial, prelude epic poem "*Los Orígenes.*" This plan for liberation, the leitmotif of *Changó,* is fleshed out in multiple forms throughout the work as "it is subsumed under a narrative, space, process of meanings at work, meanings which are observed not as finished, closed product, but as a production in progress, plugged in to other textual spaces, other codes, and thereby articulated with society and history in ways which are not determinist but situational"[34].

It is my conviction that *Changó* also challenges the dichotomy text/story, as its textual structure blends oral and written forms of narrative to recount the tale of androgynous deity Changó – "¡Changó! *Descansa tu descomunal falo / tu gran útero*"[35] - into a liberationist written narrative, in which dead and living, past and future, both sides of the Atlantic interconnect in the present in their struggle for freedom. As such, *Changó* provides an explanation of individual fate as well as of group destiny, the unity of a self as well as of the nature of a collectivity. By showing that disparate situations and events the novel composes one signifying structure and, more specifically, by giving its own form of order and coherence to a possible reality, *Changó* supplies models for that reality's transformation, for its re-description, and mediates between the law of what is and the human desire for what may be. Above all, perhaps, by instituting different moments in time and establishing links between them, by finding significant patterns in temporal sequences, by pointing to an end already partly contained in the beginning and to a beginning already partly contained in the end, by exposing the meaning of time and suggesting new meaning on it, *Changó* deciphers time and teaches how to read it.

Indeed, the epic poem "*Los Orígenes,*" in its different subtitles, signifies the journey of a race through a fragmented time and space, through history, toward a destiny which that race is struggling to come to terms with, to decipher and propose a meaning to it. The same theme and plot of liberation of the self and the burning desire of the group to be the master of their own destiny are sung repeatedly throughout the poem. Similar theme and plot are replicated throughout the novel, from "*La Trata*" to the last Chapter "*¡Oye: los Orichas están furiosos!*"

---

33 Y. Captain-Hidalgo, 1993, *The Culture of Fiction in the works of Manuel Zapata Olivella*, Columbia: University of Missouri Press, p. 154.

34 M. McQuillan, 2000, *The Narrative Reader*, London: Routledge, p. 130.

35 *Changó*, p. 26: "Rest your colossal phallus, Your great uterus."

Still I make the point that *Changó* is not a plotless tale, since the tale could lend itself to other versions of itself, and it does so by metamorphosing into a well-structured written narrative whose theme and plot emphasize the leitmotif of the seminal poem, "*Los Orígenes.*" To this end, a parallel can be drawn between the two conjugated ends of the novel: the end of the tale of deity *Changó* "*Los Orígenes*" (6-34) and the end of the written narrative "*La Trata- - ¡Oye: los Orichas están furiosos!*" (35-511). *Elegba*'s positions and significations summarize both texts. "*Despedida de las mil cien tribus*" concludes the tale with emphasis on unity among the thousands of hundreds of tribes and the gate-keeper function of *Elegba* between the realm of the departed, the living, and the not-yet-born, the connecting agent of broken space; between the past, the present, and the future and fractured sequences of historic time:

> *Estamos aquí convocados / para darte adios en la partida / unidos por la palabra / por los hilos de Elegba / abridor de las tumbas / llave de los pactos y las puertas / solo él sabe el punto / donde se Cruzan la hora y el camino / el magara y el buzima / de los vivos y de los mertos. / ¡Escucha la despedida, / las ofrendas, los himons / de las mil cien tribus / para despedirte unidas! (34)*[36]

This oral conclusion underscores the hybrid setting in which Zapata Olivella envisions the ideal universe for mankind's happiness. It is striking how extremities and antipodes are brought to connect together so easily: for instance, "*la palabra*" and "*los hilos de Elegba*" that unite all the disparate tribes; in vocative case, *Elegba functions apostrophe as "abridor, llave, sabio del punto donde se cruzan la hora y el camino / donde se cruzan el magara y el buzima / donde se cruzan los vivos y los muertos.*"

I believe that *Changó* exposes the social realities of black in the Americas, a mosaic of truths which need to be brought together – to bear on the meaning of the struggle of the diaspora African's liberation. This idea concludes *Changó* as free repetitions, developments, and complements of the theme, plot, and structure of the seminal tale "*Los Orígenes.*" The social function and signification of *Elegba* are depicted clearly at the end of the novel when he turns to the Muntu and addresses them at the wake of Malcolm:

> *Difuntos que podéis mirar de cerca las Sombras de los Ancestros, comprad vuestros insignificantes acots con las hazañas de los Orichas. ¡Desde que Changó condenó al Muntu a sufrir el yugo de los extraños en extrañas tierras, hasta hoy, se suman los siglos sin que vuestros puños hayan dado cumplimiento a su mandato de hacereos libres!*

---

36 *Ibid.*, p. 34: "We are here gathered / To wish you well in taking leave, / United by the word. / By the bonds, / Key to pacts and doors. / Only he knows the point/ Where the hour and the road cross, / The *magara* and the *buzima*/ Of the living and the dead. / Listen to the farewell, / The offerings, the hymns/ Of the eleven hundred tribes / United to bid you farewell!".

¡Ya es hora que comprendáis que el tiempo para los vivos no es inagotado! (511)[37].

The world of the ancestors in the seminal poem is duplicated at Malcom's funeral. But the two universes are not etymologically exactly the same. "*Las mil cien tribus*" come to "*la partida*" united and cognizant of the uniting presence of *Elegba* among them and their departed ones. Zapata Olivella constructs the world of "*Los Orígenes*" with its human flaws and strengths incarnated in the deity *Changó*. It is a world of natural balance and harmony, with its own intrinsic, internal, and sociological problems, that Zapata Olivella tries to reflect upon. By fictionalizing this universe, he invites the Afro-Colombian, the diaspora African, the African, and all the dispossessed of the world to cast a critical look at history and envision a humanity in terms of "*No hay Dios más poderoso que la familia del Muntu... La familia de los vivos y los muertos que cumplirá la profecía de Changó a través de todas las sangres*" (507)[38]. The materialization of this task needs pedagogy. In this regard, the words of the two-world-connecting *Elegba* to Muntu are didactic, exhorting, and sententious at the same time.

Conclusion

My view on *Changó,* which is critical of Ong's theory of orality and Captain-Hidalgo's assessment of the novel as a narrative iteration of a plotless tale, comes full circle. Following Hernstein Smith's argument in *Critical Inquiry*, I maintain that "for any particular narrative, there is no single basically basic story subsisting beneath it but, rather, an unlimited number of other narratives that can be constructed in response to it or perceived to be related to it" (144)[39]. This is what appears to happen in *Changó* as many other narratives are constructed, developed, and perceived to be related to the seminal poem "*Los Orígenes.*" It is striking how the work blends orality and writing so harmoniously to express the silenced reality of a group of people through history. So the written development of the novel reconstructs, in various narrative forms, themes and plots that seem to be related to the creationist initial poem narrated in the work.

In *Changó,* genres, styles, and types manifest themselves freely within narrative forms. For instance, even when they are not represented as dead, the narrators speak from within a context of being in intimate contact with their ancestors and *orichas.* This primordial being with their sustaining vital forces

37 *Ibid.*, p. 511: "You deceased who can see up close the Shadows of the Ancestors, compare your insignificant acts with the deeds of our Forebears, and you will find the justification for the Orichas' fury. Centuries have passed since Changó condemned the Muntu to suffer the yoke of foreigners in strange lands, and yet your fists have not fulfilled his commandment to make yourselves free!"
The hour has arrived for you to understand that, for the living, time is not inexhaustible!"

38 *Ibid.*, p. 507: "There is no god more powerful than the Muntu family .. The family of the livings and dead who will carry out the prophecy of Changó across all the bloods."

39 B. H. Smith, "Narrative Versions, Narrative Theories," *Critical Inquiry* 7(1980): 20-24.

lends their discourse a timeless, spiritually grounded quality that contrasts sharply with the angst-filled utterances of more cosmopolitan narrations. Both in contact with their mortality and with immortality, *Changó's* narrators systematically work at dematerialization of the text. In order to break down the prejudice we share with regard to time, which Western thought tends to divide into the three realms of past, present, and future, *Changó* proffers sentences like the following: "*Elegba probó el vino y se limpia los ojos para no perder palabra de lo que les había dictado en un futuro que recuerda sin haberlo pensado todavía*" (119)[40]. In one sentence which evokes a future remembered before it has been thought of, most basic tenses: - preterit, present, past perfect, infinitive perfect, - are employed to show that the ancestors, the living, and the yet-to-come are all bound together in time and space.

Blacks have been silenced through history, particularly in the new world. As a consequence, the expression of their sufferings assumes varied forms as these down-trodden people fight their way to the status of historical subjects who are writing their own accounts of history. Such a project needs more than a monolithic means of communication and representation. The plan or outline of the events characteristic of black history in America cannot adopt a one-dimensional form of plot. In *Changó*, multifarious events conjugate and are included in the plot, to which the Western scholars apply the restrictive, classical definition to judge the other's aesthetic work. *Changó* is plural, inclusive, dialogic, and embraces many areas of the humanities, the anthropological and existential issues of the blacks, and this, unfortunately, might have escaped critics like Captain-Hidalgo in her criticism of the novel.

It is clear that the literary aesthetic of Zapata Olivella decenters the narrative structure of *Changó* and Africanizes the novelistic style against Ong's theory on orality and Captain-Hidalgo's assumption on repetition. In *Changó*, oral forms of verbal, idiomatic, and proverbial modes of communication intertwine smoothly with felicitous and generous written letters to convey meanings.

BIBLIOGRAPHY

ASHCROFT B., GRIFFITHS G. and TIFFIN H., *Post-Colonial Studies: The Key Concepts*. London, Routledge, 2002.

BAKHTIN M., *The Dialogic Imagination: Four Essays by M. Bakhtin*. Trans. Caryl Emerson and Michael Holquist. Austin, University of Texas Press, 1981.

BHABHA H. K., *The Location of Culture*. New York, Routledge, 1994.

BIAKOLO E., "On the Theoretical Foundations of Orality and Literacy." *Research in African Literatures* 30 (1999): 7-15.

FANON F., *Black Skin, White Masks*. Trans. Richard Philox. New York, Grove Press, 2008.

IRELE A., *In Praise of Alienation: An Inaugural Lecture*. University of Ibadan, Samgys Printing Co., 1987.

---

40 *Changó*, p. 119: "Elegba tasted the wine and cleans his eyes in order to not lose the word of what he had ordered them to do in a future that he remembers without thinking of it yet."

JULIEN E., *African Novels and the Question of Orality*. Bloomington, Indiana UP, 1992.

MBYE C., "Oral Traditions, Literature, and Cinema in Africa." *Literature and Films: A Guide to the Theory and Practice of Film Adaptation*. Oxford, Blackwell, 2005, p. 295-312.

NIANE D. T., *Soundjata ou l'épopée mandingue*, Paris, Présence Africaine, 1971.

OKPEWHO I., *African Oral Literature: background, Character, and Continuity*: Bloomington: Indiana UP, 1992.

OLIVELLA M. Z., *Changó, el gran putas*. Bogotá, Oveja Negra, 1983.

— *Nuestra voz: Aportes del habla popular latinoamericano al idioma español*. Bogotá, Ecoe, 1987.

ONG W., *Orality and Literacy: The Technologizing of the Word*. London, Methuen, 1982.

— "Oral/Literate Continuum in Discourse." *Spoken and Written Language: Exploring Orality and Literacy*. Ed. Tannen. Norwood, Ablex, 1982. 1-6.

REIS LIMA de E., *Póscolonialismo, identidade e mestiçagem cultural: A literatura de Wole Soyinka*. Rio de Janeiro, Relume Dumaró, 1999.

ROSALDO M. Z., "The Use and Abuse of Anthropology: Reflections on Feminism and Cross-cultural Understanding." *Signs: Journal of Women in Culture and Society* 5 (1980): 389-417.

SANTIAGO S., *Uma Literatura nos trópicos, Ensaios sobre dependência cultural*, Uma Literatura nos trópicos, ensaios sobre dependência cultural, 2a ediçao, Rio de Janeiro, 2000.

SENGHOR L. S., « Comme les lamantins vont boire à la source », *Ethiopiques*. Paris, Le Seuil, 1974.

SMART I. I., "Orisa and Literature: The Contribution of Manuel Zapata Olivella." *Proceedings of the 6th World Congress of Orisa Tradition and Culture*. Port-Of-Spain, Secretariat of 6th World Congress, 1999. 97-105.

SMITH B. H., "Narrative Versions, Narrative Theories." *Critical Inquiry* 7(1980): 20-24.

VANSINA J., *Oral Tradition as History. Madison,* University of Madison Press, 1985.

ZOGGYIE H. N., *In Search of the Fathers*. New Orleans, University Press of the South, 2003.

— *The poetics of Disalienation in the Novelistic Work of Manuel Zapata Olivella and Carlos Guillermo Wilson*. Ph.D Dissertation. University of Cincinnati, 1999.

Le ventre de l'Atlantique (2003) (*En un lugar del Atlántico*) de Fatou Diome o el limbo identitario de una inmigrante africana

Maïmouna SANKHÉ
University of Ghana

La novela *Le ventre de l'Atlantique* (2003) de la franco-senegalesa Fatou Diome aborda el tema de la inmigración y los problemas de identidad a través de su protagonista Salie quien emigró a Europa para huir de su pasado y encontrar su lugar en el mundo. Pero, el contacto con la cultura francesa hace que Salie está continuamente nadando entre dos aguas, sintiéndose extranjera tanto en su tierra de acogida como en su país de origen.

Palabras claves: Identidad, Cultura, Inmigración, Globalización, Europa.

The belly of the Atlantic (2003) by the Franco-Senegalese Fatou Diome is addressing immigration and identities problems through its main character Salie who migrated to Europe to escape from her past and find a place for herself in the world. However, her contact with French culture continually places Salie, in limbo, feeling like a foreigner in both the host country and her homeland.

Keywords: *Identity, Culture, Immigration, Globalization, Europe.*

INTRODUCCIÓN

> El problema de la identidad no existe mientras no aparece una diferencia entre la propia cultura y las otras. La afirmación de la identidad es, antes que nada, una auto-defensa, una forma de protegerse frente al posible despojo de lo que se considera "privativo" y "específico"[1].

Los procesos migratorios de los países del Sur hacía el Norte que se encuadran en la globalización han tenido como corolario, en los últimos años, la apertura de un amplio debate en torno a la cuestión identitaria. En el mundo globalizado en que nos ha tocado vivir, curiosamente, las fronteras no están abiertas para todas las personas sino más bien para las transacciones y la propaganda. Los productos alimenticios como la Coca Cola u otros, provenientes de Occidente pueden llegar a los pueblos más recónditos de África donde el agua potable puede ser un lujo. Las primeras páginas de *Le ventre de l'Atlantique* de la escritora franco-senegalesa Fatou Diome enfocan esta paradoja de la globalización a través de un grupo de niños "raquíticos" que tienen antojo de los helados que ven en la única televisión de su pueblo. Estos niños sueñan con probar algún día las cosas que de momento sólo son para ellos « *une nourriture virtuelle* » (20).

1 Fernando Ainsa, *Identidad cultural de Iberoamérica en su narrativa*, Madrid, Gredos, 1986, p. 43.

La novela aborda la cuestión de la identidad a través de la protagonista Salie, una inmigrante senegalesa quien, atrapada en un limbo identitario que le hace sentirse extranjera en todas partes, trata de disuadir a su medio hermano de intentar emigrar a Europa. El presente estudio se propone analizar los problemas identitarios de Salie quien, desde su espacio liminal o in-between, lucha por encontrar su lugar en el mundo que, según ella, no es ni más ni menos que el lugar donde África y Europa se juntan « *enracinée partout, exilée tout le temps, je suis chez moi là où l'Afrique et l'Europe perdent leur orgueil et se contentent de s'additionner : sur une page, pleine de l'alliage qu'elles m'ont legué* » (181-182).

EL LIMBO IDENTITARIO

Le ventre de l'Atlantique podría considerarse una novela con tinte autobiográfico o de autoficción debido a las numerosas coincidencias entre la vida de la narradora en primera persona y la de la autora de la novela. Ambas nacieron en la misma isla de Niodior (Senegal), fueron criadas por sus abuelas maternas y emigraron a Francia gracias a sus respectivos maridos franceses. Es más, en la novela la narradora afirma que su nombre es muy habitual en Senegal, tan famoso y fácil de pronunciar que los cooperantes lo usan para llamar a sus sirvientas « *mon prénom, des plus courants au Sénégal, est communément donné à l'aînée des familles musulmanes. Il est en outre si facile à prononcer que les coopérants en affublent volontiers leurs petites bonnes* » (196). En este caso, se está refiriendo consciente o inconscientemente al nombre Fatou (nombre de la autora), porque Salie (nombre de la narradora) no es tan popular como Fatou en Senegal y tampoco es el nombre que se usa para designar a las domésticas sino más bien Fatou.

Al igual que la mayoría de las obras escritas por la nueva generación de escritores africanos afincados en Francia, *Le ventre de l'Atlantique* aborda temas relacionados con inmigración, integración e identidad. Dichos problemas identitarios suelen ser el nudo de la cuestión entre los escritores de la diáspora africana hasta tal punto de constituir una obsesión en algunos de estos autores. En sus escritos hay una constante búsqueda de identidad o, mejor, de un lugar donde la cultura africana y la europea se unan y se reconcilien. Esta nueva generación de escritores francófonos trata de definir tal realidad a través de conceptos también nuevos como *Afropea* acuñado por David Byrne y retomado por la escritora de origen camerunés Leonora Miano. Según Hitchcott, Nicki y Thomas, Dominic en su obra *Francophone afropean literatures* (2014) « *the term "Afropea" was coined by the musician David Byrne as a way to describe the synthesis of African and European musical traditions* »[2].

"Libertad" y "autodeterminación" son los que llevan a Salie, la narradora de *Le ventre de l'Atlantique* a partir, dejar su tierra natal para emigrar a Europa. Lo que hace la peculiaridad de Salie es que huye de su pasado, de parte de su identidad, de su condición de hija bastarda que no era bien vista dentro de su

---

[2] Nicki Hitchcott y Dominic Thomas, *Francophone afropean literatures*, Liverpool, Liverpool University Press, 2014, p. 3.

comunidad que se caracterizaba, según ella, por ser extremadamente cerrada y donde, incluso el maestro del pueblo que venía de otra parte del país, era considerado como un extranjero. Salie entendió desde pequeña que su presencia representaba una vergüenza para los suyos. Por eso, supo que partir, quedar invisible sería su salvación. En este sentido, la emigración sería su redención porque en su tierra de acogida nadie sabría de su pasado y, por tanto, nadie la juzgaría « *l'ailleurs m'attire car, vierge de mon histoire, il ne me juge pas sur la base des erreurs du destin, mais en fonction de ce que j'ai choisi d'être ; il est pour moi gage de liberté, d'autodétermination* » (226).

Casada con un francés, Salie aterriza en Francia pero su matrimonio dura poco porque su familia política no la acepta debido al color de su piel « *ma peau ombragea l'idylle – les siens ne voulant que Blanche-Neige* » (43). A ella le atrae el extranjero porque allí ignoran su historia pero, paradójicamente la rechazan no por lo que es por dentro sino por su apariencia, es decir, por su color negro. Salie es rechazada en su propia comunidad por considerarla ilegítima y en su tierra de acogida por su diferencia o por sus raíces africanas. Esta situación podría identificarse con lo que, en *Introducción a una poética de lo diverso*, Édouard Glissant llama identidad de "raíz única" « en el interior de las culturas que denomino atávicas, la noción de identidad gira en torno a la filiación y a la legitimidad; es, en lo más hondo, la raíz única que excluye al otro como partícipe »[3]. Para él, el "rizoma" es aquella raíz que se extiende en busca de otras raíces mientras que la "raíz única" es aquella que causa la muerte de todo lo que la rodea. La noción de "raíz única" está relacionada con lo que él llama "culturas atávicas".

Salie está en el limbo, entre dos culturas que ella considera suyas. Su cometido es conciliarlas porque está convencida de que su nueva identidad, o mejor dicho, su nuevo sitio en el mundo o *afropea*, la encontrará sólo en el lugar donde estos dos mundos se abracen.

Gracias a su condición de inmigrante, Salie conoce las dificultades de la inmigración. Por lo tanto, el mensaje principal de la novela es luchar contra la inmigración irregular y, para ello, Salie lanza un mensaje de disuasión a los posibles candidatos a la emigración, entre los cuales se encuentra su medio hermano Madické. La elección del nombre Madické no parece casual dado que significa en wolof (idioma hablado en Senegal) "el que viene" o "el que ha venido". Lo que puede referirse a los que quieren ir a Francia y a los que ya están allí. Salie se dirige a estos dos públicos africanos a través de Madické: A los primeros les habla de los problemas que sufren los inmigrantes negros en Europa para desanimarlos « *en Europe, mes frères, vous êtes d'abord noirs, accessoirement citoyens, définitivement étrangers, et ça, ce n'est pas écrit dans la Constitution, mais certains le lisent sur votre peau* » (176). Mientras que a los que ya han emigrado a Francia les pide que cuenten la verdad sobre la inmigración y que dejen de crear falsas expectativas entre los jóvenes. Estos inmigrantes que han tenido éxito en Francia despiertan la envidia de los demás a través de sus discursos y la

---

3 Édouard Glissant, *Introducción a una poética de lo diverso*, Paris, Gallimard, 2002, p. 63.

ostentación. Es el caso del personaje "l´homme de Barbès" quien cuenta a los jóvenes de su pueblo las maravillas de la inmigración:

> *Il n'y a pas de pauvres, car même à ceux qui n'ont pas de travail l'État paie un salaire : ils appellent ça le RMI, le revenu minimum d´insertion. Tu passes la journée à bâiller devant la télé, et on te file le revenu maximum d´un ingénieur de chez nous !* (86).

Estos tipos de mensajes avivan las hambres de emigrar de una juventud que, según la narradora, asocia Francia con suerte aunque no sepa situarla en el mapamundi. La protagonista, quien tuvo que trabajar como empleada doméstica para poder salir adelante cuando se separó de su marido, quiere evitar que los inmigrantes vehiculen estos tipos de mensajes que no se ajustan siempre a la realidad.

La protagonista de *Le ventre de l'Atlantique* no acaba de encajar en ninguna de las dos sociedades « *étrangère partout, je porte en moi un théâtre invisible, grouillant de fantômes. Seule la mémoire m'offre sa scène […]. On revient, certes, mais on revient autre. Au retour, on cherche, mais on ne retrouve jamais ceux qu'on a quittés* » (227). Según Miano este hibridismo cultural se debe al contacto con la cultura del colonizador no sólo en África sino también en Europa. Aunque nadan entre dos aguas, Miano asegura que los afropeanos no quieren elegir entre su parte africana, caribeña o europea sino que quieren cobijar todas estas partes pero sin jerarquizarlas. Han hecho de este espacio que antaño fue un lugar de ruptura un espacio de unión en donde sus diferentes partes se tocan sin enfrentarse:

> *Être un africain, de nos jours, c'est être un hybride culturel. C'est habiter la frontière […]. Il ne s'agit pas de chercher à valoriser l'une ou l'autre identité, mais de se dire qu'on a le privilège rare de pouvoir choisir le meilleur de chaque culture*[4].

Salie se refiere a las banderas nacionales de Senegal su país de origen (Verde, amarillo, rojo) y Francia su tierra de acogida (Azul, blanco, rojo). Sin embargo, deja claro que no quiere elegir ni la una ni la otra sino más bien la mezcla de ambas. Salie se decanta por el morado que es la combinación del rojo, símbolo de calor africano y el azul que representa el frío europeo:

> *Vert, jaune, rouge ? Bleu, blanc, rouge ? Des barbelés ? Évidemment ! Je préfère le mauve, cette couleur tempérée, mélange de la rouge chaleur africaine et du froid bleu européen. Qu'est-ce qui fait la beauté du mauve ? Le bleu ou le rouge ? Et puis, à quoi sert-il de s'en enquérir si le mauve vous va bien ?* (254).

Salie trata de refugiarse en este lugar abstracto que Miano define como *Afropea* y que, según ella, es como un territorio mental donde los franceses de origen africano, por no ser franceses de pura cepa, buscan su refugio. Este término podría asimilarse a lo que, en los estudios postcoloniales, designan

---

4 Leonora Miano, *Habiter la frontière*, Paris, L'Arche, 2012, p. 28.

como "liminal" o "in-between" y que sirven para referirse a esta situación intermediaria en la que se encuentra la protagonista de la novela de Diome. Ashcroft et *alii* subrayan que la importancia de la palabra liminal en las teorías postcoloniales radica en su capacidad para describir un espacio "in-between" en el cual el cambio cultural puede ocurrir[5].

Elodie Tang lo llama directamente "malestar identitario" y que es lo que sufre gran parte de los escritores de la diáspora. Dichos escritores están atrapados en un limbo cultural e identitario que hace que estén continuamente cuestionando su identidad o mejor dicho creándose una nueva identidad para evitar estar encasillados como escritores africanos. Tang afirma que Miano se siente molesta cuando la llaman "escritora negra" o "escritora africana" pero sí prefiere la denominación "escritora francófona". Aunque lo ideal para ella sería ser considerada como "escritora francesa". Miano ha llegado a afirmar que la literatura africana no existe para evitar estar encasillada en ella.

> *Pour moi, la littérature africaine n'existe pas… Ce n'est pas parce j'ai passé mes meilleurs moments en Afrique que je fais de la littérature africaine... Je pense que ce qui compte c'est l'univers de l'auteur. J'espère qu'un Français pourrait écrire aussi un roman qui a l'Afrique comme décor. Est-ce de la littérature africaine? Pour moi, la nationalité de l'auteur ne compte pas beaucoup, ce qui m'intéresse c'est sa personnalité. Effectivement, je suis un auteur francophone puisque j'écris en français. Mais ce n'est pas quelque chose qui m'obsède ou que j'ai besoin de revendiquer*[6].

La cuestión de la identidad nacional u homogeneidad se plantea igualmente en la novela de Diome donde las fuerzas de seguridad francesas recuerdan a los africanos su condición de eternos inmigrantes, delatados por su color de piel « *l'Arc de Triomphe, ce n'est pas pour les nègres* ! » (241). Estos negros de París querían celebrar la victoria de su país en el Arca de Triunfo, pero las fuerzas de seguridad se lo prohibieron. Mientras que, para la narradora, el día que los franceses ganaron el mundial de 1998, los expatriados en Senegal ocuparon las calles centrales de Dakar para celebrar la victoria toda la noche. A eso se refiere Nicolas Lebourg al analizar los discursos de la extrema derecha francesa « *la France aux Français, l'Afrique aux Européens* »[7]. Para zanjar el asunto, el escritor franco-congoleño Alain Mabanckou alega « *ma conception de l'identité dépasse de très loin les notions de territoire et de sang* »[8].

La referencia al Arca de Triunfo no parece una casualidad dado que es un símbolo de patriotismo y nacionalismo y es también el lugar donde se

5 Ashcroft et *al.*, *Post-Colonial Studies: the key concepts*, New York, Routlege, 2007.

6 Elodie Carine Tang, *Le malaise identitaire dans les romans de Ken Bugul, Leonora Miano et Abla Farhoud*, Québec, Université Laval, 2013, Tesis doctoral, p. 56.

7 Nicolas Lebourg, « L'Art de l'altérité : la désignation du Noir et de ses types dans les discours des extrêmes droites (1962-1996) », in *Mots pour Nègres maux de noir(e)s : enjeux socio-symboliques de la nomination des Noir(e)s en Amérique Latine,* Victorien Lavou Zoungbo y Mara Vigoya Viveros (éds.), Perpignan, coll. « Marges », Presses Universitaires de Perpignan, 2004, p. 391-413.

8 Alain Mabanckou, *Le sanglot de l'homme noir*, Paris, Fayard, 2012, p. 59.

encuentra la tumba al soldado francés desconocido que murió por la patria. Al decirles a los extranjeros que se alejen de este simbólico e histórico lugar, se demuestra un intento de homogeneización que excluye a los que, por su color de piel, no tienen cabida en esta homogeneidad nacional. El miedo a la diversidad o la homogeneización oculta y aísla a los Otros poniendo la cultura hegemónica en el centro y el resto en los márgenes. Sin embargo, Spivak cree que, en realidad, no hay nada que esté en el centro, y que el centro también es una especie de marginalidad « *in a certain sense, I think there is nothing that is central. The centre is always constituted in terms of its own marginality* »[9]. Mabanckou añade al respecto que « *aux yeux des partisans de l´uniformité, la multiplicité – d´autres diront la diversité – serait une pieuvre menaçant de gober l'"identité" que leur auraient leguée leurs ancêtres les Gaulois* »[10].

DEL CONOCIMIENTO DE LO AJENO AL CUESTIONAMIENTO DE LO SUYO

La narradora de Le ventre de l´Atlantique alega que cuando se va a su país siente que va al extranjero «*je vais chez moi comme on va à l´étranger, car je suis devenue l´autre pour ceux que je continue à appeler les miens* » (166). Sin embargo, conviene preguntarse si el contacto con la cultura europea convierte a Salie en la Otra para sus paisanos o si es ella la que ve a sus paisanos como Otros. Al volver a su pueblo, la narradora no podía congeniar con las mujeres que dejó en su aldea hasta tal punto que tuvo que ir a un hotel de la zona para terminar sus vacaciones allí. En el hotel, el problema identitario vuelve a plantearse porque primero la confunden con una prostituta antes de tratarla de Francenabé (que viene de Francia). Esto se debe a que, como bien ha afirmado la narradora, en los países en vías de desarrollo, los hoteles son mayoritariamente frecuentados por turistas extranjeros o trabajadores autóctonos tales como choferes, gobernantes, cocineros, limpiadores, recepcionistas o prostitutas:

> *Mbour est infestée d'hôtels dont la majorité de ses habitants ne connaît que la façade. Les autochtones qui les fréquentent assidûment ne doivent généralement ce privilège qu'à leur statut de réceptionniste, valet de chambre, femme de ménage, cuisinier ou chauffeur* (198).

Al ver que venía de Francia, el recepcionista del hotel le dice « *Bienvenue chez nous* » (197). Lo que le confirma, muy a su pesar, que está considerada también en su país de origen como extranjera. Su único efugio es un territorio mental donde se unen las dos culturas: la africana y la europea.

A la nueva Salie le agobian las costumbres tradicionales africanas y está encantada de no tener nada que ver con las mujeres de su aldea. Es feliz cuando la dejan sola porque según ella la comunidad tradicional es agobiante y asfixiante:

---

9 Gayatri Chakravorty Spivak, *The post-colonial critic: Interviews, Strategies, Dialogues*, New York, Routledge, 1990, p. 40.

10 Alain Mabanckou, *op. cit.*, p. 91.

> *Au village, il m'arrive d'être heureuse qu'on me boude, c'est un moyen de gagner en tranquillité. La communauté traditionnelle est sans doute rassurante mais elle vous happe et vous asphyxie [...] Les liens tissés pour maintenir l'individu dans le groupe sont si étouffants qu'on ne peut penser qu'à les rompre* (171).

Sin embargo, la gran pregunta que hay que hacerse, según Glissant, es ¿Cómo ser uno mismo y abrirse al otro y cómo abrirse al otro sin dejar de ser uno mismo?

En *Le ventre de l'Atlantique* también se denuncia, aunque solapadamente, el machismo de los hombres y la sumisión de las mujeres. Tal machismo se nota a través de la poligamia y los matrimonios forzados como el caso de la joven Sankèle a quien querían casar en contra de su voluntad con "*l'homme de Barbès*". También se ve que la mentalidad en la comunidad de Salie no ha cambiado mucho dado que ella misma fue rechazada por nacer fuera del matrimonio y, de la misma manera, rechazan al hijo que Sankèle tuvo con el maestro del pueblo por considerarle ilegítimo. Los hombres siguen decidiendo por las mujeres y éstas siguen siendo vistas como objetos pertenecientes a los hombres. Las mujeres están silenciadas y sólo pueden llorar como la madre de Sankèle. Es como si la historia se repitiera. Salie huyó a Francia en busca de libertad y autodeterminación. De la misma manera Sankèle huyó a Francia para buscar libertad y evitar un final trágico. Aunque no se ha vuelto a saber nada de Sankèle en la novela.

Pero tal y como lo ha subrayado Salie, se marcha una, pero vuelve otra. El contacto con la cultura francesa le ha forjado a Salie una nueva forma de pensar:

> *Mon stylo continuait à tracer ce chemin que j'avais emprunté pour les quitter. Chaque cahier rempli, chaque livre lu, chaque dictionnaire consulté est une brique supplémentaire sur le mur qui se dresse entre elles et moi* (171).

Todorov señala « el conocimiento de lo ajeno sirve para el enriquecimiento propio: en este campo, dar es recibir »[11]. En el caso de Salie, el conocimiento de lo ajeno y el enriquecimiento propio la han hecho sentirse superior intelectualmente y no quiere contemporizar con las mujeres de su aldea. La narradora a su regreso de Francia, ya no aguanta la manera de ser de sus paisanos y, sobre todo, paisanas. Salie se da cuenta de que el mundo de las mujeres del pueblo es limitado debido a su falta de educación. Las ve como inferiores a ella que ha estudiado y viajado a Europa. La relación con ellas es nula, no participa en las tareas ni en las tertulias porque las encuentra triviales y limitadas:

---

[11] Tzevetan Todorov, *Cruce de culturas y mestizaje cultural*, Madrid, Júcar Universidad, 1988, p. 25.

En dehors de leur discussions, qui portent sur les récoltes, les maigres rendements de la pêche, les fruits de mer qu´elles vont chercher de plus en plus loin, les fiançailles, les baptêmes, les tissus à la mode et les nouvelles coutures (170).

Fernando Ainsa (1986) analiza el obstáculo que suele haber a la hora de abordar el tema del negro o del indígena desde afuera y que impide una representación efectiva del mundo del negro o del indígena:

En efecto, toda reivindicación de una expresión cultural – negros, indios, inmigrantes (judíos, rusos, turcos, gallegos), pero también de otros sectores sin "voz propia", como pueden ser los obreros o los campesinos – no puede prescindir de los *a priori* negativos, muchas veces profundamente anclados en el subconsciente de los pueblos en forma de imágenes estereotipadas o lugares comunes repetidos sin cuestionar su origen[12].

En *Le ventre de l'Atlantique* no se trata de una representación desde afuera sino desde adentro. La narradora, una inmigrante africana en Francia, describe el mundo de sus paisanas aldeanas, pero cayendo en estereotipos. Las retrata como seres que se sacrifican en aras de un dios que lo único que les ha dado son unos ovarios para dar sentido a su existencia. Aparte de su función procreadora, la vida de las mujeres de la aldea no tiene utilidad. Un enfoque similar al de sus predecesores quienes, en los inicios de la literatura africana escrita en lenguas europeas, solían reproducir los mismos estereotipos que sus homólogos europeos usaban para inventar al Otro según su óptica. A este respecto, Inmaculada Díaz (2002) opina:

Los inicios de la literatura africana escrita en lenguas europeas se ven marcados por la literatura exótica y colonial que se hacía desde y para Europa. Así, la mirada del blanco es asimilada por los primeros escritores africanos, que continúan transmitiendo los clichés y, lo que es más importante, la óptica europea. Una óptica que hizo del africano el "Otro" más alejado de nuestra sociedad. Analizando este período literario, la imagen de la mujer que se canaliza es una imagen que concuerda con los clichés anteriores. El exotismo, la belleza misteriosa, la sensualidad, la animalidad que se representan hacen de ellas, de las mujeres africanas vistas por los escritores coloniales, el claro reflejo del continente africano, del que se suele acentuar su carácter "salvajemente" embaucador. Es curioso destacar cómo estos clichés sobre la naturaleza sensual y salvaje de las africanas se transmiten a pesar del paso de los años, y a pesar de las diferencias- raciales, de sexo y de intereses- de los autores[13].

12 Fernando Ainsa, *Identidad cultural de Iberoamérica en su narrativa, op. cit.*, p. 103.

13 Inmaculada Díaz Narbona, *Las africanas cuentan: Antología de relatos*, Cádiz, Universidad de Cádiz, 2002, p. 23-24.

CONCLUSIONES

Homi Bhabha piensa que la estrategia de los discursos minoritarios que emergen desde el movimiento liminal, consiste en transformarse en secundarios o suplementarios respecto al discurso hegemónico. Es decir, su estrategia no debe ser la exclusión del discurso hegemónico sino tratar de adicionarse a tal discurso:

> *It is from the liminal movement of the culture of the nation [...] that minority discourse emerges. Its strategy of intervention is similar to what parliamentary procedure recognizes as a supplementary question. It is a question that is supplementary to what is put down on the order paper*[14].

Del mismo modo, en *Le ventre de l'Atlantique* el discurso es conciliador. La narradora está buscando su *Afropea* que es el lugar mental donde se concilian la cultura africana y la europea. Salie no quiere elegir ni la una ni la otra sino reivindicar los dos legados (la cultura africana y la europea). Al final de la novela, a la pregunta de su hermano sobre cuál de los dos países (Senegal o Francia) elegiría si tuviera que hacerlo, Diome contesta « *et toi, tu préfères qu'on te coupe la jambe gauche ou le bras droit* » (253).

Dicha situación recuerda a la poeta saharaui, Fátima Galia Salem citada por Inmaculada Díaz Narbona en "Escrituras testimoniales africanas en el contexto español: migraciones y extrañeidad":

> Vivo a caballo entre dos sitios de paisajes diferentes,
> uno compensa al otro, por eso los quiero, por igual,
> uno me vio nacer,
> y el otro me vio crecer,
> el Sahara, me dio la vida,
> Bilbao, la vida me da[15].

Salie quiere quedarse con lo mejor de cada una de las dos culturas y, por esta razón, la narradora reniega de algunos valores tradicionales africanos tales como la vida comunitaria que es uno de los pilares de la cultura africana. Al mismo tiempo critica el racismo en Francia que impide a los *afropeanos* la plena integración en la sociedad francesa.

En su búsqueda de identidad, Salie, en la última página de la novela, ha llegado a la conclusión de que su casa es un lugar mental que la acompaña vaya donde vaya « *je cherche mon territoire sur une page blanche ; un carnet, ça tient dans un sac de voyage. Alors, partout où je pose mes valises, je suis chez moi* » (255).

---

14 Homi Bhabha, « DissemiNation: time, narrative, and the margins of the modern nation », in *Nation and narration*, Bhabha, Homi (éd.), London, Routlege, 1990, p. 291-322.

15 Inmaculada Díaz Narbona, « Escrituras testimoniales africanas en el contexto español: migraciones y extrañeidad », in *Literaturas hispanoafricanas: realidades y contextos*, Díaz Narbona, Inmaculada (éd.), Madrid, Verbum, 2015, p. 132-166.

Salie se siente diferente de las mujeres de su pueblo natal gracias a su educación y los libros que ha leído entre otros y, por esta razón, a su regreso de Francia, no puede congeniar con ellas porque las considera simples y analfabetas. Glissant piensa que podemos abrirnos a otras culturas y continuar siendo nosotros mismos. Es decir, la apertura a lo ajeno no está reñida con el arraigamiento en lo propio.

Además de su intento de encontrar su lugar en un mundo donde Europa y África se juntan, la narradora de *Le ventre de l'Atlantique* lanza constantemente un mensaje de disuasión a los posibles candidatos a la inmigración irregular « *cependant, en m'opposant à sa volonté, qu'avais-je à lui proposer pour lui prouver que le salut reste possible hors de l'émigration* » (211).

A pesar de que Salie insiste en que la emigración no es la solución, ella misma encuentra su salida en dicha emigración. Diome no ha ofrecido una solución viable fuera de la emigración. Su medio hermano renunció a la emigración porque Salie le mandó dinero para que montara un negocio. Por lo que la emigración sigue siendo la solución, en fin, un mal necesario. Dado que Salie piensa que la salvación es posible fuera de la emigración, sería más congruente que tal salvación proviniera directamente de los recursos económicos de su aldea.

BIBLIOGRAFÍA

AINSA F., *Identidad cultural de Iberoamérica en su narrativa*, Madrid, Gredos, 1986.

ASHCROFT B., GRIFFITHS G. y TIFFIN H., *Post-Colonial Studies: the key concepts*. New York, Routlege, 2007.

BHABHA H., "DissemiNation: time, narrative, and the margins of the modern nation", in *Nation and narration*, Homi Bhabha (éd.), London, Routlege, 1990, p. 291-322.

DÍAZ NARBONA I., "Escrituras testimoniales africanas en el contexto español: migraciones y extrañeidad", in *Literaturas hispanoafricanas: realidades y contextos*, Díaz Narbona, Inmaculada (éd.), Madrid, Verbum, 2015, p. 132-166.

— *Las africanas cuentan: Antología de relatos*, Cádiz, Universidad de Cádiz, 2002.

DIOME F., *Le ventre de l´Atlantique*, Paris, Éditions Anne Carrière, 2003.

GLISSANT É., *Introducción a una poética de lo diverso*, Paris, Gallimard, 2002.

HITCHCOTT N. y THOMAS D., *Francophone afropean literatures*, Liverpool, Liverpool University Press, 2014.

LEBOURG N., « L'Art de l´altérité : la désignation du Noir et de ses types dans les discours des extrêmes droites (1962-1996) », in *Mots pour Nègres maux de noir(e)s : enjeux socio-symboliques de la nomination des Noir(e)s en Amérique Latine*, Victorien Lavou Zoungbo y Mara Vigoya Viveros (éds.), Perpignan, « Marges », Presses Universitaires de Perpignan, 2004, p. 391-413.

MABANCKOU A., *Le sanglot de l'homme noir*, Paris, Fayard, 2012.

MIANO L., *Habiter la frontière*, Paris, L'Arche, 2012.

SPIVAK G. C., *The post-colonial critic: Interviews, Strategies, Dialoques*, New York, Routledge, 1990.

TANG E. C., *Le malaise identitaire dans les romans de Ken Bugul, Leonora Miano et Abla Farhoud*, Québec, Université Laval, 2013. Tesis doctoral.

TODOROV T., *Cruce de culturas y mestizaje cultural*, Madrid, Júcar Universidad, 1988.

La représentation du Sino-Mauricien dans *Made in Mauritius* d'Amal Sewtohul

Sonia DOSORUTH
Université de Maurice

Cette étude vise à analyser le Sino-Mauricien, issu d'une communauté minoritaire de l'île Maurice, d'après l'œuvre d'Amal Sewtohul intitulée *Made in Mauritius* (2012). Elle étudiera le Sino-Mauricien Laval comme personnage situé à la périphérie du pouvoir central qui tente d'accéder à un métissage ethnique et identitaire au travers de la sublimation de l'exil. Discours subversifs, notions d'espace-temps dissouts et art comme élément unificateur sont autant de perspectives qui nous permettront d'aborder cette analyse sous des angles divers.

Mots-clés : Sino-Mauricien, identité, métissage, exil, reterritorialisation.

This paper will analyse the Sino-Mauritians (or Mauritians of Chinese origin), a minority community of Indian Ocean island of Mauritius, according to Amal Sewtohul's novel Made in Mauritius *(2012). It will try to shed light on the Sino-Mauritian Laval who personifies the marginalised but who still believes in hybridity between ethnic groups and cultures by transcending exile. It is through the means of a subversive style, by breaking the rigidities of the space-time continuum and, on the contrary, by using art which contributes to the unifying element of "one-people-one-nation" (motto of the island) belief that we will analyse the text.*

Keywords: *Sino-Mauritian, identity, hybridity, exile, reterritorialisation.*

Amal Sewtohul est un auteur mauricien qui remporte le *Prix des Cinq Continents de la Francophonie*, en 2013, pour son roman intitulé *Made in Mauritius*[1] (ou *Fabriqué à l'île Maurice*) paru en 2012. Mettant le fait identitaire au cœur de son roman, Amal Sewtohul, lui-même un Indo-Mauricien descendant d'immigrant indien, raconte l'histoire d'un jeune couple Sino-Hongkongais, qui doit fuir Hong Kong, le pays d'adoption de l'homme, après que la femme soit tombée enceinte de cet homme, son cousin germain. Le couple n'a d'autre choix que d'aller cacher sa faute aux confins d'une île perdue de l'océan Indien nommée Maurice, dans l'espoir tout de même d'y trouver « une vie heureuse »[2]. La désillusion qui s'installe lorsque le bateau qui les transporte accoste l'île est sans appel : le couple finira sa vie derrière le « comptoir d'une boutique »[3], mettant brutalement fin aux aspirations de cette jeune femme qui voulait gravir l'échelle sociale. Débute alors un long et difficile cheminement de vie pour ce couple qui n'avait pas la moindre idée de la vraie vie à Maurice, surtout avec la venue d'un enfant. L'analyse que nous proposons de faire tentera de mettre en lumière la représentation de Laval, progéniture de ce couple, dès sa naissance à

1 Amal Sewtohul, *Made in Mauritius*, Paris, Gallimard, 2012.
2 *Ibid.*, p. 31.
3 *Ibid.*, p. 46.

l'île Maurice. D'ailleurs, nous nous intéresserons à la manière dont Laval devient un emblème, en analysant tout ce qui semble entourer la notion même du symbole qu'il incarne, du Sino-Mauricien type au personnage bariolé qu'il devient.

Laval est un personnage fortement marqué du lourd passé de ses parents ; il vivra d'ailleurs presque toujours en déphasage avec les Autres, les amis des autres communautés, avec qui il se liera une profonde amitié, malgré les admonestations de sa mère de le voir se rapprocher d'amis d'une autre communauté. Dès le départ, il convient de souligner que le mot « Sino-Mauricien » est particulier en ce sens qu'il est le mélange de « Sino », pour chinois, et de « Mauricien ». Or, ce mot composite ne donne pas de réelle indication quant à la véritable origine de Laval dont la mère est Hongkongaise. En ce sens, le mot composé « Sino-mauricien » est lui-même un terme générique, qui, dans le cadre de cette analyse, est bien à même de se rapprocher de la définition englobante et globalisante que souhaite son auteur. La représentation du Sino-Mauricien repose surtout sur la mise en évidence du Sino-Mauricien en tant que personnage central du roman. Elle incarne également la somme des représentations romanesques, allant de l'image qu'il projette à la figure même qu'il incarne. Elle est aussi l'incarnation des modes de figurations conceptuelles du Sino-Mauricien ; de fait, elle implique le trait de caractère imaginé par le collectif. Nous nous proposons ainsi d'analyser la représentation de ce personnage singulier sous trois aspects. En premier lieu, nous analyserons le Sino-Mauricien en tant que personnage situé à la périphérie du pouvoir central. Ensuite, le métissage ethnique et identitaire permettra d'éclairer nos propos sur le pouvoir qu'il exerce sur les personnages du texte mais surtout sur le concept de renouveau qu'il incarne. En dernier lieu, nous verrons comment cette stratégie de construction narrative donne lieu à la sublimation de l'exil et le rapport de ce dernier avec l'émergence d'une pluralisation des cultures.

LE SINO-MAURICIEN, PERSONNAGE SITUÉ À LA PÉRIPHÉRIE DU POUVOIR CENTRAL

L'arrivée des immigrants chinois à l'île Maurice se fait peu de temps avant la promulgation de l'abolition de l'esclavage, soit le 1er août 1829. En fait, les Chinois sont les premiers engagés qui arrivent à Maurice bien avant les premiers Indiens qui, eux, n'arrivent que le 21 septembre 1829 de Madras, Pondicherry et de Tranquebar, avant le grand contingent de Bihar en 1834. Roland Tsang Kwai Kew remarque que :

> Les Chinois qui ont fait souche à Maurice sont constitués de Hakkas à 80%, alors que les Cantonais représentent le pourcentage restant auquel il faut inclure quelques descendants d'immigrants chinois issus du

Foukien, Fujian en mandarin, la province côtière faisant face à l'île de Taïwan, autrefois connue comme Formose[4].

Chinatown à Port-Louis, la capitale mauricienne, sera le lieu qu'adopte la majorité des Chinois qui viennent y faire commerce au XIXe siècle. Les personnages sino-mauriciens du roman cristallisent en quelque sorte les caractéristiques propres à cette communauté qui détient boutique, entrepôts en tous genres ainsi que des restaurants. Laval va naître *dans* le conteneur de ses parents ; il s'agirait, dans ce cas, presque d'une grossesse symbolique où le conteneur serait le ventre même de la mère. Théa-Hélène Fua De Camondo précise que la naissance est perçue comme un choc pour l'enfant car il s'agit d'une « [s]ouffrance psychique à la limite du supportable »[5]. Wilfrid Bion, psychanalyste britannique, voit cela « comme une accumulation intolérable d'excitations, face au bombardement continuel d'éléments sensoriels bruts, subis par l'enfant après la naissance et non assimilable par la pensée »[6]. Sauf que, dès la naissance, l'enfant apprend à s'adapter à son environnement extérieur, alors que pour Laval, le conteneur lui paraîtra comme un éternel retour vers l'espace intra-utérin, où il sera tout le temps dans un mode (et un monde) de repli avec des parents qui dictent son devenir. On pourrait alors entrevoir les prémices du double aspect de la notion de périphérie ; être à la périphérie de ses parents mène à être à la périphérie du pouvoir central. L'espace claustrophobique, qui pourrait même incarner un espace de la mort, était, dès le début de l'histoire, comme une force centripète. Le Grand Lee – l'oncle du père du narrateur –, Lee Kim Chan – le père du narrateur –, visitent des usines pour essayer d'obtenir « des rejets et des surplus de stock »[7]. Lee Kim Chan « a l'impression que c'est lui [...] que la boîte va finalement avaler, à force d'aspirer ainsi tout leur argent »[8], ce qui donnera l'impression d'un espace qui aspire, et dont une forme de pénombre qui en découle pourrait être la cause première de son déchirement identitaire. N'oublions pas que la douloureuse mémoire de l'espace se traduit par un véritable « monstre de feu »[9] qu'est la fonderie quand Mao, souhaitant que la Chine progresse économiquement, veut que l'économie repose sur la fonderie d'acier. Alors que le conteneur recèle en lui une forme de monstruosité, il est paradoxalement un « antre » dans lequel se réfugie le narrateur, en rentrant de l'école. Il est également partie prenante de la découverte de la vie mauricienne par Laval, quand, après sa rencontre avec l'ami Feisal, il « glisse dans le conteneur »[10]. Le conteneur qui, au départ, était un espace improbable, promet un bel avenir au narrateur.

---

4 Roland Tsang kwai kew, « Si l'histoire de l'immigration chinoise à Maurice m'était contée », *Le Défi*, 23 janvier 2012, consulté le 31 octobre 2015.

5 Théa-Hélène Fua de camondo, *Confession d'une psychanalyste*, Toulouse, Presses Universitaires du Mirail, 2000, p. 40.

6 Amal Sewtohul, *op. cit.*, p. 40.

7 *Ibid.*, p. 23.

8 *Ibid.*

9 *Ibid.*, p. 15.

10 *Ibid.*, p. 64.

Nous pourrions même parler d'un antre hétérotopique comme la prison hétérotopique de crise de Michel Foucault, puisqu'elle est faite en partie « des lieux privilégiés, ou sacrés, ou interdits, réservés aux individus qui se trouvent, par rapport à la société, et au milieu humain à l'intérieur duquel ils vivent, en état de crise »[11]. Cet espace devient l'esthétique littéraire même d'Amal Sewtohul dans la mesure où il démontre comment un espace au départ perçu négativement permet rapidement à une forme de réalisation de soi. L'écriture permet de voir comment le narrateur se construit dans l'intimité de cet antre, ce qui donne au texte toute sa substance littéraire : le conteneur devient l'objet référentiel du texte, brouille même les barrières qui s'érigent entre l'intérieur et l'extérieur. Le conteneur, fil conducteur de ce roman, est alors l'incarnation par excellence de l'objet emblématique qui traverse le temps et les espaces – Hong Kong, Maurice et l'Australie. Semble s'installer alors, à travers l'acte d'écrire, une relation particulière entre le monde dit carcéral et celui extérieur. D'abord hostile à l'évolution du narrateur, le conteneur devient peu à peu complice des événements extérieurs qui finissent par prendre le dessus sur la vie (« intérieure ») de Laval. Le « monolithe orange »[12] devient ainsi, et contradictoirement, symbole de liberté retrouvée quand il représente le socle lors de l'indépendance de l'île. Il y a contradiction car nous ressentons l'oppression des personnages du fait de leur constante évolution dans cet espace clos alors que ce même conteneur servira d'espace où l'indépendance de l'île aura lieu. C'est alors que Laval y voit comment un « reje[t] d'usine [reçoit]… le don de l'indépendance »[13]. Et, il précise bien, comme s'il se faisait porte-parole de l'écrivain, « [p]arce que les rejets, c'était le peuple mauricien »[14], ce qui sonne comme une certaine référence à l'Histoire du peuplement de Maurice même où les « rejets » seraient tous les esclaves et immigrants qui sont allés à Maurice, peupler cette terre perdue dans l'océan Indien.

Outre le lieu de naissance de Laval, le conteneur sera également son bûcher à sa mort, ce qui représente une allégorie d'un espace-monde englobant avec la vie qui est intrinsèquement liée à la mort. Il s'agit du lieu où il a été conçu, de son enfance et adolescence, comme celui de sa mort. Le conteneur est alors non un simple objet voire un simple élément du décor, mais un instrument de la description qui donnera un tout autre visage à l'histoire même qui s'y déroule. Philippe Hamon précise, à ce sujet :

> La Description est une figure de pensée par développement, qui, *au lieu d'indiquer simplement un objet*, le rend en quelque sorte visible, par

11 Michel Foucault, *Des autres espaces*, disponible en ligne sur : http://foucault.info/documents/heteroTopia/foucault.heteroTopia.fr.html, consulté le 27 février 2016.

12 Amal Sewtohul, *ibid.*, p. 123.

13 *Ibid.*, p. 126

14 Amal Sewtohul, *op. cit.*, p. 141.

> l'exposition vive et animée des propriétés et des circonstances les plus intéressantes[15].

Ce qui donne à Laval son caractère attachant, c'est surtout le fait qu'il incarne la périphérie à l'intérieur même de l'expression de la marginalité car d'autres personnages comme Feisal et Ayesha, qui eux aussi vivent dans la pauvreté, ne semblent pas être la véritable interface de la périphérie comme a voulu le démontrer Amal Sewtohul. Parce que le Sino-Mauricien a toujours été associé à ses activités de commerçant, cela semble avoir donné à la psyché collective une perception que la communauté sino-mauricienne était déshumanisée. Sewtohul a justement voulu porter un nouveau regard sur cette contrainte qui semble enfoncer l'être dans une position de subalterne même si elle est la manifestation d'une certaine réalité culturelle. En affirmant de manière concrète l'existence d'un changement, nous assistons à ce refus de marginaliser davantage le Sino-Mauricien. Le processus de construction de l'identité passe nécessairement par les rapports de conflit qui surgissent tout au long de l'œuvre, comme lorsque la mère de Laval ne veut pas que son fils fréquente des enfants d'autres communautés :

> [Ma mère] n'aimait pas du tout que je me mêle à ces gens de l'île à la peau sombre, les Indiens, les créoles et tout ça… Indiens[16].

ou encore quand Laval et Feisal tiennent un discours acerbe sur les origines de chacun :

> Feisal eut un petit rire, et dit : « Les Chinois, ils bouffent les chiens – Les Lascars ont la bite coupée », ai-je répondu. (Lascars : nom dérogatoire donné aux musulmans à Maurice)[17].

Le procédé esthétique d'Amal Sewtohul réside justement dans la revalorisation du Sino-Mauricien tout en corrigeant le déséquilibre ethnique et l'inadéquation qui se situent au niveau de l'écriture. Ce faisant, l'écrivain tourne le dos à l'aliénation identitaire qui existe dans l'île. S'il opte pour une construction identitaire, c'est que la construction intérieure du personnage semble prendre forme. Jusqu'à présent, son comportement semblait régi selon les diktats de ses parents, de la société, des interdits voire des stéréotypes sociaux. Cela parce que le concept de différence, inhérent à la société mauricienne qui se cherche, et qui tente de s'appuyer sur ses propres codes, y est bien inscrit :

> Dire l'autre, c'est le poser comme différent, c'est poser qu'il y a deux termes a et b et que a n'est pas b […]. Mais la différence ne devient

---

15 Philippe Hamon, *Du descriptif*, Paris, Hachette, 1993, p. 10.

16 Amal Sewtohul, *ibid.*, p. 63.

17 *Ibid.*, p. 57.

> intéressante qu'à partir du moment où a et b entrent dans le même système[18].

Et son incursion dans ce même système, comme le dit Hartog, se fait sentir progressivement, alors qu'il grandit et qu'il se rend compte du bonheur que cela représente pour lui de fréquenter les « Autres ». L'identité est ainsi souvent mise à rude épreuve. Les notions connues de la dialectique du soi et de l'Autre, les stéréotypes basés sur la race ainsi que le rejet sont tous des éléments qui redéfinissent la relation à l'Autre. Lorsque Laval décide d'accompagner son ami Feisal chez des parents à Flacq et que la famille avait pris une embarcation pour une promenade nocturne, le père d'Ayesha ne peut s'empêcher de dire : « Mais comment est-il arrivé ici, ce petit Chinois ? »[19]. Laval se sentait effectivement « hypnotisé par cette question »[20], qui le pousse à se demander : « Qui suis-je en fait ? »[21]. Il y a alors comme un renversement des procédés esthétiques comme s'il fallait céder la place à une forme de réappropriation romanesque pour qu'une véritable image du soi gagne en importance. Le personnage qui vit en déphasage la réalité (ou qui vit tout simplement sa réalité), donne une résonance positive à l'écriture. Pourtant, rien n'est joué d'avance car le Sino-Mauricien Laval est un personnage lui-même périphérique et issu de deux autres personnages marginalisés dès le départ. Nous pourrions même voir comment ce personnage réussit envers et contre tout à s'engager à construire un nouveau monde – sa création artistique qu'il baptisera *Made in Mauritius* – comme pour confirmer la transformation qui s'opère tant au niveau de l'individu qu'au niveau du collectif ; n'oublions pas qu'une des parties majeures de ce roman est la réinterprétation voire la réécriture d'un moment-phare de l'histoire de Maurice, soit l'indépendance de l'île. Sewtohul tente de démontrer, à travers d'autres événements majeurs qui ont frappé l'île, notamment la révolte des étudiants, les émeutes de 1999 ou encore les agissements du bas-monde des courses hippiques, que le Sino-Mauricien est partie prenante de ces événements et y joue un rôle majeur. Ce sera d'ailleurs par le Sino-Mauricien, dans cette réinterprétation de la révolte des étudiants, en 1976, qu'on établit une typologie d'individus qui refusent tout le chaos qui a véritablement eu lieu. Sewtohul ne perd pas de vue le noyau de son récit, le conteneur, symbole salvateur et antre de Laval, qui incarne l'arche qui délivre les étudiants du massacre à venir.

À Hong Kong, on remplit le conteneur, qui doit servir de boutique au père de Laval, Lee Kam Chan, d'un assortiment d'objets hétéroclites comme :

> [l]es gommes Great Wall, les lampes à huile, les volants de badminton, les poupées en plastique, les bocaux pour mettre des fruits confits[22].

---

18 François Hartog, *Le Miroir d'Hérodote. Essai sur la représentation de l'autre*, Paris, Gallimard, 1980, p. 225.

19 Amal Sewtohul, *op. cit.*, p. 174.

20 *Ibid.*, p. 175.

21 *Ibid.*

22 *Ibid.*, p. 22.

Tout comme il confère aux futurs habitants et aussi au texte le sentiment de la présence extérieure et visible d'une forme de richesse, ce conteneur a une valeur hautement symbolique, tant il est l'incarnation même de la liberté. Certes, pour le narrateur et personnage principal, il ne s'agit pas là de la valeur subversive liée au pouvoir de l'argent ; Laval ne songe pas à un enrichissement personnel basé sur l'argent mais à un enrichissement de l'être – il deviendra d'ailleurs professeur d'art et non boutiquier. Cette poétique de la différence est en ligne avec l'originalité scripturale de l'auteur. Ce texte met bien en évidence les oppositions : alors que les parents s'inscrivent comme des « êtres opaques »[23] et des « créatures crépusculaires »[24], qui travaillent surtout de nuit pour assurer leur survie, Laval, le fils, s'impose pour asseoir une place fondamentale et donc une place de choix dans la société. D'ailleurs, il n'hésitera pas à s'opposer à sa mère pour établir le(s) lien(s) avec les Autres. Faire éclater les barrières entre cultures et ethnies, entre les différences identitaires, s'impose presque comme une des valeurs consubstantielles à l'auteur lui-même. La marginalité s'impose alors comme une position de pouvoir. L'acte de donner voix aux sans-voix est ce qui structurera tout le récit.

LE MÉTISSAGE ETHNIQUE ET IDENTITAIRE

Ce que le roman met aussi en évidence est le partage des identités. L'écriture d'Amal Sewtohul s'inscrit dans une logique de dynamique identitaire, tout en posant de nouvelles réflexions sur le concept du métissage. Non pas qu'il favorise un discours qui tente de déstabiliser la société, mais il soutient la mixité ethnique et identitaire dans une tentative sans doute louable de réévaluer les communautés métisses. *Made in Mauritius* revendique un discours de l'hybride qui passe d'abord par l'amitié avec Feisal, le jeune musulman issu d'un quartier pauvre de la capitale, Tranquebar, et puis par son mariage avec la cousine de Feisal, Ayesha. Il s'agit d'une amitié qui se construit à la suite d'une rencontre fortuite :

> Nous nous sommes mis à marcher, chacun de son côté, moi à demi rassuré par sa présence et à demi inquiet – qui était-ce, un petit mendiant ? Allait-il m'attaquer ? « *Couma to appélé* ? lui ai-je demandé. – Moi ? » répondit le garçon, et il bomba le torse : « *Mo même Prince Feisal* ». Puis il ajouta, car il sentait que le titre royal qu'il s'est attribué me laissait de marbre : « Viens, je sais où Sounga est parti se cacher. Nous allons le capturer »[25].

En se faisant porte-parole de ce genre de contre-discours, l'auteur démantèle un réseau passéiste fait de blocages et d'interdits. Il place le Sino-Mauricien dans une position de pouvoir alors que, sur un plan politique, il ne

23 Amal Sewtohul, *op. cit.*, p. 28.
24 *Ibid.*, p. 28.
25 *Ibid.*, p. 55.

pourra jamais atteindre ce même pouvoir et aspirer, par exemple, à devenir un dirigeant du pays, étant issu d'une communauté minoritaire. Il utilise l'espace dysphorique – le conteneur qui nourrit le soir des gens de milieux peu recommandables – comme un espace de choix, pour le faire devenir un espace affectif : « Je me réfugiais comme d'habitude, dans la solitude au fond du conteneur »[26]. Autant il devient le rempart contre les accès de colère de sa mère, autant il propose la construction d'une île métisse. Ce n'est donc pas un hasard si le narrateur joue avec les symboles : le conteneur deviendra le socle de la cérémonie de la passation du pouvoir des Anglais aux Mauriciens, le 12 mars 1968, le jour de l'accession de l'île à son indépendance. L'acte littéraire institutionnalise la liberté de créer, d'oser et d'espérer. Ce signe ostentatoire de vouloir briser les coutumes engage une renégociation identitaire avec, en prime, l'enfant comme porteur d'avenir. En effet, les trois enfants, Laval, Feisal et Ayesha, sont enfermés dans le conteneur qui sert de plate-forme à la cérémonie qui se déroule devant les Mauriciens au Champ-de-Mars[27]. Rapidement, on constate que le conteneur obtient une valeur hautement métaphorique et symbolique puisqu'il est l'objet et le lieu où se concrétisera l'indépendance du pays. Au-delà du quadricolore qui symbolise, pour le rouge, le sang versé pour l'obtention de l'indépendance, pour le bleu, le ciel, pour le jaune, le soleil et le vert pour les champs, ces quatre couleurs dans leur ensemble symbolisent l'appel au métissage et à l'universalité. Car il ne faut pas oublier que c'est en reconnaissant le vivre-ensemble des différentes « couleurs » de l'île, en faisant l'apologie de la diversité, tout en maintenant la sauvegarde des identités spécifiques, que le métissage ethnique et identitaire pourra avoir lieu. Dans sa création de la différence, l'auteur nous propose l'être qui n'est plus représenté mais qu'on s'auto-représente, et le Sino-Mauricien obtient alors un statut autre que celui qu'on lui conférait jusqu'alors. Ce renouvellement de la pensée littéraire inscrit davantage le roman dans une perspective pluriculturelle, en se positionnant comme le :

> …perturbateur [d]es espaces qui constituent et établissent de nouvelles structures d'autorité, de nouvelles initiatives politiques, qui échappent au sens commun[28].

Alors que l'identité métisse se précise, nous observons le fait que cela est rendu possible grâce à l'espace reterritorialisé. En effet, le fait de passer d'un espace à un autre, de Chine à Hong Kong, de Hong Kong à Maurice et de Maurice à l'Australie, ne perturbe pas la cohérence qui existe entre ces différents espaces. En fait, il s'agit presque d'une stratégie d'écriture qui invite à l'ouverture aux autres. Cette situation d'ambiguïté résultant du fait qu'on s'ins-

---

26 *Ibid.*, p. 196.

27 Le Champ-de-Mars est par ailleurs un hippodrome où se déroulent les courses hippiques les samedis.

28 Homi Babha, « Le tiers-espace, entretien avec Jonathan Rutherford », *Multitudes*, n°26, 2006, p. 99.

talle dans un pays étranger et qu'on essaie de se mélanger aux autres tout en assurant la pérennité de la culture de départ, introduit de manière subtile la notion d'altérité. L'altérité peut aussi et paradoxalement réunir deux êtres que tout semble séparer au départ, comme dans le cas du Sino-Mauricien Laval et de son ami Feisal. Alors que Laval vit dans un cocon surprotecteur qu'est le conteneur et est promis à une vie d'inadaptation la plus complète dans la société mauricienne, sa rencontre avec Feisal sonne comme un réveil à la réalité, leur errance quotidienne devenant, dans le fond, l'acte par lequel le pacte se fait entre communautés. On pourrait également considérer cette errance comme une forme de mouvement de recherche identitaire, compte tenu du fait que le mouvement physique (avec Laval qui quitte son conteneur pour se promener à travers Port-Louis et le Champ-de-Mars et se retrouver à la Vallée des Prêtres, chez Feisal) est la forme active de ce qui est le mouvement psychique (avec Laval qui se lie d'amitié avec Feisal et épouse Ayesha). L'amitié qui se crée et se nourrit naturellement brise les frontières de l'irréconciliable. Il semble exister alors un discours unifiant qui valorise les nouvelles réflexions sur l'émergence de l'interculturel ou du multiculturel. Il y a aussi le renversement des idées reçues, à travers une attitude innovante et créatrice. L'effervescence des interactions avec l'Autre nourrit cette envie de se métisser pour mieux apprendre de l'autre et sur l'autre. D'ailleurs Serres disait :

> Toute pédagogie reprend l'engendrement et la naissance d'un enfant : né gaucher, il apprend à se servir de la main droite, demeure gaucher, renaît droitier, au confluent des deux sens ; né Gascon, il le reste et devient Français, en fait métissé : Français, il voyage et se fait Espagnol, Italien, Anglais ou Allemand ; s'il épouse et apprend leur culture et leur langue, le voici quarteron, octavon, âme et corps mêlés. Son esprit ressemble au manteau nué d'Arlequin[29].

Ce qui semble s'opposer aux principes établis par la société sont les perceptions variées des individus face au phénomène identitaire métis. Si, pour la mère de Laval, il y avait « un sentiment de répulsion qu'elle avait éprouvé envers ces gens-là… »[30], Laval, lui-même issu d'une nouvelle génération, semble plus relationnel et communicatif, ce qui lui permet d'entendre les autres voix. Il y a comme un nouveau regard face à l'espace où les personnes évoluent. Sa mobilité et ses trajectoires multiples l'aident à construire un processus de socialisation qui se présente comme différent de celui de sa mère, presque toujours confinée dans sa boîte. Encore devrions-nous préciser qu'elle l'était un peu par obligation puisque « l'oncle Lee Song Hui ne [les] avait jamais amené[s] au poste de police pour que l'on fasse [leurs] papiers »[31]. L'écrivain nourrit des imaginaires variés, ce qui favorise la pluralité. D'ailleurs Bakhtine ne dit-il pas

29 Michel Serres, *Le tiers instruit*, Paris, Folio, Essais, 1991, p. 86.
30 Amal Sewtohul, *op. cit*, p. 62.
31 Amal Sewtohul, *op. cit.*, p. 61.

que le plurilinguisme et la plurivocalité[32] ne peuvent que faire corps avec le roman ?

La dialectique noir/blanc se dissout pour donner lieu à une entité plus homogène et non plus fondée sur des repères politiquement corrects. La nouvelle identité refuse tout modèle qui favoriserait des séparations entre ethnies. Au contraire, le discours d'Amal Sewtohul est en définitive celui qui prône le métissage. En rentrant chez lui avec la chemise de son ami Feisal – chemise obtenue quand il était tombé à l'eau après sa dispute au Champ-de-Mars –, c'est comme un « trophée de guerre »[33] qu'il arbore. Serait-ce alors que Sewtohul prône l'émancipation d'une culture autonome ou d'une forme de mixité culturelle ? S'il y a l'affirmation du mélange, nous constatons tout de même une certaine réticence d'une part, comme nous l'avons vu, chez la mère de Laval, et, d'autre part, chez le père de Feisal qui, lui, « un grand homme noir… nous a regardés dîner sans dire mot »[34]. Les rapports de force sont tout de même légèrement différents chez les deux enfants, « chez [Laval] c'était ma mère, ici c'était le père »[35]. Ce métissage prend de l'envergure lorsque Laval décide de se fondre dans la famille de Feisal et d'Ayesha, un soir de fête, alors que les deux garçons ont traversé l'île d'ouest en est pour assister à cette fête. Comme s'il fallait faire remarquer la difficile entreprise pour représenter le métissage dans une île où les identités se découvrent au contact de la culture de l'Autre. La sortie en bateau qu'organise la famille sera le point de départ d'une vie nouvelle pour Laval. L'individualité du Sino-Mauricien se précise et ce dernier développe des affinités pour la peinture. Les bâtonnets de craie avec lesquels il prenait plaisir à jouer dans son conteneur représentent le point de départ de sa quête identitaire. Il se découvre une véritable passion pour le dessin, ce qui comblera son chef-d'œuvre artistique, le « *Made in Mauritius* », composition qui raconte les différentes personnes qui l'ont marqué ainsi que les événements importants qui ont marqué son île, malgré un style « naïf » ou encore une « composition surchargée »[36]. Thomas McEvilley précise que l'identité « est au cœur de la différence, [et] la différence est la condition irrévocable de l'identité »[37], ce qui démontre qu'il doit forcément y avoir la présence d'un dialogue des cultures pour que l'altérité ne soit plus confrontée à une sorte de chantage. Pour assumer cette différence, nous nous souviendrons le jour où les jeunes brisent les limites imposées par les parents et la société :

> Certains, des jeunes surtout, donnaient dans la provocation. Et dans la société d'alors, la provocation ça voulait dire : garçon et fille, marchant dans la rue, main dans la main !!![38]

---

32 Mikhaïl Bahktine, *Esthétique et Théorie du roman*, Paris, Gallimard, 1978.
33 *Ibid.*, p. 68.
34 *Ibid.*, p. 75.
35 *Ibid.*
36 *Ibid.*, p. 203.
37 Thomas McEvilley, *L'identité culturelle en crise. Art et différence à l'époque postmoderne et pos/coloniale*, Nîmes : Jacqueline Chambon, 1992, p. 127.
38 Amal Sewtohul, *op. cit.*, p. 197.

La sublimation de l'exil

Qu'il soit ethnique ou identitaire, le métissage est une forme esthétique choisie par Amal Sewtohul afin de valoriser son personnage principal qui est sino-mauricien. Alors que Laval semble franchir des étapes difficiles pour atteindre son but, les difficultés restent cependant surmontables car Maurice est une île et les distances à parcourir pour atteindre son objectif ne sont pas excessives. En revanche, la stratégie mise en place par l'auteur se corse lorsque les personnages s'exilent en Australie dans le but de retrouver Ayesha, partie plus tôt pour y poursuivre des études de droit. L'exil s'inscrit alors comme une épreuve initiatique alors que l'altérité recherchée se pose comme une épreuve compliquée car l'Australie est vaste, ce qui ralentit le rythme du personnage pour atteindre son objectif. Le lecteur est amené à porter un nouveau regard sur l'exil car il incarne cette marginalité volontaire qui vise à marquer la différence. La reterritorialisation proposée par une topologie fascinante permet à l'adaptation d'avoir lieu. Le roman d'Amal Sewtohul a une propension au décentrement comme dans le but de constamment réinventer l'espace en proposant à chaque fois un nouvel exil. La stratégie fictionnelle basée sur les quatre espaces (Chine, Hong-Kong, Maurice et Australie) permet toutefois d'y voir une homogénéisation de l'histoire des personnages comme pour rappeler comment l'éloignement corporel du lieu de naissance n'est pas une fatalité en soi. L'exil est ainsi sublimé car il donne à voir une unicité des diasporas. Même si *Time Magazine* « disait que Maurice n'avait pas sa place en ce bas monde »[39], le fait est que Maurice, à un certain moment de l'histoire, a représenté l'exil pour certains des personnages, dont les parents de Laval. Si l'exil peut être volontaire ou forcé, le lieu d'accueil qu'il représente n'efface en rien la nostalgie du paradis perdu de son pays d'origine. Cela peut alors provoquer de sérieuses dissensions au sein de la famille qui a vécu l'exil, comme c'est le cas pour les parents de Laval. Mais, comme le précise Marion Sauvaire, « le lieu d'émission de la littérature est plus que jamais irréductible à tout ancrage territorial, même exilique »[40] et le roman nous le démontre bien. La poétique de l'errance, propre à l'exil, semble incarner un aspect métaphorique à travers le conteneur qui pourrait être comparé aux différents bateaux négriers dans l'histoire de l'humanité. Le topos traditionnel que l'on a vu dans les diverses œuvres littéraires abordant le thème de l'exil, semble s'être désincarné de sa représentation traditionnelle pour se réincarner à travers un conteneur, ce qui va produire des scènes aussi originales qu'inimaginables, comme « [l]'instant d'après, le conteneur atterrissait doucement sur la plate-forme d'un camion porte-conteneur »[41]

[39] Amal Sewtohul, *op. cit.*, p. 189.

[40] Marion Sauvaire, « De l'exil à l'errance, la diversité des sujets migrants », *Amerika*, 5 | 2011, mis en ligne le 20 décembre 2011, consulté le 01 mars 2016. URL : http://amerika.revues.org/2511 ; DOI : 10.4000/amerika.2511

[41] Amal Sewtohul, *op. cit.*, p. 205.

ou encore, « la vague mystérieuse qui souleva plus tard mon conteneur et le jeta sur la berge de la Grande Rivière »[42].

L'exil est davantage mis en évidence par le jeu de voix qui alternent entre narration homodiégétique et un modèle narratif dialogique tout au long du roman. En allant en Australie, le Sino-Mauricien arrive à croire que son rêve de revoir Ayesha va enfin se réaliser et qu'il pourra lui déclarer sa flamme. Ils vont se marier même si, par la suite, leur histoire est vouée à l'échec car ils se sont rendu compte qu'ils étaient différents l'un de l'autre, ayant en plus été séparés par des aspirations distinctes. Cependant, le changement de pays qu'incarne l'exil propose un transfert avec des personnages qui participent ouvertement à proposer l'exil comme une alternance, notamment à travers Frances, la seconde épouse de Laval. Or, en croyant que l'exil serait l'opportunité pour gommer certains aspects du passé, le narrateur se rend vite compte que tout élément marquant du passé ne peut qu'être profondément inscrit dans la vie d'une personne et que le fait de vouloir l'effacer procède, au fait, d'une volonté de le faire revivre, consciemment ou inconsciemment. Le syntagme proleptique constitue un « mode d'expression primaire, spontané ; immédiat » de l'information selon Kirtchik-Halevi[43] et non un élément perturbateur d'un récit. Quand, une fois en Australie, Laval discute de son « tableau » avec Feisal, il le prévient des risques de *sur*analyser cette représentation, tout en mettant en avant les risques que cela comporte :

> Prends la peinture, par exemple ; elle implique ta maison, ton cerveau et ton cœur. Elle ne peut pas se réduire à la technique, à moins d'être un dessinateur industriel. Si elle essaie trop d'illustrer une idée, elle devient une sorte de peinture propagande, comme chez tes amis marxistes. Pour être vraiment artistique, elle doit sublimer tes émotions, tes idées et ta technique[44].

En même temps que cela invoque le prolepse ou l'« opinion que l'on se fait d'avance », cela peut également faire référence à une forme d'analepse. En effet, même si les personnages de Laval et Feisal sont dans un temps présent différent, en étant sur une terre d'exil, il se trouve que de multiples éléments rappellent leur passé, comme le tableau lui-même. Ainsi, c'est tout en dialogues qu'analepse et prolepse se conjuguent afin de donner à l'écriture de Sewtohul un rythme cadencé, nuançant vivement la forme narrative du début de l'histoire.

Sur un tout autre plan, on constate que l'attraction pour l'Australie, qui voit les personnages voyager d'une île à une autre, permet en même temps de voir comment la notion d'espace-temps semble diffuse. La triple mise en abyme

---

42 *Ibid.*, p. 213.

43 Pablo Kirtchik-Halevi, « LUIT : Language – a Unified and Integrative Theory », paru dans M. M. Jocelyne Fernandez-Vest (dir.), *Combat pour les langues du monde – Fighting for the world's languages*, Paris, L'Harmattan, coll. « Grammaire & Cognition » n°4 et 5, 2007, p. 276.

44 Amal Sewtohul, *op. cit.*, p. 256.

– la première étant de Chine à Hong Kong, la deuxième de Hong Kong à Maurice et la troisième de Maurice à l'Australie – établit la réinscription de la pensée dans des repères temporels variés, ce qui annonce également une poétique nouvelle. Comme le précise Carme Husti-Laboye :

> La dialectique centre-périphérie est abolie dans les romans. À sa place, une représentation particularisante et plurielle des espaces traversés par le trajet du personnage est proposée[45].

L'exil australien confère un pouvoir subversif au temps car bien que nous soyons dans le futur, nous avons l'impression que le Sino-Mauricien tente de revivre, voire d'améliorer son passé (« Nous étions des rebuts de l'humanité venus à Maurice… »[46]). Il y a comme un effondrement des repères spatio-temporels où l'on essaie de reconquérir son passé, où cette reconquête ne sera qu'éphémère. En fait Laval se rend compte d'une chose :

> Cette boîte de métal faisait partie de moi depuis si longtemps, avait été pendant toute ma vie le symbole de ma pauvreté, de mon manque de racines[47]…

Kahneman et Miller parlent de mutation contrefactuelle lorsqu'ils font référence à une simulation mentale où un événement passé est annulé, ainsi que les conséquences de cette annulation envisagées[48]. Ce faisant, ils mettent en évidence la balance à trouver entre les effets positifs et négatifs de ce qui a été fait et ce qui aurait dû être fait. Alors que cette théorie semble binaire, donnant la possibilité à deux événements d'avoir lieu, il se trouve que le narrateur incarne une troisième possibilité. En effet, Laval semble non seulement pris entre l'envie de vouloir faire les choses différemment de ce qui aurait dû être fait et celle de faire les choses différemment de ce qui a été fait ; il était lié par un « manque de racines »[49]. Même si la modernité esthétique préfère une forme de rationalisation du monde, et du regard qu'on lui porte, il existe une forme de désenchantement, de déploration de cet état, quand il n'y a pas eu de progrès personnel. Et cette désillusion ne va pas s'estomper. Comme le précise Emmanuel Bouju :

> Les diverses figures de la désillusion se partagent ainsi entre deux modèles principaux : celui d'un processus d'« initiation » du protagoniste à une réalité désenchantée, qui le condamne à une inauthenticité et une insatisfaction sans fin ; et celui d'un « chemin de perdition », qui le

45 Carme Husti-Laboye, *La diaspora postcoloniale en France*, Limoges, Presses Universitaires de Limoges, 2009, p. 99.
46 Amal Sewtohul, *op. cit.*, p. 126.
47 *Ibid.*, p. 260.
48 Daniel Kahneman, & Dale Miller, *Norm theory: Comparing reality to its alternatives*, *Psychological Review*, 1986, p. 93.
49 Amal Sewtohul, *op. cit.*, p. 260.

conduit irrémédiablement, à travers l'amère consommation des simulacres, à l'épreuve ultime de la mise à mort[50].

Après son divorce et le divorce de son fils, il sera encore plus déçu du fait que son petit-fils portera le nom de sa mère.

Malgré toutes ses bonnes intentions fondées d'une part, sur le fait de retrouver Ayesha, et de l'autre, sur l'amélioration de sa vie, le narrateur se rendra compte que le nouvel environnement et la prise en compte des différences grandissantes entre les personnages sur le plan statutaire (Ayesha ayant fait des études de droit alors que le narrateur est artiste, ce qui, dans la société mauricienne, est souvent perçu comme étant un métier secondaire) seront bien des facteurs qui confirmeront une impossible mise en relation des deux personnages. La société étant ce qu'elle est avec ses hiérarchies sociales, certains ne peuvent, même s'ils le voulaient, se départir de ces idéologies inscrites par l'homme afin de mieux le contrôler. Leur mariage sera ainsi un échec.

Mais si nous devons remonter le temps, nous nous rendrons compte que l'exil s'est aussi imposé au père de Laval, Lee Kim Chan, lorsqu'il doit fuir la Chine pour Hong Kong :

> … le camarade Mao avait annoncé qu'il était l'heure pour la Chine d'accomplir un grand bond en avant, en quelques années elle devait égaler la production d'acier de l'URSS…

C'est alors que commença la folie collective. On construisit une fonderie à l'orée du village, en se basant sur les plans rudimentaires qu'avaient envoyés les bureaux du Parti et chacun se mit à chercher du fer, grappillant ici et là des clous, de vieux outils tout rouillés, des feuilles de tôle. Mais rien ne pouvait satisfaire l'appétit de ce monstre de feu, qui avalait tout et ne leur donnait en retour que de maigres petits lingots de qualité douteuse… Afin de contribuer à l'industrialisation de la Chine, le village retournait de lui-même à l'âge de pierre[51].

La pauvreté ainsi que ce « monstre de feu »[52] semblent être les premiers éléments qui vont pousser le père du narrateur à fuir la Chine. On pourrait même penser que, las de se sentir en marge de la société, et dans une situation contradictoire d'être exclu tout en étant à l'intérieur de ce pays, le père a voulu s'éloigner de son lieu de naissance qui le rendait ainsi malheureux. D'ailleurs, comme l'écrit Gilles Deleuze :

> Se déterritorialiser, c'est quitter une habitude, une sédentarité. Plus clairement, c'est échapper à une aliénation, à des processus de subjectivisation précis[53].

---

50 Emmanuel Bouju, *Réinventer la littérature*, Toulouse, Presses Universitaires du Mirail, 2002, p. 217.

51 Amal Sewtohul, *op. cit.*, p. 14.

52 Amal Sewtohul, *op. cit.*, p. 15-16.

53 Gilles Deleuze, *L'Anti-Œdipe*, Paris, Editions de Minuit, 1972, p. 162.

Lee Kim Chan semble, cependant, trouver un bonheur qui s'avèrera de courte durée en parvenant à rejoindre Hong Kong. Car le sentiment de départ qu'il avait en croyant à un meilleur avenir dans cette terre d'accueil lui sera, en quelque sorte, « fatal » quand sa cousine tombera enceinte de lui. Fait majeur à signaler : cette même terre qui lui rappelle de mauvais souvenirs, sera, au contraire, un « paradis »[54] pour celle qui deviendra son épouse. En effet, Lee Ying Song :

> [...] rêvait de devenir, dans sa ville natale, secrétaire dans un bureau, porter un beau cheongsam et se faire une permanente, et prendre tous les jours l'autobus vers Central, et entrer dans un bel immeuble, où le marbre résonnerait sous ses pas...[55].

Cette nette opposition indique déjà les signes de divergences entre ces deux personnages. Même une nouvelle reterritorialisation, à l'île Maurice, n'entraînera pas de grand changement :

> [...] ces querelles hideuses entre mes parents, et pendant lesquelles, il fallait partir se terrer dans le premier abri disponible, sous la table et le lit, de peur d'être pris entre deux feux ?[56]

Sublimer l'exil équivaut à recréer un nouveau monde fait de nouvelles règles. Mais, la liberté retrouvée à travers l'exil n'est que temporaire quand le personnage fuit son lieu de naissance. Parce que l'exil australien autorise une individualisation de la personne, il y a une remise en question des normes qui régissent la société. La reconfiguration des données permet de voir, qu'au fond, tout les sépare ; leur unicité légendaire à Maurice n'est qu'incohérence et non-coïncidence. Ils se marient mais divorceront quand leur fils, Sultan, a treize ans. Et la façon la plus belle pour Laval de sublimer encore l'exil, ce qui s'apparenterait à l'essence même de cette fin de vie, est de retrouver Feisal. De même, croire en l'aspect merveilleux de la reterritorialisation n'est pas sans équivoque pour les parents de Laval : si pour la mère, Hong Kong est un pays formidable, pour le père, il marquera le début de toute une vie de misère. L'île Maurice cristallisera l'aspect le plus douloureux dans l'existence de ces deux personnages.

CONCLUSION

L'image que projette la littérature mauricienne, sous la plume d'Amal Sewtohul, est faite d'altérations multiples du personnage qui, jusqu'à présent, était effacé dans toute la littérature francophone mauricienne. En lui accordant

---

[54] Amal Sewtohul, *op. cit.*, p. 28, où il est écrit que Hong Kong sera devenu un « paradis perdu » pour elle.

[55] *Ibid.*, p. 25.

[56] *Ibid.*, p. 51.

un semblant de pouvoir, Amal Sewtohul essaie véritablement de sortir le personnage de sa position de marginal. Ce que l'auteur a voulu démontrer est le fait que toute personne se forge une identité en fonction de son environnement. Or, l'environnement du personnage principal, Laval, dans ce texte, ne réside pas seulement dans les relations qu'il entretient avec ses parents, ses amis et son entourage ; il est aussi question d'un espace *a priori* « clos » mais *a fortiori* « ouvert » à des possibilités multiples d'expériences qu'il vivra, à Maurice comme en Australie. L'espace du conteneur orange sera, pour le personnage principal de ce roman, un espace qui incarne bien l'analyse qu'en font Garnier et Zoberman, à savoir « pièce maîtresse pour une résistance à l'encerclement du littéraire par le "tout sociologique" »[57]. Cet espace est l'incarnation même du devenir du personnage car, sans lui, l'histoire aurait, sans doute, été tout autre. En explorant la représentation du Sino-Mauricien, à travers un univers symbolique et des personnages bariolés, au sens propre comme au sens figuré, il nous semble que l'auteur amorce un changement radical dans la littérature francophone mauricienne. N'oublions pas que ce sera à travers le personnage sino-mauricien que jaillira une fusion des différentes ethnies, qui, jusqu'alors, étaient reléguées à des stratifications difficilement perméables. Le Sino-Mauricien d'Amal Sewtohul représente la perspective de l'auteur de voir son île incarner fièrement le métissage. Si cela commence par le conteneur qui devient le socle de la passation du pouvoir des Anglais aux mains des Mauriciens, cela continue pour beaucoup par l'attitude de Laval qui refuse tout enfermement sur soi, tout refus de l'Autre. Il serait, en quelque sorte, l'incarnation vivante de ce qu'un des plus grands auteurs de la littérature mauricienne, Marcel Cabon, souhaitait vivement, à savoir le mauricianisme dans tous ses états. L'exil, qui est volontaire, aide à une émancipation symbolique. Même si cette nouvelle perspective de pluralisation n'aura dans l'absolu pas totalement lieu, comme s'il s'agissait pour l'auteur d'analyser le fait que toutes les formes de déterritorialisation ou de reterritorialisation peuvent se répéter à l'infini si l'harmonie et l'acceptation de l'Autre ne se font pas et ne se vivent pas à l'intérieur de soi et à l'intérieur de son pays d'origine. Le personnage emblématise, au final, l'espoir de tout un peuple.

BIBLIOGRAPHIE

BABHA H., « Le tiers-espace, entretien avec Jonathan Rutherford », *Multitudes*, n°26, 2006.

BAHKTINE M., *Esthétique et Théorie du roman*, Paris, Gallimard, 1978.

BOUJU E., *Réinventer la littérature*, Toulouse, Presses Universitaires du Mirail, 2002.

DELEUZE G., *L'Anti-Œdipe*, Paris, Editions de Minuit, 1972.

FOUCAULT M., *Des autres espaces*, disponible en ligne sur : http://foucault.info/documents/heteroTopia/foucault.heteroTopia.fr.html, consulté le 27 février 2016.

[57] Xavier Garnier & Pierre Zoberman, *Qu'est-ce qu'un espace littéraire ?*, Saint-Denis : Presses universitaires de Vincennes, coll. « L'imaginaire du texte », 2006, p. 6.

FUA DE CAMONDO T.-H., *Confession d'une psychanalyste*, Toulouse, Presses Universitaires du Mirail, 2000.

GARNIER X. & ZOBERMAN P., *Qu'est-ce qu'un espace littéraire ?*, Saint-Denis, Presses universitaires de Vincennes, coll. « L'imaginaire du texte », 2006.

KAHNEMAN D. & MILLER D., "Norm theory : Comparing reality to its alternatives", *Psychological Review*, 1986.

HAMON P., *Du descriptif*, Paris, Hachette, 1993.

HARTOG F., *Le Miroir d'Hérodote. Essai sur la représentation de l'autre*, Paris, Gallimard, 1980.

HUSTI-LABOYE C., *La diaspora postcoloniale en France*, Limoges, Presses Universitaires de Limoges, 2009.

KIRTCHIK-HALEVI P., « LUIT : Langage – a Unified and Integrativ Theory », *in* M. M. Fernandez-Vest Jocelyne (dir.), *Combat pour les langues du monde –Fighting for the world's languages.* Hommage à Claude Hagège, Paris, L'Harmattan, coll. « Grammaire & Cognition » n°4 et 5, 2007.

MC EVILLEY T., *L'identité culturelle en crise. Art et différence à l'époque postmoderne et pos/coloniale*, Nîmes, Jacqueline Chambon, 1992.

SAUVAIRE M., « De l'exil à l'errance, la diversité des sujets migrants », *Amerika* [En ligne], 5 | 2011, mis en ligne le 20 décembre 2011, consulté le 01 mars 2016. URL : http://amerika.revues.org/2511 ; DOI : 10.4000/amerika.2511.

SEWTOHUL A., *Made in Mauritius*, Paris, Éditions Gallimard, 2012.

TSANG KWAI KEW R., « Si l'histoire de l'immigration chinoise à Maurice m'était contée », *in Le Défi*, 23 janvier 2012, http://www.defimedia.info/blog/item/4828-si-l%E2%80%99histoire-de-l%E2%80%99immigration-chinoise-%C3%A0-maurice-m%E2%80%99%C3%A9tait-cont%C3%A9e.html, consulté le 31 octobre 2015.

De la *Malaya* britannique à la Malaisie mondialisée. Positionnements identitaires d'une nation colonisée devenue terre d'accueil

Hélène GIRARD-VIRASOLVIT
Université Nationale de Singapour (NUS)

L'Occident est un projet pour Édouard Glissant, une déterritorialisation opérée par la colonisation, et par la mondialisation dans sa continuité. Cet article s'appuie sur cette pensée pour interroger l'identité postcoloniale de la Malaisie, une ancienne colonie britannique, aujourd'hui terre d'immigration. La recherche faite sur le terrain, dans le but de contextualiser mes données et mes analyses de discours d'expatriés pour ma recherche doctorale, est reprise ici pour montrer comment l'empire colonial en Malaisie a créé le territoire, peuplé ce territoire, hiérarchisé et communautarisé ces populations, laissant une nation indépendante dont la construction de l'identité est au cœur d'un débat idéologisé et politisé.

Mots-clés : discours, identité, altérité, postcolonialisme.

Drawing on Edouard Glissant's view of the colonization-globalization continuity as deterritorializing, this article reflects on postcolonial Malaysia's identity as a former colony, and a contemporarily host country. My research on Malaysia's postcolonial discourse and identity was conducted in order to contextualize a doctoral thesis data analyzing expatriates' discourses. In this article, I will show how the British Empire created a territory, organized migrations, divided and hierarchized populations, leaving an independent nation to debate, build or manipulate its identity.

Keywords: *discourse, identity, alterity, postcolonialism.*

Dans une étude de cas menée dans le cadre de ma thèse en sciences du langage, j'ai analysé les discours d'expatriés français en Malaisie dans le contexte postcolonial. L'analyse au cœur de cette recherche interrogeait l'expérience de l'altérité par des Français lors de leur arrivée en visiteur de longue durée sur un territoire hôte, la façon dont ce territoire hôte était perçu et décrit dans leurs récits. Ce territoire est autre parce qu'il est le chez-soi d'un autre, or ma recherche a montré à quel point la territorialité et la mosaïque culturelle malaisiennes sont complexes et que dans le contexte d'après colonisation, la notion de chez-soi elle-même, pour les Malaisiens, est fragile et débattue.

Pour permettre l'analyse des discours de mon corpus (des entretiens avec et des textes écrits par des expatriés français en Malaisie sur leur mobilité, leur identité et leur expérience de l'altérité), il était crucial de comprendre sur quel type de territoire l'expérience de l'altérité avait été vécue par les participants. Cela englobe non seulement le territoire et la société, son histoire, sa géographie et la mosaïque de populations en présence, mais également les représentations qui ont pu se construire au fil du temps : les mobilités internationales en Malaisie s'ancrent dans des représentations marquées principalement par la mémoire coloniale et le substrat idéologique légués à la Malaisie indépendante, ainsi que par la mutation du territoire en un pôle d'attraction migratoire économique durant les dernières décennies. Ces recherches contextuelles me permettent d'aborder dans cet article l'autoidentification de la Malaisie postcoloniale, un phénomène mouvant et débattu parmi les penseurs malaisiens dans le cadre de la pensée postcoloniale et de ses discours.

Du Tout-monde à la mondialisation

Il y a une continuité idéologique indéniable entre colonisation (par les empires européens) et mondialisation (par les mêmes puissances). Édouard Glissant ne fait aucune distinction entre les deux démarches, qu'il regroupe sous le label de « Projet Occident » : « L'Occident n'est pas à l'Ouest, ce n'est pas un lieu, c'est un projet » (Glissant, 1981 : 13). Selon cet auteur, ce projet se résume, dès les temps coloniaux, à une mondialisation, c'est-à-dire aujourd'hui comme hier à une colonisation et une exploitation capitaliste des territoires.

Le discours de la globalisation, que Jacques Coursil appelle « Le discours idéologique du grand projet occidental » (2009 : 101) tend à nier cette relation idéologique par une sémantique qui présente la mondialisation comme un phénomène naturel inéluctable, plutôt qu'une démarche volontaire émanant de certaines puissances politiques et économiques. Pourtant, l'étude de la construction démographique d'un pays comme la Malaisie démontre comment ce qu'Édouard Glissant appelle la « découverte du monde » par l'empire colonial et sa subséquente conquête (« ils [ceux d'Occident] sentaient bien que leur rêve du monde en préfigurait ou accompagnait la Conquête ») a bouleversé les territoires, les populations et les identités des colonisés.

L'empire colonial déconstruit et recompose les territoires et les populations

> La majorité des sociétés multiethniques du monde en développement trouvent leur origine dans la migration coloniale forcée, la reconfiguration de la géographie politique d'après-guerre et l'édification de la nation postcoloniale basée sur l'intégration territoriale (Shamsul Haque, 2003 [2010 : 241]).

Ce que cet observateur malaisien dénonce ici se constate dans l'histoire de l'actuelle Malaisie. En particulier, la mise en perspective de son histoire territoriale et démographique précoloniale, coloniale et postcoloniale met en lumière la violence des bouleversements imposés par l'empire.

Le pays, unifiant sous la *Pax Britannica* la péninsule malaisienne ainsi que le nord de l'île de Bornéo, s'est défini comme nation indépendante au rythme même de la décolonisation, négociée et guidée par les Britanniques. Un bref aperçu historique permet de prendre une première mesure de cette « fabrication » territoriale et politique de la nation indépendante.

Le projet même d'un État fédéral sur ces territoires, c'est-à-dire de l'organisation actuelle du pays, a émané de l'Empire britannique : la fédération est en effet fondée en 1948, près de 10 ans avant l'indépendance du pays et donc fortement guidée par le colonisateur, ainsi que sous la pression du déjà existant *United Malays National Organization* (UMNO, Organisation Nationale des Malais Unis), aujourd'hui membre principal de la coalition au pouvoir depuis l'indépendance. Le territoire malaisien péninsulaire a obtenu son indépendance en 1957 et cette date du 31 août est encore aujourd'hui la fête nationale du pays. Le pays actuel ne s'est constitué en fédération avec les États du nord de Bornéo (Sabah et Sarawak, qui ont accédé à l'indépendance en 1960) qu'en 1963. À cette date, l'île de Singapour, formant la pointe sud de la péninsule, fait également partie de cette fédération, pour une brève période puisqu'elle en est exclue dès 1965. Ce n'est qu'en 2010 que le gouvernement déclare la commémoration de la naissance de la fédération – et du pays sous sa forme actuelle – jour férié : le *Malaysia Day* (Jour de la Malaisie). Cette double fête nationale montre déjà la complexité de l'unité de la nation. Revenons encore un peu en arrière pour prendre la mesure du rôle de la colonisation dans la formation de la nation contemporaine.

La Malaisie appartient précolonialement au monde malais, une culture s'étendant du sud de la Thaïlande au nord de Bornéo sur le domaine sud-est asiatique insulaire et péninsulaire. Les populations autochtones occupant le territoire actuel de la Malaisie depuis 10 000 ans ont connu l'immigration malaise depuis près de 4 000 ans, plus importante depuis environ 2 000 ans et massive à la fin du XIXe siècle. En nombre restreint, les deux derniers millénaires ont aussi permis des immigrations indienne et chinoise limitées.

Au-delà de cette mixité historique, la pluri-culturalité actuelle du territoire tient surtout à l'Empire britannique, qui y a fixé, en nombre, les communautés qui constituent aujourd'hui les minorités malaisiennes, comme l'analyse Nathalie Fau (géographe spécialisée sur le détroit de Malacca, l'Indonésie et la Malaisie) :

> Si la colonisation britannique est un premier facteur déterminant dans la genèse du développement économique malaisien, ce n'est pas tant en transformant la Malaya en une colonie d'exploitation fondée sur l'extraction minière (étain) et les plantations (hévéa), qu'en étant à l'origine de la formation d'une société multi-ethnique et inégalitaire (Fau, 2013 : en ligne).

Les rapports de force ont donc été bouleversés sous l'Empire britannique, passant d'une population d'environ 300 000 habitants aux deux tiers malais en 1835 à 6.3 millions avant l'indépendance, dont la moitié seulement est alors malaise.

Animé par des préoccupations purement pragmatiques de gain économique, l'Empire britannique a également modelé la répartition des rôles de chacun de ces trois grands groupes (chinois, indien et malais) selon ses intérêts. Michael Stenson (1980 : 4), historien spécialiste de l'Asie du Sud-Est, rappelle que la séparation communautaire est née d'une organisation économique coloniale dans laquelle chaque communauté avait une fonction. Les immigrants chinois et indiens constituaient la main-d'œuvre bon marché pour l'exploitation agricole et minière destinée à l'empire, tandis que les Malais assuraient « la stabilité politique » et produisaient par leur activité agricole « de la nourriture bon marché pour la main-d'œuvre chinoise et indienne ». Il y a de plus eu une volonté politique coloniale de diviser pour mieux régner, en particulier après la seconde guerre mondiale durant laquelle des alliances prolétaires sino-malais-indiennes s'étaient formées. Cet auteur parle d'une « sclérification des structures économiques et sociales malaises » et cite de nombreux exemples d'organisations sociales mises en place par les colons et visant à répartir les tâches selon les communautés dans les domaines administratifs, économiques, agricoles ou militaires, qui selon lui ont contribué à un certain communautarisme dans la Malaisie indépendante.

> L'économie politique de la Malaya coloniale était l'extension et le développement de l'économie mercantile des comptoirs du détroit [de Malacca]. Son essence était la manipulation de diverses populations asiatiques afin d'exploiter une variété limitée de produits miniers et agricoles (Michael R. Stenson, 1980 : 3).

C'est la gouvernance britannique qui a permis à ces populations chinoise et indienne de devenir citoyens de la Malaisie et cela en amont de l'indépendance. Les Britanniques ont en effet établi l'union malaisienne en 1946, avec une nationalité unique dont ont bénéficié les communautés de mineurs venus de Chine et d'ouvriers agricoles venus d'Inde. La négociation opérée par l'Empire britannique en vue de la transition vers l'indépendance a notamment consisté à offrir la nationalité aux communautés chinoise et indienne – la communauté chinoise représentait alors près de la moitié de la population totale – en contrepartie de la constitution d'un État privilégiant les Malais et ayant pour religion officielle l'islam. Cela s'est produit sous la pression de l'Organisation nationale des Malais unis (UMNO), qui en 1948 a obtenu que la fédération de Malaisie soit créée, n'accordant, selon Shamsul Haque (2003 [2010 : 38]), « qu'une citoyenneté limitée aux non-Malais ». C'est donc sous l'Empire britannique que la coalition politique pluriculturelle, qui a proclamé l'indépendance et qui est encore au pouvoir sans alternance jusqu'à aujourd'hui, a été conçue.

La colonisation déterritorialise les colonisés et bouleverse leur identification

En 1989, l'un des ouvrages fondateurs des études littéraires postcoloniales, *The Empire Writes Back* (*L'Empire vous répond*), s'ouvre sur ces lignes : « Plus des trois quarts des personnes vivant dans le monde aujourd'hui ont vu leurs vies modelées par l'expérience de la colonisation. Il est aisé de voir l'importance que cette expérience a eue pour la politique ou l'économie, mais son influence sur les perceptions des contemporains est moins évidente ».

(Ashcroft et *al.*, 2002 : 1). Cette expérience se traduit essentiellement par ce que George Devereux appelle l'acculturation, posant ainsi une question centrale : celle de l'adoption consciente ou inconsciente de la culture dominante du colon par les colonisés.

J'emprunte, pour introduire cette problématique, la parole de Jacques Coursil (1999 : 90), sur Édouard Glissant, qu'il cite parfois dans son texte :

> L'histoire du monde ne peut pas commencer avant que ce monde ne se soit découvert. Avant cette « découverte du monde », il y a des mondes dont certains sont en contact et d'autres qui s'ignorent. Dans les représentations qui précèdent la découverte des Amériques, des confins antarctiques de l'Afrique, du sous-continent indien, de la Chine, du Japon, etc. et que nous révèle la cartographie européenne de cette époque, le monde dans sa réalité physique, ses proportions, sa diversité humaine et culturelle n'est pas encore apparu. Par l'aventure de Christophe Colomb et celles des autres navigateurs, on passe de la pluralité des mondes, chacun vivant sa propre histoire à une conception globale complète. A la pluralité des imaginaires se substitue une représentation unique, la planète Terre. L'avènement de ce monde désormais clos entraîne la fin de l'autonomie des mondes et parfois leur fin pure et simple. [...] Le monde comme Monde commence donc son histoire par un bouleversement des représentations de l'espace et du temps. [...] Glissant écrit : « Il n'y avait plus de bout du monde et bientôt plus de centre », [...] sous l'irrésistible imposition unifiante de l'Occident les limites qui bornent les étendues culturelles vont peu à peu s'effondrer dans un flou que seul l'Occident semble maîtriser. Les nations x, y, z deviennent « nègres », les nations a, b, c deviennent « indiennes » d'abord sans le savoir. « Le premier africain razzié sur la Côte de l'Or » connaissait-il la Côte de l'Or et savait-il qu'il était Africain ? « Côte de l'Or » est le nom d'un désir qui n'est évidemment pas le sien.

L'idée, chez Édouard Glissant, est que la représentation unifiante du monde qu'impose l'empire colonial génère la prise de conscience d'une diversité des mondes et donc la mise en marche de relations (unifiantes) entre ces mondes, définies au départ par le projet colonial occidental. Il est suggéré que l'expérience de l'altérité même est née du « bouleversement des représentations de l'espace et du temps » imposé par l'Occident il y a cinq siècles.

Aimé Césaire ouvre *Moi, Laminaire...* (1982), un recueil de 63 poèmes, sur ces lignes :

> J'habite une blessure sacrée
> j'habite des ancêtres imaginaires
> j'habite un vouloir obscur
> j'habite un long silence
> j'habite une soif irrémédiable

j'habite un voyage de mille ans
j'habite une guerre de trois cents ans…

À travers le symbolisme de la laminaire, une algue caribéenne mouvante, le poète exprime l'impossibilité de l'enracinement. Pour Jacques Coursil (1999 : 96), Aimé Césaire parle de l'esclave razzié africain comme d'un homme qui « ne sait pas où il est, et mettra longtemps à se rappeler d'où il vient ». Parallèlement, Eddie Tay, un chercheur hongkongais, identifie cinq incarnations de la difficulté à se sentir chez soi pour les habitants des territoires malaisien et singapourien, sur lesquels porte son étude de la littérature anglophone des deux pays. La première est la délocalisation. Celle-ci, vécue par les colons, a amené la transformation coloniale du territoire pour le rendre favorable à la vie des Britanniques. La deuxième intervient lors de la décolonisation et consiste en la déconstruction des conséquences de la première : le rejet des représentations du territoire (aventureux et exotique), héritage culturel de la colonie. Dans l'ère d'après l'indépendance, la troisième incarnation est celle de la distanciation critique par rapport à la nation en train de se construire avec ses choix politiques indépendants et nouveaux. La quatrième est la distanciation physique, dans un contexte où, à leur tour, les nationaux se trouvent en situation d'expatriation longue hors de la Malaisie. Finalement la cinquième tend au contexte global de l'ouverture rapide des frontières caractéristique du monde contemporain, alors même que ces frontières n'ont été que récemment déterminées.

Ces cinq incarnations décrites par Eddie Tay (2011 : 1) démontrent effectivement une identité flottante du pays, décrite comme déracinée, déculturée, déplacée, une identité contestée sur son propre territoire, du fait de la réinvention du territoire exercée tour à tour par les colons et par les ex-colonisés.

Sur ce point, la pensée que développe Édouard Glissant à propos du descendant d'esclave, marqué par l'expérience de la privation d'une terre originelle, peut selon moi s'appliquer au colonisé, à l'ex-colonisé : il y a là aussi une rupture de filiation dans la relation entre l'homme et son territoire, dont il est dépossédé. Le razzié africain et le colonisé malaisien sont également déterritorialisés et donc privés de leur identification. Geneviève Bélugue (1999 : 44), s'exprimant également sur l'œuvre d'Édouard Glissant d'un point de vue littéraire, distingue ainsi l'expérience occidentale de celle des ex-colonisés :

> Contrairement à ce qui se passe dans les mythes fondateurs occidentaux, ces mythes de la création du monde où le territoire est donné à un peuple élu par ses dieux, et se transmet en possession légitime aux descendants, il y a eu dans l'histoire des Antilles une rupture de la filiation.

Une telle rupture de filiation s'incarne dans le cas du territoire colonisé par la délocalisation décrite ci-dessus par Eddie Tay en Asie du sud-est.

Alors qu'il voit la relation entre son territoire et l'Européen comme « l'absolu sacralisé d'une possession ontologique », Édouard Glissant (1990 :

161), voit « une complexité relationnelle » se réaliser entre leur territoire et ceux qui ont connu cette rupture de filiation (une migration violente et forcée dans l'œuvre d'Édouard Glissant, à laquelle je compare l'expérience de la colonisation en Malaisie). Cette idée perçue et exprimée par le descendant d'esclave, est également identifiée dans l'ex-empire colonial britannique dans *L'Empire vous répond* (Ashcroft et *al.*, 2002 : 8-9) :

> La préoccupation pour le lieu et le déplacement est un thème dominant dans la littérature postcoloniale. C'est là que se manifeste la crise d'identité particulière au postcolonialisme ; le souci du rétablissement d'une relation saine et identificatrice entre soi et le lieu.

Le contexte pluriel sur lequel l'identité malaisienne se doit fonder est donc une construction de l'Occident, qui a tiré les territoires sous le pied des populations et laisse aux *leaders*, aux penseurs et aux citoyens de la nation indépendante la tâche de construire sur un matériel « irréparable » :

> Les ethnologues contemporains travaillent sur de l'irréparable. Leurs documents sont les sociétés brisées au contact de la monade occidentale (Jacques Coursil, 1999 : 102).

CONSTRUIRE L'IDENTITÉ MALAISIENNE : DÉBATS ET DIVISIONS EN HÉRITAGE

Héritage colonial et héritage vernaculaire dans l'identité mouvante et débattue de la nation indépendante

Tourné à la fois vers le passé et vers les préoccupations et les espoirs de l'avenir, Hairudin Harun (2003 : copie de l'auteur) résume ainsi le spectre actuel du discours postcolonial malaisien :

> Les possibilités de discours ne sont jamais épuisées. Une voix dominante analyse comment le colonialisme a formaté et affecté le discours postcolonial natif, local. L'autre analyse comment les problématiques postcoloniales divisent les natifs entre modernistes et traditionalistes.

Au-delà de son socle de résistance et d'opposition, les préoccupations les plus caractéristiques du discours postcolonial malaisien sont la conceptualisation d'une identité locale, la réappropriation d'un passé intellectuel et culturel occulté, et la réappropriation du discours accaparé par la littérature coloniale sur ses langues, territoires et traditions. La pensée postcoloniale vise aussi la réhabilitation et le rétablissement même de l'histoire précoloniale, la compréhension des mécanismes colonisateurs et de leurs effets négatifs et en particulier la distorsion sur la perception qu'ont les colonisés d'eux-mêmes. En effet l'idéologie hiérarchisante du colonisateur pollue durablement la perception qu'a de lui-même l'ex-colonisé. L'écrivain franco-tunisien Albert Memmi (1957 : 107) postule que,

> ce portrait mythique et dégradant finit, dans une certaine mesure, par être accepté et vécu par le colonisé. Il gagne ainsi une certaine réalité et contribue au portrait réel du colonisé.

Plus de soixante ans après la fin de l'empire colonial, le cœur passionné du débat postcolonial reste l'idée d'héritage positif et d'héritage négatif du système colonial : selon l'interlocuteur, l'héritage médical, judiciaire ou éducatif peut sembler progressiste et prometteur, mais le legs de l'appareil colonial sécuritaire, des actes draconiens, des structures politiques autoritaires est inquiétant aux yeux de beaucoup. Je vais continuer de citer à propos de ce discours en Malaisie l'auteur malaisien Hairudin Harun, qui s'intéresse aux dilemmes de l'enseignement des sciences et des technologies dans les universités publiques malaisiennes. Le discours postcolonial permet selon lui de questionner le conditionnement du colonialisme sur la pensée de ceux qui le subissent, de la même façon que ce conditionnement idéologique est questionné chez le colonisateur :

> Le colonialisme a laissé aux locaux des traditions intellectuelles obscurcies et un système symbolique bouleversé où héros, méchants, vices et vertus n'ont plus la symbolique qu'ils avaient (Harun, 2003 : copie de l'auteur).

Il a aussi pour but de décrypter et de questionner les perspectives de la nation devenue indépendante dans le monde libre :

> L'indépendance a apporté un nouvel espoir, l'espoir que le gouvernement postcolonial exploite les ressources humaines, scientifiques et technologiques pour le développement socio-économique (*ibid.*).

Il s'agit enfin d'en analyser les limites :

> De nombreux défis se dressent devant la réalisation de ces idéaux. Ils semblent être liés aux problèmes fondamentaux de (i) l'accessibilité à un développement sociable équitable et durable, (ii) du statut des connaissances indigènes, (iii) de la recherche d'alternatives scientifiques ou technologiques appropriées, (iv) de la société civile démocratique, insaisissable (*ibid.*).

Avant tout, le discours postcolonial, scientifique, lettré, politisé, se définit par sa capacité à questionner le dernier tabou parmi les séquelles de l'ère postcoloniale : celui de la persistance du discours colonisé, de l'esprit colonisé. Un phénomène qu'explique le postulat d'Albert Memmi, « la situation coloniale fabrique aussi bien des colonialistes que des colonisés » (1957 : 76), selon un processus de violence et de domination qui amène le colonisé à ne plus remettre en question la domination coloniale. Je complète ici la citation tronquée plus haut (Memmi, 1957 : 107) :

> Confronté en constance avec cette image de lui-même, proposée, imposée dans les institutions comme dans tout contact humain, comment n'y réagirait-il ? Elle peut lui demeurer indifférente et plaquée sur lui de l'extérieur, comme une insulte qui vole avec le vent. Il finit par la reconnaitre, tel un sobriquet détesté mais devenu un signal familier. L'accusation le trouble, l'inquiète d'autant plus qu'il admire et craint son puissant accusateur. N'a-t-il pas un peu raison ? murmure-t-il. Ne sommes-nous pas tout de même un peu coupable ? Paresseux, puisque nous avons tant d'oisifs ? Timorés, puisque nous nous laissons opprimer.

C'est ce que cet auteur qualifie de « mystification » idéologique. Or comme il l'écrit plus loin (*ibid.* : 108),

> la caractérisation et le rôle du colonisé occupent une place de choix dans l'idéologie colonisatrice ; caractérisation infidèle au réel, incohérente en elle-même, mais nécessaire et cohérente à l'intérieur de cette idéologie. Et à laquelle le colonisé donne son assentiment, troublé, partiel, mais indéniable.

Lorsque Dr Mahathir Mohamad, destiné à devenir pendant plus de 20 ans dirigeant de la jeune nation, publia *The Malay Dilemna* (*Le dilemme malais*) en 1970, le livre fut banni de Malaisie car il interrogeait le retard du groupe culturel local majoritaire à se trouver un modèle éducatif, économique et social dans l'ère de l'indépendance. Le livre suggérait d'adopter les modèles modernes occidentaux, notamment les sciences, les technologies et la médecine de l'ancien colonisateur, si nécessaire au prix de la disparition des sciences, technologies et médecines autochtones. La pensée développée dans ce livre par son auteur exemplifie le phénomène de l'esprit colonisé : *The Malay Dilemna* (*Le dilemme malais*) s'appuie sur les thèses racialistes[1] développées par le colonisateur pour asseoir sa « supériorité ».

Dix ans plus tard, à l'accession au pouvoir de son auteur, ce livre a été autorisé en Malaisie. Le discours postcolonial est donc en quelque sorte né en Malaisie de ce premier livre controversé et de la réponse que Syed Hussein Alatas lui a donnée en 1977 dans *The Myth of the Lazy Native* (*Le mythe de l'indigène paresseux*), dénonçant l'analyse de *The Malay Dilemna* comme l'expression néocoloniale des doctrines de supériorité du conquérant.

---

[1] Gérard Lenclud (1991 : en ligne) explique ainsi le « modèle classique du racialisme » d'après Tzvetan Todorov : « Il associerait cinq composantes : la croyance bien sûr en la pertinence de la notion de race, l'affirmation d'une continuité entre le physique et le moral, l'idée que l'appartenance raciale détermine étroitement les individus, le postulat d'une hiérarchie des races et enfin l'élaboration d'un projet politique fondé sur la connaissance des "faits" ».

Après le célèbre *The Malay Dilemna* et sa critique *The Myth of the Lazy Native* (*Le mythe de l'indigène paresseux*), la problématique de l'appropriation ou l'intégration des connaissances occidentales continue d'être explorée. Seyyed Naquib Al-attas (1978) identifie le défi de la connaissance dans la jeune nation au cœur de sa conception par les natifs : celle que la connaissance ne peut être que conçue et disséminée par les civilisations colonisatrices. Il propose l'indigénisation de la connaissance et des sciences occidentales. Ces idées vont inspirer de nombreux penseurs postcoloniaux malaisiens et les pousser dans la voie de l'ethnoscience puis des sciences islamiques, considérant que les sciences et les technologies occidentales ne sauraient être adoptées gratuitement ni de façon neutre. Ces auteurs défendent l'idée que la médecine occidentale est un cheval de Troie, de façon ironique selon le slogan colonial « un docteur vaut mille soldats » et que par extension toute science et technologie apportée par le colonisateur n'est pas gratuite.

Les historiens postcoloniaux malaisiens apportent ainsi une contre-pensée à la littérature coloniale britannique, tout en maintenant un débat interne entre les Anciens et les Modernes. Car cette querelle est celle des Anciens, ceux qui ont fait passer la modernisation de leur pays avant toute considération culturelle, et des Modernes, qui souhaitent préserver les particularités culturelles ancestrales. C'est ce que résume l'anthropologue Joël Khan (1998 : 1) : « Contre les partis pris d'une ancienne génération de théoriciens et d'économistes politiques de la "modernisation", il semble que les particularités culturelles aient pris le pas, pour une majorité de sud-est Asiatiques, sur des objectifs plus cosmopolites ». On peut y voir un parallèle avec les discours observés en Afrique par George Balandier (1957 : 236), dans lesquels pour décrire les différentes visions de la pensée indépendantiste il relevait les termes de « phénomènes d'essence "réactionnaire" ou au contraire d'essence "révolutionnaire" ». Ainsi pour la sociologue malaisienne Goh Beng Lan (1998 : 168), les sociétés et les économies ex-colonisées pourraient-elles prendre part à une « reconceptualisation de la modernité » qui ferait une large part à la réhabilitation des particularités culturelles autochtones.

Des points de vue réconciliateurs entre anciens et modernes sont ensuite apparus. L'idée que l'héritage philosophique local peut être partagé, notamment avec l'Occident, suggère l'émergence d'un dialogue des civilisations d'égal à égal. *The Asian Renaissance* (La Renaissance asiatique, Anwar Ibrahim, 1996) non seulement défend l'égalité des valeurs malaisiennes locales face aux valeurs de l'ancien colonisateur mais met également en garde contre la tentation de les instrumentaliser pour justifier des régimes autoritaires ou l'attaque des libertés civiles.

Pour l'économiste Elsa Lafaye de Michaux (2012), ce débat non-résolu de l'identité postcoloniale de la nation peut également s'observer, non seulement à travers la parole des écrivains malaisiens, mais aussi à travers les incarnations très concrètes de choix du gouvernement malaisien. Nathalie Fau (2013 : en ligne) interprète à ce propos l'architecture de la ville nouvelle de Putrajaya, comme reflétant les contradictions évoquées ci-dessus :

Putrajaya, la nouvelle capitale administrative fédérale, est vendue par ses promoteurs comme étant la première « ville-jardin intelligente » du monde. Elle est aussi cependant une antithèse de la ville coloniale cosmopolite de Kuala Lumpur. Entièrement construite autour de la mosquée, de bâtiments et de jardins mettant en valeur l'identité musulmane du pays, elle exclut en revanche toute référence aux communautés chinoises et indiennes du pays : aucune église, temple hindou ou chinois. Est-elle pour autant un symbole de l'identité malaise ? Rien n'est moins sûr, car ses concepteurs ont délibérément rejeté tout élément de l'architecture malaise vernaculaire, comme les toits pagodes des premières mosquées, pour lui préférer un « imaginaire fantaisiste » du Moyen-Orient fait de dôme en bulbes, d'arches, d'arabesques et même de bazar se suppléant au « *pasar* » (marché en malais). Ils justifient ce choix par la nécessité de revenir aux sources, au « Haut Islam », l'Islam en Malaisie ayant été métissé par son passage par l'Inde. Putrajaya reflète ainsi les difficultés de la Malaisie à se construire une identité nationale.

Les politiques linguistiques de la Malaisie postcoloniale reflètent également ces oscillations dans le positionnement identitaire de la nation. L'anglais est peu à peu remplacé par la langue nationale, le malais, par volontarisme politique et au détriment des élèves sinophones ou tamilophones par exemple. À partir des années 1970, le gouvernement impose l'enseignement en malais dans toutes les écoles publiques. Les décisions de politiques linguistiques qui se sont succédé depuis reflètent bien les questions pragmatiques et identitaires soulevées par la place de l'héritage colonial dans la société. En effet depuis les années 1970, les politiques linguistiques de la Malaisie ne cessent d'osciller entre d'une part la volonté d'affirmer le malais comme langue nationale et d'en imposer l'hégémonie à l'école et d'autre part les difficultés rencontrées dans cette démarche dans un contexte économique globalisé. Ainsi, en 2002, l'ancien premier ministre Mahatir Mohamad, malgré une politique par ailleurs connue pour sa direction pro-malaise, exprimait sa détermination à remettre en place l'enseignement de certaines matières en anglais à l'école. Il déclarait alors :

> Le gouvernement est totalement engagé dans sa volonté de mettre en place l'enseignement des mathématiques et des sciences en anglais. Ce n'est pas politique. Nous ne pouvons pas continuer à traduire des milliers de livres, d'articles et de références. Nous devons admettre que l'anglais est la langue de l'apprentissage aujourd'hui comme l'ont été l'arabe et le latin dans le passé et nous devons accepter cette réalité qu'elle nous plaise ou non.

L'anglais a donc été réintroduit comme langue d'enseignement dans le cursus scolaire en 2003 pour l'enseignement des mathématiques et de la physique, pour des préoccupations liées à la compétitivité économique. Mais les résultats des élèves en particulier en zones rurales s'en sont ressentis. En 2012, l'anglais est de nouveau remplacé par le malais. L'annonce, qui en a été faite en 2009, est le résultat de pressions de groupes nationalistes, contre l'avis majoritaire des enseignants. Un enseignant malaisien déclarait alors au *New York Times* : « On ne peut pas vraiment expliquer les concepts scientifiques aux étudiants en malais à un très haut niveau » et « nous devons faire face au fait que le savoir scientifique est en anglais ». Un professeur émérite de l'université nationale, également cité par le *Times*, pointait quant à lui du doigt le niveau d'anglais des enseignants et rejoignait les inquiétudes du monde malaisien des affaires en s'interrogeant : « Si de moins en moins de Malaisiens connaissent l'anglais, comment est-ce que des entreprises multinationales vont s'installer ici ? ». Cependant, le statut de langue seconde doit être préservé face à la langue nationale : une étude malaisienne (Renganathan & Chong, 2009) montrait que l'anglais pouvait être mal perçu en dehors du domaine académique, notamment dans la communauté malaise : son utilisation sur le campus par exemple, est pour les étudiants malais strictement limitée aux classes et la continuation de l'utilisation de l'anglais en dehors de la classe est perçue par certains étudiants interviewés comme ostentatoire, ridicule voire antimalaise.

Dans ses développements les plus modernes, le discours postcolonial promeut le dialogue culturel entre anciens colonisés et anciens colonisateurs. Pour preuve, la plupart des écrivains postcoloniaux malaisiens écrivent en anglais, utilisant, pour s'exprimer, non seulement la langue, mais des livres édités et imprimés selon la tradition et la technologie importées par le colonisateur. Si le choix de l'anglais durant le temps de la colonisation dénotait souvent la connivence ou du moins l'approbation du colonisateur (Ashcroft et *al.* suggèrent le terme « sous licence impériale », 2002 : 5), ce choix de l'anglais dans les récits postcoloniaux suggère fortement d'une part que l'interlocuteur (le lecteur visé) de ces livres est aussi bien l'occidental que le compatriote, et d'autre part que ces ouvrages visent à s'inscrire dans un intertexte et dans un dialogisme global, international.

Le discours postcolonial, en Malaisie et dans d'autres jeunes nations indépendantes, rétablit ainsi l'équilibre dans l'expression publique diffusée, rejoignant puis dépassant la masse de la littérature coloniale dans un premier temps, puis donnant une réponse intellectuelle au discours des nations anciennement colonisatrices, établissant enfin un dialogue d'égal à égal, comme les publications citées ci-dessus en donnent un exemple. De fait, la littérature postcoloniale a forcé la pensée scientifique traditionnelle, dont les théories « émergent de traditions culturelles particulières, cachées par une notion d'universalité fausse », à remettre en question ses modèles théoriques sur « le style, les genres, les assomptions sur les caractéristiques universelles du langage, les épistémologies et les systèmes de valeur » (Ashcroft et *al.*, 2002 : 11).

De par ce dialogue établi dans le discours postcolonial avec les ex-colonisateurs, le concept d'altérité est central, tout comme il l'était, de façon distordue, dans le discours colonial. Mais l'héritage intellectuel postcolonial rend la problématique de l'altérité éminemment plus sophistiquée : elle comprend une dialectique complexe de l'identité et de la différence, dans un contexte où aucune partie n'a l'ascendant ni le pouvoir de la définition. Elle rejette la dichotomie réductrice qu'est l'opposition faite par l'Occidental entre lui et l'Oriental, avec son symbolisme manichéen. Elle questionne la généralisation comme étant l'apanage du discours colonial, et force à une conception de l'identité plurielle et dynamique. Elle prend conscience d'un passé partiellement accessible, dont la plénitude perdue ne peut être reconstruite.

Cependant, l'autre face de l'héritage colonial est le tissu même d'une société réunie par l'empire dans des frontières créées par les colons et la façon dont les *leaders* de la nation indépendante incorporent dans le discours public cette réalité culturelle, territoriale et démographique à l'identification de leur nation.

Nationalismes et communautarismes : une identité idéologisée

Un homme politique malaisien (Saifuddin Abdullah[2]) déclarait en 2014 :

> À la poursuite d'une unité insaisissable, les pères de la nation ont été confrontés à son extrême et parfois invalidante diversité. De nombreux sacrifices et compromis ont été faits à l'ombre d'un héritage colonial qui a laissé des communautés entières, historiquement déconnectées les unes des autres, dans les frontières d'une nouvelle nation.

Ce point de vue, reposant sur une réalité historique avérée, se trouve ici politique et politisé, lorsque certaines de ces communautés sont considérées par les *leaders* comme plus légitimes que d'autres à incarner l'identité malaisienne.

Le slogan gouvernemental *One Malaysia* encourage le ralliement derrière une unité nationale transcendant les communautés. « Une Malaisie », le slogan de direction gouvernementale introduit le 16 septembre 2010 par le premier ministre malaisien Sri Mohd Najib Bin Tun Hj Abd Razak, promeut la « diversité dans l'unité ». Cependant une politique discriminatoire et communautarisée vient contredire cet objectif identitaire affiché.

J'utilise le mot communautarisme au sujet de la Malaisie aussi bien dans son acception originelle (« Tendance du multiculturalisme américain qui met l'accent sur la fonction sociale des organisations communautaires (ethniques, religieuses, sexuelles, etc.) », d'après le *Larousse*) que dans une critique de ses intentions, comme la propose Pierre-André Taguieff :

> le communautarisme est défini par ses critiques comme un projet socio-politique visant à soumettre les membres d'un groupe défini aux normes supposées propres à ce groupe, à telle communauté, bref à contrôler les opinions, les croyances, les comportements de ceux qui appartiennent en principe à cette communauté (13 juillet 2003, *Le Figaro*).

---

2 Membre de la majorité gouvernementale malaisienne. Parole recueillie et traduite par moi lors du séminaire *Situating Moderation in the Malaysian Experience* (La modération dans l'expérience malaisienne) du 18 mai 2014, Institut des Études sud-est asiatiques, Singapour.

Les négociations nationales pour l'indépendance, communautaristes, ont d'ailleurs rendu difficile la lisibilité du pluriculturalisme malaisien pour ses visiteurs. Reprenant à leur compte les recettes idéologiques de leurs anciens colonisateurs, les *leaders* malaisiens ont redéfini à leur gré, comme l'avaient fait les colonisateurs avant eux, les « races » ou communautés en présence, établissant, quand nécessaire de façon révisionniste, leur légitimité sur le territoire. L'identification d'une identité brouillant sans cesse les lignes entre autochtones et Malais, Malaisiens et Malais, selon des équivalences fabriquées politiquement, reste souvent confuse pour les observateurs extérieurs.

La désignation et la répartition actuelles de la population en Malaisie sont basées sur des théories racialistes nées de et empruntées à l'idéologie coloniale, elles sont fortement politisées et de nature et d'intentions discriminatoires. Shamsul Haque (2003 [2010 : 38]) oppose les politiques malaisiennes, qu'il qualifie de « politiques préférentielles » ou de « droits particuliers », aux « mesures de discrimination positive dans d'autres pays – à savoir des mesures correctives visant à réduire les discriminations et à assurer la représentation proportionnelle des groupes ethniques défavorisés (souvent minoritaires) ».

Comme l'ont fait les Britanniques avant eux, les *leaders* malais de la Malaisie fabriquent leur propre « science raciale » sur mesure. Le gouvernement propose une classification officielle des peuples. Or les populations autochtones n'apparaissent pas en tant que telles dans cette classification car elles constituent un élément-clé du jeu de domination culturelle national. En effet les groupes aborigènes et malais sont officiellement recensés comme une seule et même catégorie dans la nomenclature anthropologique officielle malaisienne, représentant à eux deux 67.4 % de la population, alors que les Malais représentent en réalité 63.1 % de la population. Cette catégorie démographique est appelée officiellement *Bumiputra*, ce qui signifie fils du sol. Le groupe majoritaire malais s'octroie ainsi le statut de peuple autochtone et originel en s'associant avec les tribus aborigènes authentiquement autochtones, par ce que Rodolphe De Koninck (2007 : 56) qualifie d'« artifice sémantique ». La culture majoritaire assoit ainsi sa domination sur le reste de la population, constituée de cultures issues d'immigrations plus récentes.

Il n'en résulte pas pour autant un traitement égalitaire des populations autochtones ainsi rassemblées sous cette étiquette. Comme le souligne Rodolphe De Koninck, c'est une opération purement sémantique qui ne vise qu'à la domination du groupe malais. Fausto Barlocco (2014 : 4) le confirme en relevant « la similarité, et parfois la continuité, entre le traitement des peuples colonisés par les Européens et celui des indigènes de Bornéo par les États dont ils sont citoyens (la Malaisie, l'Indonésie et le Brunei) », et en employant le terme de « colonialisme interne ».

La constitution malaisienne prévoit un statut de protection privilégié pour la communauté des Malais. Les postes de Premier ministre et de chef de l'État leur sont réservés. L'article 153[3], composé de dix alinéas, s'ouvre sur la

3 Constitution de 1957, traductions personnelles de l'anglais.

« responsabilité du [dirigeant] d'assurer les droits spéciaux des Malais et des autochtones des états du Sabah et du Sarawak ». Cet article prévoit notamment la « réservation de postes dans les services publics, de bourses d'études ou de formations privilégiées ainsi que des facilités exceptionnelles » pour ce même groupe. L'article prévoit également que le retrait ou l'accord de tout permis ou licence marchande ou entrepreneuriale puisse être basé sur l'appartenance ou non à ce groupe privilégié.

L'empire colonial s'est armé de l'idéologie racialiste et de la stratégie communautariste (diviser pour mieux régner). Il reste jusqu'à aujourd'hui une réelle répartition des rôles dans les communautés malaisiennes, rôles largement hérités de l'époque coloniale :

> L'administration britannique a assigné à chaque communauté un rôle économique : les Malais travaillent dans l'administration (pour une minorité seulement et toujours issue de la noblesse locale) et dans le secteur traditionnel de l'agriculture de subsistance, tandis que les Chinois et les Indiens sont majoritairement des salariés des mines et des plantations. Cette ségrégation sociale, redoublée par un accès inégal aux institutions scolaires et par la division linguistique du système éducatif, fut la première source d'inégalités sociales en termes de revenus dans le pays (Fau, 2013 : en ligne).

Ainsi les Malaisiens de culture chinoise ont gardé un rôle central dans les domaines du commerce et de l'industrie. Les Malaisiens de culture indienne sont plus présents dans la classe ouvrière de l'industrie et de l'agriculture, formant ainsi le groupe culturel le moins favorisé. Les Malais, eux, bénéficient toujours jusqu'à aujourd'hui de la discrimination positive, bien qu'ils soient maintenant majoritaires en nombre. Leurs zones d'influence sont celles de la gouvernance et de l'administration, de la direction des grandes entreprises publiques. Et l'accès privilégié à l'enseignement supérieur dont ils bénéficient les voit devenir surreprésentés dans des catégories professionnelles hautement qualifiées comme la médecine, le droit ou l'ingénierie.

D'après Shamsul Haques (2003), le statut privilégié des Malais, garanti par la constitution, est à l'origine des tensions postcoloniales dans la nation, qui ont culminé en 1969 dans la capitale lors de la victoire locale d'un candidat de l'opposition de culture chinoise. Cet événement a provoqué des émeutes qui durant deux mois ont pris une allure de guerre civile. Une déclaration récente de M. Mahathir Mohamad premier ministre de la Malaisie entre 1981 et 2003 aide à comprendre ces réactions violentes de la part de la population malaise car il explique ce en quoi, dans la parole publique malaisienne, il est admis que le pouvoir politique appartient légitimement aux Malais :

> Le dilemme, pour les Chinois, est de s'emparer du pouvoir politique, alors qu'ils ont déjà le pouvoir économique, ou bien d'adhérer au principe du partage, qui a fait de ce pays ce qu'il est aujourd'hui.

Cet état d'esprit est dû au *status quo* légué par l'empire britannique à l'indépendance. À la suite de la déclaration de l'état d'urgence et de la démission du premier ministre, des mesures pour le traitement privilégié des Malais, déjà prévu par la constitution, ont été mises en place à travers la Nouvelle Politique Économique (NPE) en 1970 pour assurer la domination culturelle, sociale et économique des Malais. Ainsi, comme Shamsul Haque (2003 [2010 : 39]) l'analyse, « face à cette situation alarmante, l'État a préféré défendre les intérêts des Malais – le groupe ethnique dominant [...] plutôt que de défendre les intérêts de toutes les communautés ethniques ».

Les tensions intercommunautaires qui ont conduit aux émeutes de 1969 dans la capitale fédérale et la mise en place des mesures discriminatoires ont également été un facteur dans la séparation (également motivé par des oppositions de politiques économiques) d'avec l'île de Singapour, majoritairement chinoise, en 1965. Dès la création de la fédération les deux visions s'opposaient avec d'un côté un premier ministre chinois, Lee Kwan Yew, voulant promouvoir « une politique d'une stricte neutralité au plan ethnique » (De Koninck, 2007 : 40) à Singapour et de l'autre un prince malais, le premier ministre Abdul Rahman, favorisant à Kuala Lumpur « une politique très ferme de discrimination positive, favorisant la majorité malaise » (*ibid.* : 41). En effet avec le départ de Singapour, majoritairement chinoise, la culture dominante devient aussi la culture majoritaire et les Malais représentent alors 60 % de la population, notamment avec l'aide du tour de passe-passe sémantique qui leur permet de ne plus être officiellement minoritaires sur les terres autochtones du nord de Bornéo.

La façon dont les *leaders* de la nation indépendante définissent leurs citoyens et interprètent leur histoire postcoloniale est ainsi guidée par l'histoire coloniale, les discours, les idéologies et les systèmes mis en place par le colonisateur. Au-delà de la discrimination économique, une rhétorique est née, résumée par Nathalie Fau (2013 : en ligne) :

> Pour le gouvernement, les raisons de ces émeutes [1969] sont simples : elles expriment l'exaspération des Malais, les fils du sol, les habitants originels donc, face à leur pauvreté comparée à la prospérité des immigrés chinois.

Or cette exaspération est née d'une perception qui n'a que peu de fondements dans la société telle qu'elle est à cette époque (*ibid.*). Et non seulement l'identité de la nation s'en trouve troublée et débattue, mais la réalité de la Malaisie comme terre d'accueil s'en trouve également affectée : les débats postcoloniaux sur des sujets comme la modernisation du pays, l'industrialisation et les nouveaux rapports sociaux vont être au cœur de la présence étrangère. Par exemple, l'immigration illégale par sa nature incontrôlée peut se trouver instrumentalisée dans le débat identitaire malaisien et en particulier dans le contexte du dilemme identitaire national malais *versus* non-malais. L'immigration légale ouvrière représente une masse de population à gérer économiquement et socialement et trouve sa place dans le débat sur les nouveaux rapports sociaux de la nation moderne, en particulier les écarts perçus de façon croissante entre les classes sociales. L'immigration hautement qualifiée, c'est-à-dire les expatriés, cristallise quant à elle la problématique d'une continuité coloniale dans le sens où sciences, techniques et langues occidentales sont dominantes et leurs experts sont donc Occidentaux. La présence d'experts étrangers en Malaisie représente donc le choix par la nation d'un modèle économique, éducatif, industriel, à l'occidentale.

L'état actuel du débat postcolonial sur l'industrie, l'économie et les technologies, l'opinion qu'ont les Malaisiens de la situation économique et sociale et des choix politiques, qu'il s'agisse de l'industrialisation à l'occidentale, du développement d'un enseignement supérieur suivant les normes occidentales et en langue anglaise ou encore de la promotion du tourisme, déterminera leur perception des présences étrangères diverses sur le territoire et influera directement sur l'hostilité ou l'hospitalité mise en œuvre par les individus.

Les travailleurs étrangers viennent en majorité d'Indonésie. Le différentiel démographique et économique entre l'Indonésie et la Malaisie fait de l'Indonésie le premier pays d'émigration vers la Malaisie. Cette tendance a été politiquement encouragée par la Malaisie car cette immigration renforçait numériquement la dominance culturelle malaise : elle est encouragée dans le cadre de la Nouvelle Politique Économique discriminatoire mise en place à partir de 1971, par le biais de l'attribution accélérée de permis de résidents permanents (Tempo, Indonésie, 15 novembre 2007). La communauté culturelle (les Malais), linguistique (les Bahasa Indonesia et Bahasa Malaya sont intercompréhensibles) et religieuse (l'islam), a permis de renforcer la domination malaise en particulier sur la capitale Kuala Lumpur.

De plus, la discrimination dite « raciale » reste présente dans la chasse qui est faite aux immigrés illégaux en Malaisie : les agents du Corps des volontaires du peuple, chargés de l'arrestation des immigrants illégaux, touchent en effet une prime de 80 ringgits (environ 20 euros) pour l'arrestation d'un clandestin indonésien, mais jusqu'à 150 ringgits (plus de 35 euros) pour celle d'un clandestin chinois.

La construction d'une identité malaisienne, que le plus grand nombre voudrait voir équivalente à une identité malaise, influe sur les relations régionales, notamment à travers une détérioration des relations avec l'Indonésie voisine.

La Malaisie forme ainsi une terre d'accueil à l'identité aussi débattue par ses habitants que difficilement identifiable par ses résidents étrangers au contact d'une ou plusieurs communautés plutôt que d'une nation. Elle est aussi une terre d'accueil forcée, de par l'héritage de la tradition coloniale sur son économie, à la fois à accueillir une main-d'œuvre étrangère en masse et de façon précoce dans son développement économique, et à se reposer encore, pour son développement économique, scientifique et industriel, sur une expertise expatriée occidentale qui ne fait pas l'unanimité. En effet, dans un contexte où l'unité nationale semble un but de moins en moins atteignable, l'immigration économique régionale de masse se fait dans la tension.

CONCLUSION

> En une guerre de cinq siècles, l'Occident a cannibalisé la terre (Coursil, 1999 : 95).

Ce canibalisme s'est opéré et s'opère par le discours autant que par les actes : les populations sont déplacées, assignées, les territoires délimités, unis ou séparés, et les discours identifient les peuples, durablement.

La domination s'exerce par le discours de la connaissance : les *leaders* malaisiens définissent l'identité du pays, utilisant les mêmes ressorts que l'empire colonial a utilisé avant eux pour dérober aux citoyens leur identité. Par ces prises de pouvoir sémantiques et discursives, une domination non seulement s'exprime mais s'opère, comme le rappelle Tzvetan Todorov dans sa préface à Edward Said (1978 [1980 : 8]) :

> Dire à quelqu'un : « Je possède la vérité sur toi » n'informe pas seulement sur la nature de mes connaissances, mais instaure entre nous un rapport où « je » domine et l'autre est dominé. Comprendre signifie à la fois, et pour cause, « interpréter » et « inclure » : qu'elle soit de forme passive (la compréhension) ou active (la représentation), la connaissance permet toujours à celui qui la détient la manipulation de l'autre ; le maître du discours sera le maître tout court.

Et dans cette démarche, la « digestion » est réciproque : les discours et les actes imposés par le colon sont adoptés et adaptés, rendant la construction de l'identité de la nation indépendante une arme stratégique, mouvante non pas tant de par son pluralisme culturel que par la manipulation de ce dernier. Les idéologies coloniales et les idéologies nationalistes se rejoignent dans un pays actant un communautarisme hérité de l'organisation coloniale, des politiques de discriminations « raciales » héritées de l'idéologie coloniale, une mondialisation qui, dans la lignée de l'impérialisme occidental, laisse peu de place à la considération de l'héritage vernaculaire.

BIBLIOGRAPHIE

ASHCROFT B., GRIFFITHS G., TIFFIN H., [édition originale 1989], *The Empire Writes Back*, Londres, Routledge, 2002, 246 p. [ma lecture dans le texte original en anglais et ma traduction].

BALANDIER G., *L'Afrique ambiguë*, Paris, Plon, 1957, 291 p.

BARLOCCO F., *Identity and the State in Malaysia*, New York, Routledge, 2014, 176 p. [ma lecture dans le texte original en anglais et ma traduction].

BÉLUGUE G., « Du lieu incontournable à la relation », in Chevrier J., *Poétiques d'Édouard Glissant*, Paris, Presses de l'université Paris Sorbonne, 1999, p. 43-54.

COURSIL J., « La Catégorie de la relation dans les essais d'Édouard Glissant. Philosophie d'une poétique », in Chevrier J., *Poétiques d'Édouard Glissant*, Paris, Presses de l'université Paris Sorbonne, 1999, p. 85-112.

DE KONINCK R., *Malaysia la dualité territoriale*, Paris, Belin / La Documentation Française (coll. « Asie Plurielle »), 2007, 192 p.

FAU N., « La voie singulière du développement économique de la Malaisie », in *Revue de la régulation* [en ligne], Association recherche et régulation, n°13, 2013. Disponible sur : <http://regulation.revues.org/10055> (consulté le 15/07/2015).

GLISSANT E., *Le Discours antillais*, Paris, Seuil, 1981, 503 p.

GLISSANT E., *Poétique de la relation*, Paris, Galimard (coll. « Blanche »), 1990, 248 p.

GOH B.-L., « Modern Dreams An Enquiry into Power, Cityscape Transformations and Cultural Differences in Contemporary Malaysia », in Khan, J. S. (éd.), *Southeast Asian Identities*, Singapour, Institute of Southeast Asian Studies, 1998, p. 168-202.

HAQUE M. S., « The Role of the State in Managing Ethnic Tensions in Malaysia: A Critical Discourse », in *American Behavioral Scientist*, vol. 47, n°3, 2003, p. 240-266 [ma lecture dans le texte original en anglais et ma traduction].

HAQUE M. S., [édition originale en anglais 2003], « Malaisie : Rôle de l'état dans la Gestion des Tensions Ethniques », in *Alternatives Sud*, vol. 17, 2010, p. 225-262.

HARUN H., « Post-Colonial Discourse in Malaysia : Some Exploratory Topics », communication présentée lors de la *conférence nationale sur le postcolonialisme : théories et dilemmes*, les 26-28 février 2003 à l'Université Mahatma Gandhi, Kottayam, Inde, non publiée [ma lecture dans le texte original en anglais et ma traduction d'après une copie revue et corrigée par l'auteur].

KHAN J. S. (éd.), *Southeast Asian Identities*, Singapour et Londres : Cambridge University Press pour le Department of History, NUS, 1998, 273 p. [ma lecture dans le texte original en anglais et ma traduction].

LAFAYE DE MICHEAUX E., *La Malaisie, un modèle de développement souverain ?*, Lyon, ENS (coll. « de l'Orient à l'Occident »), 2012, 344 p.

LENCLUD G., « L'universel et le relatif », in *Terrain* [en ligne], n°17 : *En Europe, les nations*, 1991, p. 53-62. Disponible sur : <http://terrain.revues.org/3011> (consulté le 15/07/2015).

MEMMI A., *Portrait du colonisé*, Paris, Corréa, 1957, 199 p.

RENGANATHAN S., CHONG S.L., « Diversity in Language Practices in a Multilingual and Multiethnic Society », communication présenté lors de l'*International Conference On Social Sciences and Humanities* (ICOSH'07), 13-15 mars 2007, Kuala Lumpur, non publiée [ma lecture dans le texte original en anglais et ma traduction d'après une copie revue et corrigée par les auteures].

SAID E., *L'Orientalisme. L'Orient créé par l'Occident*, Paris, Seuil, 1980 [édition originale en anglais 1978], 393 p.

STENSON M., *Class, race and colonialism in West Malaysia*, Vancouver, University of British Colombia Press, 1980, 234 p. [ma lecture dans le texte original en anglais et ma traduction].

TAY E., *Colony, Nation and Globalization: not at home in Singaporean and Malaysian Literature*, Hong Kong, Hong Kong University Press, 2011, 165 p. [ma lecture dans le texte original en anglais et ma traduction].

[illegible] préservation des droits intellectuels [illegible] Paris [illegible] 1999, p. 33-40.

[illegible] Wang [illegible] 2004 [illegible]

[illegible] moderne [illegible] 1993 [illegible]

[illegible] 1981 [illegible]

[illegible] Malay [illegible] in Singapore, Isolation [illegible]

[illegible]

Hughes, H. [illegible]

[illegible]

[illegible] traduction [illegible]

[illegible] 1992 [illegible]

Évolution et négociations des pratiques langagières des jeunes Mahorais à La Réunion : Du camouflage aux revendications identitaires

Melanie MEZZAPESA, Pascale PRAX-DUBOIS et Nabia ANRABIYOU[*]

Issu d'un travail mutuel entre deux recherches doctorales en cours - l'une en sociolinguistique et l'autre en anthropologie - et d'un partenariat socioéducatif, cette contribution se propose d'analyser les dynamiques éducatives à visée plurilingue impulsée par le tissu associatif en milieu scolaire à La Réunion. À la croisée de plusieurs trajectoires professionnelles et de réseaux émergents, nous rapportons ici la manière dont les locuteurs en provenance de Mayotte se perçoivent et développent, au travers de cet accompagnement, des compétences d'adaptation nouvelles.

Mots-clefs : compétence plurilingue, éducation interculturelle, construction identitaire, associations, migration, Réunion, Mayotte.

This article is the result of two thesis resarches in process - in sociolinguistics and in anthropology - with a socioeducational partnership. This article aims at analysing the multilingual educational dynamics developped by some socioeducational organizations that work at school in Reunion Island. With different professional carieer paths, we would like to demonstrate how the speakers will perceive themselves and how they develop a lot of unstable adaptation skills.

***Keywords** : Multilingual education, Identity, Socioeducational organization, Reunion Island, Mayotte Island.*

INTRODUCTION

La Réunion, terre insulaire, s'est construite dans un contexte historique bien spécifique et selon des processus de transplantations socio-historiques et culturels complexes en milieu colonial où les rapports dominants/dominés et la négation de certaines cultures structuraient la vie sociale. Ces juxtapositions de cultures originaires d'Europe, d'Afrique, de Madagascar, d'Inde du Nord et du Sud, d'Asie, construites dans la douleur et la souffrance (Médéa, 2005) sur la base de migrations contraintes ou volontaires, ont créé la société créole réunionnaise. Cette créolisation, subie plutôt que choisie, est un fait dynamique et structurant pour les Réunionnais. C'est également un objet identitaire en tensions et en renégociations permanentes dont la stabilité est en perpétuelle mouvance et à interroger (Gasharian, 2002). Les différentes vagues d'immigrations dans l'histoire de La Réunion, de gré ou de force, ont montré une certaine intégration et acceptation des différents migrants dans la société

[*] Melanie MEZZAPESA est doctorante en socio-anthropologie (Université de Rouen et Université de La Réunion). Pascale PRAX-DUBOIS est doctorante en sciences du langage (Université de Strasbourg et Université de Rouen). Nabia ANRABIYOU est étudiante en Master 1 en Sciences de l'Information et de la Communication (Université de La Réunion).

globale réunionnaise. Néanmoins, des tensions subsistent notamment envers le dernier flux de migrants[1] arrivés à La Réunion : les Mahorais et les Comoriens, regroupés par les expressions péjoratives créoles « Band Komor » ou, plus récemment « Band Mahorais » (Mezzapesa, à paraître ; Andoche et *al.*, 2009).

Face à cette diversité linguistique et culturelle sous tension et à la règlementation en matière de coéducation liant désormais les enseignants aux parents vers qui l'Ecole tente actuellement de s'ouvrir, les enseignants s'estiment souvent insuffisamment outillés (Prax-Dubois et Maurer, 2014a). On voit, dès lors, émerger des formes inédites de partenariat cherchant à étayer ces nouvelles logiques éducatives. Notre article, fruit de l'exploration conjointe de plusieurs terrains réalisée au sein de différentes associations et à l'école, à La Réunion et à Mayotte, entre septembre 2013 et janvier 2015, a pour objet d'apporter quelques premiers éléments de réponses à nos questions de recherches communes.

Dans quelle mesure les dynamiques éducatives à visée plurilingue impulsées en milieu scolaire par le tissu associatif favorisent-elles le développement de compétences d'adaptation[2] d'enfants issus de la migration et de leurs familles ? De quelles manières les locuteurs shimaorephones et kibushiphones se perçoivent-ils ? Comment se positionnent-ils et quelles stratégies développent-ils par rapport aux frontières ethniques[3] qui structurent la société réunionnaise ? En quoi le partenariat associatif est-il susceptible d'aider les enseignants dans leurs efforts pour gérer au mieux la diversité linguistique et culturelle de leur public scolaire ?

Dans un premier temps, nous décrirons le contexte sociolinguistique et socioéducatif de notre enquête, en y incluant la description des associations partenaires de l'école. Puis nous présenterons notre cadre méthodologique en insistant plus particulièrement sur la question de la posture du chercheur « multi-fonctions ». Enfin, nous proposerons l'analyse conjointe de nos résultats à resituer dans le cadre d'une réflexion plus globale sur la nécessité désormais incontournable pour l'école de travailler dans la durée avec les associations de quartier.

---

1 La migration mahoraise et comorienne est la migration la plus importante ces quinze dernières années même si d'autres migrations proviennent d'Amérique Latine, d'Europe, de Russie, des pays du Maghreb, et des pays dits « historiques » : Madagascar, Chine, Inde. Les élèves mahorais et comoriens sont largement représentés dans les classes de migrants dits « élèves allophones nouvellement arrivés » selon la circulaire de 2012.

2 http://www.fluck-competences.com/methodologie/roue-des-competences.html

3 Au départ, le concept d'ethnie est une construction issue de la société coloniale, institutionnalisant les réalités du terrain décrites dans les premiers travaux d'ethnologie (voir notamment les travaux d'Amselle, *Au cœur de l'ethnie : ethnies, tribalisme et État en Afrique*). Nous avons choisi d'utiliser ici le concept de « frontières ethniques » de F. Barth qui postule que les identités ethniques se conservent selon la situation sociale dans laquelle elles se trouvent et ce, malgré les différentes interactions sociales entre membres ou entre « groupes ethniques », et ce grâce aux frontières invisibles.

L'ÉDUCATION PLURILINGUE AU CŒUR DE LA RECHERCHE RÉUNIONNAISE

Les pratiques langagières et les discours sur ces pratiques se sont longtemps inscrits, à La Réunion, dans une configuration sociolinguistique marquée par une idéologie diglossique avec une langue française dominante, perçue comme homogène, au-dessus d'une langue créole, associée à la ruralité et à La Réunion *lontan*. Cette binarité est remise en cause aujourd'hui. Plusieurs études décrivent désormais le début d'une période « post-diglossique » marquée par une décrispation institutionnelle depuis les années 2000 via, entre autres, l'attribution du statut de langue régionale au créole et un ensemble de mesures visant à accompagner les enseignants désireux de sensibiliser ou d'enseigner la langue et la culture créoles (Georger, 2011).

Si l'impulsion a été renouvelée dans le cadre d'un plan d'action 2014-2019, l'institution peine cependant à se défaire d'une vison dichotomique des situations de contacts de langues et à prendre en compte, non seulement les différentes variétés de français et de créole à La Réunion (Chaudenson, 1974, 2012) mais aussi l'émergence de nouvelles formes légitimées dans les conversations ordinaires, notamment les écrits électroniques, ainsi que sur les médias radiophoniques réunionnais (Simonin & Ledegen, 2010). Ces paroles maillées ou pratiques interlectales (Prudent, 1981, 2003 ; Souprayen-Cavery, 2010) déconcertent les enseignants qui, encore peu formés à la didactique du plurilinguisme et à la pédagogie de la variation (Wharton, 2002 ; Lebon-Eyquem, 2009), entretiennent en classe, cela bien souvent à leur insu, les écarts entre les statuts de langues qui, hors de l'école, se croisent et s'entremêlent pour permettre à leurs locuteurs de s'adapter à leurs besoins de communication (Hélot, 2007).

Les réponses institutionnelles à la question du plurilinguisme des élèves migrants, majoritairement originaires des îles voisines et des pays côtiers de l'océan Indien et porteurs également de plusieurs langues et variétés de langues, se fondent principalement sur un critère d'ordre chronologique. Ainsi, une infime partie d'élèves migrants, ceux qui globalement sont arrivés durant l'année scolaire ou dans le courant de l'année précédente, relèvent du cadre d'application de la circulaire 2012-141 du 2 octobre 2012. À ce titre, ils sont invités à participer, après une évaluation linguistique, à des cours de français intensif en Unités Pédagogiques pour Élèves Allophones Arrivants (UPE2A). Une grande partie d'entre eux sont originaires de l'île de Mayotte, département français depuis 2011. Ils sont principalement locuteurs du shimaore, langue appartenant au groupe des langues comoriennes d'origine bantoue, ou du kibushi, langue austronésienne proche du malagasy parlé à Madagascar (Ngalasso-Mwatha, 2011). Rappelons que la population originaire de Mayotte s'est considérablement agrandie sur l'île ces dernières années. En 1999, le nombre de personnes nées à Mayotte vivant à La Réunion était en effet de 6056 contre 1437 en 1990[4].

4 Insee, *Les Mahorais vivant à La Réunion*, 12 septembre 2001.

Malgré une tendance au départ entre 1999 et 2006 selon l'Insee avec un solde migratoire négatif de 1700 personnes[5], le nombre de Mahorais, ou du moins ceux qui se désignent comme tels, reste important (Mezzapesa, 2016, à paraître).

Comment les élèves migrants sont-ils accueillis à l'école ? S'ils sont arrivés depuis plus d'un an, leur prise en charge n'entre pas dans le cadre règlementaire de 2012 et ils rejoignent leurs pairs créolophones dans la masse anonyme des élèves qui n'ont pas eu la possibilité de s'appuyer sur leurs ressources propres pour s'approprier les langues-cibles, à savoir le français langue de scolarisation (FLSco) et les langues vivantes étrangères (LVE) enseignées à l'école. En effet, la didactisation des savoirs et savoir-faire langagiers liés à la pratique des langues familiales indianocéaniques n'est pas prévue dans les programmes scolaires qui préconisent encore à ce jour un enseignement de langues disciplinaire et cloisonné, largement axé sur la maîtrise de savoirs linguistiques d'un français de référence qui n'existe pas dans la réalité quotidienne (Prax-Dubois, 2014d). Pourtant, la nécessité de développer une compétence plurilingue et pluriculturelle (Coste, Moore & Zarate, 1997, 2009), chez les élèves migrants comme ceux du pays d'accueil, n'est plus à démontrer aujourd'hui et le Parlement Européen, dans sa résolution du 02/04/2009, a rappelé que « préserver et promouvoir le multilinguisme doit faire partie des programmes de toutes les écoles ».

Dans quelle mesure l'avancée de la recherche et les recommandations européennes sont-elles prises en compte à La Réunion où peinent à s'intégrer les populations en provenance de Mayotte et des Comores ? Comment cette vague migratoire d'un nouveau type, apparue depuis une quinzaine d'années, nouveau du point de vue de son ampleur comme de celui des représentations qu'elle génère dans la société d'accueil, est-elle vécue localement ?

TROIS TERRAINS, TROIS CHERCHEURS OU COMMENT GÉRER UNE « OPÉRATION FUNAMBULE »

Pour répondre à ces interrogations, nous avons réuni les premiers éléments d'enquêtes qualitatives réalisées dans le cadre de deux recherches doctorales en cours, l'une en anthropologie et l'autre en sociolinguistique. Ces travaux sont menés en étroite collaboration avec des structures associatives[6].

Plusieurs terrains sont explorés, permettant de croiser les regards et les attentes de trois acteurs de la recherche qui échangent fréquemment depuis deux ans sur des problématiques communes :

---

5 Insee, « Des flux migratoire multiples qui modifient les structures de la population », *Économie de La Réunion*, n°136, p. 16-19, 2006.

6 L'association *La Chaumière 974* pour le terrain Nord et l'association *Nous Sommes Tous des Tuteurs* (NST) pour le terrain de l'Est.

- Nabia ANRABIYOU, formatrice trilingue shimaore-français-créole et licenciée en géographie, a exercé la fonction d'animatrice illettrisme[7] et enseigné le shimaore pendant deux ans au Club Animation Prévention de Saint-Denis. Actuellement en cours de réorientation professionnelle, elle vient de reprendre ses études de Master 1 en Sciences de l'information et de la communication à l'université de La Réunion tout en accompagnant la scolarisation d'élèves migrants allophones et/ou créolophones en milieux scolaire et associatif, à Saint-Denis et à Sainte-Suzanne.
- Melanie MEZZAPESA, doctorante en anthropologie, termine une thèse axée sur les logiques migratoires et d'implantation des populations en provenance de Mayotte à travers une étude ethnographique du quartier de La Chaumière à Saint-Denis de La Réunion. Elle vit sur le lieu de son enquête et y est devenue un acteur social à part entière, du fait de sa fonction de présidente de l'association de ce même quartier[8]. Elle est également formatrice en médiation sociale pour le CNFPT de Mayotte.
- Pascale PRAX-DUBOIS, enseignante en UPE2A puis formatrice au CASNAV de La Réunion, termine également une thèse en sciences du langage sur la formation des enseignants et l'éducation plurilingue. Au cours de sa mission institutionnelle et lors de ses recherches sur le terrain, principalement localisé à Saint-Benoît, commune de l'Est de La Réunion, elle a rencontré et travaillé avec une association de quartier dont elle est devenue membre[9].

Notre étude qualitative est basée sur l'analyse de discours et nos données sont principalement recueillies à partir d'observations participantes et d'entretiens semi-directifs individuels et collectifs, formels ou informels, avec des locuteurs d'origines diverses et notamment de Mayotte, sur des terrains aussi diversifiés que le milieu scolaire, les structures municipales et extra-municipales ou des espaces plus ouverts comme ceux où prennent place l'accompagnement socio-éducatif périscolaire et les actions associatives.

Au vu de la diversité et de la superposition de fonctions caractérisant les trois profils, une réflexion sur la posture du chercheur s'est rapidement imposée, parallèlement au travail de terrain. En effet, on sait que la neutralité du chercheur est illusoire (Devereux, 1967, Foucault, 1980, Cameron, 1992,

---

7 Formation dispensée et obtenue par la Région Réunion dans le cadre de son travail au C.A.P., association paramunicipale de Saint-Denis labélisée « Case à lire » par la Région Réunion, et qui permet de proposer des activités d'alphabétisation pour des personnes en situation d'illettrisme (selon les normes métropolitaines).

8 Thèse sous la direction du Pr. Patrice Cohen (Université de Rouen/Dysolab) et de Jacqueline Andoche (MCF, Université de La Réunion/DIRE). Cette thèse est soutenue et financée par la Région Réunion et le FSE de 2013-2016.

9 Thèse sous la direction du Pr. Christine Helot (Université de Strasbourg/LiLPa) et du Pr. Foued Laroussi (Université de Rouen/Dysolab).

Andoche, 2002, Cohen 2002,). Nous avons eu l'occasion d'évoquer cette question antérieurement (Huet, Dit Marianne, Prax-Dubois, 2014 ; Lucas, Prax-Dubois, 2016). Il importe ainsi de resituer le Sujet par rapport à son contexte et de lui restituer toute sa place dans l'analyse.

Le terrain se construit pendant la recherche et les outils de collecte de données doivent être réfléchis « d'une manière dialectique, conçus ensemble » (Blanchet, 2000, 2012). L'une de nos principales interrogations s'est donc portée sur l'éthique de notre méthodologie, concernant notamment les finalités de l'enquête, ses modalités et les instruments utilisés. « Le chercheur est un acteur de jeu social indigène [...] » souligne Gérard Althabe (1998), c'est-à-dire que le chercheur est « dès son arrivée [...], impliqué, le plus souvent à son insu, dans un réseau d'alliances et d'opposition, il est placé dans une position qui se transformera dans le cours de l'enquête ». Patrice Cohen[10], quant à lui, évoque le chercheur comme étant « drapé d'une attitude à la fois proche et prudemment distanciée [...] ». Dans un article sur l'éthique et le chercheur, Juliette Sakoyan[11] interroge les dilemmes relationnels qui se posent dans son ethnographie multi-située et aux multiples positions. Elle évoque notamment la « pluralité des figures du chercheur » comme un fait commun inhérent aux questionnements de l'ethnographe mais souvent perçu comme une « marque d'incohérence méthodologique » qu'il est dorénavant nécessaire d'interroger en anthropologie moderne. « La méthode ici est fonction de l'outil. Or l'outil principal de l'ethnologue c'est sa personne-même » (Pouchelle, 2010). Il en va de même pour le sociolinguiste qui interroge les pratiques langagières en usage sur le terrain exploré à travers le filtre des composantes de son répertoire langagier, son profil d'apprentissage, son parcours antérieur, son rapport à l'altérité et ses idéologies linguistiques. Et c'est bien autour de cette tentative d'adoption d'une posture réflexive, que nous avons cherché à féconder mutuellement nos domaines de recherche respectifs et à mettre en synergie nos différentes cultures langagières et visions du monde pour répondre à « la problématique des frottements culturels » (Andoche et *al.*, 2009).

En effet, si nos interrogations – au cours de l'exploration de ces terrains respectifs mais entrecroisés – sont différentes, nos « multi-positions » et « multi-sites »[12] nous amènent à questionner la pluralité de notre statut de chercheur et les déchirements intérieurs découlant de ces tiraillements de postures que nous décrivons plus amplement dans nos écrits de thèse. L'ambiguïté des relations que nous entretenons avec notre terrain a ainsi fait émerger de nouvelles questions de recherches :

---

10 Dans Patrice Cohen, « Le chercheur et son double. À son propos d'une recherche sur le vécu des jeunes face au sida », *De l'ethnographie à l'anthropologie réflexive : nouveaux terrains, nouvelles pratiques, nouveaux enjeux*. Paris : Armand Colin, 2002.

11 Juliette Sakoyan, 2009. « L'éthique multi-située et le chercheur comme acteur pluriel. Dilemmes relationnels d'une ethnographie des migrations sanitaires ». *ethnographiques.org*, Numéro 17 - novembre 2008 [en ligne]. (http://www.ethnographiques.org/2008/ Sakoyan - consulté le 14.02.2014).

12 *Ibid.*

À quel moment l'observateur participant devient-il un participant observateur ? Où se termine la recherche scientifique et où commence l'engagement social ? Une mutualisation de nos pratiques a abouti à une conclusion provisoire selon laquelle notre itinéraire de recherche pourrait s'apparenter à celui d'un funambule avançant à tâtons, avec ou sans filet selon les contextes. Dans ces parcours imprévisibles, notre partenariat avec les associations est alors apparu comme une pièce maîtresse de notre environnement de travail.

LES ASSOCIATIONS DE QUARTIER : CLÉS DE RÉUSSITE ÉDUCATIVE ?

La recherche-action comme levier institutionnel

Notre terrain de Saint-Benoît, bassin agricole aujourd'hui en forte baisse d'activités, couvre plusieurs sites. Nous évoquerons ici les enquêtes menées à la fois dans une école REP+ où le rôle des assistantes maternelles est loin d'être secondaire et dans une association de quartier dont les membres exercent une fonction complémentaire et essentielle auprès des équipes pédagogiques et autres acteurs sociaux du quartier, en matière de cohésion sociale et de construction identitaire.

L'analyse des premiers résultats a déjà permis de croiser les discours des enseignantes et des assistantes maternelles (ou ATSEM) et d'identifier quelques facteurs favorisant la co-construction d'un partenariat linguistique en milieu scolaire entre des acteurs sociaux issus de milieux professionnels différents. Il s'avère en effet, tout au moins dans le secteur étudié, que les assistantes maternelles contribuent à la construction de passerelles entre les langues-cultures familiales et la langue-culture scolaire, en favorisant la circulation d'une parole libre dans les interstices où elle peut se loger (Prax-Dubois, 2014c). Cette médiation linguistique a lieu à tous moments de la journée, y compris lors des moments de soins [qui] sont souvent des moments clés pour stimuler le langage car l'éducateur est alors impliqué dans une relation individuelle avec l'enfant (Van Der Mespel, 2013 ; Hélot & Rubio, 2013). Elle constitue une ressource précieuse pour les enfants des catégories populaires qui ont besoin d'apprendre à construire « une image forte d'eux-mêmes » (*ibid.*).

Pourtant, les entretiens révèlent que les assistantes maternelles ont tendance à dissimuler leur médiation linguistique en créole lors des activités pédagogiques lorsqu'elles sont peu ou mal informées des atouts du plurilinguisme. Un dialogue avec l'enseignant et un encouragement mutuel seraient alors susceptibles de favoriser une prise d'initiatives de la part des assistantes maternelles : « j'aimerais que la maîtresse m'explique mieux les ateliers », « Je voudrais une formation qui m'apprenne à ne plus mélanger le créole avec le français ». Il en va de même pour certains enseignants qui, lors du retour réflexif en fin de séance d'éveil aux langues, précisent qu'ils souhaiteraient disposer d'une autorisation formelle de l'inspecteur et d'un référentiel leur permettant d'inscrire les compétences travaillées dans le cadre de cette approche plurielle avec celles du Socle Commun[13] et des programmes scolaires (Prax-Dubois, 2011 ; Huet, Dit Marianne, Prax-Dubois, 2014b)[14]. Quant au partenariat avec les parents, il demeure difficile à mettre en place en l'absence de médiateurs interculturels dont la présence est vivement souhaitée au sein de l'école. Des conseils, une formation en communication interculturelle permettant de mieux connaître les populations migrantes et d'interagir efficacement avec les familles sont également attendus (Prax-Dubois, 2014c). Mais qu'attendent les élèves ?

Si les élèves migrants originaires de Mayotte et des autres îles de l'archipel des Comores s'approprient très rapidement les différentes variétés du créole réunionnais avec lesquelles ils sont en contact dans leur quartier d'habitation, ils ont également besoin qu'il soit fait référence à leurs langues premières, généralement le shimaore ou le kibushi, au sein de la classe. Les travaux de Foued Laroussi (par exemple 2011, 2013) ont révélé le succès des expérimentations d'éducation bilingue dans ces deux langues menées dans plusieurs écoles de Mayotte. À La Réunion, il s'agit, dans un premier temps et en attendant que des cours en langues d'origine puissent être mis en place, de permettre à ces élèves de dresser des passerelles entre toutes les langues en présence dans la classe. Mais la mise à disposition de supports multilingues et la bonne volonté des enseignants ne semble pas suffisante. Ainsi, l'utilisation en séance de langage d'un imagier trilingue français/shimaore/malgache, emprunté au centre de ressources du CASNAV, n'engendre pas, aux yeux de l'enseignante, les effets attendus. En effet, faute de formation, l'enseignante lit à haute voix les mots de l'imagier en ignorant par exemple que la réalisation phonétique de <u> est [u] en shimaore et non pas [y]. De ce fait, les élèves mahorais ne peuvent pas comprendre le vocabulaire shimaorais qu'elle déchiffre à partir de ses connaissances du français et l'occasion de leur permettre de partager leurs savoirs et savoir-faire langagiers avec leurs pairs ne peut être saisie ce jour-là (Prax-Dubois, 2014c). Il n'en reste pas moins que la démarche de l'enseignante visant à tenter de donner une place au shimaore dans sa classe est plus que louable. Elle nécessite toutefois de s'associer avec des partenaires locuteurs de cette langue, qu'il s'agisse des familles ou des associations de quartier.

Notre enquête menée parallèlement en collaboration avec les acteurs associatifs de la commune, et notamment ceux de l'association *Nous Sommes Tous des Tuteurs* (NST), a permis de confirmer ces premiers constats. En effet, les ateliers de soutien scolaire mis en place par cette association dans des locaux mis à disposition par les bailleurs sociaux, donnent l'occasion au responsable de l'association mais aussi aux membres de son équipe d'accueillir les enfants du quartier qui bénéficient ainsi d'un accompagnement éducatif dans un cadre informel laissant libre cours aux pédagogies alternatives et à une entraide

13 Référentiel de connaissances, de compétences et de culture présentant ce que tout élève doit savoir et maîtriser à la fin de la scolarité obligatoire (lois de 2005 et 2013).

14 Rappelons que ceux-ci dataient alors de 2008 et ne comportaient que bien peu de références à la diversité linguistique du public scolaire.

spontanée entre jeunes de tout âge. « Monsieur Ahamada, quand il explique, mi comprend tout' », « ici on peut toucher tous les jeux, on peut essayer », « si j'arrive tard, je peux quand même entrer. La porte-là, on sait quand elle est ouverte », « avec mes amis, on chante et on danse comme dans notre village à Mayotte, ici on a le droit. Il faut juste ranger après ». « Je peux changer de langues si j'ai besoin. À lui, je lui explique en maore. Ça va plus vite », « Monsieur Ahamada, il parle aussi comorien ». Connu dans le quartier, le responsable de l'association exerce désormais une fonction de médiateur interculturel dans le collège voisin où il assure une permanence régulière. Locuteur des principales langues parlées dans l'archipel des Comores et engagé socialement auprès des familles en difficultés, il a gagné la confiance des gens du quartier comme celle de l'équipe dirigeante de l'établissement. Mais cet ancien directeur d'école, à la retraite depuis plusieurs années, aspire parfois à une vie moins mouvementée : « il faudrait former des jeunes pour qu'ils viennent me seconder. Et puis il faudra bien me remplacer un jour », « je voudrais transmettre le flambeau », répète-t-il souvent, soulignant la nécessité de mettre en place un véritable réseau de médiateurs pluriculturels, familiers des questions scolaires. « Et pas qu'ici » ne manque-t-il pas de préciser « mais dans toute l'Académie ! ».

En attendant, ce sont aussi des groupes de paroles intergénérationnels que l'association anime dans le quartier, s'exportant parfois aussi dans d'autres communes à l'occasion de fêtes locales. Il arrive que ces échanges soient enregistrés et codifiés *in vivo* sous forme de cartes mentales. Les voix plurilingues des participants sont alors introduites sous forme de fichiers mp3 dans une arborescence d'idées associées. Le thème principal, toujours choisi par les participants, est l'occasion de partager des expériences douloureuses d'injustice, de discrimination, d'échec scolaire, mais suscite aussi des échanges constructifs qui prennent place dans ces nouveaux espaces de dialogues. Car c'est dans ces lieux, ouverts à tout public et dénués de tout protocole, que les acteurs sociaux « mobilisent leurs compétences émotionnelles, prennent leur place dans un fonctionnement collectif et, en découvrant les émotions de leurs camarades, prennent conscience de l'existence de dynamiques sociales communes » (Prax-Dubois, Ahamada, 2016). S'ouvrent ainsi de nouveaux espaces langagiers, « je peux changer de langues si j'ai besoin », permettant d'envisager de nouveaux possibles en matière de positionnement identitaire car « ici, on a le droit ».

Le droit d'utiliser toutes les composantes de son répertoire langagier et de mobiliser alternativement ses multiples identités est assuré, dans le même ordre d'idées, en formation d'adultes francophones et créolophones réunis pour apprendre les bases du shimaore ou bien, inversement, pour apprendre le français à des élèves migrants plurilingues dans le cadre de l'accompagnement éducatif. La formatrice trilingue, co-auteure de cette communication, a pu le constater en analysant un corpus de données recueillies lors de ses interventions. La formation linguistique animée au CAP par ses soins (cf. supra) semble ainsi avoir contribué à outiller les enseignants présents : « connaître un peu de shimaore, les salutations, inviter, remercier, ... ça me permet de créer du lien avec mes élèves et avec leurs parents », « c'est un premier pas vers l'autre »,

« moi, je voulais comprendre quand ils parlent entre eux, et on peut mieux se respecter quand on se comprend », « je peux plus facilement les amener vers le français ». L'intérêt de créer des passerelles entre les langues se retrouve en séances de soutien scolaire avec des élèves nouvellement arrivés originaires de Mayotte. Deux constats s'imposent alors. Tout d'abord, établir un contact avec l'élève dans sa langue première a pour effet de le rassurer, d'établir une complicité langagière et de l'amener progressivement à s'approprier la langue de scolarisation, mais aussi de « désamorcer » le processus de l'échec[15] en renouant notamment avec l'écrit, « j'avais tout là, dans mon cahier, et je l'ouvrais pas, je savais pas à quoi ça servait », « j'ai compris que c'était utile aussi pour le CFG », « j'ai appris à lire en français dans mon cahier » et de se projeter différemment dans l'avenir, « je savais pas que je pouvais lire », « je croyais que c'était pas pour moi tout ça », « maintenant, je me dis que je suis pas foutu ».

Si l'objectif en milieu scolaire est de mieux communiquer en français, à l'oral comme à l'écrit, le déclencheur est bien la valorisation de l'usage des langues premières comme levier de réussite scolaire. L'idée est de favoriser la création de liens par les apprenants eux-mêmes entre leur vécu langagier, incluant les savoirs et savoir-faire en créole, langue de socialisation à La Réunion, et les attendus académiques : « moi, je parle pas maore, je parle shibushi mais j'apprends le maore avec ma copine, c'est facile de parler une autre langue », « On parle français aussi mais c'est pas le français de l'école », « le créole, ça vient tout seul », « c'est comme le français, mais en plus facile », « Je sais lire en arabe, j'ai appris à la médersa. J'ai appris par cœur. Plus tard, je comprendrai ». Mesurer l'écart entre les langues, les cultures et les modes d'apprentissage, d'une île à l'autre, d'un monde à l'autre, se situe au croisement de la pédagogie inclusive et de l'éducation interculturelle. C'est le rapport à l'altérité qui est ici en jeu constate la formatrice qui s'est approprié les langues-cultures en présence, sait négocier aujourd'hui leur cohabitation en milieu formel ou informel et en a fait un objet de recherches. Mais lorsque ce rapport est faussé par les préjugés et autres raccourcis culturels, comment aider les acteurs de la communauté éducative à sortir de ce jeu de « cache-cache » ?

L'ethnicisation au cœur des méthodes ou comment « l'opération caméléon » s'opère sur les territoires Nord/Nord-Est étudiés

> « Quand j'suis à La Réunion, j'suis Réunionnais, quand j'suis à Mayotte j'suis Mahorais(e) et quand j'suis en France, j'suis Français(e) » [Interlocutrice, 28 ans, 2013]

Notre terrain sur Saint-Denis porte sur un quartier précis et délimité en zone urbaine, au cœur de la première ville de l'Outre-Mer français, dont la population en situation de migration provient essentiellement de l'archipel des Comores et dont les perspectives d'insertion socio-économique sont peu

15 Rappelons que la formatrice est sollicitée dans les établissements scolaires pour accompagner les élèves en difficulté.

favorables (Mezzapesa, 2013). À l'image de celui de Saint-Benoit, le terrain d'expérimentation de Sainte-Suzanne est situé dans un collège à l'entrée Nord de la ville dont la population – majoritairement créole d'ascendance indienne ou afro-malgache – est fortement rural, défavorisé et accueille quelques enfants en provenance de Mayotte, qui sont, pour certains, suivis en UPE2A avec un accompagnement scolaire spécifique. Bien que ces deux zones ne soient pas en géographie prioritaire au regard des dispositifs de la politique de la Ville, un certain nombre d'entre eux sont effectifs, notamment en ce qui concerne le classement en REP+ des établissements scolaires, et l'accompagnement éducatif spécifique proposé par les deux établissements scolaires (école primaire pour Saint-Denis, et un collège pour Sainte-Suzanne).

Les premières analyses croisées de ces deux zones de recherches montrent que les encadrants d'origine mahoraise ou comorienne de ces dispositifs ont recours à leur culture d'origine, ou à leur propres difficultés dans leurs pratiques, à l'image des nombreuses études métropolitaines sur la relation entre « origine ethnique » et « recrutement (carrière) professionnel » (Billion, 2008, Blanchard, 2004, Crenn, 2012, Poyrax, 2013). En d'autres termes, il s'opère une ethnicisation – ou du moins une mobilisation de l'ethnicité – dans les pratiques de nos intervenants pour mobiliser, dans le contexte réunionnais, les ressources identitaires et langagières des bénéficiaires élèves. Cette « spécialisation ethnique »[16] des intervenants – diplômés, qualifiés et maîtrisant suffisamment les codes de la société réunionnaise et de la société mahoraise – de la *première* ou de la *seconde génération* de la migration mahoro-comorienne s'effectue dans une relation basée sur ce que l'on a coutume ici de nommer « l'échange interculturel »[17], et sur leur capacité à mobiliser les mêmes codes que les bénéficiaires. Afin d'apporter et de développer d'autres systèmes de codes compréhensibles et réutilisables par des intervenants « non issus de la migration mahoraise ou comorienne »[18] et à destination de ce public migrant, souvent

---

16 Dans Chantal Crenn, « Faire de nécessité vertu », *Du point de vue de l'ethnicité : pratiques françaises,* sous la direction de Chantal Crenn et Laurence Kotobi, Paris : Armand Colin, 2012. Elle explique notamment que dans le cadre de son enquête, « l'ethnique » c'est l'Autre plus ou moins infériorisé où l'on mobilise « des animateurs/trices "'issus de l'immigration" et qui est destiné à un public considéré par les majoritaires comme « différent culturellement », « marginal », « périphériques » p. 79. Au vu de la concomitance de certains éléments entre ses travaux et notre terrain, bien que situé sur des territoires géographiques différents et éloignés, nous nous positionnons dans sa continuité pour cet article. Notre recherche se positionne également dans la continuité des travaux d'Élise Palomares, de Pierre Billion ou de Mustafa Poyrax par exemple sur cette question d'ethnicisation des pratiques et des recrutements.

17 Effet de mode escompté, de nombreuses institutions ou personnel relevant du champ médical, social mettent en avant l'échange interculturel dans leur pratique pour faire connaître la culture mahoraise et permettre à la fois à leur personnel et à leur public de se « sensibiliser » à cette culture. Scientifiquement, il s'agirait plutôt d'initiatives multiculturelles permettant la découverte de l'autre, même si c'est le terme *inter* qui est mis en avant par les acteurs eux-mêmes.

18 Comme le souligne De Rudder dans son article « Identité, origine et étiquetage. De l'ethnique au racial, savamment cultivé », *Journal des anthropologues,* n°72-73, p. 31-47, 1998, les termes « issus de » ou « origine de » ne rompent pas avec les préjugés racistes malgré un emploi

majoritaire dans les dispositifs d'accompagnement, mais aussi, pour reprendre la phrase d'un personnel éducatif « mahoriser les enseignants, et réunionniser les élèves mahorais »[19]. En d'autres termes, comment ces intervenants – en réussite scolaire, sociale, professionnelle – peuvent-ils créer des passerelles sociales, langagières et identitaires – entre les populations ?

Il n'est pas question ici de remettre en cause le travail effectué par les intervenants, ou les structures – associatives ou institutionnelles – qui les sollicitent, mais plutôt de questionner les enjeux sociaux, éducatifs et professionnels de cette migration franco-française, et la manière dont les locuteurs utilisent cette ethnicité pour développer des stratégies d'insertion professionnelle ou scolaire. Si la majorité des intervenants originaires (ou leurs familles) de l'île de Mayotte ou des Comores sont recrutés, c'est pour effectuer un « travail de proximité soit géographique, soit ethnoculturel, soit les deux »[20] auprès d'une population proche culturellement d'eux. La création de ces emplois s'inscrit dans le développement des dispositifs de la Politique de Ville ciblant les quartiers prioritaires où l'on estime qu'il y a une forte présence de migrants originaires du bassin indianocéanique. Un certain nombre d'adultes relais et d'assistants d'éducation sont recrutés sur cette base ethnique afin d'y renforcer ce lien social territorialisé mentionné dans la Charte de la médiation sociale et qui constitue leur référentiel d'activités en tant que médiateurs sociaux.

Notre travail, qui s'inscrit dans le prolongement des travaux d'anthropologues et de sociologues spécialistes de l'ethnicité, démontre l'émergence de l'utilisation de l'ethnicité mahoraise et comorienne dans l'accompagnement aux personnes (médical, social, associatif, éducatif) à La Réunion. Cette ethnicisation désigne « le processus de saillance des catégorisations ethniques »[21] dans de nombreuses situations en France. Pour les spécialistes des questions interethniques, cette ethnicisation est utilisée dans des situations ou des contextes socio-économiques bien précis où les conflits résultants de la présence de personnes migrantes ou issues de la migration ont besoin d'être compris et analysé sous cet angle afin d'être solutionnés.

---

utilisé de façon valorisante. Ici, nous partons des termes que nos interlocuteurs, issus de milieux associatifs, sociaux ou de la santé utilisent au quotidien.

19 Melanie Mezzapesa, notes de terrain, septembre 2015.

20 Dans Chantal Crenn, « Faire de nécessité vertu », *Du point de vue de l'ethnicité : pratiques françaises*, p. 88 d'après les travaux de Boucher, 2006, Jovelin, 2006, Poyrax, 2006 sur le recrutement des animateurs « d'origine maghrébine » dont les similarités avec les intervenants « d'origine mahoraise » sont indéniables. C'est pourquoi nous pensons que l'étude de la migration mahoraise est à analyser dans la continuité des études sur les populations en provenance du Maghreb ou d'Afrique subsaharienne en France (Melanie Mezzapesa, thèse de doctorat, en cours de rédaction).

21 Dans Hélène Bertheleu, « Sens et usages de "l'ethnicisation", le regard majoritaire sur les rapports sociaux ethniques », *Revue Européenne des Migrations Internationales,* vol. 23, n°2, 2007 d'après les travaux de Poutignat et Streiff-Fénart 1995, De Rudder 1995, Palomares 2005.

À La Réunion, cette ethnicisation des rapports sociaux et des pratiques est nouvelle[22] et se développe dans un contexte de globalisation des flux. À l'image de ce qui se fait en Métropole avec les populations en provenance du Maghreb ou de l'Afrique, les structures institutionnelles ou associatives, souvent démunies face aux différences culturelles, engagent des adultes relais ou des intervenants issus de cette migration pour lancer des passerelles entre le monde culturel réunionnais et le monde culturel mahorais. Paradoxalement, même si la « mobilisation ethnique » des intervenants joue en leur faveur dans le recrutement, on ne peut que regretter que seules leurs compétences linguistiques familiales, par exemple en français/shimaore/créole, priment pour le dispositif recruteur. Malgré leurs qualifications, leurs savoirs et savoir-faire dans d'autres domaines, et notamment dans les domaines de la créativité et de la médiation linguistique et autres disciplines, ne sont en effet que très peu sollicités ou reconnus. Se construit ainsi une « figure de l'étranger » non valorisante, y compris chez ces nouveaux partenaires éducatifs bi/plurilingues dont la quête identitaire et langagière aurait au contraire tout à gagner à être accompagnée avec bienveillance.

Pourtant, les intervenants que nous avons rencontrés prennent en main leur parcours, trouvent des solutions et mènent un important travail réflexif sur leur cursus scolaire et professionnel ainsi que sur leurs différentes composantes identitaires. Ils mobilisent l'essentiel de leurs ressources propres pour transmettre aux participants ce qu'ils ont appris et la manière dont ils l'ont appris. Cette perméabilité entre les frontières symboliques et sociales, pour reprendre l'idée de F. Barth, traduit celle de l'univers plurilingue et pluriculturel dans lequel baignent les populations en provenance de Mayotte à La Réunion. Français originaires de l'archipel des Comores, leurs langues familiales sont le shimaore, le kibushi ou les divers dialectes des Comores. De religion musulmane, les enfants entrent très tôt à l'école coranique et prennent contact avec la langue et l'écriture arabe. Scolarisés à l'école du quartier, le français est leur langue de scolarisation tandis que le créole celle de la socialisation dans le territoire d'accueil. Le compartimentage entre les langues et les cultures se retrouve dans les discours de nos intervenants qui utilisent à leur tour ces classements dans leurs pratiques quotidiennes.

F. arrive au local de l'association pour discuter au sujet des activités qu'elle souhaite mettre en place dans le quartier durant les vacances. Voilée avec son *kishali*, son *saluva* et ses lunettes de soleil, elle nous surprend en ôtant ses habits, pour ne pas dire « son masque », car nous découvrons une jeune fille, en tee-shirt-jogging, passionnée de sport et d'activités associées à la masculinité dans l'esprit collectif (rugby, moto, foot, course...). Surprenant pour une jeune fille mahoraise dont la réussite scolaire passe essentiellement par le sport, et qui

22 Auparavant, c'était le lien au territoire qui était mis en avant (*ti gar/femn La Source* par exemple), et non le référentiel ethnique utilisé pour « créer ou maintenir le lien social » (comme défini par la Charte du référentiel d'activités des médiateurs sociaux) dans ces territoires prioritaires issus de la politique de la ville.

refuse de se plier à de nombreuses obligations familiales et communautaires pour se consacrer à sa passion. Traversant le quartier, elle préfère, ce jour-là, mettre son *kishali* et son *saluva.* Cette « fantomas » des temps modernes réalise, à l'image de nos intervenants rencontrés, ce que nous nommerons ici « l'opération caméléon ». C'est-à-dire la capacité dont nos interlocuteurs font alterner les codes de la société d'accueil avec les leurs. C'est une manipulation des marqueurs identitaires symboliques permettant la délimitation de leurs frontières – sociales et symboliques – leur permettant ainsi de se positionner en fonction de la situation d'interactions sociales dans laquelle ils se trouvent. Cette "identité manipulée" est ainsi d'une grande multiplicité et variable chez nos interlocuteurs et qui opèrent des stratégies identitaires, pour reprendre le terme d'Isabelle Taboada-Leonetti[23].

Au début de son article sur *Les processus d'ethnicisation et de raci(ali)sation dans la France contemporaine : Africains, Ultamarins et « Noirs »,* Christian Poiret explique que « [...] le minoritaire (celui dont la position est minorée) est généralement contraint de construire son identité en contre, en opposition et bien souvent en tentant de retourner le stigmate qui lui est assigné par le majoritaire »[24]. Il ajoute au cours de cet article, lorsqu'il évoque l'adaptation à la situation subordonnée pour contrôler la protestation du minoritaire, « parce qu'elles savent qu'elles sont assignées à une situation subordonnée, les personnes minorisées développent des stratégies pour entretenir la face interne de la frontière "raciale" et pour se ménager une situation et une image de soi acceptables la mise en œuvre de ces réponses stratégiques suppose, avant tout, d'apprendre à contrôler les affects face à des processus infériorisants ressentis comme des violences »[25]. Pour son analyse, il utilise le concept de Danielle Juteau concernant les deux faces interne et externe – constitutives des frontières ethniques[26]. La face externe correspond à la représentation des dominants sur les dominés. La face interne, concerne « le regard des dominés sur eux-mêmes souvent en reprenant les caractéristiques assignées pour tenter de les valoriser »[27]. C'est ces réflexions qui nous ont amenés à nous questionner sur l'image renvoyée de cette discrimination positive que nos interlocuteurs réussissent à tourner à leur avantage. Ainsi, sollicités en milieu socio-éducatif en raison de leur origine, « parce qu'ils parlent la langue »[28], nos interlocuteurs réinvestissent des éléments dénigrés et les transforment alors en ressources favorisant la mise en place d'une pédagogie innovante.

---

23 Dans le chapitre II « Stratégies identitaires et minorités » dans l'ouvrage *Stratégies identitaires*, Camillieri, Carmel et *al.*, PUF, 1990.

24 p. 107.

25 p. 120.

26 p. 119. Ces deux faces sont indissociables. Il explique que « la face externe est celle posée par le regard que portent les dominés et elle exprime le rapport de domination. La face interne est établie par le regard que portent les dominés sur eux-mêmes, souvent en reprenant les caractéristiques assignées pour tenter de les valoriser ».

27 *Ibid.*

28 Notes de terrain, avril 2015.

Mo Absoir, slameur, est intervenu dans l'association du quartier de La Chaumière[29], pour animer un atelier slam avec un groupe d'enfants du quartier en vue de participer au concours organisé par la société de transports en commun de l'inter-commune. Ces enfants volontaires – dont les parents sont issus de Mayotte ou des Comores – avaient pour un certain nombre d'entre eux des difficultés à s'exprimer à l'oral (honte, timidité) et à l'écrit. Axé sur la participation au concours et sur la création d'un slam dans lequel les valeurs de la citoyenneté devaient être valorisées, cet atelier a surtout permis en réalité de mettre en avant la capacité des élèves à passer du français au créole, du créole au shimaore, du shimaore au français, lorsqu'ils échangeaient entre eux[30].

Il leur a été cependant difficile de mobiliser leurs ressources plurilingues dans un travail d'écriture qui leur semblait trop proche des activités scolaires habituelles, même si cet atelier s'est déroulé dans un cadre hors de l'institution scolaire et dans une ambiance informelle et bon enfant. L'intériorisation de l'interdit de parler une autre langue que le français à l'école[31] (même si dans les cours de récréations, les langues se côtoient) a empêché certains enfants de surpasser cette gêne et d'apporter la langue d'origine dans la création du slam. Ceci a conduit l'animateur à demander aux enfants si, « après tout le temps qu'ils étaient là »[32], ils savaient parler le créole et le shimaore. Éclats de rires gênés car, peu habitués à être interrogés sur leur compétence plurilingue, ces enfants ont été surpris par ce soudain intérêt. Ils n'osaient pas parler à l'intervenant, pourtant Comorien, dans une autre langue que le français.

Cet atelier a également été l'occasion pour ces enfants de s'exprimer sur la transmission langagière effectuée au sein de leur famille. Sur les onze enfants, deux ne pratiquent pas la langue première de leur mère. Dans un des cas, la mère, Comorienne, préfère lui parler en français, ou en shimaore et non en

---

29 C'est une autre association artistique qui a suggéré l'intervention de Mo Absoir du fait de ses compétences à la fois langagières (plurilinguisme) et écrites (manipulation des mots pour le slam).

30 Assis en groupe, Mo Absoir, le slameur, est au tableau, tandis que je suis assise avec les enfants. L'écriture du slam s'est déroulée sur 3 jours à raison de 2h/jour. Les jours 4 et 5 ont été consacrés à la récitation et à la réalisation d'un clip. Durant cette phase de création écrite, nous avons d'abord laissé les enfants s'exprimer sur leur compréhension des objectifs du concours. Puis nous avons évoqué les valeurs en rapport avec la citoyenneté et leur avons demandé ce qu'ils interprétaient. Enfin, nous sommes partis de leur mots, de leurs ressentis, puis nous les avons accompagnés dans la formulation de leurs phrases, et de leurs idées, sans en dénaturer le sens ni le contenu, mais simplement pour ce que ça corresponde à une cadence de slam.

31 Paroles exprimées par les enfants. Mais les nombreuses situations d'observations en milieu scolaire ont permis de mettre en évidence ce ressenti éprouvé par les enfants. En effet, lorsqu'un enfant s'adresse à l'enseignant en créole, ou que deux enfants se parlent en shimaoré, la plupart des enseignants demandent à ces mêmes enfants de reformuler leurs phrases en français. Les nombreuses insistances sur la nécessité de parler français, émises par les enseignants ou les parents sont à noter (il m'est arrivé d'entendre dans le discours des parents que « si tu parles en shimaoré à l'école, la police va venir me chercher et me mettre en prison parce que c'est interdit de parler dans une autre langue que le français »).

32 À noter que la grande majorité de ces enfants sont nés à La Réunion.

shikomori. Dans le deuxième cas, le kibushi est parlé par la mère mais les enfants répondent en français ou en shimaore, la langue du père. Dans d'autres cas de figure, des stratégies familiales sur la transmission des langues sont effectuées : ne parler qu'en français aux enfants à partir de deux ans, mélanger les langues quand on ne sait pas dire un mot dans l'une ou dans l'autre, parler (apprendre) le shimaore avec son parent shimaorephone, parler (apprendre) le kibushi avec l'autre parent. Cette multiplicité de stratégies langagières a été observée lors de nombreuses interactions quotidiennes, mais aussi à la suite de l'analyse de données issues d'entretiens auxquels nous avons participé sur notre terrain de thèse, dans le quartier de La Chaumière où nous habitons depuis 2008. Ces données ont également été confirmées lors d'un travail similaire réalisé par l'association de La Chaumière en octobre 2015, lorsque durant l'intervention d'un vidéaste, les enfants ont tenté de décrire la façon dont ils apprenaient le français et le rôle des parents dans les choix linguistiques opérés à cette occasion.

Outre l'activité ludique, cet atelier slam a permis à l'intervenant et aux bénéficiaires de mobiliser leurs ressources dans une situation d'apprentissage informel, dans le cadre de la participation à un concours. Le premier prix ayant été attribué à l'association à l'occasion de ce concours, Mo Absoir – qui fait désormais carrière à Paris – montre aux jeunes qu'il est possible de réussir en développant des stratégies langagières et identitaires. Il montre aussi qu'il est possible de faire fi des représentations du groupe majoritaire en les tournant à son avantage. Cette démarche aurait-elle eu le même succès en milieu scolaire ?

En guise de conclusion : la difficile alliance entre les institutions et les associations, le cadre métropolitain et les spécificités régionales

Outre sa profonde créolité, La Réunion se caractérise également par sa multiculturalité engendrée par des mouvements migratoires à la fois nouveaux et de plus en plus importants. Si cette mobilité est globalement liée à des déplacements en provenance de pays européens, asiatiques, américains, ou du Moyen-Orient, la migration entre Mayotte et La Réunion reste démographiquement la plus importante et celle qui impacte le plus la société réunionnaise ces quinze dernières années. La vitalité des associations – mahoraises ou de quartier – dont les objectifs visent principalement l'accompagnement socio-éducatif, démontre la volonté de ces nouveaux migrants de s'insérer dans la société réunionnaise en collaborant avec les collectivités ou les institutions[33]. Véritables leviers de construction identitaire plurilingue et pluriculturelle, la plupart des bénévoles et des employés de ces associations jonglent entre leurs différentes appartenances afin d'assurer une médiation entre les bénéficiaires et les diverses interfaces institutionnelles. Ces dernières ont d'ailleurs tendance, depuis quelques années, à assouplir leurs modalités de fonctionnement et des

---

33 Melanie Mezzapesa, à paraître.

outils de médiation interculturelle visant à favoriser le dialogue social sont actuellement à l'étude.

En croisant plusieurs regards à l'occasion de cette contribution, nous espérons avoir démontré que cette collaboration nourrit également la recherche en sciences sociales, dans le sens où la participation active de ces médiateurs éclairés, bien souvent autoformés, à la réflexion scientifique favorise la conceptualisation et la contextualisation d'instruments au service de l'épanouissement individuel et de la cohésion sociale pensés localement.

BIBLIOGRAPHIE

AHAMADA A., MEZZAPESA M., PRAX-DUBOIS P., « Négociation et place des langues-cultures des élèves migrants et autres enfants plurilingues à La Réunion : l'apport de la recherche-action et du partenariat associatif », colloque Babel, *Ouvrir les murs : pour une école de tous les mondes,* Paris, 4-5 juin 2015.

ALTHABE G., « Vers une ethnologie du présent. Demandes d'ethnologie et stratégies des ethnologues », *Démarches ethnologiques au présent,* Paris, L'Harmattan, 1992.

ANDOCHE J. et *al,* « La Réunion, le traitement de l'étranger en situation pluriculturelle : la catégorisation statistique à l'épreuve des classifications populaires », *Histoire des immigrations : panorama régional,* volume II, *Hommes et migrations,* n°1278, 2009, p. 218-231.

BARTH F., *Les groupes ethniques et leurs frontières,* dans Poutignat Philippe, Streiff-Fénart Jocelyne, *Théories de l'ethnicité,* Paris, PUF, 1995.

BERTHELEU H., « Sens et usage de "l'ethnicisation". Le regard majoritaire sur les rapports sociaux ethniques », *Revue Européenne des Migrations Internationales,* vol. 23-n°2, 2007, p. 7-28.

BILION P., « Travail social en milieu ouvert et altérité : histoire de rendez-vous manqués », dans Chantal Crenn, Laurence Kotobi et Jean-Claude Gillet (eds), *Les animateurs professionnels face à la différence ethnique,* Paris, L'Harmattan, coll. « Animation et territoires », 2008, p. 61-78, (halshs-00311430).

BLANCHARD M.-M., « Croisement de savoirs et de pratiques en contexte interculturel », *Médiation et Travail social,* n°1249, Mai-Juin 2004.

BLANCHET P., *La linguistique de terrain, méthode et théorie,* Rennes, coll. « Didact linguistique », 2000, 2012.

CAMILLERI C. et *al.*, *Stratégies identitaires,* Paris, Presses Universitaires de France, coll. « Psychologie d'aujourd'hui », 1998.

CHAUDENSON R., *Le lexique du parler créole de La Réunion,* 2 vol., Paris, Champion, 1974.

COHEN P., « Le chercheur et son double. À propos d'une recherche sur le vécu des jeunes face au sida », dans *De l'ethnographie à l'anthropologie réflexive : nouveaux terrains, nouvelles pratiques, nouveaux enjeux,* Paris, Armand Colin, 2002.

COSTE D., MOORE D., ZARATE G., *Compétence plurilingue et pluriculturelle,* Strasbourg, Édition du Conseil de l'Europe, 1997.

CRENN C., « Faire de nécessité vertu », dans *Du point de vue de l'ethnicité : pratiques françaises,* sous la direction de Chantal Crenn, Laurence Kotobi, Paris, Armand Colin, 2012.

DE RUDDER V., « Identité, origine et étiquetage. De l'ethnique au racial, savamment cultivé », *Journal des anthropologues,* n°72-73, 1998, p. 31-47.

DEVEREUX G., *De l'angoisse à la méthode dans les sciences du comportement*, Paris, Flammarion, 1980.

GEOGER F., *Créole et français à La Réunion : une cohabitation complexe*, Thèse de doctorat, sous la direction du Pr. Lambert-Félix Prudent, Université de La Réunion, 2011.

GHASARIAN C., *De l'ethnographie à l'anthropologie réflexive. Nouveaux terrains, nouvelles pratiques, nouveaux enjeux*, Paris, Armand Collin, 2002.

— « La Réunion : acculturation, créolisation et réinventions culturelles », *Ethnologie française*, vol. 32, 2002/4, p. 663-676.

INSEE, « Des flux migratoire multiples qui modifient les structures de la population », *Économie de La Réunion*, n°136, 2006, p. 16-19.

JUTEAU D., *L'ethnicité et ses frontières,* Montréal, Les Presses de l'Université de Montréal, coll. « Trajectoires Sociales », 1999.

LAROUSSI F., « Le plurilinguisme à l'école maternelle à Mayotte - Une recherche-action (2007-2011) », dans Foued Laroussi, Marie-Claude Penloup (dir.), *Identités langagières - Mélanges offerts à Régine Delamotte*, Le Havre, Presses Universitaires de Rouen, 2013.

LEBON-EYQUEM M., « Analyse d'interventions pédagogiques en situation de contacts de langues : comment les enseignants traitent-ils les énoncés "mélangés" à La Réunion ? », colloque RFS, *Langue(s) et insertion en contexte francophone : discriminations, normes, apprentissages et identité*, co-organisé par le LCF et le PREFics, Université de Rennes 2, 2009.

MÉDÉA L., « La construction identitaire dans la société réunionnaise », *Journal des anthropologues,* 2001, p. 261-281.

MEZZAPESA M., « Les enjeux du réseau associatif mahorais à La Réunion : dimensions territoriales, économiques et identitaires », actes du colloque International *Insularité, langue, mémoire et identités*, Île de Djerba, Université de Rouen-Université de la Matouba. À paraître.

— « Mahorais à La Chaumière : entre implantations et perspectives de retour », actes du colloque « Identités, migrations et territoires », OSOI, Université de La Réunion, 2013, en ligne : http://osoi.univ-reunion.fr/fileadmin/Fichiers/OSOI/Textes/PDF/IMTOI/14._MEZZAPESA_V._Courte_.pdf

NGALASSO-MWATHA M., « Le shimaore et le kiswahili à Mayotte. Réflexions socio-linguistiques », dans Foued Laroussi, Fabien Liénard (dir.), *Plurilinguisme, politique linguistique et éducation. Quels éclairages pour Mayotte ?*, Le Havre, Presses Universitaires de Rouen (PURH), 2011, p. 153-167.

POIRET C., « Les processus d'ethnicisation et de raci(ali)sation dans la France contemporaine : Africains, Ultramarins et "Noirs" », *Revue européenne des migrations internationales,* vol. 27, n°1, 2011, p. 107-127.

POYRAZ M., *Les animateurs des quartiers populaires : entre la régulation sociale et l'éducation populaire,* coll. « Animation, territoires et pratiques socioculturelles », n°5, 2013, p. 27-36.

PRAX-DUBOIS P., « La mallette pédagogique "Enseigner en contexte multilingue" : un outil au service de l'auto-formation des enseignants dans le domaine de la DDL ? », avec Maurer Alexandra, *Travaux & Documents,* BTCR, FLSH, Saint-Denis, Université de La Réunion, 2014, p. 129-146.

— « Vers une nouvelle contextualisation de l'éveil aux langues à La Réunion », avec Jean-Bernard Huet, Marianne Valérie Dit, *Travaux & Documents*, BTCR, FLSH, Saint-Denis, Université de La Réunion, 2014, p. 189-206.

— « Les collaborations enseignants/assistantes de maternelle en pré-élémentaire à La Réunion : un partenariat linguistique à construire », dans Ingrid De Saint-Georges, Kristine Horner and Jean-Jacques Weber (eds), *Multilingualism and Mobility in Europe : Policies and Practices*, Frankfurt/Main, Peter Lang Verlag, 2014, p. 123-146.
— « La parole des élèves allophones dans les établissements scolaires : quand les outils interrogent les postures », avec Ali Ahamada, in *Parole d'élèves, parole aux élèves, La revue de la vie scolaire*, Association Nationale des Conseillers Principaux d'Education, 2016, p. 19-24.
— « Politiques linguistiques éducatives et formation des enseignants du primaire à La Réunion : négociations sociodidactiques et sociohistoriques en contexte éducatif postcolonial » avec Raoul Lucas, dans Philippe Blanchet et Martine Kervran (Dir.), *Langues régionales dans l'éducation à la diversité : des dispositifs à l'épreuve, Espaces discursifs*, Paris, L'Harmattan, 2016.
PRUDENT L.-F., « Diglossie et interlecte », *Langages* n°61, Larousse, 1981.
— « Réponse au texte de Didier De Robillard : chaotique, éclectique, pragmatique… », *Cahiers de sociolinguistique* 1/2003 (n°8), 2003, p. 233-243.
SAKOYAN J., « L'éthique multi-située et le chercheur comme acteur pluriel. Dilemmes relationnels d'une ethnographie des migrations sanitaires », *Ethnographiques.org*, n°17, novembre 2008, en ligne : http://www.ethnographiques.org/2008/Sakoyan.
SIMONIN J., LEDEGEN G., « Socio-discursivité et communauté interprétative. Regards sur la médiatisation d'une crise sanitaire : le chikungunya à La Réunion », dans Aurélie Tavernier, Jacques Noyer, Jean-Baptiste Legavre, Bernard Delforce (dir.), *Figures sociales des discours. Le « discours social » en perspectives*, coll. « Travaux et Recherches », Éditions UL3, Université Lille 3-Charles-de-Gaulle, 2010, p. 213-228.
SOUPRAYEN-CAVERY L., *L'interlecte réunionnais : approche des pratiques et des représentations*, coll. « Espaces discursifs », Paris, L'Harmattan, 2010.
WHARTON S., « Enseigner le français à La Réunion : toujours des chantiers en perspective ! », *Le français aujourd'hui* 1/2001 (n°132), 2001, p. 38-44.

Clichés socioculturels et attitudes des jeunes camerounais vis-à-vis de leurs langues maternelles

Henri Rodrigue NJENGOUÉ NGAMALEU,
Ph.D., Université de Yaoundé, Cameroun

Les langues maternelles sont des étiquettes identitaires de Camerounais appartenant à des groupes ethniques partageant les mêmes espaces territoriaux urbains. Cette étude analyse le lien entre stéréotypes relatifs aux langues maternelles et l'attitude vis-à-vis de celles-ci à travers une enquête auprès de 1098 jeunes. Le paradoxe indique qu'ils n'ont pas (plus) honte de leurs langues maternelles même s'ils ne la parlent pas pour autant.

Mots-clés : identité, stéréotypes, préjugés, attitude, langue maternelle, jeunes camerounais.

The mother tongues identity-related tag among Cameroonians belonging to communities sharing the same urban spaces. This study analyses the link between the sensitivity to social judgments and the attitude towards mother tongues through a survey on 1098 youths. The paradox indicates that they don't (or no more) feel ashamed because of their mother tongues even if they don't speak them.

Keywords: *identity, stereotypes, prejudices, attitude, mother tongue, young Cameroonians.*

INTRODUCTION

La promotion des langues maternelles, y compris à travers le système éducatif, devient un enjeu majeur au Cameroun. Ces dernières sont en perte de vitesse et n'ont pas la même envergure institutionnelle et statutaire que les langues officielles que sont le français et l'anglais (Ngamgne, 2008 ; Bitjaa Kody, 2001). Les langues locales sont pourtant garantes des identités ethnoculturelles dont la diversité est égale à celle des groupes ethniques et linguistiques. La longévité et la vitalité des langues maternelles, aussi bien dans le temps que dans l'espace, tiennent aussi de leur usage et leur transmission par les jeunes générations. La socialisation de l'enfant à l'usage des langues maternelles dès la cellule familiale est fondamentale à cet effet ; tout comme l'est la construction d'une identité ethnoculturelle positive par les adolescents et les jeunes adultes.

La psychologie interculturelle démontre le caractère saillant de la langue du groupe d'appartenance comme élément constructif de l'identité culturelle (Camilleri & Vinsonneau, 2002 ; Camilleri, 1970). Dans une perspective socio-cognitive, les mécanismes identitaires sont tributaires des interactions entre groupes sociaux, culturels ou ethniques (Vinsonneau, 1999, 2000, 2002). Les phénomènes tels que la catégorisation sociale, les stéréotypes, les préjugés et la discrimination résultent de telles interactions, du fait des caractéristiques et des différences des groupes socioculturels ou ethnoculturels partageant les mêmes espaces territoriaux (Fiske, 2008). Du fait que les langues parlées par les groupes ethniques participent de leur identité et font l'objet d'impressions, de représentations et de réactions diverses des membres d'autres groupes, l'objectif de cet article est d'analyser le lien entre l'évaluation sociocognitive des clichés relatifs à la langue maternelle et l'attitude vis-à-vis de celle-ci chez les adolescents et jeunes adultes au Cameroun.

Après la présentation de la diversité ethnique et linguistique du Cameroun, les mécanismes sociocognitifs tels que les stéréotypes, les préjugés, la discrimination, l'identité et la catégorisation sociale, seront abordés. Ce préalable donnera suite, dans un premier temps, à la méthodologie mise en œuvre dans la phase empirique, dans un second à la présentation des résultats saillants, et à la discussion, dans un troisième.

Diversité ethnique et linguistique du Cameroun

La diversité linguistique du Cameroun permet de dénombrer environ 230 langues locales (Mba, 2008, 2010 ; Sadembouo, 2005). La précision varie selon les auteurs, allant de 248 à 287 (Dieu & Renaud, 1983 ; Breton, Bikia et Fohtung, 1991 ; Ethnologue, 2000). Cette multiplicité de langues va de pair avec une diversité ethnique tout aussi remarquable en Afrique noire (Evina Akam et Minché, 2010 ; Fogui, 1990). Dans les villes, voire les villages, cohabitent au Cameroun de multiples groupes ethniques (Boutrais et *al.,* 1984). La langue apparaît comme le révélateur des traits culturels communs aux personnes appartenant à une même communauté ou ethnie, laquelle n'est autre qu'une catégorie conceptuelle permettant d'étudier les groupes socioculturels (Breton, 1981).

Les linguistes soutiennent que l'avenir des langues, quelles qu'elles soient, est étroitement dépendant des attitudes et représentations des acteurs sociaux. Les perceptions positives et négatives déterminent les statuts donnés à certaines langues ou à leurs variantes, par opposition à d'autres. « Plus on tient à consolider une identité culturelle et linguistique, plus on enfourche une ou des langue(s) dans la communication sociale » (Mba, 2010, p. 157). Njengoué Ngamaleu (2012) montre par exemple que l'attitude des adolescents bamiléké vis-à-vis de leurs langues maternelles est corrélée à leur identité socioculturelle, selon qu'elle est positive ou négative. Il s'agit de processus sociocognitifs qui reflètent les rapports aux groupes ethniques de non appartenance. Il convient d'aborder le cadre conceptuel et théorique des phénomènes s'y rapportant.

Identité sociale, stéréotypes, préjudices et discrimination

En plus du matériel, les groupes sociaux entrent généralement en rivalité pour des raisons relevant des questions symboliques et identitaires. Les stratégies de valorisation de l'identité génèrent des biais négatifs à l'égard de l'exogroupe. L'identité sociale est la partie du concept de soi qui dérive de l'appartenance groupale. Il s'agit de la perception qu'on a de soi en tant que membre d'un groupe social. La théorie de l'identité sociale (Tajfel, 1978, 1981 ; Tajfel et Billig, 1974 ; Tajfel et Turner, 1979, 1986) pose que la construction de l'identité sociale se fait sur la base d'une comparaison sociale d'intra-groupe avec le ou les hors-groupes par rapport à des critères socialement pertinents ; la langue pouvant en faire partie.

S'appuyant sur les principes de la théorie de l'identité sociale, la théorie de l'autocatégorisation s'intéresse plutôt aux catégories auxquelles les individus font référence à un moment donné, dans une situation intergroupe particulière (Turner, 1978, 1985). La théorie de l'identité sociale, et toutes celles qui s'en sont inspirées, permet de comprendre comment la perception d'homogénéité, le favoritisme pro-endogroupe et l'estime groupale sous-tendent les biais intergroupes. Ces derniers permettent aux individus de renforcer la tendance à différencier positivement leur identité sociale en tant que membres endo-groupes.

Les stéréotypes, les préjugés et la discrimination apparaissent par conséquent comme un triptyque de biais. Ce sont des phénomènes liés aux catégories dans lesquelles on estime telle personne totalement interchangeable avec n'importe quel autre membre de son groupe social. Les biais renvoient à tout traitement de l'individu comme une exacte représentation du groupe. Il s'agit assurément d'un jugement simplificateur de la réalité. Les stéréotypes sont des jugements par clichés socialement partagés, des idées rigides attachées à une catégorie de personnes (Allport, 1954). Ces croyances portent sur les caractéristiques des membres d'un groupe. Il s'agit de théories naïves qui expliquent les relations entre les attributs qui leur sont associés (Hilton et von Hipel, 1996). Les préjugés quant à eux concernent des réactions émotionnelles envers un individu sur la base du sentiment que l'on éprouve à l'égard de l'ensemble du groupe auquel il appartient. Les préjugés sont des attitudes générales dont les implications peuvent être aussi bien affectives que cognitives ou comportementales. Les préjugés négatifs sont plus étudiés en psychologie sociale que les préjugés positifs (Fiske, 2008). La discrimination quant à elle relève de la conséquence des stéréotypes et des préjugés. Ces derniers ne conduisent pas nécessairement à la discrimination ; de même, toute discrimination n'est pas forcément la conséquence des préjugés. La discrimination est néanmoins plus liée aux préjugés qu'aux stéréotypes (Fiske, 1998, 2008).

La perspective de l'avare cognitif met l'accent sur la dimension économique des stéréotypes (Fiske et Von Hendy, 1992 ; Fiske et Taylor, 1991). L'utilisation des stéréotypes simplifie le traitement de l'information concernant autrui. En plus des biais qui mettent les gens dans des situations difficiles, à cause de leur appartenance groupale, la société stigmatise certains individus. L'homogénéité groupale suppose que les individus ont tendance à percevoir les membres exogroupes plus homogènes que ceux de l'endogroupe (Kelly, 1989 ; Mullen et Hu, 1989 ; Simon, 1992). Le biais de favoritisme pro-endogroupe repose sur la maximisation des différences entre l'endo et l'exogroupe. Il faut de ce fait y voir des processus de construction de l'identité sociale et de catégorisation sociale. Une protection de l'identité sociale positive renforce le favoritisme pro-endogroupe. Lorsque les gens font montre de favoritisme pro-endogroupe, ils se sentent mieux avec eux-mêmes, ce que suppose la théorie sociale cognitive. L'estime de soi d'état augmente dans de telles circonstances.

L'estime de soi collective, qui renvoie à la valeur accordée par la personne à des caractéristiques du ou des groupes auxquels elle s'identifie, participe également de l'identité sociale. Elle s'appuie sur des caractéristiques telles que la race, l'ethnicité, le genre, l'âge, le poids, l'université, la région géographique, etc. Le fait d'appartenir à un groupe stigmatisé donne lieu à un véritable dilemme. D'un côté, cela engendre certains stress liés à la race ou à l'ethnicité, qui ne sont pas forcément bons pour la santé physique et mentale (Alison, 1998 ; Clark, Anderson, Clark et Williams, 1999 ; Contrada, Ashmore, Gary, Coups, Egeth, Sewell, Ewell, Goyal & Chasse, 2000). D'un autre côté, les membres de groupes stigmatisés ne sont pas pour autant des cibles passives de la discrimination ; au contraire, ils y participent souvent très concrètement (Heatherton, Kleck, Hebl et Hull, 2000 ; Swim et Stangor, 1998).

Avec la promotion des attitudes anti-préjugés, les individus n'expriment plus de manière ouverte et traditionnelle leur préjugés ; ceux-ci deviennent subtils, des préjugés à froid, qui sont indirects, automatiques, inconscients, involontaires, ambigus et ambivalents (Fiske, 2002). Les préjugés subtils exagèrent également les différences culturelles, en présentant l'exogroupe comme ayant des pratiques linguistiques, religieuses ou sexuelles totalement et complètement différentes de celles de l'endogroupe (Pettigrew et Meertens, 1995). Dans un contexte d'interculturalité comme celui des centres urbains camerounais, la sensibilité des jeunes aux stéréotypes et préjugés portant sur leurs langues maternelles et émis par les membres des hors-groupes, ou ressentis comme tels, a-t-elle un lien avec leur attitude vis-à-vis de celles-ci ? Nous émettons l'hypothèse selon laquelle la relation entre les deux variables est significative.

MÉTHODOLOGIE

Outil de collecte des données

Le questionnaire utilisé pour la collecte des données est élaboré en fonction de celui exploité au cours d'une étude précédente (Njengoué Ngamaleu, 2012). Il comporte quatre dimensions mesurées, à savoir : la fréquence d'usage de la langue maternelle en milieu familial (items 1 à 4) ; la réceptivité aux stéréotypes (items 5 à 12) ; l'attitude vis-à-vis de la langue maternelle (items 13 à 17) ; et les variables sociodémographiques (items 18 à 27). En dehors de la partie signalétique, les items 1 à 17 sont des propositions auxquelles les répondants réagissent en écrivant le chiffre qui correspond à leur degré d'accord ou désaccord. Les échelles, inspirées du modèle de Likert, ont sept niveaux ; elles sont réputées plus fiables par la littérature (Rea et Parker, 1997 ; Rodeghier, 1996 ; Carmines et Zeller, 1979 ; Cook et Campbell, 1979).

Le test de la cohérence interne s'est fait après l'administration à 77 étudiants en cycle de licence de l'Université Protestante d'Afrique Centrale (UPAC). Les valeurs de l'alpha de Cronbach basé sur des éléments normalisés sont à chaque fois satisfaisantes : fréquence d'usage de la langue maternelle en milieu familial (α= 0,784) ; réceptivité aux stéréotypes (α= 0,707) ; et attitude vis-à-vis de la langue maternelle (α= 0,701). Ces statistiques ont justifié l'administration du questionnaire, sans procéder à quelque modification, aux répondants de l'enquête proprement dite.

Participants

Un échantillon délibérément hétérogène a été constitué, lequel consiste à interroger les sujets au fur et à mesure que les enquêteurs entrent en contact avec eux. La limite d'âge a été définie à l'avance (15 – 25 ans) avec le souhait d'une représentativité des variables sociodémographiques telles que le genre, le niveau d'instruction et la région d'origine. En dépit de cette résolution, le site de l'enquête, à savoir la ville de Yaoundé, capitale politique du Cameroun, ville appartenant aux régions francophones, nous a confrontés à ses réalités. Les participants qui ont été interrogés sont au nombre de 1098. Il s'agit, pour les 1086 ayant indiqué leur genre, de 518 hommes, soit 47,7%, contre 568 femmes, correspondant à 52,3%. Le répondant le plus jeune a 15 ans alors que le plus âgé en compte 25. La moyenne d'âge est de 19,72 ans avec un écart-type de 2,964. Les régions d'origine sont diversement représentées. Les niveaux d'études sont diversement représentés, allant de la classe du secondaire premier cycle (10,7%), au cycle Master (3,9%), passant par le secondaire second cycle (34,6%) et le cycle de licence (50,8%).

Figure 1 : les régions d'origine dans l'échantillon

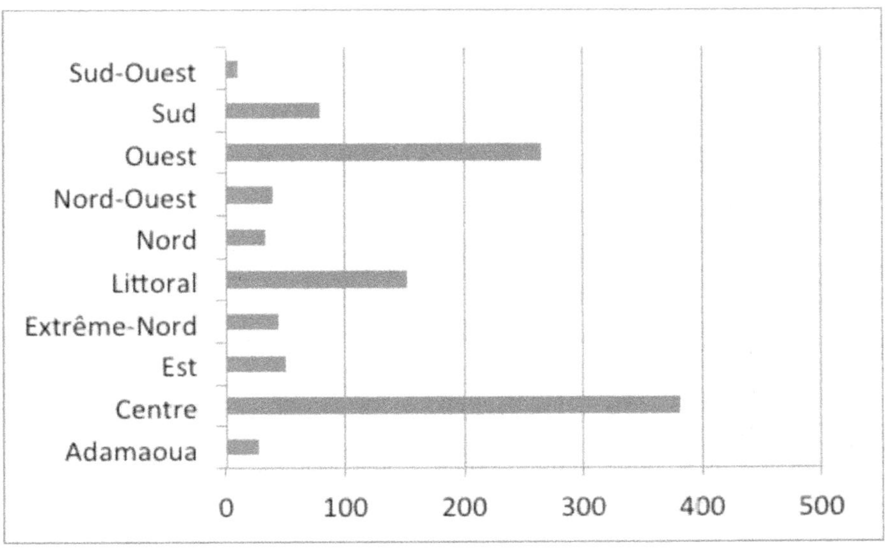

Par ordre de représentativité décroissante, ainsi que l'indique la figure 1, la région du Centre compte 382 ressortissants, soit 35,2% de pourcentage valide sachant que 13 personnes n'ont pas indiqué leur région d'origine. La région de l'Ouest vient ensuite (24,5%), le Littoral (14,1%), le Sud (7,3%), l'Est (4,6%), l'Extrême-Nord (4,1%), le Nord-Ouest (3,6%), le Nord (3,1%), l'Adamaoua (2,6%) et enfin le Sud-Ouest (0,9%). Eu égard à la complexité de l'opérationnalisation de la variable ethnique, les chercheurs considèrent habituellement le découpage administratif du pays en régions. Evina Akam et Minché (2010) indiquent d'ailleurs que ce découpage tient tout de même approximativement compte des grandes affinités ethniques au Cameroun.

Analyse des données

Les items 5, 6, 10 et 11, d'une part, et les items 13, 16 et 17, d'autre part, concernant respectivement les stéréotypes relatifs à la langue maternelle et l'attitude vis-à-vis de celle-ci, sont inversés et préalablement recodés avant l'analyse de données. La technique des scores est ensuite appliquée en calculant pour chaque répondant ses valeurs aux trois principales dimensions. Il s'agit de sommer toutes ses notes relatives aux items d'une même dimension. Ainsi les 17 items se résument pour chacun en trois scores précis. Sur cette base, des tests de corrélations peuvent être faits, les moyennes peuvent être comparées en ayant recours au test de Student ou à l'analyse de variance. Les scores à chaque dimension peuvent aussi être transformés en variables catégorielles pour déterminer les proportions de répondants en-dessous ou au-dessus de la moyenne hypothétique. Cette possibilité offre aussi celle qui consiste à faire des tests d'indépendance du khi-deux par exemple. Pour ce qui concerne la statistique descriptive et l'exposé simplifié des données, toutes les variables (items 1 à 17) en dehors des variables sociodémographiques ont été recodées en variables à trois modalités.

RÉSULTATS

Usage des langues maternelles en milieu familial

Des 1088 répondants qui se sont prononcés sur leur niveau de maîtrise de la langue maternelle, 16,0% disent ne pas la comprendre du tout, 19,7% prétendent la comprendre sans la parler, 41,3% estiment qu'ils la comprennent et la parlent un tout petit peu alors que pour 23,1% le sentiment de bien parler la langue maternelle ne fait aucun doute. Les quatre items qui mesurent la fréquence d'usage de la langue maternelle en milieu familial sont formulés comme suit :

1- A quelle fréquence tes parents ou tes tuteurs dialoguent dans la langue maternelle ?
2- A quelle fréquence ton père/tuteur te parle la langue maternelle ?
3- A quelle fréquence ta mère/tutrice te parle la langue maternelle ?

4- A quelle fréquence parles-tu la langue maternelle avec tes frères/sœurs, cousins/cousines ? Sachant qu'ils choisissent sur une échelle à sept niveaux (Très rarement 1 2 3 4 5 6 7 Très fréquemment), le score minimal pour un répondant qui ne marque que 1 est 4 alors que pour celui qui indique la fréquence la plus élevée à chaque fois il est de 28.

Ainsi, la moyenne en termes de fréquence d'usage de la langue maternelle en milieu familial est inférieure à la moyenne hypothétique de 16 [$\bar{X}$ = 14,61 (±7,151); t = -6,422; p < .000]. La catégorisation en variable nominale dichotomique de l'usage de la langue maternelle en milieu familial indique que pour 619 répondants, soit un pourcentage valide de 56,4%, cette fréquence est faible. Autrement dit, pour plus de la moitié de l'échantillon, les langues maternelles ne constituent pas le support de communication journalier entre les membres de la famille. Il est à indiquer que 59,9% des participants affirment que leurs deux parents ou tuteurs parlent pourtant la même langue maternelle. Il y a d'ailleurs un lien de dépendance entre la communauté de langues maternelles des parents/tuteurs et leur maîtrise par la progéniture (χ^2 = 85,074 ; ddl = 6 ; p < ,000).

Stéréotypes relatifs à la langue maternelle

Les huit items mesurant la réceptivité aux stéréotypes ont été recodés afin de réduire le nombre de modalités à 3 suivant la logique consistant à attribuer les notes 1, 2 et 3 à la modalité « *Faux* » (désaccord). La note 4 renvoie à la neutralité (« *Aucune idée* »), alors que les notes 5, 6 et 7 sont invariablement assimilées à l'accord (« *Vrai* »). Le tableau 1 présente un résumé des données y relatives.

Tableau 1 : Réceptivité aux stéréotypes vis-à-vis de la langue maternelle

	Pourcentages valides d'adhésion		
Items	**Faux**	**Aucune idée**	**Vrai**
5. Les gens qui ne sont pas de ma tribu ont tendance à se moquer lorsqu'on parle ma langue maternelle.	63,4	10,1	26,4
6. Les camerounais trouvent généralement ma langue maternelle grossière.	65,4	10,8	23,8
7. Lorsqu'on parle ma langue maternelle en public, les personnes qui ne sont pas de ma tribu réagissent positivement.	39,8	18,1	42,1
8. Ma langue maternelle est parmi les plus aimées au Cameroun.	27,3	16,9	55,8
9. Les gens de ma tribu aiment bien parler leur langue, même en public.	10,1	6,7	83,3
10. Les gens qui parlent bien notre langue ont une intonation qu'on trouve grossière lorsqu'ils s'expriment en français (anglais).	42,0	12,1	45,9

11. Les humoristes camerounais se moquent trop de la façon de parler des gens de ma tribu.	48,9	12,7	38,3
12. Beaucoup de musiciens chantent dans ma langue maternelle parce qu'elle est agréable.	29,8	12,2	57,9

Les items sur les stéréotypes permettent d'obtenir des scores faibles ou inférieurs à 4, traduisant une vulnérabilité aux préjugés, alors que les scores élevés expriment l'adhésion aux clichés plutôt favorables à la langue maternelle. Plus les scores sont faibles plus ils traduisent une adhésion aux évaluations sociales négatives alors que c'est tout le contraire lorsque les scores sont élevés. De manière générale, les répondants considèrent comme positifs les clichés sociocognitifs relatifs à leurs langues maternelles [$\bar{X}$ = 38,04 (±14,61); t = 21,944; p < .000]. Ils sont 846 enquêtés, soit 78,5% de pourcentage valide, qui réalisent des scores supérieurs à la moyenne hypothétique. Ces données traduisent de manière littérale que la majorité des jeunes camerounais a plutôt une impression positive du jugement évaluatif des membres des exogroupes sur leurs langues maternelles. Plus concrètement, ils estiment que les gens ne se moquent pas des membres de leurs tribus lorsqu'ils parlent leurs langues maternelles. Bien au contraire, les compatriotes des groupes ethniques de non appartenance trouveraient ces langues plutôt agréables et réagiraient par conséquent positivement. Les répondants estiment également que leurs langues seraient parmi les plus aimées au Cameroun et que les membres de leur groupe ethnique la parlent en public avec engouement. Le malaise toutefois demeure réel pour 21,5% de jeunes camerounais, statistique qu'on ne saurait négliger.

Attitude vis-à-vis des langues maternelles

Quatre items mesurent les attitudes vis-à-vis des langues maternelles. Les pourcentages en termes d'adhésion aux propositions sont présentés dans le tableau 2.

Tableau 2 : Attitude vis-à-vis de la langue maternelle

	Pourcentages valides d'adhésion		
Items	**Faux**	**Aucune idée**	**Vrai**
13. Je trouve inutile d'apprendre à parler ma langue maternelle comme les gens du village.	74,8	7,1	18,1
14. Je suis gêné(e) de ne pas savoir parler ma langue.	31,6	8,9	59,5
15. Je suis fier lorsque mes camarades qui ne sont pas de ma tribu m'entendent parler ma langue.	27,2	12,6	60,2
16. Je n'aime pas qu'on me parle ma langue maternelle dans un lieu public.	65,1	8,3	26,6
17. J'évite quand c'est possible de faire savoir quelle est ma langue maternelle.	72,0	6,7	21,4

L'attitude vis-à-vis des langues maternelles est elle aussi positive dans l'ensemble [$\bar{X}$ = 25,70 (±6,366); t = 29,526; p < .000]. Cette attitude positive concerne exactement 902 répondants parmi ceux dont l'opinion a été prise en compte dans l'analyse (83,1% de réponses valides). Il s'agit de ceux et celles qui estiment qu'il est utile d'apprendre à parler leurs langues maternelles comme les gens du village, réputés les maîtriser mieux que les citadins. Il en va de même pour ceux et celles qui s'avouent gênés de ne pas savoir parler leurs langues maternelles. Ils se disent fiers lorsque les camarades qui ne sont pas de leur tribu les écoutent parler leur langue maternelle. Dans la même logique, ils n'éprouvent aucune gêne qu'on la leur parle dans un lieu public ; tout comme ils n'évitent pas quand c'est possible de faire savoir quelle est leur langue maternelle.

En définitive, la corrélation entre la fréquence d'usage de la langue maternelle en milieu familial et l'attitude vis-à-vis de celle-ci (r = ,125 ; p < .001) et celle entre la réceptivité aux stéréotypes et ladite attitude (r = ,334; p <,000) sont significatives. La relation entre la réceptivité aux stéréotypes et l'attitude vis-à-vis des langues maternelles semble toutefois plus importante. Il convient de s'appesantir à présent sur les comparaisons entre les différentes dimensions en ce qui concerne les régions d'origine des participants, le genre et l'âge.

Variables sociodémographiques

Les régions d'origines des participants relevant davantage d'un découpage administratif que d'une différenciation des ethnies, au sens anthropologique, elles ne renseignent pas moins de manière sommaire sur les catégories sociodémographiques de l'appartenance tribale. Le principal avantage qu'il y a à exploiter la variable nominale qu'est la région d'origine est de disposer d'un nombre réduit de modalités, avec des facilités de manipulations au plan statistique. La prise en compte de toute la diversité ethnique indiquée par les participants confronterait l'analyse à de nombreuses variables dont plusieurs sont insuffisamment représentées de par les effectifs correspondants. En outre, aux questions de savoir quelles sont les ethnies du père et de la mère, les réponses des participants sont ondoyantes et diverses. Tantôt ils indiquent le nom d'un clan, d'une tribu, d'un groupe ethnique, d'un sous-groupe ethnique, d'un village, d'une ville, d'un arrondissement, d'un département, d'une région administrative, voire d'une langue. Ces données renseignent sur le caractère imprécis des dénominations, par les Camerounais, de leurs appartenances ethnoculturelles. De manière globale, l'analyse de la variance à un facteur indique que la fréquence d'usage de la langue maternelle en milieu familial varie en fonction de l'appartenance régionale ($F_{(9;1073)}$ = 2,375 ; p < ,012).

La réceptivité aux stéréotypes elle aussi varie en fonction de l'appartenance régionale ($F_{(9;1058)}$ = 24,404 ; p < ,000) tout comme l'attitude vis-à-vis des langues maternelles ($F_{(9;1065)}$ = 2,233 ; p = ,018). Les participants de certaines régions sont plus réceptifs aux stéréotypes positifs alors que d'autres sont davantage réceptifs aux stéréotypes négatifs. Les répondants originaires de la région de l'Ouest du Cameroun sont par exemple ceux qui réalisent les scores les plus bas en matière de réceptivité aux stéréotypes [$\bar{X}$ = 32,42 (±8,6)] suivis de ceux du Nord-Ouest [$\bar{X}$ = 35,59 (±7,444)]. Suivant la logique inhérente à l'orientation des échelles du questionnaire, ces scores bas signifient que cette catégorie de Camerounais a trait aux personnes qui sont les plus réceptives aux clichés sociocognitifs négatifs en rapport avec leurs langues maternelles. Cette tendance est tout à fait l'inverse en ce qui concerne les sujets qui ont pour région d'origine le Littoral du Cameroun. Ces personnes ont plutôt une image positive de leurs langues maternelles et estiment que les clichés s'y rapportant sont positifs et valorisants. Leur moyenne en termes de scores relatifs à ladite réceptivité est la plus élevée de toutes les régions représentées dans l'échantillon [$\bar{X}$ = 44,02 (±8,621)]. Ils sont suivis par les personnes originaires de la région du Sud du pays [$\bar{X}$ = 40,91 (±9,149)].

Les hommes semblent plus vulnérables aux préjugés sur leurs langues maternelles que les femmes [$\bar{X}_1$ = 37,31 (±8,502) contre $\bar{X}_2$= 38,76 (±9,477); t = -2,634; p = ,009]. Quant à l'attitude vis-à-vis desdites langues, elle est également moins positive chez les hommes que chez les femmes [$\bar{X}_1$= 24,66 (± 6,595) contre $\bar{X}_2$= 26,60 (± 5,993); t = -5,066; p < ,000]. Il n'existe aucune corrélation significative entre l'âge et la vulnérabilité aux préjugés linguistiques chez les jeunes camerounais âgé de 15 à 25 ans (r = -,004; p > 0.05). Par contre, la corrélation entre l'âge et l'attitude vis-à-vis des langues maternelles est significative quoique faible (r = ,137; p < 0.01). Ces deux inférences statistiques indiquent que la vulnérabilité aux stéréotypes linguistiques n'a aucun lien avec l'âge contrairement à l'attitude vis-à-vis des langues maternelles qui s'améliorerait faiblement à mesure que croit l'âge.

DISCUSSION

La faible fréquence d'usage des langues maternelles en milieu familial au Cameroun au profit des langues officielles que sont le français et l'anglais, par ordre d'importance respective, témoigne d'un préjudice causé par le processus d'acculturation au sein de la jeunesse camerounaise. Le primat de ces langues, officielles certes, mais étrangères du fait de l'héritage colonial, peut à lui seul motiver l'émission de l'hypothèse d'un malaise culturel, au sens de primat des réalités linguistiques occidentales sur les langues nationales. Des chercheurs l'ont d'ailleurs déjà relevé. La diversité ethnique et linguistique traduite par le nombre élevé de langues maternelles est certes présentée comme une richesse culturelle à maints égards, mais elle participerait par contre de cette subordination des langues locales.

Les conflits intergroupes favorisent la prolifération de biais sociocognitifs tels que les stéréotypes et les préjugés, lesquels portent également sur la langue, un élément saillant de l'identité culturelle. Les jeunes camerounais sont réceptifs aux clichés sociaux relatifs à leurs langues maternelles. Très peu de répondants expriment une neutralité ou une indifférence en la matière. Ils les jugent soit positivement soit négativement, quoique la deuxième évaluation soit plus fréquente en milieu multilingue et cosmopolite. Quelle que soit la région d'appartenance, ils opèrent des mécanismes de protection de l'identité socioculturelle en procédant à une évaluation positive des perceptions que les membres des hors-groupe ont de leurs langues maternelles. L'enjeu demeure davantage symbolique que fonctionnel dans la mesure où l'attitude négative ou positive vis-à-vis des langues maternelles n'est pas significativement corrélée à leur fréquence d'usage.

Contrairement à l'étude menée quatre ans plus tôt, même si elle est publiée seulement des années plus tard (Njengoué Ngamaleu, 2012), où les jeunes exprimaient une identité sociale négative du fait de leur sensibilité aux préjugés vis-à-vis de leurs langues maternelles, les résultats actuels indiquent plutôt que cette identité semble acceptée, voire valorisée. Ceci pourrait s'expliquer en partie par l'écart intergénérationnel entre les participants aux deux études. Lorsque la première était menée, le plus jeune participant de la seconde n'avait que 9 ans alors que le plus âgé en comptait 19. Tout laisse supposer que la socialisation des seconds se déroule dans des circonstances qui ne les ont pas exposés de la même manière à l'histoire des interactions conflictuelles entres les groupes ethniques au même titre que les premiers. Autrement dit, avoir à peine 25 ans au Cameroun et être né ou évoluant depuis des années dans un environnement pluriethnique comme celui de la ville de Yaoundé, le site de l'étude, est une situation qui ne favorise pas forcément l'apprentissage et l'usage de la langue maternelle, sans toutefois concourir à la formation d'une attitude négative vis-à-vis de celle-ci. Les jeunes ont d'ailleurs une identité sociale positive par rapport à leurs langues maternelles.

Les langues maternelles seraient alors de simples étiquettes identitaires aux enjeux dépréciés et avilis par leur statut dérisoire comparé à celui des deux langues officielles que sont le français et l'anglais. En-dehors des réseaux ethnoculturels et de la vie en communauté dans les zones rurales considérablement dépeuplées, les langues maternelles n'assurent en rien la réussite sociale, que ce soit dans les systèmes scolaire et universitaire ou sur le marché de l'emploi. Du coup, du fait des biais perceptifs, les jeunes finissent par les valoriser, une valorisation gratuite étant donné qu'ils ne les parlent pas ou peu et n'envisagent aucun préjudice pour la réalisation de soi. Appartenir à un groupe ethnique qui parle telle ou telle langue n'est pas dévalorisant en soi. On peut penser que les langues maternelles n'apparaissent pas ou plus comme des éléments cruciaux dans les rapports entre groupes ethniques. Les enjeux seraient ailleurs. Il pourrait s'agir de questions relatives à l'insertion socioprofessionnelle, l'exercice au pouvoir politique et économique, l'accès à la propriété foncière, etc. Cet ailleurs féconderait des hypothèses pour d'éventuelles études sur les interactions entre groupes ethniques au Cameroun.

CONCLUSION

À la suite d'une étude, portant sur un groupe ethnique camerounais, dont les résultats indiquent un lien significatif entre l'identité socioculturelle et l'attitude vis-à-vis de la langue maternelle (Njengoué Ngamaleu, 2012), celle-ci a eu pour objectif d'élargir l'investigation aux autres groupes ethniques. La collecte de données a été menée auprès de 1098 jeunes camerounais âgés entre 15 et 25 ans, originaires des dix régions du Cameroun et résidents permanents de la ville de Yaoundé. Il ressort de l'analyse des données qu'il y a un lien significatif entre la réceptivité aux clichés sociaux et l'attitude vis-à-vis des langues maternelles. L'enjeu de la perception positive de la langue maternelle devient symbolique en matière de valorisation identitaire. Il s'agit plus d'exister en tant que membre d'un groupe ethnique même si la langue qui le caractérise ne fait pas l'objet d'une maîtrise. La langue maternelle devient une étiquette identitaire que les biais cognitifs embellissent à souhait. Le fait qu'elle soit peu sollicitée, y compris dans le cadre familial, témoigne de son caractère accessoire, en marge des enjeux cruciaux dans les rapports entre groupes ethniques.

RÉFÉRENCES BIBLIOGRAPHIQUES

ALISON K. W., « Stress and oppressed social category membership », in *Prejudice: The target's perspective,* Swim Janet, Stangor Charles (éds.), New York, Academic press, 1998, p. 145-170.

ALLPORT G. Wi., *The Nature of Prejudice,* Cambridge, MA: Addison-Wesley, 1954.

BITJA'A KODY, « Attitude et représentations linguistiques à Yaoundé », *African Journal of Applied Linguistics* n°2, 2001, p. 100-124.

BOUTRAIS Jean et *al.*, *Le nord du Cameroun, des hommes, une région*, Paris, ORSTOM, Coll. « Mémoires », 1984.

BRETON R., *Les ethnies*, Paris, PUF, Coll. « Que sais-je ? », 1981.

BRETON R., BIKIA FOHTUNG, *Atlas administratif des langues nationales du Cameroun,* Yaoundé/Paris, CERDOTOLA/ACCT, 1991.

CAMILLERI C., VINSONNEAU G., *Psychologie et cultures, concepts et méthodes*, Paris, Armand Colin, 2002.

CAMILLERI C., « Les processus de la crise de changement culturel dans une société du Tiers Monde », *Psychologie française*, n°3-4, 1970, p. 279-288.

CARMINES E., ZELLER R., *Reliability and Validity Assessment.* (Sage University Paper series on Quantitative Applications in the Social Sciences, series no. 07-017). Sage Publications: Beverly Hills, CA, 1979.

CLARK R., ANDERSON N., CLARK V. & WILLIAMS D., « Racism as a stressor for African Americans: A biopsychosocial model », *American Psychologist*, n°54, 1999, p. 647-364.

CONTRADA R., ASHMORE R., GARY M., COUPS E., EGETH J., SEWELL A., EWELL K., GOYAL T., & CHASSE V., « Ethnicity-related sources of stress and their effects on well-being », *Current Directions in Psychological Science*, n°9, 2000, p. 136-139.

COOK T., CAMPBELL D., *Quasi-Experimentation. Design & Analysis Issues for Field Settings*, Houghton Mi²in Company, Boston, MA, 1979.

DEJOY D., « The optimism bias and traffic accident: Risk perception », *Accident Analysis and Prevention*, n°21, Vol. 4, 1989, p. 333-340.

DELHOMME P., « Comparing one's driving with others': Assessment of abilities and frequency of offences. Evidence for a superior conformity of self-bias? » *Accident Analysis and persuasion*, n°23, Vol. 6, 1991, p. 493-508.

DIEU M., RENAUD P., *Atlas linguistique du Cameroun : inventaire préliminaire*. Yaoundé/ Paris, CERDOTOLA/ACCT, 1983.

Ethnologue (2000). http://www.ethnologue.com

EVINA A., MINCHE H., « Une diversité ethnique sans pareille », in Kengne Fodouop (éd), *Le Cameroun. Autopsie d'une exception plurielle en Afrique*, Paris, L'Harmattan, 2010, p. 131-150.

FISKE S. T., *Psychologie sociale*, Bruxelles, de Boeck : 2008.

— « Stereotyping, Prejudice et Discrimination », in Gilbert Daniel Todd, Fiske Susan Tufts, Lindzey Gardner (éds.), *The Handbook of Social Psychology* (4e ed., Vol. II), Boston, McGraw Hill, 1998, p. 357-411.

FISKE S. T., TAYLOR S. E., *Social cognition (2nd ed.)*, New York, McGraw-Hill, 1991.

FISKE S. T., VON HENDY, « Personality feedback and situational norms can control stereotyping processes », *Journal of Personality and Social Psychology*, n°62, 1992, p. 577-596.

FOGUI J.-P., *L'intégration politique au Cameroun. Une analyse centre périphérie*, Paris, LGDJ, 1990.

HEATHERTON T., KLECK R., HEBL M., HULL J., « *The social psychology of stigma* », New York, Guilford, 2000.

HILTON J., VON HIPPEL W., « Stereotypes », *Annual Review of Psychology*, n°47, 1996, p. 237-271.

KELLY C., « Political identity and perceived intra-group homogeneity », *British Journal of Social Psychology*, n°28, 1996, p. 239-250.

MBA G., « Flux migratoires et dynamiques linguistique au Cameroun », *Revue Gabonaise des Sciences du Langage*, n°3, 2008, p. 131-149.

— « Une très forte diversité linguistique », in Kengne Fodouop (éd), *Le Cameroun. Autopsie d'une exception plurielle en Afrique*, Paris, L'Harmattan, 2010, p. 151-176.

MULLEN B., HU L.-T., « Perception of Ingroup and Outgroup Variability: A Meta Analytic Integration », *Basic and Applied Social Psychology*, n°12, 1989, p. 3-23.

NGAMGNE L. A., *Transition intergénérationnelle du ghomala dans son air linguistique et à Yaoundé*, mémoire de DEA, Université de Yaoundé I, 2008.

NJENGOUÉ NGAMALEU H. R., « Identité sociale et attitude vis-à-vis de la langue maternelle. Le cas des adolescents bamiléké », in MBA, Gabriel Assoumou, Jules et Tonyè Alphonse (éds), *Langues, littératures et identités culturelles*, Paris, Harmattan, 2012, p. 93-106.

PETTIGREW T., MEERTENS R., « Subtle and blatant prejudice in western Europe », *European Journal of Social Psychology*, n°25, 1995, p. 57-75.

REA L., PARKER R., *Designing and Conducting Survey Research: A Comprehensive Guide*, Jossey-Bass Publishers: San Francisco, CA, 1997.

RODEGHIER M., *Surveys with confidence. A practical guide to survey research using SPSS*. SPSS Inc., Chicago, IL, 1996.

SADEMBOUO E., *Enseignement bivectoriel en contexte multilingue au Cameroun*, Communication présentée au Centre Européen pour les Langues Vivantes (CELV), Juin 2005, p. 23-26.

SIMON B., « Intragroup Differentiation in Terms of Ingroup and Outgroup Attributes », *European Journal of Social Psychology*, 22, 1992, p. 407-413.

SWIM J., STANGOR C. (éds), *Prejudice: The Target's Perspective*, New York, Academic Press, 1998.

TAJFEL H., « Social stereotypes and social groups », in Turner John Charles Giles, *Howard* (éds), *Intergroup Behaviour*, Oxford, UK, Blackwell, 1981, p. 144-167.

TAJFEL H. (Ed.), *Differentiation Between Social Groups: Studies in the Social Psychology of Intergroup Relations*, London, Academic Press, 1978.

TAJFEL H., TURNER J. C., « An integrative theory of intergroup conflict », in Worchel Stephen, Austin William (éds), *The social psychology of intergroup relations,* Pacific Grove, CA, Brooks, Cole, 1979, p. 33-48.

— « The social identity theory of intergroup behavior », in Worchel Stephen, Austin William (éds), *Psychology of intergroup relations* (2nd ed.). Chicago, Nelson-Hall, 1986, p. 7-24.

TAJFEL H., BILLIG M., « Familiarity and categorization in intergroup behavior », *Journal of Experimental Social Psychology*, 10, 1974, p. 159–170.

TURNER J. C., (1978). « Social categorization and social discrimination in the minimal group paradigm », in Tajfel Henri (éd), *Differentiation between Social Groups*, London, Academic Press, 1978, p. 101–140.

— « Social Categorization and the Self Concept: A Social Cognitive Theory of Group Behavior », in Lawler *Edward* (éd.), *Advances in Group Processes* (Vol. 2), Greenwich, CT, JAI Press, 1985, p. 77–122.

VINSONNEAU G., *Inégalités sociales et procédés identitaires*, Paris, Armand Colin, 1999.

— *Culture et comportement*, Paris, Armand Colin, 2000.

— *L'identité culturelle,* Paris, Armand Colin, 2002.

Translating Teenage Fiction Set in an Intercultural Background from English to French and from French to English: A Comparative Study of Two Novels

Virginie DOUGLAS
MCF, ERIAC, Université de Rouen, France

La traduction de la littérature pour l'enfance et la jeunesse est plus problématique encore que celle de la littérature générale en raison du lectorat spécifique auquel celle-ci s'adresse. L'une des principales difficultés dans la traduction pour un jeune lectorat est la façon de rendre les éléments culturels dans la langue cible puisque la connaissance qu'ont les jeunes des cultures étrangères est nécessairement plus restreinte que celle des adultes. Mais les contraintes de la traduction de la littérature pour la jeunesse se compliquent encore lorsque la fiction a pour toile de fond un contexte interculturel : il y a deux réseaux de références culturelles au sein du pays natal. Ces aspects sont abordés par le biais de l'étude comparative des traductions de deux romans pour adolescents se déroulant dans un contexte interculturel : *My Mate Shofiq* (1978) de Jan Needle, traduit de l'anglais britannique vers le français en 1986 par Martine Delattre sous le titre *Mon ami Chafiq*, et *Kiffe Kiffe demain* (2004) de Faïza Guène, traduit du français vers l'anglais par la Britannique Sarah Adams en 2006 sous le titre *Just Like Tomorrow* (2006). Les textes d'arrivée illustrent clairement certains des défis posés par la traduction d'un arrière-plan interculturel ; mais en raison d'un régime énonciatif différent (une narration à la première personne, l'autre à la troisième personne) ainsi que de façons distinctes de dépeindre la diversité culturelle dans l'un et l'autre roman, la traduction du roman de Guène s'est avérée bien plus ardue mais également plus créative que celle du roman britannique.

Mots-clés : traduction, anglais, français, littérature pour l'enfance et la jeunesse, roman.

Translating children's and young adults' literature is even more problematic than translating mainstream literature due to the specific readership it addresses. One of the main difficulties when translating for young readers is how to render cultural elements in the target language as young people's knowledge of foreign cultures is necessarily more restricted than adults'. But the constraints of the translation of children's literature become still more complex in the case of fiction set in an intercultural context: there are already two different sets of cultural references within the "home" country. These aspects are examined through a comparative study of the translations of two novels for teenagers involving an intercultural context: My Mate Shofiq (1978) by Jan Needle, translated from British English to French in 1986 as Mon ami Chafiq by Martine Delattre, and Faïza Guène's Kiffe Kiffe demain (2004), translated from French to English by British Sarah Adams in 2006 as Just Like Tomorrow (2006). The translated texts clearly exemplify some of the challenges involved in translating intercultural backgrounds; but because of the narrative difference (first-person vs third-person narrator) as well as the diverging depiction of cultural diversity in the two novels, the translation of Guène's novel has been far more challenging but also more creative than that of the earlier novel.

***Keywords:** translation, French, English, children's and young adult literature, novel.*

In recent decades, the translation of children's books has become an increasingly thriving subcategory of the academic study of children's literature. This is due to the growing interest in the theoretical and generic questions associated with children's literature, because exploring the specificity – or non-specificity – of children's books entails wondering about their various readerships and consequently about their possible translations. But it also stems from the unavoidable analysis of the economic dimension of these books, which makes it obvious that worldwide exchanges and circulation cannot be evaded in today's globalised society, especially as far as it concerns a field which has always had strong connections with popular culture. The last three decades have seen the publication of a growing number of essays or full-length studies about the translation of children's books, ever since the pioneering works of Swedish academic Göte Klingberg, *Children's Books in Translation* (1978) and *Children's Literature in the Hands of Translators* (1986), began drawing critical attention on the relevance of this topic.[1]

As translation theorists have established, translating children's and young adult literature is even more problematic than translating "adult" or mainstream literature due to the specific readership it addresses. But the constraints of the translation of children's literature become still more complex in the case of fiction set in an intercultural context. Translating culture then involves translating several cultures, and can prove all the more awkward as the relationships between the different cultures represented within the diegesis, like the relationships between the source culture and the target culture of the translation, are generally not based on equality. Dealing with a novel set in a context where cultural diversity is exemplified only lays the emphasis on a basic fact about translation: translating culture necessarily implies, to varying degrees, translating culture*s*, as Jean-René Ladmiral points out in his article "*Le prisme interculturel de*

---

1 Göte Klingberg, *Children's books in Translation: The Situation and the Problems.* Proceedings of the 3rd congress of the International Research Society for Children's Literature, Stockholm: Almqvist & Wiksell International, 1978; and *Children's Fiction in the Hands of the Translators*, Lund: CWK Gleerup, 1986.
Some of the major recent works about this topic are *Translating for Children* by Riitta Oittinen (New York and London: Garland, 2000) and *The Translation of Children's Literature: A Reader* by Gillian Lathey (Clevedon: Multilingual Matters, 2006), the special issue of the translation studies journal *Meta* edited by Riitta Oittinen (*Traduction pour les enfants, Meta* 48: 1-2, mai 2003, Montréal: Presses de l'Université de Montréal) or the English guide to children's literature in translation, *Outside In: Children's Books in Translation,* edited by Deborah Hallford and Edgardo Zaghini, with a preface by famous novelist Philip Pullman (Chicago: Millet Publishing, 2005).
In France the academic interest in the translation of children's books began emerging more consistently only in the first decade of the 21st century, with the proceedings of a conference at the Bibliothèque nationale de France, edited by Nic Diament, Corinne Gibello and Laurence Kiefé, *Traduire les livres pour la jeunesse : Enjeux et spécificités* (Paris : BnF and Hachette, 2008), followed by such collections of essays as: Virginie Douglas and Florence Cabaret (ed.), *La Retraduction en littérature de jeunesse / Retranslating Children's Literature*, Bruxelles: P.I.E. Peter Lang, 2014, and Virginie Douglas (ed.), *État des lieux de la traduction pour la jeunesse,* Rouen : PURH, 2015.

la traduction", showing that the title of the *Palimpsestes* issue "*Traduire la culture*" has to be interpreted as translating "la pluralité *des* cultures, par opposition à *la* Culture".[2]

These aspects will be dealt with through a comparative study of the translations of two novels for teenagers involving cultural diversity and, more particularly, characters belonging to the second generation of immigrants in Britain and in France. In *My Mate Shofiq* (1978) by Jan Needle, which was translated from British English to French in 1986 as *Mon ami Chafiq* by Martine Delattre, Shofiq, a young Pakistani boy living in an industrial town in North-West England is befriended by the protagonist, Bernard, when Shofiq's community is bullied by other children because of their ethnic origin.[3] The more recent French novel, Faïza Guène's *Kiffe Kiffe demain* (2004)[4], translated from French to English by British Sarah Adams in 2006 as *Just Like Tomorrow*, shows the hardships of life for Doria, a moody, funny fifteen-year old girl of North-African parentage living in one of the housing estates near Paris. My purpose is to examine the challenges and stakes of translation for young people when the setting of the story is an intercultural one, in two translations which, as we shall see, deal with the issue of conveying cultural diversity in rather dissimilar ways.

TWO FAIRLY DIFFERENT NOVELS WITHIN THE TRANSLATION MARKET

The two novels selected for this study were specifically chosen because the representation of "plural" cultures was an essential element in the narrative. Faïza Guène's novel *Kiffe kiffe demain* quickly became a publishing hit when it came out in 2004, notably because of the young age of its author (Guène was 19 when the book was published). As for the English translator, Sarah Adams, who had also translated the *Golem* series (2002) by Elvire, Lorris and Marie-Aude Murail[5] and Daniel Pennac's *Eye of the Wolf* (*L'œil du loup*) into English, she

---

2 "the plurality of cultures, as opposed to Culture" (my translation).
Jean-René Ladmiral, « Le prisme interculturel de la traduction », p. 16, in *Traduire la culture. Palimpsestes* n°11 (1998), p. 15-30.

3 Jan Needle, *My Mate Shofiq*. London: Andre Deutsch, 1978 [referred to as "Needle" from now on]. French translation by Martine Delattre: *Mon ami Chafiq*, Paris : Flammarion, « Castor Poche », 1986 [referred to as "Delattre" from now on].

4 Faïza Guène, *Kiffe Kiffe demain,* Paris : Hachette « Littératures », 2004 [referred to as "Guène" from now on]. English translation by Sarah Adams: *Just Like Tomorrow*. London: Chatto & Windus, 2006 [referred to as "Adams" from now on].
It is worth mentioning that there exists an American translation of *Kiffe Kiffe demain,* which is entitled *Kiffe Kiffe Tomorrow* and is actually an edited version of Sarah Adams's translation (Orlando: Harcourt, 2006): "Mum" is changed to "Mom" and all Briticisms are replaced by more American expressions.

5 Elvire, Lorris and Marie-Aude Murail, *Golem* (*Magic Berber; Joke; Natacha; Monsieur William; Alias*), Paris : Pocket jeunesse, 2002. English translations by Sarah Adams: *Golem* series (*Magic Berber*, *Joke*; *Natasha; Mr William; Alias*), London: Walker Books, 2005.
Daniel Pennac, *L'œil du loup*, Paris : Pocket junior, 1984. English translation by Sarah Adams: *Eye of the Wolf*, London: Walker Books, 2005.

is an acclaimed translator who was the recipient of the Marsh Award for children's literature in translation (sponsored by the Arts Council of England) in 2005.

Setting about to look for an English equivalent for *Kiffe kiffe demain* was not an easy task. Contrary to literature for adults (in which authors like Timothy Mo, Hanif Kureishi or Zadie Smith have combined multicultural matters and high literary value), British children's fiction is little representative of Britain's actual multiculturality, especially in an urban context. Although there is an increasing amount of children's books dealing with cultural diversity in Britain and efforts are being made to encourage this category of writing[6], the output of novels published still remains fairly limited, and even fewer novels are translated into French. Or they are translated, as in the case of Beverley Naidoo's *The Other Side of Truth* (2000)[7], but deal with the experience of emigration or being a refugee rather than about proper intercultural situations. Authors whose style itself is pregnant with the interplay of several cultures, like Benjamin Zephaniah, an acclaimed Afro-Caribbean British author of poems for adults and children who has also written several novels specifically aimed at teenagers and whose texts are pervaded with the rhythm and sound of street language, have very little been translated into French.[8] This lack of translations of texts representing or expressing cultural diversity already points to the challenges and stumbling blocks involved in the translation of such literature. It is also revealing of the fact that the act of translation is a highly collective process insofar as the choice of the corpus for translation relies on publishers: by shaping a country's literary production, this choice has consequences on the evolution of its national literary history as well. In the case of the particular relationships that are played out between Britain and France as far as the translation of children's literature is concerned, it appears that what France has mainly chosen to import from Britain lately is not so much realistic teenage fiction about cultural diversity as fantasy and all its subgenres (J.K. Rowling, Philip Pullman…), which have been popular for a few decades and are regarded as having a worldwide appeal. When realism *is* translated, it generally deals with topics that can be seen as more universal experiences than multicultural situations, which are often specific to a given country: many of Anne Fine's or Jacqueline Wilson's novels about particular or complicated family relationships, for instance, have been translated into French. *My Mate Shofiq* by Jan Needle, an established author of children's literature, was one of the first British children's novels about racism and was therefore a "classic" choice for this comparative study, in spite of its thematic and narratological divergence from Guène's novel.

---

6 For instance with such initiatives as the Diversity Award in Literature, sponsored by the Arts Council of England, which recognizes outstanding achievements in promoting cultural diversity.

7 French translation by Luc Rigoureau : *L'autre visage de la vérité*, Paris : Bayard Jeunesse, 2003.

8 To this day, among Zephaniah's many novels and collections of poems, only *Face* has been translated into French, under the title of *Un autre visage* (trans. Dominique Piat, Paris : Actes sud junior, 2010); and it rather deals with personal identity than with cultural identity.

Indeed the narratives differ in many ways. First of all, the time span between the publications of the two novels is almost a quarter of a century (the translations are twenty years apart). When *My Mate Shofiq* was published, it was not so ordinary to bring the point of view of a minority community to the foreground. So it is significant that if this novel does exemplify cultural diversity, the Pakistani boy's is not the major point of view, as he is only the friend of the – undoubtedly British – main character, young Bernard. In Faïza Guène's *Kiffe kiffe demain,* the main point of view belongs to first-person narrator Doria, a *beur* teenager (*beur* being a slang word, now considered as politically correct, meaning an Arab belonging to the second generation of immigrants in France). Therefore in one case the youth from a minority ethnic group is the narrator whereas in the other he is only a character, albeit a major one, in the story.

Besides, the difference lies in the "other" cultural context which is described: in *My Mate Shofiq*, the "other" culture is that of Pakistanis in an industrial Lancashire town, which bears strong resemblances to the former mill town of Oldham near Manchester although it is not actually named in Jan Needle's novel. In *Kiffe kiffe demain*, it is that of a Moroccan single-parent family in an estate in a high-rise suburb north of Paris, a background that is all the more striking as it is more often mentioned in daily news for yet another riot than represented in literature or arts. This last fact may have contributed to the novel's huge success, although things had begun to change with the release of Matthieu Kassovitz's film *La Haine* (1995), which staged the rage of a group of young adults against the police forces in a Parisian suburb.

Moreover, the intended readerships of the two novels differ: it is general for Faïza Guène's text, as it was published at éditions Hachette, in the book series "*Littératures*", which is not aimed at a child audience although it is meant to be accessible to teenagers or young adults. Significantly enough the photograph of the young author is on the cover of the French edition whereas, although the age-group of the audience remains rather open in the English edition, with its rather trendy drawing, the social origin of the intended audience seems more clearly highbrow and fashionable, as the quotations from *Elle*, *Newsweek*, *Cosmopolitan* and *The Guardian* on the front and back covers seem to suggest[9]. On the contrary, for Jan Needle's text, the drawings on the covers, with the recognizable "Castor poche" logo added on the French edition, clearly mean the novel to be a children's text; it is worth noticing that the various English editions, from Andre Deutsch to Lions/HarperCollins, clearly focus on the friendship between two individuals from different cultural backgrounds, while the French edition highlights the more general political and social context. In both cases, the intended readerships seem to be a decision of the publisher rather than the author or translator: indeed *Kiffe kiffe demain* is actually perfectly accessible to teenagers and young adults as well as adults while the ending of *My Mate Shofiq* can be found to be utterly disheartening for a child or

9 *Elle* rather unconvincingly compares Doria with an adolescent Bridget Jones!

teenage audience, with the "smashing-up" (in Shofiq's words) of the Pakistani family and the father and son being taken to the police station while the other children, whose depressive mother is in hospital, are taken to a children's home.

Yet there are common features between the two novels: Doria and Shofiq, who belong to the second generation of immigrants, were both born in the host country, which is pointed out ironically in Jan Needle's novel: "He [Shofiq] had a right strong accent, too – not Pakistani, but Lancashire, just like the rest of them, just like Bernard himself." (Needle, p. 18) And when Shofiq's new friends agree to call him a Pakistani instead of a Paki, Shofiq asks: "How about British? It's on me birth certificate!" (p. 89) In both cases therefore, the children themselves are well integrated: the problems come from their family backgrounds. Shofiq stresses several times that his mother "doesn't understand" (p. 25, 99), while Doria's mother is illiterate (before she starts learning how to read). In both novels, welfare plays an important part in the lives of these children, in a negative way for Shofiq, whose family ends up being separated because of the well-meaning Welfare man, and in a rather positive way for Doria, who sees a lot of social workers and psychologists, whom she criticizes but who definitely make things better for her.

THE RELEVANCE AND CHALLENGES OF TRANSLATING CULTURAL DIVERSITY FOR YOUNG PEOPLE

The translated texts clearly exemplify some of the challenges involved in translating intercultural situations. One of the main difficulties when translating for young readers is how to render cultural elements in the target language as young people's knowledge and experience of foreign cultures is necessarily more restricted than adults'. The difficulties implied by the translation of culture-specific elements come on top of the difficulties already implied by the translation for a specific readership of children or teenagers. The presence of what could be called a cultural polysystem within the source culture still complicates the issue. As Jean-Pierre Richard has shown in an article entitled "*Traduire l'ignorance culturelle*", a parallel can be drawn between the author of multicultural fiction, who plays with his reader's probable ignorance of some elements connected with the minority cultural group, and the translator, who has to size up his reader's degree of ignorance or knowledge before choosing to use a loan-word and be faithful to the original, or to find a not-completely-satisfactory equivalence in order to be more explicit. He stresses that

> *Si la distance culturelle du texte source au texte cible est parfois surévaluée, voire imaginaire, la* distance culturelle interne *qui peut structurer le texte original est souvent sous-estimée, voire ignorée. Sans conséquences pour la traduction des textes porteurs d'une culture homogène, généralement dominante [...], cette erreur d'appré-*

> *ciation risque d'invalider la traduction d'œuvres bâties précisément sur le caractère pluriel de leur polysystème.*[10]

This is why fiction exemplifying cultural diversity provides a particularly relevant approach to the study of translation for children. Translating it implies that two (or more) different networks of cultural references already have to be taken into account within the "home" country that is depicted in the diegesis. Translating culture is a process that addresses one's relationship with the Other, with Difference. Thus translating cultural diversity implies that the relationship with otherness experienced by the characters and by the first implicit readership, as there already exists an intercultural relationship within the same source language, should successfully be conveyed to the second readership. The children from "another" cultural background in the two novels under study, Shofiq and Doria, embody this double reference system because they belong to their parents' culture as much as to the host country's. They are used to coming and going from one culture to another, in a way that very much reminds us of the translator's work. And it is significant that both Shofiq and Doria are occasionally seen acting as translators, in particular to assist their parents: when Bernard follows Shofiq home and spies on his family and the visiting Welfare man from the back garden, he guesses that Shofiq acts as an interpreter for his parents and the man:

> And Shofiq, calm as ever, was translating, you could easily see that. He'd listen to the arm-waving man, then turn to his dad, then speak, then listen and speak to the Welfare." (Needle, p. 73)

> *Et Chafiq, toujours aussi calme, traduisait. On le voyait bien, parce qu'il écoutait l'homme qui agitait son bras, puis se tournait vers son père et parlait, puis il écoutait et parlait au type de l'Aide sociale.* (Delattre, p. 128)

But Doria in *Kiffe Kiffe Demain* goes even further: as the first-person narrator, she does not only use her translator's skills in her diegetic voice (by translating for her mother, for instance), she also uses them in her literary voice, when she translates for the reader: "*[H]eureusement, ma mère n'a pas tout à fait dit oui. Elle a utilisé le joker « inchallah ». Ca veut dire ni oui, ni non. C'est « si Dieu veut » la vraie traduction. Mais ça, tu pourras jamais le savoir si Dieu il veut ou pas.*" (p. 46)[11]

---

10 "If the cultural distance from the source text to the target text is sometimes overrated, or even imaginary, the internal cultural distance which can underlie the structure of the original text is often underrated, or even ignored. This error of judgment does not affect the translation of texts conveying a homogeneous, generally dominant culture; but it may invalidate the translation of works which, for their part, are based on the plurality of their polysystem." (my translation)
Jean-Pierre Richard, « Traduire l'ignorance culturelle », p. 151, in *Traduire la culture. Palimpsestes* n°11 (1998), p. 151-160.

11 "Mum didn't exactly say yes. She played that wild card, Aka 'inshAllah'. It doesn't mean yes or no. The proper translation is 'God willing'. Thing is, you never find out if God's willing or not." (Adams, p. 38)

Doria also occasionally translates from French to Arabic ("[…] *si Maman fait ça, c'est la honte. La « hchouma. »*", p. 109)[12], or from standard French to *verlan*, a form of backslang which is popular in suburban high-rise estates, which consists in saying the syllables in words back to front[13]. Doria's style is interspersed with *verlan* words, which, interestingly, sometimes come up as a kind of gloss translation of her own more formal use of standard French: when she starts going to technical college, she is put out by all the technical vocabulary of hairdressing and remarks: "*Du chinois. Du noich.*" (p. 160)[14]. In Doria's case, translation is almost a way of being. Even body language is supposed to be translatable: "[…] *j'ai cligné des yeux et serré fort les lèvres pour qu'il comprenne : « Je t'emmerde, Nabil gros nul, microbe boutonneux, homosexuel et confiant. » J'espère qu'il a su traduire.*" (p. 158)[15] The consequence of the constant parallel resort to several vernacular languages is that multilingualism appears to the reader as part of the young narrator's personality, of her individual voice in which the identity quest is inherent and closely linked with interculturality, as when she comments, using synonyms from several vernacular languages to define herself:

> *J'aurais bien aimé être un garçon. Mais bon, il se trouve que je suis une* fille. *Une* gonzesse. *Une* nana. *Une* meuf *quoi. Je finirai bien par m'y habituer.* (Guène, p. 170)

> I'd have no problem being a boy. But what can you do, I'm a *girl.* A *babe.* A *chick*. I'll get used to it in the end. (Adams, p. 160)[16]

The relationships between the different sets of references, because one is dominant and the other(s) dominated, are often governed by antagonism. The difficulty in the translation lies in the fact that the "other" or the "dominated" set of references can be less known to the foreign reader than to the reader of the text in the original. A certain degree of equivalence is therefore necessary, which can be found in the two target texts. Those are generally changes of no consequence that may help the reader perceive the subtlety of the narrator's social allusion or criticism by avoiding making it too "foreign".

---

12 "[…] and if Mum did that, it'd be big shame. We call it 'hchouma'." (p. 100)

13 As in "ver-lan", the backslang version of "à l'envers", meaning back to front.

14 Adams translates: "Chinese, you get me. Gobbledygook." (p. 150), replacing the *verlan* "*noich*" by "gobbledygook", an originally American word meaning "jargon", "gibberish" or "nonsense" that is popular in urban language.

15 "*My* answer's to screw up *my* eyes and pinch my lips really tight, meaning: 'Fuck you, Nabil Aka the fat dumpling, you pizza-faced microbe, homosexual and total ego-trip.' Hope he knew how to translate that." (Adams, p. 148)

16 My emphasis.
In the French version, the first synonym for *fille*/girl – *gonzesse* – is traditional slang, from the Italian *gonzio*, i.e. peasant, stupid man; *nana* is more recent slang, from a nickname for Anne popularized by Émile Zola's novel; and *meuf* is modern slang, the *verlan* version of *femme.* Leaving out one of the synonyms in the English translation, perhaps for the sake of brevity, amounts to a slight undertranslation of Doria's groping along for her identity.

But is acclimatization necessary when an element that is already perceived as foreign in the source culture is passed across into the target culture? Martine Delattre changes only two names in her translation: Shofiq becomes Chafiq in French, and Dougie (one of Bernard's friends) becomes Dave. The latter change, although slightly surprising insofar as the original context has been faithfully respected, may be accounted for by the possible difficulty for a young French reader, who might still be insufficiently competent at English, to pronounce (even mentally) the name Dougie or realize that its ending does not make it a girl's name[17]. But the change from Shofiq to Chafiq is not completely understandable. It is justified by the difference in spelling due to diverging transliterations in English and in French. Indeed the name Shofiq, which is Arabic for "sympathetic", is usually transliterated Chafiq in French. But the British names are not translated: Bernard is the same in French, but the names Maureen and Terry, and the family names of the teachers, are maintained in the French version. So why not Shofiq, as an English transliteration from the Arabic, especially as it poses no pronunciation problem for a French reader? It is as if Shofiq were so little integrated that the British part in him need not be taken into account in the translation, as if the translator were allowed more interventionism with the ethnic minority boy than with the 100% British characters.[18]

It is revealing that in Martine Delattre's translation, strategies like ablation or omission, which often characterize the treatment of cultural elements in translation, do not concern references to cultural diversity as might have been expected, but rather elements of British culture: the famous children's TV programme *Jackanory*, for instance, is not mentioned in the French version. This is because there are actually few factual elements about the cultural minority in the source text for Delattre to mistranslate or leave out: Jan Needle's text, although it is eager to be didactic, fails to provide genuine intercultural information. There is no insight into Pakistani culture, the language used by Shofiq with his relatives is never defined either by the

17 Most French children learn English as a first foreign language from the age of 11 onwards. The same name change happens in the case of Jennings, the hero of Anthony Buckeridge's famous school-story series, who is called Bennett in French, presumably to preserve an English-sounding patronym yet avoid too difficult a name to pronounce. This has also been noted concerning Jean-François Ménard's translation of Harry Potter names into French: some names are kept, some are translated and several are made easier for a French readership but still sound English, like Severus Snape, who becomes Severus Rogue (on this last example, see Nancy Jentsch, "Harry Potter and the Tower of Babel: Translating the Magic", in Lana A. Whited (ed.), *The Ivory Tower and Harry Potter: Perspectives on a Literary Phenomenon*, p. 290, Columbia, University of Missouri Press, 2002, p. 285-301 and Isabelle Smadja, « Harry Potter ou la traduction interdite », in Virginie Douglas (ed.), *État des lieux de la traduction pour la jeunesse*, *op. cit.*, p. 107-115.
The problem in *Mon ami Chafiq* is that Martine Delattre occasionally forgets to actually change the name Dougie to Dave.

18 Significantly, Sarah Adams's only change of a character's name in *Just Like Tomorrow* is related to a pun emphasizing the problems of integration caused by the linguistic difficulties of Doria's mother.

omniscient narrator or by Shofiq himself. It is bound to be one of the major languages of Pakistan – Punjabi, Pashto or Sindhi most probably (Shofiq does say that there are three different languages spoken in his street, in addition to English) – but it is not referred to in the source text, except from Bernard's xenophobic point of view, as "jabbering", "jabber" or "gibberish". Although Bernard eventually becomes friends with Shofiq, little awareness or knowledge of the other culture seems to be achieved, as suggested in the recurrent use of words like "daft", "strange" or "weird" to describe the Pakistanis' clothes, food or language. There is therefore no real interaction with the other culture: Shofiq becomes Bern's mate because he turns out to be very similar to an English boy once you forget about his skin colour.

This explains why the French translator's real challenge in translating cultural diversity lies in rendering not the foreign culture within the host country, but the clichés and racist words which Needle's deliberately hyper-realistic narration recurrently uses: Pakistanis are called "Pakis", "curry kids" or "blackies", at the beginning by Bernard, whose point of view the narrator focuses on, and, throughout the narrative, by his friends, who are shown to be only perpetuating their parents' prejudices. The very pejorative connotation and the offensive register are maintained in Martine Delattre's translation, with "*mangeurs de curry*" for "curry kids" and "*bronzés*" [literally "sun-tanned boys"] for "blackies" but "Pakis" was problematic insofar as because Pakistanis are not a considerable ethnic minority in France, there are no racist insults targeted at this nationality in particular. So that the translator decided to borrow the word directly from the English, which results in a loss of the offensive connotation this word used to have in the 1970s. In this case, it appears that the existence of two separate colonial imaginaries leads to untranslatability.

The most significant illustration of the challenges implied in the translation of intercultural situations for the young is to be found in the use, in *Kiffe Kiffe demain*, of a language that is distinctive of the youths living in the estates in the suburbs of French cities, a language that can also be taken up by young people from a higher socioeconomic background just because it is fashionable to speak in this way. The elements which this specific French suburban dialect is made of are preexistent but it is the creativity with which features from the various native languages or social groups represented are drawn upon and combined that is demanding when it comes to translation. Sarah Adams has commented extensively on her translation of *Kiffe Kiffe demain* and on her efforts to find the right voice. In an article entitled "Translating Monsters", she explains that she prepared her translation first by immersing herself in a Marseilles suburb in France and then in suburban Brixton, with the team of *Live*, a magazine written by the young people of South London. The preliminary note of thanks in *Just Like Tomorrow* states: "The translator would like to thank Cleo Soazandry and all the slangstas at *Live Magazine*." (Adams, p. vi). And within street language as a whole (the term "slanguage" is sometimes used), Adams acknowledges that it is the young narrator's use of *verlan* that turned out to be one of the major difficulties in her work. Although *verlan* did not originate in a foreign culture within the French context even if it was associated with some specific social backgrounds (as was the case for Cockney English), it was very much taken up as a distinctive language of the second generation of immigrants in the Parisian estates, who find an expression for their mixed identity in this subversive and creative slang. In a one-page note following her translation, Sarah Adams comments on the challenge of rendering it in English, concluding:

> Although we do have examples of backslang in English, there is no direct equivalent of verlan. Where possible I have tried to find parallels and resonances in contemporary British urban slang, with all its multicultural influences. (Adams, p. 184)

She further explains the trickiness of finding equivalents for *verlan* in the article "Translating Monsters":

> It was the backslang I really had to get my teeth into. The French love turning their words back to front and inside out. So in *verlan* [...] a *femme* becomes a *meuf*, a *mec* (guy) becomes a *keum*, a *prof(esseur)* is a *feupro* and *les flics* (police) are *keufs*. Take that last example: an old school English translation would be 'pigs', but given the US influence on UK slang, you might want to refer to them as Feds or Five O's (as in Hawai). [...] Where all this starts getting complicated is in absorbing the Maghreb influence from the French [...] while looking to shades of, say, Jamaican patois in the English.[19]

Replacing a vernacular language by another makes it possible to export some cultural elements without puzzling the target audience too much. Both languages – *verlan* and the language of the slangstas – are sociolects used by social groups who hold a more or less equivalent place in the social structure; yet the former clearly refers to France and the latter to Britain. This relative degree of adaptation, very early referred to as "cultural context adaptation" by Göte Klingberg, and also identified as domestication or accommodation, seems all the more unavoidable as the cultural elements are varied and numerous within the same source text.

The unavoidable loss that occurs in the translation of culture – and especially several cultures – is partly compensated for by the use of a glossary translating some of the Arabic words used in the text or explaining specific references to North-African culture, which would be completely useless for a French readership (words like *babouches* – North African slippers –, or *merguez* – a spicy North African sausage). This paratextual element adds a didactic dimension which was not in the original text yet, despite its seriousness, does not target the novel at an adult readership exclusively although children's and

[19] Sarah Adams, « Translating Monsters », in Deborah Hallford, *Outside In: Children's Books in Translation*, Chicago: Millet publishing, 2005, p. 11-2.

teenagers' translated texts are usually reluctant to use footnotes or endnotes.[20] Notwithstanding the English translator's dexterity, when the cultural references to a former French Empire having little in common with the British Empire start impregnating the dominant source language, one is faced with a certain degree of untranslatability. But this can also be a source of creativity in the translation.

TRANSLATING INTERCULTURAL SITUATIONS FROM CONFORMISM TO CREATIVITY

A certain degree of hybridity and crossbreeding can be found in the reference system of the source culture. And this double approach has to be taken into account by the translator. But the stakes of the two translations are not the same insofar as the narrative point of view differs. Eponymous Shofiq is a secondary character, seen through the eyes of the hero, Bernard, and thus his genuine voice can only be heard in Jan Needle's lively dialogue. Even the title is deceptive, in English as well as in French (***My*** *Mate Shofiq*/***Mon*** *ami Chafiq*[21]), as it implies a first-person narration and an internal point of view while in fact the reader gets a third-person omniscient narration, even if it admittedly focuses on a point of view (but it is Bernard's, not Shofiq's). The story is therefore told from a distance[22], which produces the effect of conveying cultural difference rather than an intercultural situation in which all cultures should be seen from an equal point of view.

On the contrary, Doria is Guène's first-person narrator, so that her voice is brought to the foreground. Because of this narrative difference, the translation of the latter novel has been much more challenging – particularly as far as the suburban young people's "slanguage" is concerned – but also more creative. An example of this inventive Arabic/slang language is the title, which is pregnant with meaning: by mixing a very common French loan phrase, *kif kif*, that is to say "the same" in Arabic, with the verb *kiffer*, or "to like" in young people's suburban slang, the narrator, along with the author, creates a new expression that is hopeful thanks to the positive vision of life Doria finally decides to favour. Only when the narrative reaches its closure does the narrator elaborate on the intercultural play on words on which the title is based. Towards the end of the novel, when Hamoudi, a friend of hers, remarks that she does not use her favourite expression, "*kif-kif demain*", any longer, Doria reacts:

---

20 This feature is actually reminiscent of Salman Rushdie's glossary of Hindustani words and expressions at the end of *Haroun and the Sea of Stories* (1990), written for his own son and, more generally, for a child readership, for instance.

21 My emphasis in bold type.

22 The choice of the French word *ami* rather than the more colloquial *copain*, which would have been closer to the original *mate*, reinforces this distance by suggesting a lesser degree of familiarity between the boys.

> *C'est ce que je disais tout le temps quand j'allais pas bien et que Maman et moi on se retrouvait toutes seules : kif-kif demain.*
>
> *Maintenant, kif-kif demain je l'écrirais différemment. Ça serait kiffe kiffe demain, du verbe kiffer.* (Guène, p. 188)
>
> It's what I used to say when I was down, and Mum and me were all on our own: "*kif-kif* tomorrow". **Nothing changes, today's just like tomorrow.**
>
> But now I'd say it differently. I'd say **I just *like* tomorrow**. (Adams, p. 177-8)[23]

The novel's title and its creative hybridity are analysed at length in Sarah Adams's final glossary under the entry *kif-kif*, explaining in particular that

> Faïza Guène's original title, *Kiffe kiffe demain*, plays on both the downbeat sense of *kif-kif* and the enthusiasm behind *kiffer*, a contemporary 'street' verb meaning to feel high or to fancy somebody. *Kiffer* is hybrid French, the *k* giving it a deliberately Arabic feel. (Adams, p. 182)

The achievement and inventiveness of Sarah Adams's translation are probably partly prompted by the multiple origins of the vocabulary, especially the slang, used in the source text itself. Guène's style is teeming with languages and dialects pregnant with various cultures. Arabic is not the only language of reference for Doria outside standard French: the reader meets with words like *toubab*, a white French person, from the Senegalese Wolof language, or slang words with a foreign origin like *gonzesse* (i.e. girl, woman), a feminine form from the Italian *gonze*, meaning a stupid man. Adams's translation succeeds in getting the balance right between finding equivalences for some culture-specific elements and refusing to translate certain foreign words for others, in order to preserve the references to some minority ethnic groups in France.

In the translation of Needle's novel, on the contrary, the unquestionable specificity of the child readership encourages the translator's tendency to interventionism in the target text, which can have an impact on the way cultural diversity is dealt with. In the case of *Mon ami Chafiq*, although the translation is undeniably rather respectful of the source text, this interventionism is still visible in several meaningful instances. Jan Needle's presence is already very palpable in the source text since his novel is an example of political commitment in fiction for young readers: it directs an overt criticism at Britain's policy towards immigrants and the conclusion of the novel suggests the difficulty – or impossibility – of successful integration even for the second generation of immigrants due to the British political and social system. The book is often

---

23 My emphasis in bold type.
Adams only needs a short sentence of explicitation (*incrémentalisation*) – "Nothing changes, today's just like tomorrow." – to help the Anglophone reader understand the pun.

heavily didactic through its hyperrealism to the point of becoming almost melodramatic. It appears that the translator, instead of making her presence discreet, redoubles the author's authority. As M.O. Grenby's analysis of the novel stresses, "the reader is shown the ugliness of children's racism so vividly, in fact, that Needle in particular was criticised for his accurate representation of his characters' racially offensive language."[24] In her translation, Martine Delattre does not suppress this pessimistic political commentary. To a certain extent her translation even emphasizes the gloomy view that intercultural relationships in such a context are bound to be antagonistic. The failure for the Pakistani family to become integrated may seem even more striking in the target text. Indeed, even if Needle's novel does not provide the implicit hope underlying Faïza Guène's hybrid, multi-faceted language, an unexpected potential of integration is conveyed in the incorrectness of the children's colloquialisms and use of the Lancashire dialect: the "indigenous" British children (Bernard and his friends Maureen, Dougie and Terry, as well the new member of Bernard's gang, the Pakistani lad Shofiq). While the author paints an incomplete picture of the cultural diversity in the recession-hit Lancashire context, giving a voice only to one group, "the Lancashire get", the translator paints an almost uniform Lancashire. The "colonialist" implications of the target-oriented translation, to take up Henri Mechonnic's terminology[25], result in ironing out all kinds of social difference whatsoever.

Comparing these two translations has shown how far apart they are from each other: as we have seen, Martine Delattre's translation almost acts as a foil to Sarah Adams's rendering of Faïza Guène's intercultural language. Not that her translation is appalling: it is mainly flat, because the lack of different cultural systems in the source text (at least insofar as the Pakistani characters are concerned) does not encourage the translator's creativity. As half Bangladeshi half British children's author Leila Rasheed has remarked, Needle's novel is so heavily didactic that it does not promote a positive outlook on life for young readers from ethnic minorities who may want to see their experience represented as other than problematic:

> I know it's important for children to read books that feature children who are like them [...]. I know how excited I was when I found my first ever book featuring a modern Asian child – *My Mate Shofiq* – and how disappointed I was when it turned out to be all about the usual things Asian children can expect in books: bullying and racism.[26]

Neither does the book seem to inspire any really original translation from a purely linguistic and cultural point of view. As this case study tends to

---

24 M. O. Grenby, *Children's Literature*, Edinburgh: Edinburgh University Press, 2008, p. 74.

25 Henri Meschonnic, *Poétique de la traduction, Pour la poétique II*, Paris : Gallimard, 1973.

26 Leila Rasheed's blog (archive): "Permission to write? My experience of being a British Asian reader, and writer, of children's books." Post originally published in 2008, < https://leilarasheeddotcom.wordpress.com/tag/diversity/ >

prove, an imaginative translation of multiculturalism in books for children or teenagers implies that the cultures should not be represented only in antagonistic terms and is greatly helped by the initial presence of a dialogue, an exchange between cultures in the original text. Beyond this study, a careful examination of the children's books published on the British market reveals that such successful depictions of cultural diversity are still too seldom found. Leila Rasheed notices this particularity of the children's book trade, acknowledging that she herself feels unable to picture a non-white child in her books because "[w]hen Europeans colonised the world, they colonised the world's imagination too" and because she "can't help imagining the heroes in books to be white."[27] It is significant that one of a few successful British children's authors to explore the topic of multiculturalism in their books, Malorie Blackman[28], does not offer a realistic treatment of cultural difference in the acclaimed dystopian *Noughts and Crosses* saga (2001-2008), as if it were unsafe or complicated to tackle the subject frontally.

On the other hand, it seems that the translatability of cultural diversity underlies *Kiffe Kiffe demain*, generating a highly creative translation. Although translating Guène's novel indisputably proved a challenging process for Sarah Adams, the fruitful English counterpart she produced shows to what extent the very endeavour at the heart of the process of translation makes it particularly open to conveying multicultural awareness, even within the space of one language only, that of the target culture. A new definition of translation that could apply particularly well to the translation of cultural diversity in children's books is that of Myriam Suchet, who, in *Outils pour une traduction postcoloniale*, proposes to rethink translation in terms of multilingualism instead of presenting it as a binary process; she describes her purpose as such: "*fonder une éthique de la traduction sur une poétique de l'hétérolinguisme*".[29] We could argue that this kind of translation is particularly relevant when addressing today's younger generation in Europe, whose constructions of identity are influenced by the multiculturality inherent to the postcolonial context in which they grow up. One of the scholars Suchet refers to, Samia Mehrez, states that postcolonial writing calls for a new kind of translation whose creativity lies in its linguistic plurality:

> The postcolonial texts, frequently referred to as "hybrid" or "métissés", because of the culture-linguistic layering which exists within them, have succeeded in forging a new language that defies the very notion of a "foreign" text that can be readily translatable into another language. With this literature we can no longer merely concern ourselves with conventional notions of linguistic equivalence or ideas of loss and gain which have long been a consideration in translation theory. For these texts

---

27 *Op. cit.*

28 Malorie Blackman held the prestigious title of Children's Laureate from 2013 to 2015.

29 « to use a poetics of heterolinguism as the basis for an ethic of translation » (my translation). Myriam Suchet, *Outils pour une traduction postcoloniale: Littératures hétérolingues*, Paris : Éditions des archives contemporaines, 2009, p. 7.

> written by postcolonial bilingual subjects create a language "in between" and therefore come to occupy a space "in between".[30]

In that respect, translation can be seen as complementary to a branch of literature for children and teenagers that is already imbued with a multiplicity of languages and cultures itself. The translation of children's books has always been interesting to children's literature academics to the extent that it reveals some of the problematics related to this literary field in an exacerbated way. Significantly enough, the "in-betweenness" emphasized by Mehrez is one of the main characteristics that stand out in present young adult literature: by bringing to the foreground the sense of hybridity and by blurring traditional categories of age or genre and such concepts as childhood or literature, books for children and teenagers seek to question their own identity and assert their new maturity.

BIBLIOGRAPHY

Primary Sources

GUÈNE F., *Kiffe Kiffe demain,* Paris : Hachette « Littératures », 2004. English translation by Sarah ADAMS: *Just Like Tomorrow*, London: Chatto & Windus, 2006 (American edition: *Kiffe Kiffe Tomorrow,* Orlando: Harcourt, 2006).

NEEDLE J., *My Mate Shofiq*. London: Andre Deutsch, 1978. French translation by Martine Delattre: *Mon ami Chafiq*, Paris : Flammarion, « Castor Poche », 1986.

Secondary Sources

ADAMS S., "Translating Monsters", in Deborah Hallford, *Outside In: Children's Books in Translation*, Chicago, Millet publishing, 2005, p. 11-2.

DIAMENT N., GIBELLO C. and KIEFÉ L. (ed.), *Traduire les livres pour la jeunesse : Enjeux et spécificités*, Paris, BnF and Hachette, 2008.

DOUGLAS V. and CABARET F. (ed.), *La Retraduction en littérature de jeunesse / Retranslating Children's Literature*, Bruxelles, P.I.E. Peter Lang, 2014.

DOUGLAS V. (ed.), *État des lieux de la traduction pour la jeunesse*, Rouen, PURH, 2015.

GRENBY M. O., *Children's Literature*, Edinburgh, Edinburgh University Press, 2008.

HALLFORD D. and ZAGHINI E. (ed.), *Outside In: Children's Books in Translation,* Chicago, Millet Publishing, 2005.

JENTSCH N., "Harry Potter and the Tower of Babel: Translating the Magic", in Lana A. Whited (ed.), *The Ivory Tower and Harry Potter: Perspectives on a Literary Phenomenon*, Columbia, University of Missouri Press, 2002, p. 285-301.

KLINGBERG G., *Children's books in Translation: The Situation and the Problems.* Proceedings of the 3rd congress of the International Research Society for Children's Literature, Stockholm, Almqvist & Wiksell International, 1978.

— Children's Fiction in the Hands of the Translators, Lund, CWK Gleerup, 1986.

LADMIRAL J.-R., « Le prisme interculturel de la traduction », in *Traduire la culture. Palimpsestes* n°11, 1998, p. 15-30.

---

30 Samia Mehrez, "Translation and the Poscolonial Experience: The Francophone North African Text", p. 121, in Lawrence Venuti (ed.), *Rethinking Translation: Discourse, Subjectivity, Ideology*, New York and London: Routledge, 1992, p. 120-138.

LATHEY G., *The Translation of Children's Literature: A Reader*, Clevedon, Multilingual Matters, 2006.
MEHREZ S., "Translation and the Poscolonial Experience: The Francophone North African Text", in *Rethinking Translation: Discourse, Subjectivity, Ideology*, VENUTI, Lawrence (ed.), New York and London, Routledge, 1992, p. 120-138.
MESCHONNIC H., *Poétique de la traduction, Pour la poétique II*, Paris, Gallimard, 1973.
OITTINEN R., *Translating for Children*, New York and London, Garland, 2000.
OITTINEN R. (ed.), *Traduction pour les enfants, Meta* n°48, 1-2, mai 2003, Montréal, Presses de l'Université de Montréal.
RASHEED L., "Permission to write? My experience of being a British Asian reader, and writer, of children's books." Post originally published in 2008, < https://leilarasheeddotcom.wordpress.com/tag/diversity/ >
RICHARD J.-P., « Traduire l'ignorance culturelle », in *Traduire la culture, Palimpsestes* n°11, 1998, p. 151-160.
SMADJA I., « Harry Potter ou la traduction interdite », *État des lieux de la traduction pour la jeunesse*, Douglas Virginie (ed.), Rouen, PURH, p. 107-115.
SUCHET M., *Outils pour une traduction postcoloniale : Littératures hétérolingues*, Paris, Éditions des archives contemporaines, 2009.

Other Works Cited

BUCKERIDGE A., *Jennings* series, London, Armada/Collins, 1950-1994.
MURAIL E., L. and M.-A., *Golem* (*Magic Berber; Joke; Natacha; Monsieur William; Alias*), Paris, Pocket jeunesse, 2002. English translations by Sarah Adams: *Golem* series (*Magic Berber, Joke; Natasha; Mr William; Alias*), London, Walker Books, 2005.
NAIDOO B., *The Other Side of Truth*, London, Puffin, 2000. French translation by Luc RIGOUREAU: *L'autre visage de la vérité*, Paris, Bayard Jeunesse, 2003.
PENNAC D., *L'œil du loup*, Paris, Pocket junior, 1984. English translation by Sarah ADAMS: *Eye of the Wolf*, London, Walker Books, 2005.
RUSHDIE S., *Haroun and the Sea of Stories*, London, Granta Books, 1990.
ZEPHANIAH B., *Face*, London, Bloomsbury, 1999. French translation by Dominique Piat : *Un autre visage*, Paris, Actes sud junior, 2010.

Biographie

Alicia FERNANDEZ GARCIA est ATER à l'Université Paris Est Marne la Vallée et auteur de l'ouvrage *Melilla, mosaïque socioculturelle.* Elle a récemment codirigé avec Mathieu Petithomme, *Les nationalismes dans l'Espagne contemporaine (1975-2011)* et *Contester en Espagne. Crise démocratique et mouvements sociaux.*

Aurore BONARDIN-CADET est Doctorante en civilisation sud-africaine à l'Université de La Réunion, elle est affiliée à l'EA 7387 DIRE. Elle prépare une thèse sur « Les organisations de la société civile dans le domaine culturel et l'intégration sociale à l'échelle locale. Le cas du Cap ». Ses recherches sur les interactions entre culture et intégration sociale ont pour objectif, entre autre, de faire émaner des points de méthode réadaptables au contexte dionysien à l'île de La Réunion.

Lea STEPHAN est dans l'Équipe d'Accueil CAS EA 801 de l'Université de Toulouse-Jean Jaurès. Elle est doctorante en 4e année, ATER, en civilisation américaine. Sous la direction de Anne Stefani et Françoise Coste. Titre de la thèse : *Social Policies and Racial Questions: From the Great Society to Obamacare.* Enseignements : histoire américaine et britannique, civilisation économique.

Jean-Pierre TARDIEU, professeur de civilisation hispano-américaine, est professeur émérite à l'Université de La Réunion, EA7387 DIRE. Spécialiste de la diaspora noire aux Amériques coloniales espagnoles, il est l'auteur de plusieurs ouvrages et de nombreux articles sur le sujet. Voir : site internet : https://sites.google.com/site/tardieuafroamerica

Oana DUMITRASCU est Docteur de l'Université Paris Dauphine avec une thèse de Doctorat en Langue, Littérature et Culture du monde anglo-saxon. Sa recherche porte sur l'histoire et la culture des Aborigènes d'Australie, les rapports raciaux en Australie et les media australiens et aborigènes.

Christine DUALÉ est maître de conférences-HDR (culture américaine) à l'Université Toulouse 1 Capitole. Membre du laboratoire CAS (E.A 801) - Université Toulouse 2 Jean Jaurès. Elle est l'auteur de deux ouvrages, publiés aux éditions L'Harmattan : *Les Noirs et la réussite universitaire aux Etats-Unis*, Paris : L'Harmattan, 2007 ; *Harlem Blues. Langston Hughes et la poétique de la renaissance afro-américaine*, Paris : L'Harmattan, 2014 ; coéditrice de : *Civilisations 11*, *Le rejet*, Toulouse : Presses de l'Université de Toulouse 1 Capitole, octobre 2011. Un troisième ouvrage, *Langston Hughes et la Renaissance de Harlem : émergence d'une voix noire*, devrait être publié prochainement.

Bhawana JAIN a obtenu son doctorat en littérature anglaise à l'Université de Nice - Sophia Antipolis. Sa recherche focalise sur les thématiques telles que la diaspora, le trauma et la littérature postcoloniale. Elle est particulièrement intéressée par des questions liées à la migration, des théories culturelles, la mondialisation et des rencontres multiculturelles. Elle travaille actuellement à l'Université Paris 1 Panthéon Sorbonne.

Bruno CUNNIAH est *associate professor* à l'Université de Maurice. Membre de l'AHIOI, il est le co-auteur de l'essai, *Fonction et représentation de la femme dans le discours littéraire mauricien*. Ses sujets de prédilection sont la littérature et l'histoire des pays du sud-ouest de l'océan Indien.

Dersim BARWARI est actuellement doctorante au Département de français de l'Université McMaster (Canada). Ses recherches sont subventionnées par le Conseil de recherches en sciences humaines (CRSH). Elle étudie le caractère politique des littératures minoritaires, notamment l'usage du français par les auteurs kurdes de la diaspora. Elle travaille, par ailleurs, sur la question du génocide kurde. Elle est l'auteure d'un article intitulé « De l'espace exigu de la création littéraire des auteurs kurdes francophones », *Migrations/Translations*, Eds. Maroussia Ahmed, Corinne Alexandre-Garner, et *al.*, Paris : Presses universitaires de Paris ouest, 2015, 271-278.

Honoré Jean MISSIHOUN est Docteur en Linguistique et Littérature Comparée, Lecteur Associé au Département des Études Africaines de l'université de Caroline du Nord à Charlotte.

Maïmouna SANKHÉ est docteure en Littérature latino-américaine de l'Université d'Alcalá, Madrid. Elle est actuellement la coordinatrice de la Section d'espagnol du Département de Langues Modernes de l'Université du Ghana. Ses intérêts de recherche portent sur la littérature latino-américaine et la littérature de la diaspora africaine. Elle a publié de nombreux articles sur ce thème et a récemment publié le livre « *Presencia del negro en la novela vanguardista hispanoamericana: tiempo y contratiempo* », Madrid : Pliegos.

Sonia DOSORUTH est enseignant-chercheur (Section CNU : 9e) au département de français de l'Université de Maurice. Ses activités de recherche et publications portent sur la littérature francophone de Maurice dans son ensemble, les relations identitaires, l'enfant, l'exotisme, l'exil, l'engagisme ou encore la diaspora.

Enseignant-chercheur à l'université Nationale de Singapour, Hélène GIRARD-VIRASOLVIT a soutenu en 2016 une thèse de doctorat sur les récits de parcours d'expatriés français en Asie du sud-est, au sein de l'école doctorale Langages, Idées, Sociétés, Institutions, Territoires de l'Université de Bourgogne. Ses recherches s'appuient sur l'analyse du discours pour explorer les imaginaires et les identités collectifs et individuels du monde postcolonial, ainsi que pour en questionner les politiques linguistiques.

Melanie MEZZAPESA est doctorante en socio-anthropologie sous la direction du Pr. Patrice Cohen (Université de Rouen) et en co-direction avec Jacqueline Andoche (MCF Université de La Réunion) depuis 2013. Ses travaux portent sur les logiques migratoires et d'implantation des nouvelles migrations à La Réunion. Après un mémoire de Master intitulé « Vivre sa judéité dans un espace créole de l'océan Indien : ethnographie de quelques familles juives de La Réunion », sa thèse de doctorat porte sur « Les Mahorais à La Chaumière : étude d'un quartier populaire et pluriethnique de Saint-Denis de La Réunion ». Elle est également formatrice en médiation sociale au CNFPT de Mayotte depuis 2016. Cette thèse fait l'objet d'un financement de la Région Réunion et du Fond Structurel Européen (2013-2016).

Pascale PRAX-DUBOIS est doctorante en sciences du langage. Le sujet de sa thèse porte sur l'éducation plurilingue et la formation des enseignants à La Réunion. Parallèlement formatrice au CASNAV dans l'Académie de La Réunion, elle accompagne les enseignants, les élèves migrants et leurs familles dans le cadre de projets innovants permettant la mise en synergie des savoirs et savoir-faire et le développement de leur compétence plurilingue et interculturelle.

Nabia ANRABIYOU est étudiante en Master 1 en Sciences de l'Information et de la Communication à l'Université de La Réunion. Formatrice trilingue shimaore-français-créole, elle est animatrice illettrisme et accompagne dans le bassin Nord-Est de La Réunion des élèves migrants allophones et/ou créolophones en milieux scolaire et associatif. Elle a également enseigné pendant deux ans le shimaoré à des employés associatifs au sein du Club Animation Prévention.

NJENGOUÉ NGAMALEU Henri Rodrigue est titulaire d'un Doctorat/PhD, en psychologie sociale, obtenu à l'Université de Yaoundé I où il intervient d'ailleurs à la Faculté des Sciences de l'Éducation, en tant que Chargé de Cours, précisément dans la filière Intervention, Orientation et Éducation Extrascolaire (IOE) du Département de l'Éducation Spécialisée (EDS). Son intérêt de recherche majeur est l'autodétermination en contexte d'incertitude. Il s'inscrit dans le courant de la psychologie sociale cognitive.

Virginie DOUGLAS est Maître de conférences au Département d'études anglophones de l'Université de Rouen, France, où elle est membre de l'ERIAC (Équipe de Recherche Interdisciplinaire sur les Aires Culturelles), et Secrétaire de l'Institut International Charles Perrault. Sa recherche porte sur la littérature britannique pour la jeunesse et sur les problématiques de la théorie, de la narration et de la traduction des livres pour enfants. Elle a dirigé les ouvrages *Perspectives contemporaines du roman pour la jeunesse* (L'Harmattan, 2003), *Littérature pour la jeunesse et diversité culturelle* (L'Harmattan, 2013), *La Retraduction en littérature de jeunesse / Retranslating Children's Literature* (avec Florence Cabaret ; Peter Lang, 2014) et *État des lieux de la traduction pour la jeunesse* (Presses universitaires de Rouen et du Havre, 2015).

Table des matières

Collection « Inter-National »

dirigée par Denis Rolland,
Joëlle Chassin et Françoise Dekowski

Cette collection a pour vocation de présenter les études les plus récentes sur les institutions, les politiques publiques et les forces politiques et culturelles à l'œuvre aujourd'hui. Au croisement des disciplines juridiques, des sciences politiques, des relations internationales, de l'histoire et de l'anthropologie, elle se propose, dans une perspective pluridisciplinaire, d'éclairer les enjeux de la scène mondiale et européenne.

Série générale (dernières parutions) :

Laurentiu VLAD, *Images de l'identité nationale. La Roumanie aux expositions universelles et internationales de Paris, 1867-1937*, 2016.
Gilles GALLET, *Pour une Russie européenne. Géopolitique de la Russie d'hier et d'aujourd'hui*, 2016.
Angela DEMIAN, *La nation impossible ? Construction nationale en République de Moldova et au-delà*, 2016.
Dolores THION SORIANO-MOLLA, Noémie FRANÇOIS, Jean AALBRESPIT, *Fabriques de vérités (vol. 1). Communication et imaginaires*, 2016.
Dolores THION SORIANO-MOLLA, Noémie FRANÇOIS, Jean AALBRESPIT, *Fabriques de vérités (vol. 2). L'œuvre littéraire au miroir de la vérité*, 2016.
Cyril GARCIA, *Amado Granell, libérateur de Paris*, 2016.
Miche FABREGUET (coord.), *Mémoires et représentations de la déportation dans l'Europe contemporaine*, 2016.
Mathilde LELOUP, *Les banques culturelles. Penser la redéfinition du développement par l'art*, 2016.
Eriona TARTARI KERTUSHA, *L'esprit des Lumières en Europe de l'Est. Traduire Jean-Jacques Rousseau en Albanie*, 2016.
Salim TOBIAS PEREZ, *Religion, immigration et intégration aux Etats-Unis. Une communauté hispanique à New York*, 2015.
Daniel GRANADA DA SILVA FERREIRA, *Pratique de la capoeira en France et au Royaume-Uni*, 2015.
Patrick HOWLETT-MARTIN, *La coopération médicale de Cuba. L'altruisme récompensé*, 2015.
Maria Teresa GUTTIEREZ HACES, *La continentalisation du Mexique et du Canada dans l'Amérique du Nord. Les voisins du Voisin*, 2015.
Eric DICHARRY, *Théâtre, résidence d'artiste, médiation et territoire*, 2014.
Catherine DURANDIN et Cécile FOLSCHWEILLER, *Alerte en Europe : la guerre dans les Balkans (1942-1913)*, 2014.
Estelle POIDEVIN, *L'Europe : une affaire intérieure ? Ce qui change en Europe*, 2014.
Juliette MAFFRE, *La légalisation du mariage homosexuel en Argentine*, 2014.
Pierre-Philippe BERSON, *Sous le soleil de Chávez. Enquête sur le Venezuela d'Hugo Chávez*, 2014.
Mathieu CRETTENAND, *Le rôle de la presse dans la construction de la paix, Le cas du conflit basque*, 2014.

dirigée par Bruno Péquignot

L'HARMATTAN ITALIA
Via Degli Artisti 15; 10124 Torino
harmattan.italia@gmail.com

L'HARMATTAN HONGRIE
Könyvesbolt ; Kossuth L. u. 14-16
1053 Budapest

L'HARMATTAN KINSHASA
185, avenue Nyangwe
Commune de Lingwala
Kinshasa, R.D. Congo
(00243) 998697603 ou (00243) 999229662

L'HARMATTAN CONGO
67, av. E. P. Lumumba
Bât. – Congo Pharmacie (Bib. Nat.)
BP2874 Brazzaville
harmattan.congo@yahoo.fr

L'HARMATTAN GUINÉE
Almamya Rue KA 028, en face
du restaurant Le Cèdre
OKB agency BP 3470 Conakry
(00224) 657 20 85 08 / 664 28 91 96
harmattanguinee@yahoo.fr

L'HARMATTAN MALI
Rue 73, Porte 536, Niamakoro,
Cité Unicef, Bamako
Tél. 00 (223) 20205724 / +(223) 76378082
poudiougopaul@yahoo.fr
pp.harmattan@gmail.com

L'HARMATTAN CAMEROUN
TSINGA/FECAFOOT
BP 11486 Yaoundé
699198028/675441949
harmattancam@yahoo.com

L'HARMATTAN CÔTE D'IVOIRE
Résidence Karl / cité des arts
Abidjan-Cocody 03 BP 1588 Abidjan 03
(00225) 05 77 87 31
etien_nda@yahoo.fr

L'HARMATTAN BURKINA
Penou Achille Some
Ouagadougou
(+226) 70 26 88 27

L'HARMATTAN SÉNÉGAL
10 VDN en face Mermoz, après le pont de Fann
BP 45034 Dakar Fann
33 825 98 58 / 33 860 9858
senharmattan@gmail.com / senlibraire@gmail.com
www.harmattansenegal.com

www.ingramcontent.com/pod-product-compliance
Lightning Source LLC
LaVergne TN
LVHW011500061026
849535LV00004BA/1151